Autores **Authors:**
Aurora Fernández Per,
Javier Mozas,
Javier Arpa
Páginas **Pages:** 400
Tapa blanda **Soft cover**
Tamaño **Size:** 17 x 23,5 cm
Español/**English**
978-84-615-1237-9

D1800111

# DENSITY IS **HOME**
## HOUSING BY ***a+t*** RESEARCH GROUP

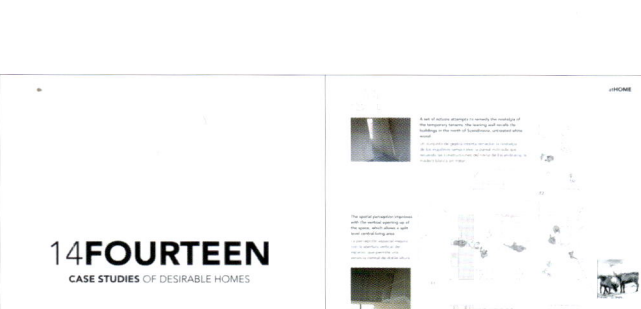

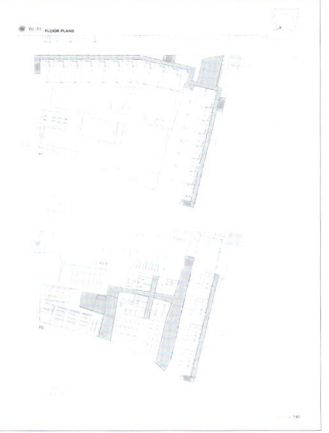

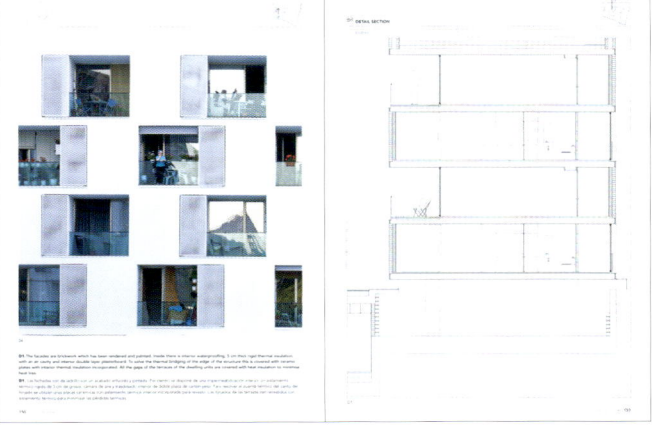

DENSITY IS **HOME** refleja los modelos de ciudad -dispersa, expansiva, moderna, histórica y reciclada- a través de 37 proyectos de vivienda multifamiliar. De ellos, se han extraído 14 casos de estudio en los que se analiza la vivienda deseable.

El libro forma parte de la serie **Densidad**, iniciada por ***a+t*** en 2002 y considerada la investigación sobre vivienda colectiva de referencia en todo el mundo.

DENSITY IS **HOME** echoes these types of city -dispersed, expansive, modern, the core of the city and the recycled city- through 37 projects on collective housing. 14 case studies have been extracted among them in order to analyze the desirable home.

The book forms part of the **Density** series, initiated by ***a+t*** in 2002, which became a reference for publications about collective housing worldwide.

# Density series

REVISTA INDEPENDIENTE DE ARQUITECTURA+TECNOLOGÍA
PRIMAVERA 2011. NÚMERO 37
INDEPENDENT MAGAZINE OF ARCHITECTURE+TECHNOLOGY
SPRING 2011. ISSUE 37
**www.aplust.net**

NO CONTIENE PUBLICIDAD
FREE OF ADVERTISING

# *a+t*

Dirección **Editors**: Aurora Fernández Per, Javier Mozas
Redacción **Editorial staff**: Javier Arpa
Concepto gráfico **Graphic Concept**: Alex S. Ollero
Maquetación y producción **Layout and production**:
Ricardo Unquera, Delia Argote
Coordinación **Managing**: Idoia Esteban
Comunicación y Prensa **Communication and Press**:
Patricia García
Traducción al inglés **Translation into English**:
Ken Mortimer, Javier Arpa

Redacción y suscripciones **Submissions and subscriptions**
General Álava,15 2°A. 01005 Vitoria-Gasteiz. España
Tel. +34 945 134276
Fax +34 945 134901
submission@aplust.net
pedidosysuscripciones@aplust.net
www.aplust.net

Edita **Publisher**: **a+t architecture publishers**
Impresión **Printing**: Gráficas Santamaría, S.A.
Depósito Legal VI-683/94
ISSN 1132-6409
ISBN 978-84-615-2923-0
Periodicidad **Frecuency**: Semestral (Primavera y Otoño)
                          Bianual (Spring and Autumn)

Distribución **Distribution**
• Europe, USA, Canada, Australia, Asia
  Idea Books
  Nieue Herengracht 11. 1011RK Amsterdam. The Netherlands
  Tel. +31 20 6226154
  Fax +31 20 6209299
  idea@ideabooks.nl
  www.ideabooks.nl
• España y América del Sur
  a+t architecture publishers
  General Álava,15 2°A. 01005 Vitoria-Gasteiz. España
  Tel.+34 945 134276
  Fax +34 945 134901
  pedidosysuscripciones@aplust.net
  www.aplust.net
• Portugal
  Editorial Gustavo Gili, Lda.
  Praceta Notícias da Amadora, 4 -B. 2700-606 Amadora. Portugal
  Tel. 351 214910936
  Fax 351 214910937
  email: ggili@mail.telepac.pt

Este número ha sido realizado con la
colaboración de:
This issue has been put together with the
collaboration of:
• Iñaki Alday, Jesús Arcos, Andreu Meixide
  (ALDAYJOVER)
• Myriam López-Rodero, Jimena Campillo
  González (BURGOS & GARRIDO, PORRAS LA
  CASTA, RUBIO & ÁLVAREZ-SALA, WEST8)
• Pedro Gusmão
  (GLOBAL ARQUITECTURA PAISAGISTA)
• Justine Heilner
  (JAMES CORNER FIELD OPERATIONS)
• Justine Heilner (JAMES CORNER FIELD
  OPERATIONS, DILLER SCOFIDIO + RENFRO)
• Roger Panadès (JOSÉ ANTONIO MARTÍNEZ
  LAPEÑA  &  ELÍAS TORRES)
• Danielle Choi, Astrid Cook, Ellen P. Ryan
  (MICHAEL VAN VALKENBURGH ASSOCIATES)
• Fernando G. Pino, Manuel G. de Paredes
  (PAREDES.PINO ARQUITECTOS)
• Kristoffer Holm Pedersen (SLA)
• Chris Reed, Jill Allen, Megan Studer (STOSSLU)
• Italia Galluccio
  (STUDIO ASSOCIATO SECCHI-VIGANÒ)
• Laura Veronese, Ippolita Nicotera (TOPOTEK 1)
• Christopher Marcinkoski
  (THE CITY THAT NEVER WAS)

Cubierta **Cover**:
**Alejandro Vázquez, James Tenyenhuis' Proyect.**
Advanced Option Studio, Spring 2011
Master of Landscape Architecture
University of Pennsylvania, School of Design

| CONTENT CONTENIDO | PROJECTS PROYECTOS | Pages |
|---|---|---|

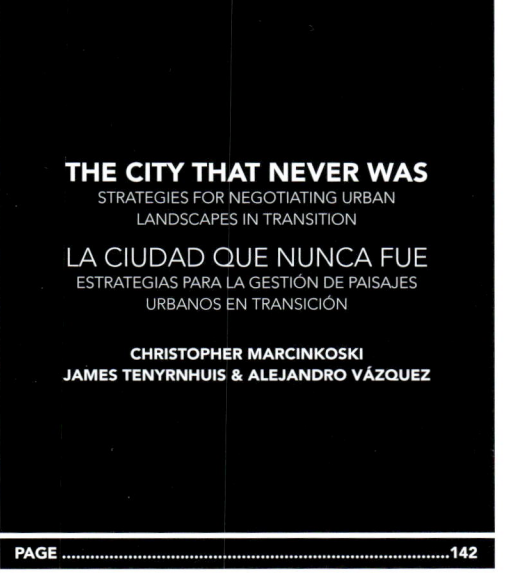

## STRATEGY **SPACE**

In public space, time becomes the first tool to work with. Meaning that the process is a timeline in which the objectives are implemented at different time intervals. Dealing with this long timeline requires a great deal of forward planning.
**STRATEGY** is a forward planning mechanism which triggers microprocesses within the project.
Like any other forward planning mechanism it is an action with its own time span, aiming to achieve an objective.
The analytic method for the strategy series is our proposal to get to know this reality.
It is a path which everyone builds as they go further into the project.
Like any other reflection, it takes in numerous possibilities.
It breaks up the approach to the project through its strategies, delimiting the project and marking out a path, while permitting the project to be seen in its entirety.
This is just a way of integrating it into general knowledge, through several anchor points, which are the objectives and the strategies.
The **STRATEGY** series contains no silver bullets.

En el espacio público el tiempo se convierte en la primera herramienta de trabajo.
En tanto que proceso, es una línea de tiempo, en la que los objetivos se materializan en lapsus distintos.
Manejar esta línea de larga duración requiere gran capacidad de anticipación.
La estrategia es un mecanismo de anticipación que desencadena microprocesos dentro del proyecto.
Como todo mecanismo de anticipación, es una acción con un tiempo propio, dirigida a conseguir un objetivo.
El método de análisis de la serie **STRATEGY** es nuestra propuesta para conocer la realidad.
Es un camino que cada uno construye a medida que se adentra en el proyecto.
Como cualquier reflexión, contempla múltiples posibilidades.
Fragmenta la aproximación al proyecto a través de sus estrategias, lo acota y baliza, a la vez que permite la visión completa de la entidad.
Es sólo una manera de integrarlo en el conocimiento general, a través de varios puntos de anclaje, que son los objetivos y las estrategias.
La serie **STRATEGY** no contiene recetas mágicas.

**AURORA FERNÁNDEZ PER**

# LANDSCAPE URBANISM **STRATEGIES**

| AIMS | STRATEGIES |
|---|---|
| **ACTIVATING HUBS** ACTIVAR NODOS | 001 002 |
| **REGENERATING WATERFRONTS** REVITALIZAR BORDES | 003 004 005 006 |
| **INVIGORATING THE SUBURBS** ESTIMULAR LA PERIFERIA | 007 008 |
| **OCCUPYING VOIDS** OCUPAR VACIOS | 009 |
| **ACTIVATING INTERSTITIAL SPACES** ACTIVAR ESPACIOS INTERSTICIALES | 010 011 |
| **USING A CORRIDOR AS STRUCTURE** UTILIZAR UN CORREDOR COMO ESTRUCTURA | 012 013 |
| **APPLYING A GENERATOR MATRIX** APLICAR UNA MATRIZ GENERADORA | 014 015 016 |
| **TURNING THE PAST INTO DESIGN GENERATOR** CONVERTIR EL PASADO EN GENERADOR | 017 018 019 020 |
| **INTEGRATING CONTINGENCY** INTEGRAR LA CONTINGENCIA | 021 |
| **ALLOWING RANDOMNESS** PERMITIR LA INDETERMINACIÓN | 022 023 024 025 026 |
| **RECREATING A THEME** RECREAR UN TEMA | 027 028 029 030 031 032 033 |
| **INTEGRATING THE EXISTING** INTEGRAR LO EXISTENTE | 034 035 036 037 038 039 |
| **REINTERPRETING THE EXISTING** REINTERPRETAR LO EXISTENTE | 040 |
| **REGENERATING ECOSYSTEMS** REGENERAR ECOSISTEMAS | 041 042 043 |
| **MANAGING RAINWATER** GESTIONAR PLUVIALES | 044 045 046 047 048 049 050 |
| **MANAGING PLANTATIONS** GESTIONAR PLANTACIONES | 051 052 053 054 055 056 057 |
| **MANAGING MAINTENANCE** GESTIONAR MANTENIMIENTO | 058 059 |
| **MANAGING SEASONALITY** GESTIONAR ESTACIONALIDAD | 060 |
| **AVOIDING NOISE POLLUTION** EVITAR LA CONTAMINACIÓN ACÚSTICA | 061 |
| **MANAGING EARTHWORKS** GESTIONAR MOVIMIENTOS DE TIERRAS | 062 063 064 065 |
| **CONNECTING** CONECTAR | 066 067 068 069 |
| **INTEGRATING** INTEGRAR | 070 071 |
| **FAVOURING SUSTAINABLE TRANSPORT** FAVORECER EL TRANSPORTE SOSTENIBLE | 072 |
| **SEPARATING ACTIVE AND PASSIVE USES** SEPARAR USOS ACTIVOS Y PASIVOS | 073 074 075 076 077 078 |
| **PARTICIPATING** PARTICIPAR | 079 080 081 |
| **PREVENTING AND REASSURING** PREVENIR Y ASEGURAR | 082 083 084 085 086 |
| **CREATING MICROCLIMATES** CREAR MICROCLIMAS | 087 088 089 090 |
| **EDUCATING** EDUCAR | 091 |
| **DISSUADING** DISUADIR | 092 093 094 |
| **ENSURING ACCESSIBILITY** ASEGURAR LA ACCESIBILIDAD UNIVERSAL | 095 096 097 098 099 |
| **REUSING** REUTILIZAR | 100 101 |
| **RECICLYNG** RECICLAR | 102 |
| **ALLOWING REVERSION** FACILITAR LA REVERSIÓN | 103 |
| **OPTIMIZING MATERIALS** OPTIMIZAR EL MATERIAL | 104 105 106 107 108 |
| **ADAPTING ENDURANCE OF MATERIALS** ADECUAR RESISTENCIAS | 109 110 111 112 |
| **CREATING A COMPOSITION** CREAR COMPOSICIONES | 113 114 115 116 |
| **BLURRING THE LIMITS** DISIPAR LÍMITES | 117 |
| **ENDURING** RESISTIR | 118 |
| **INDUCING EXPERIENCES** PROVOCAR EXPERIENCIAS | 119 120 121 122 |
| **SISTEMATIZING** SISTEMATIZAR | 123 124 |
| **TRACE CONTROLLING** CONTROLAR ORIGEN | 125 |
| **CUSTOMIZING** CUSTOMIZAR | 126 127 128 |
| **REUSING** REUTILIZAR | 129 |
| **CAMOUFLAGING** CAMUFLAR | 130 |
| **BLURRING THE LIMITS** DISIPAR LÍMITES | 131 |
| **CREATING REFERENCES** CREAR REFERENCIAS | 132 133 134 |
| **MAKING LANDSCAPES** CREAR PAISAJES | 135 136 |
| **AVOIDING PHOTOPOLLUTION** EVITAR LA CONTAMINACIÓN LUMÍNICA | 137 138 139 140 |

## ACTIVATING HUBS ACTIVAR NODOS

The fabric of the consolidated city requires operations at strategic points in order for it to maintain its appeal. These interventions are more affordable than large refurbishment projects and can be implemented independently until in time they come together to form a tightly woven network of linked spaces.

El tejido de la ciudad consolidada necesita de operaciones en puntos estratégicos para seguir siendo atractivo. Estas intervenciones puntuales son más asequibles que los grandes proyectos de reforma y se pueden desarrollar independientemente hasta conformar con el tiempo una red tupida de espacios conectados.

**001**

### SQUARE AND PARASOLS

PLAZA Y PARASOLES

**PAREDES.PINO ARQUITECTOS**
Open Center for Public Activities
Cordoba, Spain (2010)

PAGES..................................................54-63

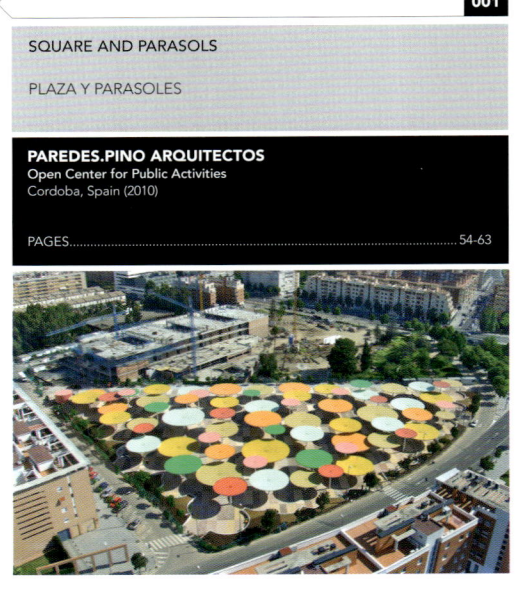

**002**

### MASSIVE CANOPY

CUBIERTA MONUMENTAL

**STUDIO ASSOCIATO SECCHI-VIGANÒ**
Theater Square
Antwerp, Belgium (2008)

PAGES................................................100-107

**005**

### PARK AND CYCLING ROUTE

PARQUE Y CARRIL BICI

**MICHAEL VAN VALKENBURGH ASSOCIATES**
Brooklyn Bridge Park
New York, United States (2010-2013)

PAGES..................................................114-121

**006**

### PUBLIC SPACE ON THE FORMER HARBOUR PIER

ESPACIO PÚBLICO SOBRE EL ANTIGUO MUELLE PORTUARIO

**JAMES CORNER FIELD OPERATIONS**
Race Street Pier
Philadelphia, United States (2011)

PAGES..................................................122-125

## INVIGORATING THE SUBURBS ESTIMULAR LA PERIFERIA

Social cohesion is maintained by a framework of services and public spaces which reach out to the whole metropolitan area, avoiding both inequality and compulsory trips in search of quality places. Public spaces in peripheral areas, when they are appealing and well-connected, ease isolation and favour mixing.

La cohesión social se mantiene con un entramado de servicios y espacios públicos que alcance a todo el territorio metropolitano, evitando tanto la desigualdad como los desplazamientos obligados en busca de lugares de calidad. Los espacios públicos en áreas periféricas, cuando son atractivos y están bien conectados, mitigan el aislamiento y favorecen la mezcla.

**009**

### MOSAIC OF TEMPORARY ACTIVITIES

MOSAICO DE ACTIVIDADES TEMPORALES

**SLA**
Fredericia C-Temporary Park
Fredericia, Denmark (2011)

PAGES....................................................28-33

## ACTIVATING INTERSTITIAL SPACES
ACTIVAR ESPACIOS INTERSTICIALES

When land is scarce, the scant free space remaining becomes extraordinarily valuable. Its sometimes awkward location has to become an opportunity to deliver public programmes in unexpected spaces to the city. Their residual character saved them from planning in their day and now they can be used to correct deficiencies.

Cuando el suelo escasea, el poco espacio libre que queda es extraordinariamente valioso. Su ubicación a menudo comprometida ha de servir como oportunidad para entregar a la ciudad programas públicos en espacios inesperados. Su carácter residual los salvó en su momento del planeamiento y ahora pueden ser aprovechados para corregir carencias.

**010**

### SPORTING AND GAMES AREAS

ÁREAS DEPORTIVAS Y ZONAS DE JUEGOS

**TOPOTEK 1**
Theresienhöhe Railway Cover
Munich, Germany (2010)

PAGES....................................................40-45

## REGENERATING WATERFRONTS REVITALIZAR BORDES

Water or river fronts, occupied by the declining harbour infrastructures or activities, require ambitious regeneration projects because it is here where many hopes lie. These are interventions which involve large amounts of public resources and although the city might aim to achieve a unified final image, it is necessary to foresee the project broken down into sections which are to be implemented independently.

Los bordes marítimos o fluviales, colonizados por las infraestructuras o las actividades portuarias en declive, requieren de ambiciosos proyectos de regeneración porque es ahí donde están puestas muchas esperanzas. Se trata de intervenciones que movilizan gran cantidad de recursos públicos y, aunque la ciudad espere una imagen final unitaria, es necesario prever la división del proyecto en tramos ejecutables independientemente.

**003**

### CYCLE WAY

VÍA CICLISTA

**GLOBAL ARQUITECTURA PAISAGISTA**
Lisbon Bicycle Path
Lisbon, Portugal (2009)

**004**

### HYBRID SQUARE-MEADOW

HÍBRIDO PLAZA-PRADERA

**STOSSLJ**
Erie Street Plaza
Milwaukee, United States (2010)

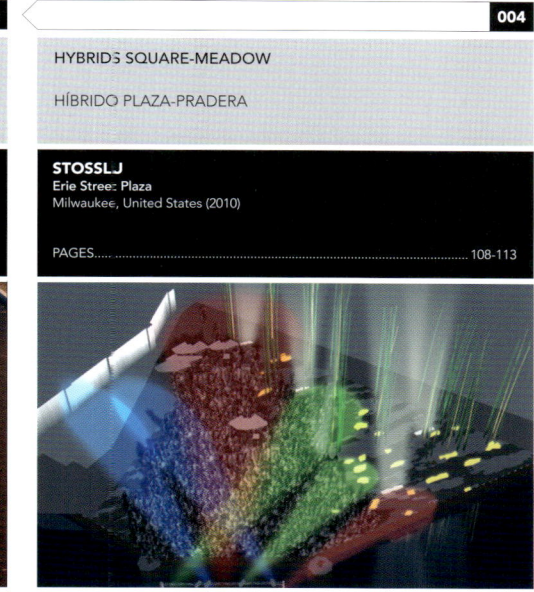

**007**

### THE TRAMWAY

LA LÍNEA DEL TRANVÍA

**ALDAYJOVER**
Saragossa Tramway
Saragossa, Spain (2011)

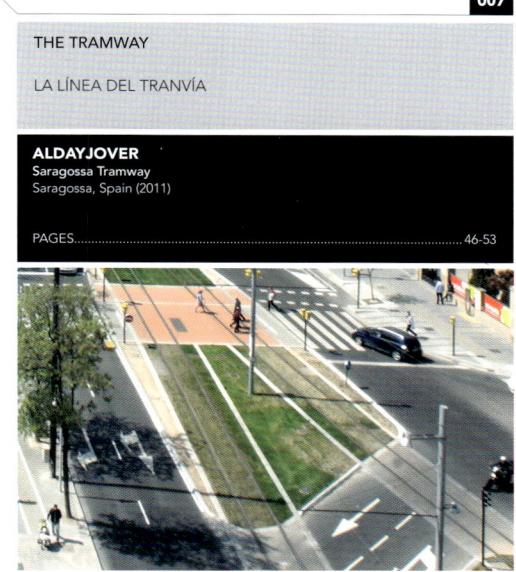

**008**

### BRIDGE NETWORK

RED DE PUENTES

**BURGOS & GARRIDO, PORRAS LA CASTA,
RUBIO & ÁLVAREZ-SALA, WEST8**
Madrid Río
Madrid, Spain (2011)

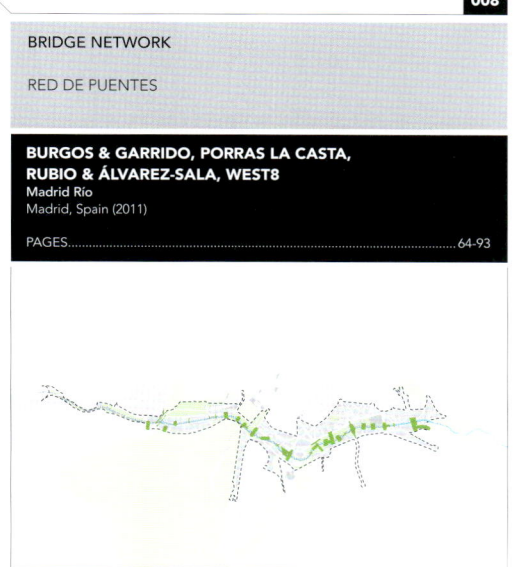

### OCCUPYING VOIDS OCUPAR VACÍOS

When the city slows down its plans for growth or internal renovation, the plots generated become an opportunity to occupy the space temporarily with public activities. The short life span of these voids permits a certain experimentation in terms of form, while at the same time requiring the use of reversible building solutions adapted to very limited budgets.

Cuando la ciudad ralentiza sus planes de crecimiento o reforma interior, los solares generados son una ocasión para ocupar el espacio de manera temporal con actividades públicas. La brevedad de la existencia de estos vacíos permite cierta experimentación formal, al tiempo que obliga al empleo de soluciones constructivas reversibles y ajustadas a presupuestos muy reducidos.

**CONCEPT**

**011**

### ELEVATED WALKWAY

PASEO ELEVADO

**JAMES CORNER FIELD OPERATIONS,
DILLER SCOFIDIO+RENFRO**
The High Line Sections 1 & 2
New York, United States (2011)

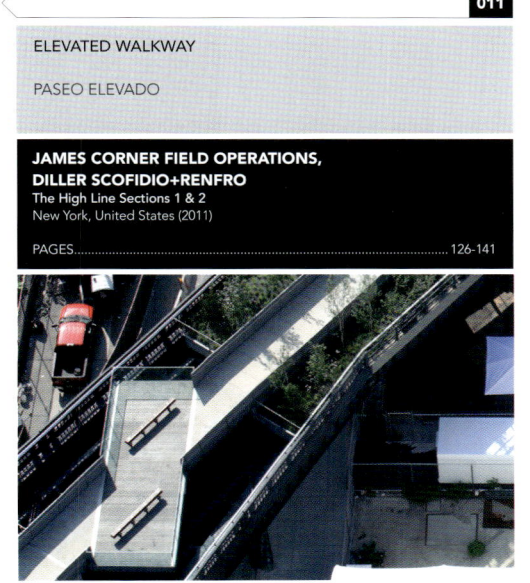

### USING A CORRIDOR AS STRUCTURE
UTILIZAR UN CORREDOR COMO ESTRUCTURA

The installations which support the new or obsolete transport networks are an excellent opportunity for public corridors which connect up disparate fragments of urban territory. Their route is accompanied by longitudinal generative strips punctuated by rhythmic elements and hubs of activity which pacify the uneasy relationship between the city and its infrastructures.

Las instalaciones que soportan las redes de transporte, nuevas u obsoletas, son una excelente oportunidad para corredores públicos que enlazan fragmentos dispares del territorio urbano. Su paso se acompaña de bandas longitudinales generadoras puntuadas con elementos ritmantes y focos de actividad que apaciguan la incómoda relación de la ciudad con sus infraestructuras.

**012**

### EXPRESSWAY

VÍA RÁPIDA

**BURGOS & GARRIDO, PORRAS LA CASTA,
RUBIO & ÁLVAREZ-SALA, WEST8**
Madrid Río
Madrid, Spain (2011)

**013**

THE RAIWAY PASSAGE

EL PASAJE FERROVIARIO

**JAMES CORNER FIELD OPERATIONS, DILLER SCOFIDIO + RENFRO**
The High Line Sections 1 & 2
New York, United States (2011)

PAGES................................................................126-141

APPLYING A GENERATOR MATRIX
APLICAR UNA MATRIZ GENERADORA

A composite system based on repeated elements can be used to implement large scale interventions. This economy of resources simplifies the actions on complex contexts and allows spaces to be clearly unified. Applying generator matrices entails the seriation of building systems and components with the subsequent cost reduction.

Un sistema compositivo a base de elementos repetidos puede resolver intervenciones a gran escala. Esta economía de recursos simplifica las actuaciones en contextos complejos y permite unificar espacios de manera rotunda. La aplicación de matrices generadoras conlleva la seriación de sistemas y componentes constructivos con el consiguiente abaratamiento de los costes.

**014**

PARASOLS IN FIVE SIZES

PARASOLES DE CINCO TAMAÑOS

**PAREDES.PINO ARQUITECTOS**
Open Center for Public Activities
Cordoba, Spain (2010)

PAGES................................................................54-63

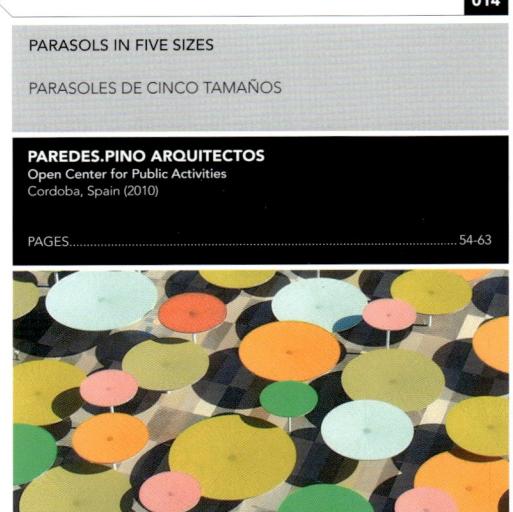

**017**

THE ORIGINAL URBAN GRID

LA TRAMA URBANA ORIGINAL

**SLA**
Fredericia C-Temporary Park
Fredericia, Denmark (2011)

PAGES................................................................28-33

**018**

GRID OF PLANTATIONS AND THE RIVER BED

TRAMA DE LAS PLANTACIONES Y HUELLA DEL ARROYO

**BURGOS & GARRIDO, PORRAS LA CASTA, RUBIO & ÁLVAREZ-SALA, WEST8**
Madrid Río
Madrid, Spain (2011)

PAGES................................................................64-93

**019**

THE COLOUR OF SAND

EL COLOR DEL ALBERO

**JOSÉ ANTONIO MARTÍNEZ LAPEÑA & ELÍAS TORRES**
Hercules Mall
Seville, Spain (2009)

PAGES................................................................94-99

**ALLOWING RANDOMNESS** PERMITIR LA INDETERMINACIÓN

The more the popularity of the virtual grows, the more the vitality of the real diminishes, as the latter struggles against an obsession for security and the zoning of uses. Some projects nonetheless propose finishes which are random and open to uncertainty and to a countless amount of programmes. These involve spaces which adapt themselves to the passing of time and the changing demands of the users and which can be used for all types of unplanned activities.

La popularidad de lo virtual crece en la misma medida en que disminuye la vitalidad de lo real, acosado por una obsesión de la seguridad y la acotación de usos. Algunos proyectos proponen, sin embargo, tapices indeterminados y abiertos a la incertidumbre y a un sinfín de programas. Se trata de espacios adaptados al paso del tiempo y la demanda cambiante de los usuarios que pueden acoger todo tipo de actividades imprevistas.

**022**

MOBILE FURNITURE

MOBILIARIO PORTÁTIL

**SLA**
Fredericia C-Temporary Park
Fredericia, Denmark (2011)

PAGES................................................................28-33

**023**

CONTINUOUS SURFACE AREA SHELTERED FROM THE SUN

SUPERFICIE CONTINUA PROTEGIDA DEL SOL

**PAREDES.PINO ARQUITECTOS**
Open Center for Public Activities
Cordoba, Spain (2010)

PAGES................................................................54-63

**015**

### THE SECTION TYPE

LA SECCIÓN TIPO

**BURGOS & GARRIDO, PORRAS LA CASTA, RUBIO & ÁLVAREZ-SALA, WEST8**
Madrid Río
Madrid, Spain (2011)

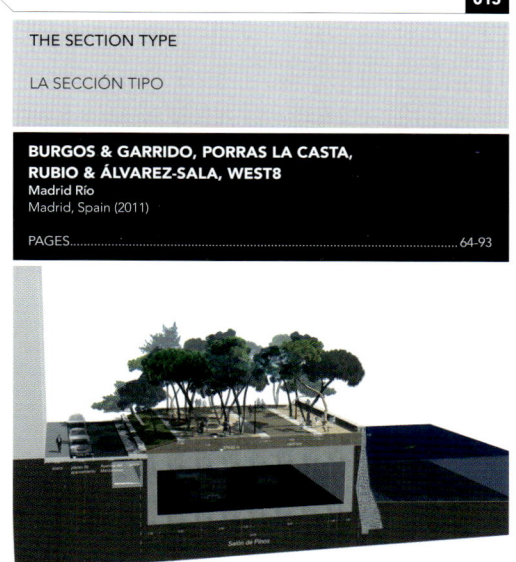

**016**

### SLAB SYSTEM AND PLANTING

SISTEMA DE PLACA+PLANTACIÓN

**JAMES CORNER FIELD OPERATIONS, DILLER SCOFIDIO + RENFRO**
The High Line Sections 1 & 2
New York, United States (2011)

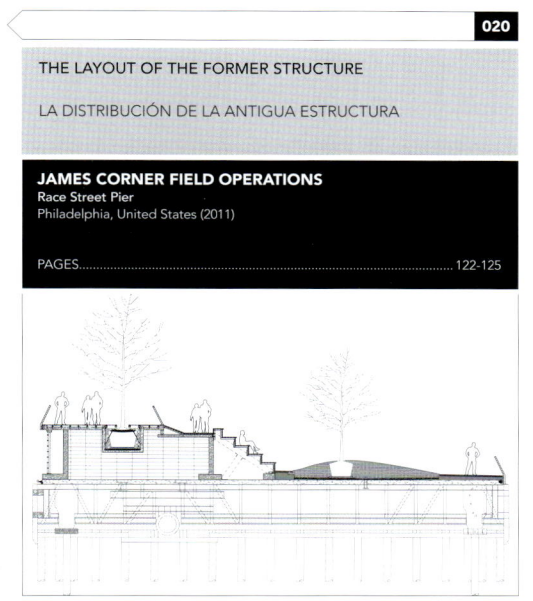

### TURNING THE PAST INTO DESIGN GENERATOR CONVERTIR EL PASADO EN GENERADOR

The traces of the past justify many of the programme, composition or material decisions shaping this public space. These arguments are easily understood both by the political authorities who commission the spaces and by the public who are the end users. It is up to the designer to search for a middle ground between solid memory and hollow nostalgia.

Las trazas del pasado justifican muchas de las decisiones programáticas, compositivas o materiales que dan forma al espacio público. Estos argumentos son fáciles de entender tanto por los responsables políticos que encargan los espacios como por los ciudadanos que los usan. Queda en manos del diseñador saber mantener el equilibrio entre la sólida memoria o la nostalgia hueca.

---

**020**

### THE LAYOUT OF THE FORMER STRUCTURE

LA DISTRIBUCIÓN DE LA ANTIGUA ESTRUCTURA

**JAMES CORNER FIELD OPERATIONS**
Race Street Pier
Philadelphia, United States (2011)

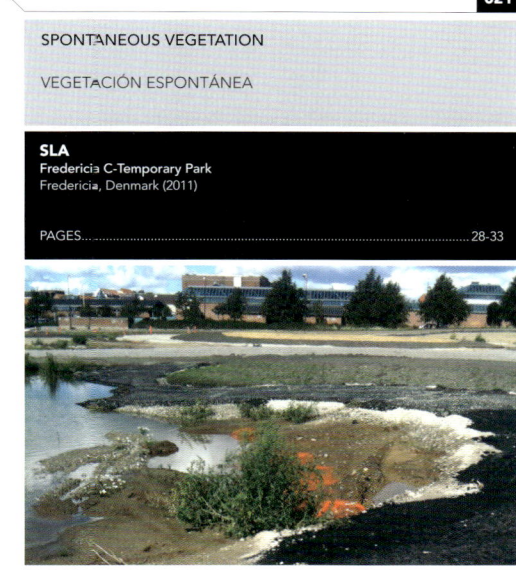

### INTEGRATING CONTINGENCY
INTEGRAR LA CONTINGENCIA

Eventuality may serve as nutritious supply for project conception and, when properly used, become a powerful argument. Assuming contingency represents a major spending cut in relation to the cost of other strategies meant to avoid it. Moreover, eventualities can become the creator of new surprising and unexpected landscapes.

La eventualidad puede servir de nutritivo alimento a los conceptos de partida y, bien usada, ser un arma poderosa. Asumir la contingencia representa un importante ahorro económico frente al esfuerzo que suponen otras estrategias encaminadas a prevenirla. Las eventualidades pueden convertirse, además, en autoras de nuevos paisajes sorprendentes e imprevistos.

**021**

### SPONTANEOUS VEGETATION

VEGETACIÓN ESPONTÁNEA

**SLA**
Fredericia C-Temporary Park
Fredericia, Denmark (2011)

---

**024**

### LARGE ESPLANADE FOR EVENTS

GRAN EXPLANADA PARA EVENTOS

**BURGOS & GARRIDO, PORRAS LA CASTA, RUBIO & ÁLVAREZ-SALA, WEST8**
Madrid Río
Madrid, Spain (2011)

**025**

### CANOPY AND PAVING

CUBIERTA Y PAVIMIENTO

**STUDIO ASSOCIATO SECCHI-VIGANÒ**
Theater Square
Antwerp, Belgium (2008)

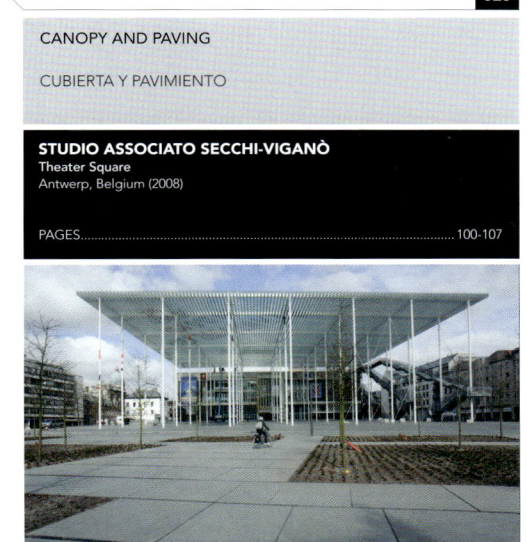

**026**

### IRREGULAR LAYOUT OF FURNITURE

DISPOSICIÓN IRREGULAR DEL MOBILIARIO

**STOSSLU**
Erie Street Plaza
Milwaukee, United States (2010)

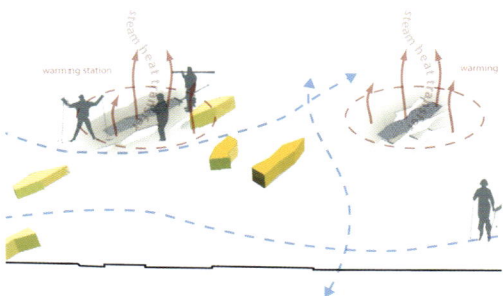

## RECREATING A THEME RECREAR UN TEMA

Selecting a theme helps to give an identity to public spaces which are all too often struggling against the harshness of some unwelcoming environments. Recreating an ambience related to the past of the location and its context or importing far-off atmospheres enables the place to be dealt with in a unified way and to base the choice of materials, furniture or the layout of the space on this decision.

La selección de un tema ayuda a dotar de identidad a espacios públicos que a menudo lidian con la aspereza de unos entornos poco acogedores. Reproducir un ambiente relacionado con el pasado del lugar y su contexto o importar atmósferas lejanas permite enfrentarse al sitio de forma unitaria, y derivar desde esa decisión la elección de materiales, mobiliario u organización del espacio.

## INTEGRATING THE EXISTING INTEGRAR LO EXISTENTE

The incorporation of pre-existing elements into the project does not just keep the memory of the location alive. Integrating infrastructures, buildings or furniture also implements the plan or the layout of the spaces and legitimizes many decisions. Bringing found objects back to life, when it is worth it recycling them, means keeping costs down and reducing waste production.

La incorporación de preexistencias al proyecto permite mantener viva la memoria del lugar. Además, la integración de infraestructuras, edificios o mobiliario resuelve el trazado o la disposición de los espacios y legitima muchas decisiones. Resucitar los objetos encontrados, cuando merece la pena reciclarlos, implica un abaratamiento de costes y una reducción de la producción de deshechos.

**029**

### THE RIVER BED

EL LECHO DEL RÍO

**BURGOS & GARRIDO, PORRAS LA CASTA, RUBIO & ÁLVAREZ-SALA, WEST8**
Madrid Río
Madrid, Spain (2011)

PAGES......................................................................64-93

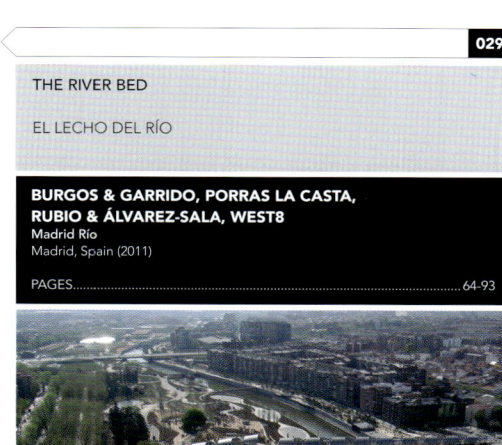

**030**

### THE CHERRY TREE

EL CEREZO

**BURGOS & GARRIDO, PORRAS LA CASTA, RUBIO & ÁLVAREZ-SALA, WEST8**
Madrid Río
Madrid, Spain (2011)

PAGES......................................................................64-93

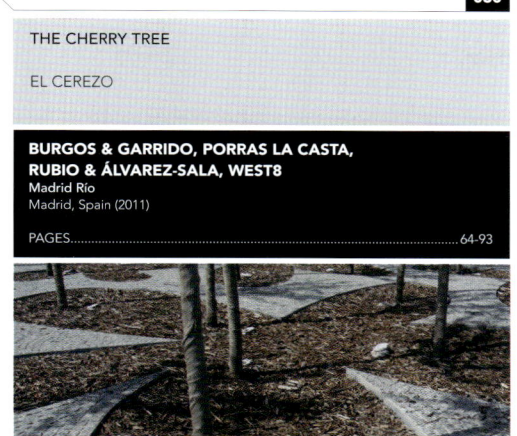

**031**

### BAROQUE GARDENS

LOS JARDINES BARROCOS

**BURGOS & GARRIDO, PORRAS LA CASTA, RUBIO & ÁLVAREZ-SALA, WEST8**
Madrid Río
Madrid, Spain (2011)

PAGES......................................................................64-93

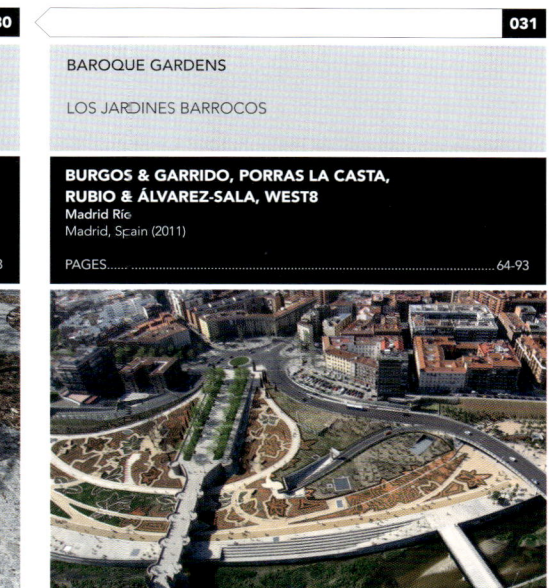

**034**

### HARBOUR WAREHOUSES

ALMACENES PORTUARIOS

**GLOBAL ARQUITECTURA PAISAGISTA**
Lisbon Bicycle Path
Lisbon, Portugal (2009)

PAGES......................................................................34-39

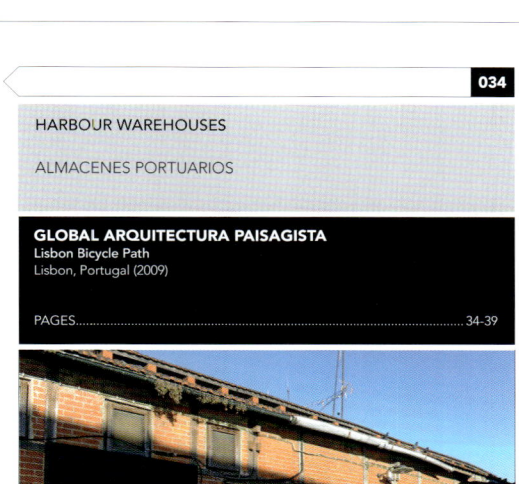

**035**

### MATADERO MADRID

MATADERO MADRID

**BURGOS & GARRIDO, PORRAS LA CASTA, RUBIO & ÁLVAREZ-SALA, WEST8**
Madrid Río
Madrid, Spain (2011)

PAGES......................................................................64-93

**036**

### RENOVATING THE HISTORIC BRIDGES

REHABILITACIÓN DE LOS PUENTES HISTÓRICOS

**BURGOS & GARRIDO, PORRAS LA CASTA, RUBIO & ÁLVAREZ-SALA, WEST8**
Madrid Río
Madrid, Spain (2011)

PAGES......................................................................64-93

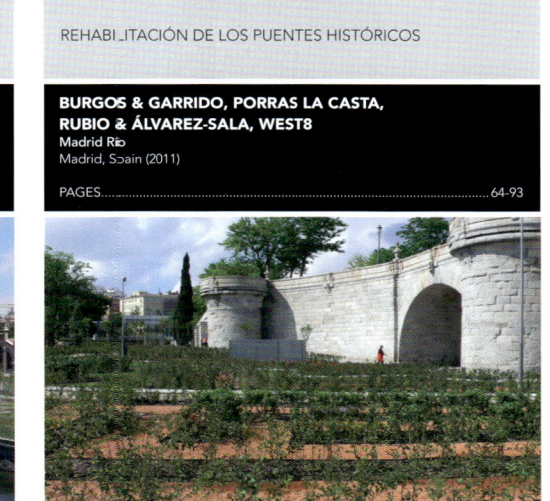

**HABITAT**

### REINTERPRETING THE EXISTING
REINTERPRETAR LO EXISTENTE

Taking advantage of the existing to change the layout of the space or adapting this to new uses can be a part of the many approaches to the context. This involves recycling atmospheres, programmes and objects which beyond the environmental advantages keeps the memory alive and consolidates the implementation of the projects.

Entre las múltiples aproximaciones al contexto se incluyen el aprovechamiento de lo existente para redibujar el espacio, o su adaptación a usos nuevos. Se trata de un reciclaje de atmósferas, programas y objetos que más allá de sus beneficios medioambientales mantiene viva la memoria y consolida la formalización de los proyectos.

**040**

### NATURE COLONIZING

LA COLONIZACIÓN NATURAL

**JAMES CORNER FIELD OPERATIONS, DILLER SCOFIDIO + RENFRO**
The High Line Sections 1 & 2
New York, United States (2011)

PAGES......................................................................126-141

### REGENERATING ECOSYSTEMS REGENERAR ECOSISTEMAS

The urbanization of the territory overran the existing natural habitat. With the turn of the century transformation of the production model and environmental awareness are returning large expanses of land, which have been cleaned up according to sustainable criteria, to the city. In this context, traditional landscape design loses momentum, making way for other types of strategies to bring nature back into the city.

La urbanización del territorio se llevó por delante el hábitat natural existente. Con el cambio de siglo, la transformación del modelo productivo y la concienciación medioambiental están devolviendo a la ciudad grandes cantidades de terrenos reacondicionados según criterios sostenibles. En este contexto, el paisajismo tradicional pierde fuelle, dejando paso a otro tipo de estrategias para la reintroducción de la naturaleza en la ciudad.

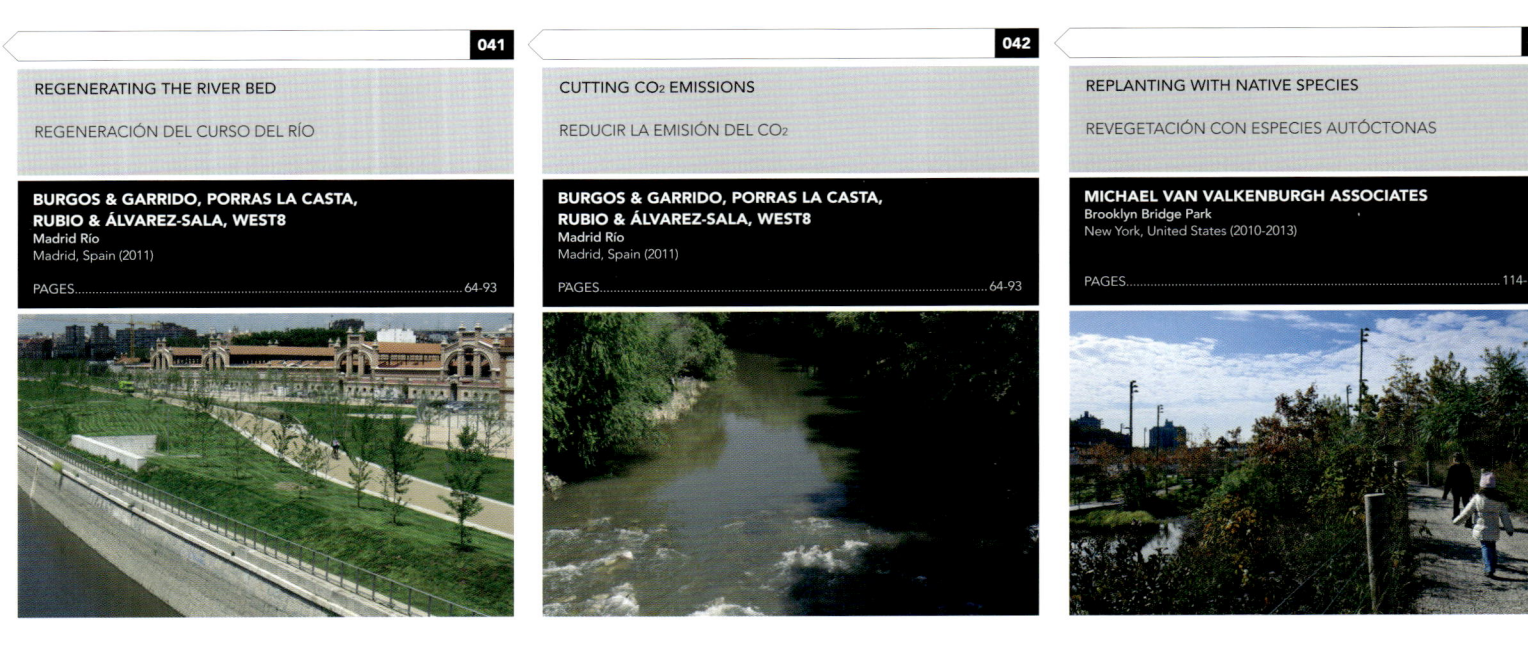

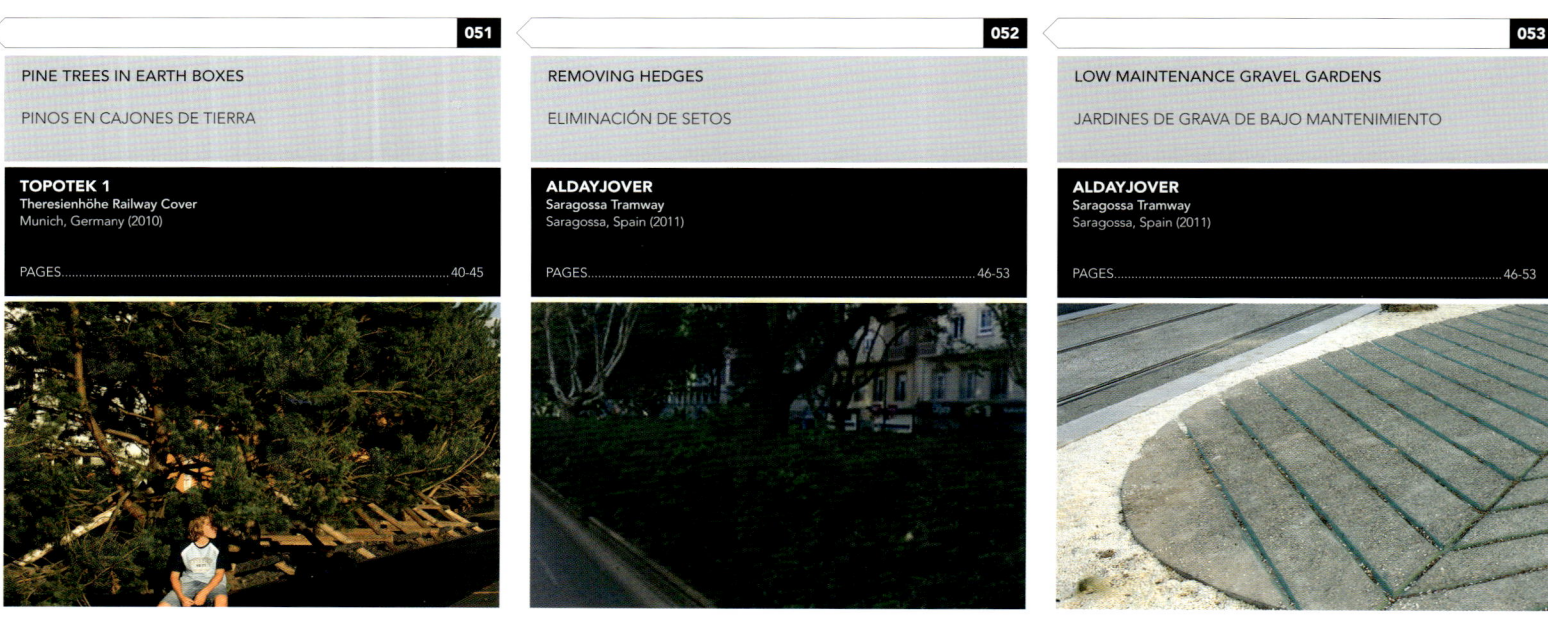

## MANAGING RAINWATER GESTIONAR PLUVIALES

Working on, to a certain extent, large territories requires dealing with the control of run-offs. Good water management benefits not only the construction itself but can also contribute to resolving the deficiencies of the immediate urban setting. Rainwater drainage, which often determines the layout of the spaces, should go hand in hand with mechanisms for re-using the water so as to minimize the impact of the interventions.

El trabajo sobre territorios más o menos extensos obliga a encargarse del control de la escorrentía. Una buena gestión del agua beneficia no solo al propio recinto, sino que puede contribuir a solventar las carencias del entorno urbano inmediato. La canalización de pluviales, que a menudo determina la organización de los espacios, debe acompañarse de mecanismos de reutilización de las aguas que minimicen el impacto de las intervenciones.

**044**

### PERFORATED KERBS

BORDILLOS PERFORADOS

**GLOBAL ARQUITECTURA PAISAGISTA**
Lisbon Bicycle Path
Lisbon, Portugal (2009)

PAGES..............................................................34-39

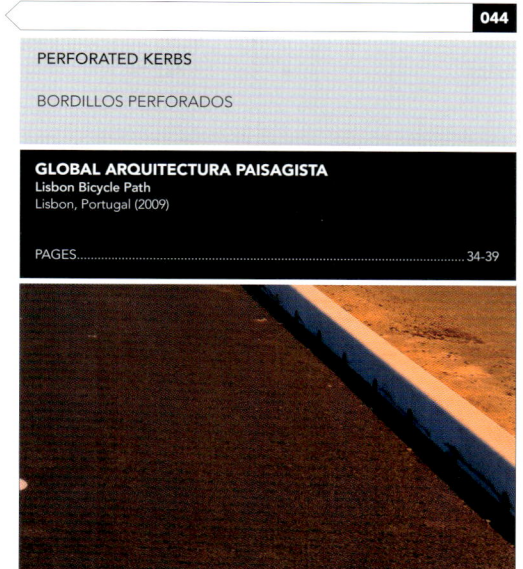

**045**

### INTEGRATED DRAINS

BAJANTES INTEGRADAS

**PAREDES.PINO ARQUITECTOS**
Open Center for Public Activities
Cordoba, Spain (2010)

PAGES..............................................................54-63

**049**

### ARTIFICIAL TOPOGRAPHY

TOPOGRAFÍA ARTIFICIAL

**STOSSLU**
Erie Street Plaza
Milwaukee, United States (2010)

PAGES..............................................................108-113

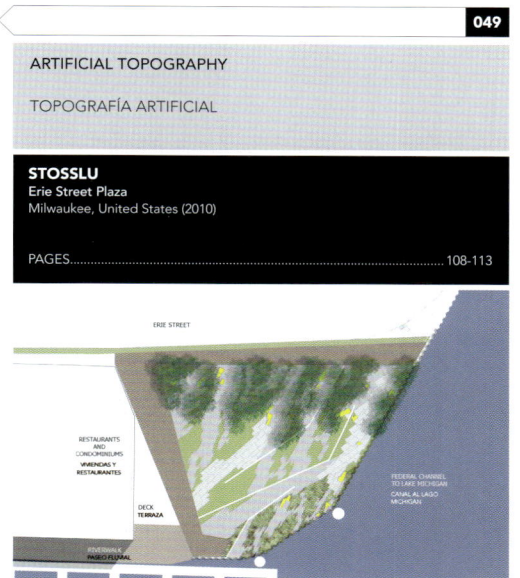

**050**

### RAINWATER STORAGE TANKS

DEPÓSITO DE RECOLECCIÓN DE PLUVIALES

**MICHAEL VAN VALKENBURGH ASSOCIATES**
Brooklyn Bridge Park
New York, United States (2010-2013)

PAGES..............................................................114-121

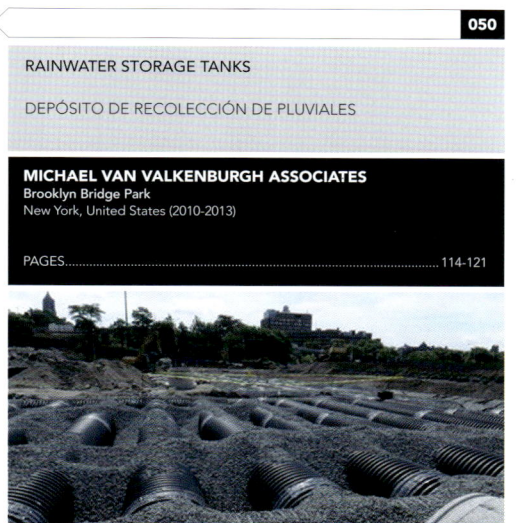

## MANAGING PLANTATIONS
GESTIONAR PLANTACIONES

The much longed for return of nature to the city and the desire to turn our cities into fertile settings is displacing regular landscaping. Strict criteria for cost reduction or citizen safety are added to the traditional ornamental and composition reasons ·or landscaped planting. Furthermore user participation, management or care occupy an increasingly important place on the list of requirements.

El ansiado retorno de la naturaleza a la ciudad y el deseo de convertir a nuestras ciudades en entornos fértiles están desplazando a la jardinería habitual. A la tradicional misión ornamental y compositiva de las plantaciones se suman estrictos criterios de reducción de costes o seguridad ciudadana. Además, la participación, gestión o cultivo por parte de los usuarios ocupa un lugar cada vez más importante en las listas de requerimientos.

**054**

### LOW CONSUMPTION BUSHES

ARBUSTOS DE BAJO CONSUMO

**BURGOS & GARRIDO, PORRAS LA CASTA, RUBIO & ÁLVAREZ-SALA, WEST8**
Madrid Río
Madrid, Spain (2011)

PAGES..............................................................64-93

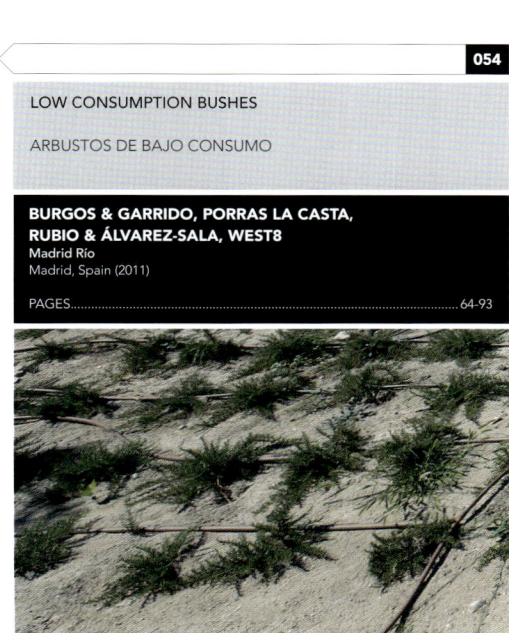

**055**

### FIXING SYSTEMS AND AERATION TUBES FOR ROOTS

SISTEMAS DE ANCLAJE Y TUBOS DE AIREACIÓN PARA RAÍCES

**BURGOS & GARRIDO, PORRAS LA CASTA, RUBIO & ÁLVAREZ-SALA, WEST8**
Madrid Río
Madrid, Spain (2011)

PAGES..............................................................64-93

**056**

### GRADIENT OF VEGETATION TYPE

GRADIENTE VEGETAL

**STOSSLU**
Erie Street Plaza
Milwaukee, United States (2010)

PAGES..............................................................108-113

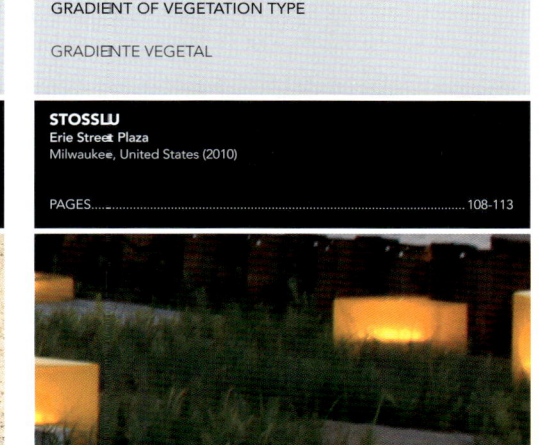

**057**

### DIFFERENTIATED VEGETATION

VEGETACIÓN DIFERENCIADA

**JAMES CORNER FIELD OPERATIONS, DILLER SCOFIDIO + RENFRO**
The High Line Sections 1 & 2
New York, United States (2011)

PAGES................................................................126-141

### MANAGING MAINTENANCE GESTIONAR MANTENIMIENTO

The success of a public space depends to a great extent on the verdict of time. And in order to achieve this success it is necessary to have foreseen within the project the long term maintenance requirements. In order for them to be viable the proposals will have to offer society specific solutions to reduce both the financial and environmental costs of future maintenance.

El éxito de un espacio público depende en gran medida del veredicto del tiempo. Y para lograr dicho éxito es necesario haber anticipado en el proyecto las necesidades de mantenimiento a largo plazo. Para ser viables, las propuestas deberán ofrecer a la sociedad soluciones concretas para reducir tanto al coste económico como medioambiental del mantenimiento futuro.

**058**

### LIMITATIONS OF MEADOWS AND RIVERSIDE WOODS

LIMITACIÓN DE PRADERAS Y BOSQUE DE RIBERA

**BURGOS & GARRIDO, PORRAS LA CASTA, RUBIO & ÁLVAREZ-SALA, WEST8**
Madrid Río
Madrid, Spain (2011)

PAGES................................................................64-93

### AVOIDING NOISE POLLUTION
EVITAR LA CONTAMINACIÓN ACÚSTICA

Inhabiting the dense city may imply some drawbacks, and one of the main missions of public space is to help alleviating them. The compact city is in danger if its residents do not feel at ease. It is therefore essential to provide the city with comfortable spaces that thwart the temptation of escaping to the quietness promised by suburban sprawl.

Habitar la ciudad densa tiene sus inconvenientes y una de las misiones principales del espacio público es mitigarlos. La ciudad compacta peligra cuando sus habitantes no se sienten cómodos en ella. Por eso es imprescindible dotar a la ciudad de espacios confortables que contrarresten la tentación de escapar a la tranquilidad prometida por la dispersión suburbial.

**061**

### GREEN LAYER

CAPA FORESTAL

**BURGOS & GARRIDO, PORRAS LA CASTA, RUBIO & ÁLVAREZ-SALA, WEST8**
Madrid Río
Madrid, Spain (2011)

PAGES................................................................64-93

### MANAGING EARTHWORKS
GESTIONAR MOVIMIENTOS DE TIERRAS

Transporting earth and rubble is one of the least sustainable moments in any intervention. Re-using this waste material as a construction element avoids transportation and dumping, while at the same time offering ways to redefine the landscape of the space in a more cost-effective manner. Earthworks of nearby sites might also be used to achieve the same aims.

El transporte de tierras y escombros es uno de los momentos menos sostenibles en cualquier intervención. La reutilización de este material de desecho como elemento constructivo evita el transporte y vertido, a la vez que ofrece posibilidades para redefinir la topografía de un espacio de una manera más económica. Los movimientos de tierras de parcelas próximas también pueden aprovecharse para conseguir los mismos objetivos de gestión.

**065**

### POLYSTYRENE TOPOGRAPHY

TOPOGRAFÍA DE POLIESTIRENO

**JAMES CORNER FIELD OPERATIONS**
Race Street Pier
Philadelphia, United States (2011)

PAGES................................................................122-125

### CONNECTING CONECTAR

Urban expansion based on the rhythm of economic cycles brought with it a set of disparate unconnected fragments scattered across the territory. One of the fundamental aims of public space is precisely to become a seam between different fabrics, favouring territorial and social cohesion between the areas it connects up.

La expansión urbana al ritmo de los ciclos económicos trajo consigo una constelación de fragmentos dispares e inconexos esparcidos por el territorio. Uno de los objetivos fundamentales del espacio público es precisamente servir de costura entre diferentes tejidos, favoreciendo la cohesión territorial y social entre las tramas que conecta.

**066**

### TRAIN STATIONS, FERRY TERMINALS AND PARK + RIDE FACILITIES
ESTACIONES DE TREN, TERMINALES DE BARCOS Y APARCAMIENTOS DISUASORIOS

**GLOBAL ARQUITECTURA PAISAGISTA**
Lisbon Bicycle Path
Lisbon, Portugal (2009)

PAGES................................................................34-39

**059**

METAL SHEET BORDERING LAWN AREAS

CHAPA DE LIMITACIÓN DE ÁREAS SEGADAS

**BURGOS & GARRIDO, PORRAS LA CASTA, RUBIO & ÁLVAREZ-SALA, WEST8**
Madrid Río
Madrid, Spain (2011)

PAGES................................................................64-93

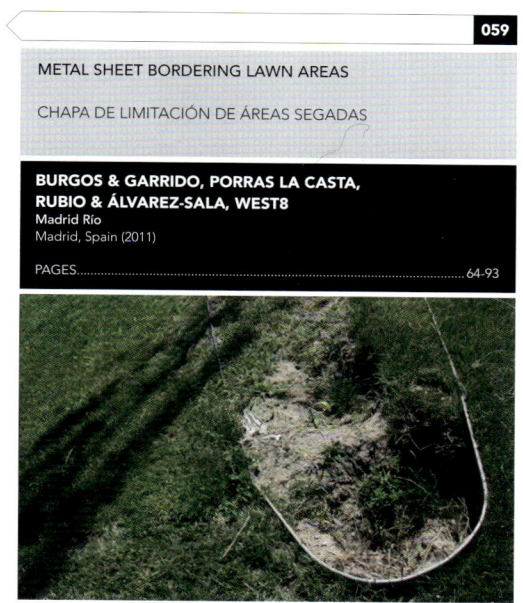

**MANAGING SEASONALITY** GESTIONAR ESTACIONALIDAD

Adapting to nature instead of dominating it. Why not make the most of the cyclical changes of the climate and the seasons of the year with the consequences on the water levels and vegetation? The result is changing spaces, whose users receive very different perceptions depending on the dictates of nature.

En vez de imponerse a la naturaleza, adaptarse a ella. ¿Por qué no sacar partido de las variaciones cíclicas del clima y las estaciones del año con sus consecuencias en el nivel de las aguas o la vegetación? El resultado son espacios en mutación, cuyos usuarios obtienen percepciones muy distintas en función de los dictados naturales.

**060**

VERTICAL CUTS IN THE SHEET PILE WALL

HENDIDURAS EN LAS PANTALLAS DE CONTENCIÓN

**STOSSLU**
Erie Street Plaza
Milwaukee  United States (2010)

PAGES................................................................108-113

**062**

POLYSTYRENE BLOCKS AND LIGHT CONCRETE TO FORM MOUNDS
BLOQUES DE POLIESTIRENO Y HOMIGÓN ALIGERADO FORMAN LOS MONTÍCULOS

**TOPOTEK 1**
Theresienhöhe Railway Cover
Munich, Germany (2010)

PAGES................................................................40-45

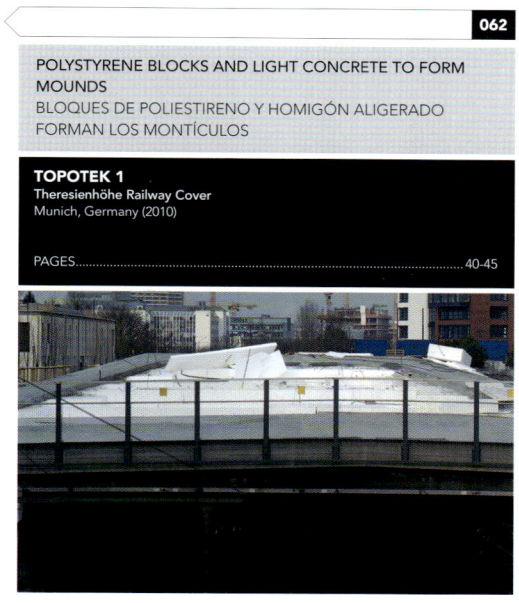

**063**

MINIMUM EARTHWORKS

MINIMIZACIÓN DEL MOVIMIENTO DE TIERRAS

**BURGOS & GARRIDO, PORRAS LA CASTA, RUBIO & ÁLVAREZ-SALA, WEST8**
Madrid Río
Madrid, Spain (2011)

PAGES................................................................64-93

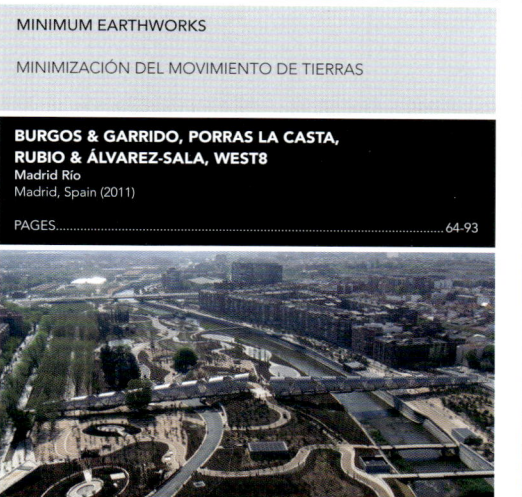

**064**

RECYCLED TOPOGRAPHY

TOPOGRAFÍA RECICLADA

**MICHAEL VAN VALKENBURGH ASSOCIATES**
Brooklyn Bridge Park
New York,  United States (2010-2013)

PAGES................................................................114-121

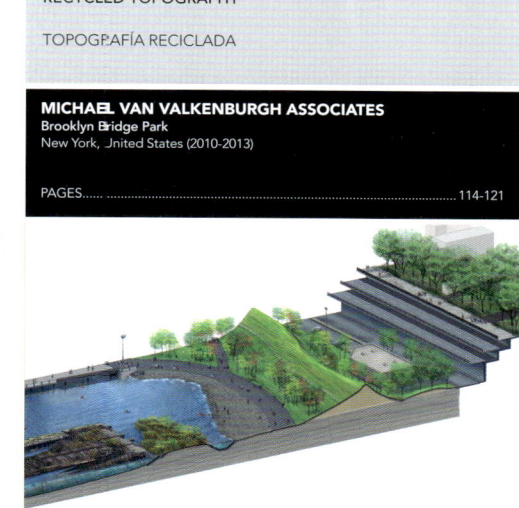

**067**

GREEN METROPOLITAN CORRIDOR

CORREDOR VERDE METROPOLITANO

**BURGOS & GARRIDO, PORRAS LA CASTA, RUBIO & ÁLVAREZ-SALA, WEST8**
Madrid Río
Madrid, Spain (2011)

PAGES................................................................64-93

**068**

ROUTE OF THE EUROPEAN PATHS NETWORK

RECORRIDO DE LA RED DE SENDEROS EUROPEOS

**BURGOS & GARRIDO, PORRAS LA CASTA, RUBIO & ÁLVAREZ-SALA, WEST8**
Madrid Río
Madrid, Spain (2011)

PAGES................................................................64-93

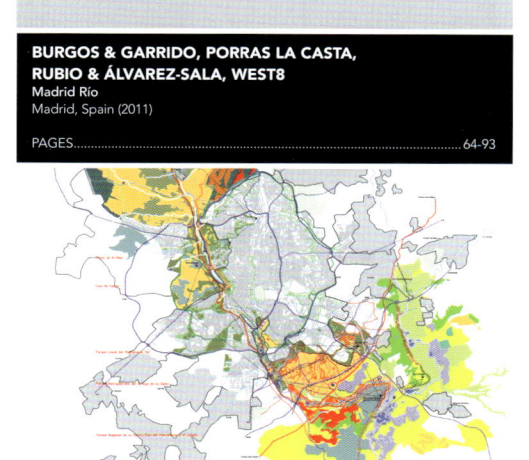

**069**

REMODELLING THE AREAS AROUND HOUSING

REMODELACIÓN DEL ENTORNO DE LAS VIVIENDAS

**BURGOS & GARRIDO, PORRAS LA CASTA, RUBIO & ÁLVAREZ-SALA, WEST8**
Madrid Río
Madrid, Spain (2011)

PAGES................................................................64-93

### INTEGRATING INTEGRAR

Adopting the pre-existing elements as part of the programme or the layout of the public space; coordinating fluxes and rhythms; adding neighbouring atmospheres or landscapes; linking up with nearby uses... Incorporating pluses to the list of concepts serves to ensure the success of projects long before the definitive implementation.

Adoptar las preexistencias como parte del programa o el trazado del espacio público; coordinar flujos y ritmos; añadir ambientes o paisajes limítrofes; enlazar con los usos circundantes…
La incorporación de sumandos a la lista de conceptos sirve para asegurar el éxito de los proyectos mucho antes que su materialización definitiva.

**070**

### PEDESTRIANS, CYCLISTS, PUBLIC TRANSPORT AND CARS

PEATONES, CICLISTAS, TRANSPORTE PÚBLICO Y AUTOMÓVILES

**ALDAYJOVER**
Saragossa Tramway
Saragossa, Spain (2011)

PAGES..................................................46-53

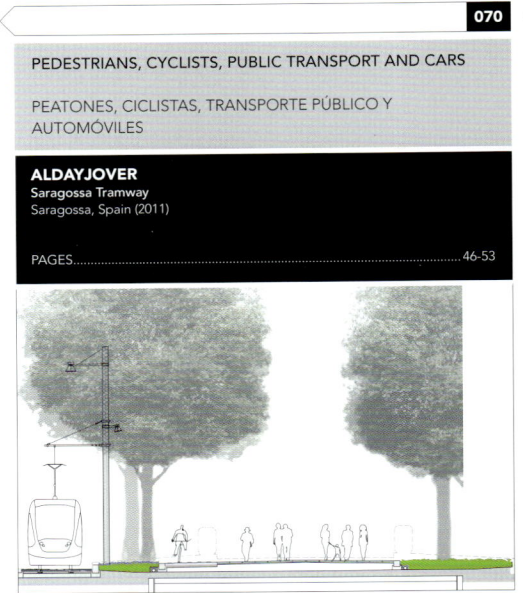

**071**

### ACTIVITY NETWORK

RED DE ACTIVIDADES

**BURGOS & GARRIDO, PORRAS LA CASTA, RUBIO & ÁLVAREZ-SALA, WEST8**
Madrid Rio
Madrid, Spain (2011)

PAGES..................................................64-93

**073**

### PAVING AND SIGNAGE

PAVIMENTOS Y SEÑALÉTICA

**GLOBAL ARQUITECTURA PAISAGISTA**
Lisbon Bicycle Path
Lisbon, Portugal (2009)

PAGES..................................................34-39

**074**

### CYCLE PAH, PEDESTRIAN WALKWAY AND RECREATIONAL AREA

VÍA CICLISTA, VÍA PEATONAL Y ZONA DE ESPARCIMIENTO

**BURGOS & GARRIDO, PORRAS LA CASTA, RUBIO & ÁLVAREZ-SALA, WEST8**
Madrid Rio
Madrid, Spain (2011)

PAGES..................................................64-93

**075**

### FAST TRACK AND SLOW TRACKS

VÍA RÁPIDA Y CAMINOS LENTOS

**BURGOS & GARRIDO, PORRAS LA CASTA, RUBIO & ÁLVAREZ-SALA, WEST8**
Madrid Rio
Madrid, Spain (2011)

PAGES..................................................64-93

### PARTICIPATING PARTICIPAR

The user has become a developer and a manager of the city voids through spontaneous appropriation, maintenance and the organization of activities. In professionally designed complex spaces user participation is equally necessary from the early stages of the project, through consensus platforms regarding the programme.

El usuario se ha convertido en promotor y gestor de vacíos de ciudad a través de la apropiación espontánea, el mantenimiento y la organización de actividades. En los espacios complejos, diseñados profesionalmente, la participación del usuario es igualmente necesaria desde las primeras fases del proyecto, a través de plataformas de consenso sobre el programa.

**079**

### CHOICE OF ACTIVITIES

ELECCIÓN DE ACTIVIDADES

**SLA**
Fredericia C-Temporary Park
Fredericia, Denmark (2011)

PAGES..................................................28-33

**080**

### PORTRAITS OF THE NEIGHBOURS

RETRATOS DE LOS VECINOS

**BURGOS & GARRIDO, PORRAS LA CASTA, RUBIO & ÁLVAREZ-SALA, WEST8**
Madrid Rio
Madrid, Spain (2011)

PAGES..................................................64-93

### FAVOURING SUSTAINABLE TRANSPORT
FAVORECER EL TRANSPORTE SOSTENIBLE

The reasonable limitation of private vehicle use in the consolidated city is already on the agenda for any local authority. In this sense public roads must not only be adapted to the presence of less vehicles but they must also deter the use of these vehicles and respond to the spatial needs of the other forms of mobility which are gaining in importance.

La limitación razonable del tráfico de automóviles privados en la ciudad consolidada forma parte ya de la agenda de cualquier administración local. En este sentido, las vías públicas deben no solo adaptarse a la disminución de vehículos, sino que han de disuadir de su utilización y responder a las necesidades espaciales de otras formas de movilidad en auge.

---

**072**

REMOVING PARKING SPACES

SUPRESIÓN DE PLAZAS DE APARCAMIENTO

**JOSÉ ANTONIO MARTÍNEZ LAPEÑA & ELÍAS TORRES**
Hercules Mall
Seville, Spain (2009)

PAGES.................................................................................................94-99

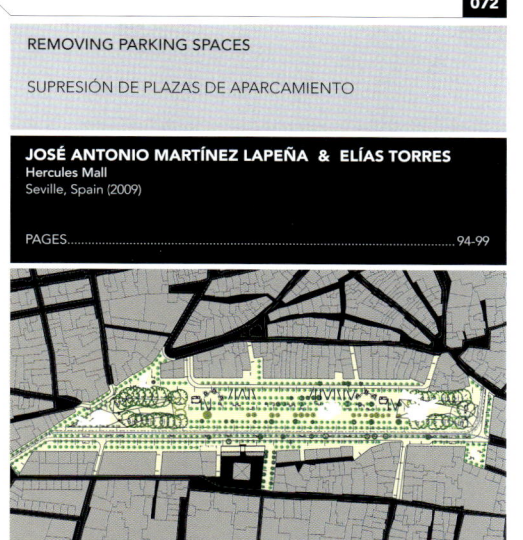

---

### SEPARATING ACTIVE AND PASSIVE USES
SEPARAR USOS ACTIVOS Y PASIVOS

The enriching co-existence of uses and users forms an essential part of the ideas behind programming the public spaces yet it can also generate conflictive situations. It is thus necessary to conciliate the different rhythms, setting aside specific differentiated spaces, away from busier or faster moving areas, for more relaxing, contemplative or slow moving uses.

La enriquecedora convivencia de usos y usuarios constituye una parte esencial del ideario con el que se programan los espacios públicos, pero puede sin embargo generar situaciones de conflicto. Es necesario, por tanto, conciliar los distintos ritmos, dotando a los usos más relajados, contemplativos o la circulación lenta, de espacios específicos y diferenciados de las zonas de mayor actividad o circulación rápida.

---

**076**

REST AREAS AND CIRCULATIONS SPACES

ESTANCIAS Y ESPACIOS DE CIRCULACIÓN

**STUDIO ASSOCIATO SECCHI-VIGANÒ**
Theater Square
Antwerp, Belgium (2008)

PAGES.................................................................................................100-107

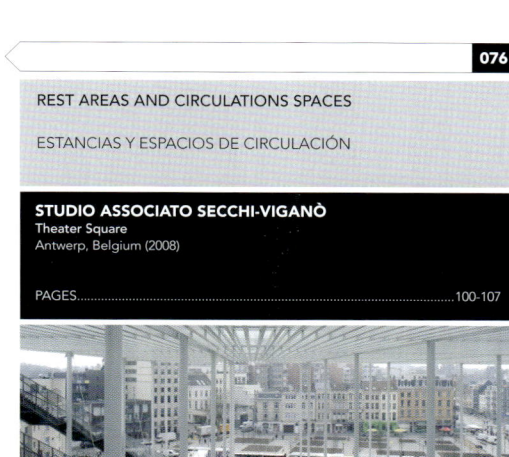

---

**077**

FLAT REST AND WALK AREA ON THE RAMP

ÁREA PLANA DE REPOSO Y PASEO EN RAMPA

**JAMES CORNER FIELD OPERATIONS**
Race Street Pier
Philadelphia, United States (2011)

PAGES.................................................................................................122-125

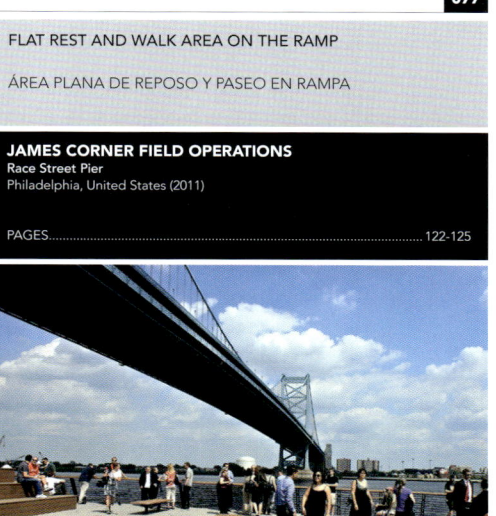

---

**078**

SHELTERED REST AREAS

ESTANCIAS PROTEGIDAS

**JAMES CORNER FIELD OPERATIONS,
DILLER SCOFIDIO + RENFRO**
The High Line Sections 1 & 2
New York, United States (2011)

PAGES.................................................................................................126-141

---

**081**

DESIGN PROPOSALS

PROPUESTAS DE DISEÑO

**JOSÉ ANTONIO MARTÍNEZ LAPEÑA & ELÍAS TORRES**
Hercules Mall
Seville, Spain (2009)

PAGES.................................................................................................94-99

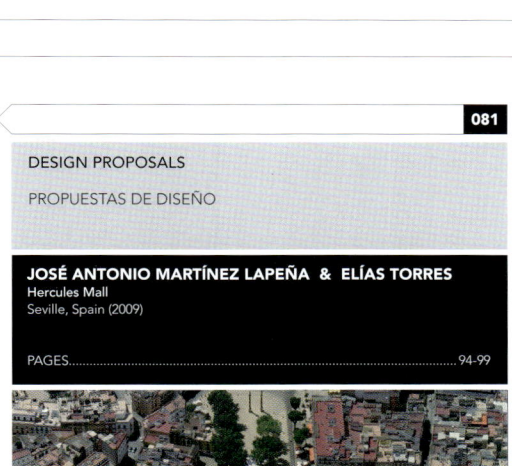

---

**PREVENTING AND REASSURING** PREVENIR Y ASEGURAR

User diversity restricts the level of risk which may be assumed in each design. However, in the case of using either standard or customized elements, there is still a margin for contingency which can be assumed by the user, which decreases insofar as a rapid compression of the space and its components is achieved. If the user is able to identify their environment, this increases their feeling of safety and accident prevention becomes easier.

La diversidad de usuarios restringe el nivel de riesgo asumible en cada diseño. No obstante, tanto si se emplean elementos estandarizados como personalizados, subsiste un margen de contingencia asumible por el usuario, que disminuye en la medida que se consigue una compresión rápida del espacio y sus componentes. Si el usuario es capaz de identificar su entorno, aumenta su sensación de seguridad y es más fácil prevenir accidentes.

---

**082**

ANTI-SLIP METAL DISCS

TACOS METÁLICOS ANTIDESLIZANTES

**TOPOTEK 1**
Theresienhöhe Railway Cover
Munich, Germany (2010)

PAGES.................................................................................................40-45

**083**

THE YELLOW BRICK ROAD

LA SENDA AMARILLA

**BURGOS & GARRIDO, PORRAS LA CASTA, RUBIO & ÁLVAREZ-SALA, WEST8**
Madrid Río
Madrid, Spain (2011)

PAGES..................................................................64-93

**084**

GROOVED PAVING STONES

BALDOSAS RANURADAS

**JOSÉ ANTONIO MARTÍNEZ LAPEÑA & ELÍAS TORRES**
Hercules Mall
Seville, Spain (2009)

PAGES..................................................................94-99

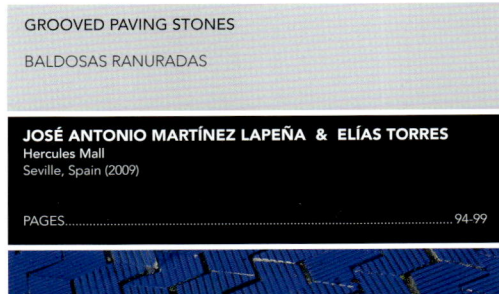

**085**

REMOVING HEDGES

ELIMINACIÓN DE SETOS

**STUDIO ASSOCIATO SECCHI-VIGANÒ**
Theater Square
Antwerp, Belgium (2008)

PAGES..................................................................100-107

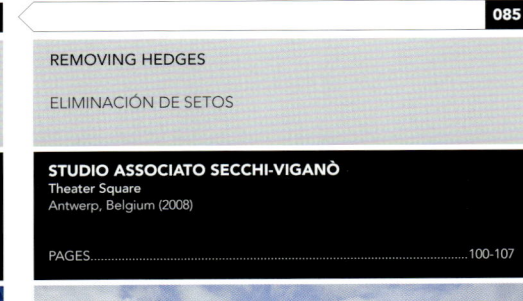

**088**

PARASOLS

PARASOLES

**PAREDES.PINO ARQUITECTOS**
Open Center for Public Activities
Cordoba, Spain (2010)

PAGES..................................................................54-63

**089**

PLANTING HARDY SPECIES, PERGOLAS AND FOUNTAINS

PLANTACIONES RESISTENTES, PÉRGOLAS Y FUENTES

**JOSÉ ANTONIO MARTÍNEZ LAPEÑA & ELÍAS TORRES**
Hercules Mall
Seville, Spain (2009)

PAGES..................................................................94-99

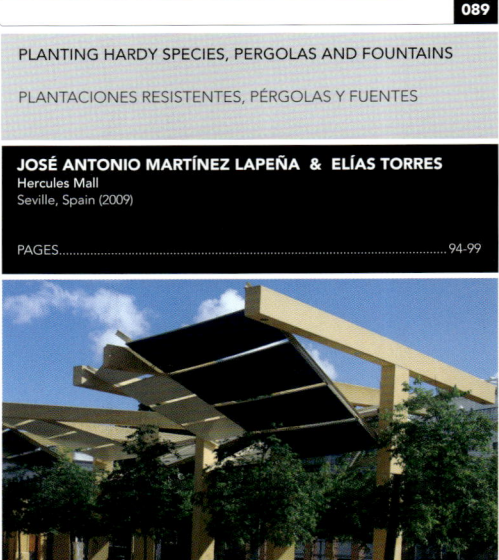

**090**

LIGHT-COLOURED PAVING

PAVIMENTOS CLAROS

**MICHAEL VAN VALKENBURGH ASSOCIATES**
Brooklyn Bridge Park
New York, United States (2010-2013)

PAGES..................................................................114-121

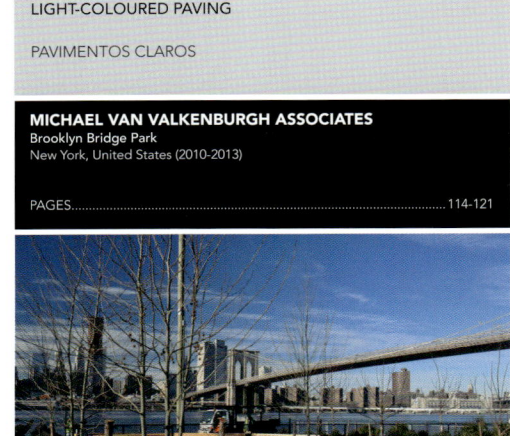

**092**

KERB SEPARATING TRAFFIC

BORDILLO DE SEPARACIÓN DE TRÁFICOS

**GLOBAL ARQUITECTURA PAISAGISTA**
Lisbon Bicycle Path
Lisbon, Portugal (2009)

PAGES..................................................................34-39

**093**

PROTECTED GRANITE

GRANITO PROTEGIDO

**BURGOS & GARRIDO, PORRAS LA CASTA, RUBIO & ÁLVAREZ-SALA, WEST8**
Madrid Río
Madrid, Spain (2011)

PAGES..................................................................64-93

**094**

VIDEO SURVEILLANCE

VIDEOVIGILANCIA

**BURGOS & GARRIDO, PORRAS LA CASTA, RUBIO & ÁLVAREZ-SALA, WEST8**
Madrid Río
Madrid, Spain (2011)

PAGES..................................................................64-93

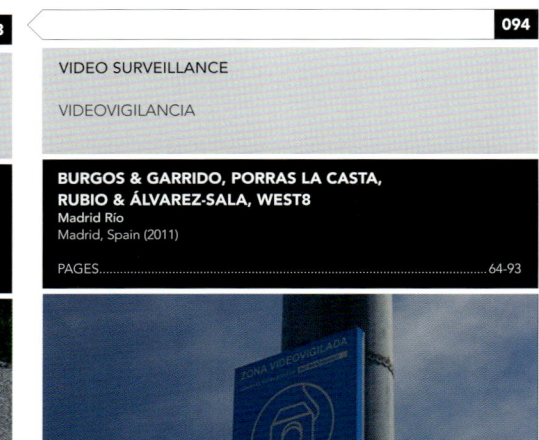

**086**

### OPENING UP THE VIEWS

APERTURA DE VISUALES

**STOSSLU**
Erie Street Plaza
Milwaukee, United States (2010) ·

---

**CREATING MICROCLIMATES** CREAR MICROCLIMAS

It is vital that the outdoor spaces are comfortable and that they can be used at any time of the year. Adapting public space to a harsh climate rewards any investment made with the presence of users all year round and enables the occupancy rhythms and inertias of collective space which cities are meant to have depending on their geographical location to be shifted.

Es imprescindible que los espacios a la intemperie sean confortables y que su uso pueda extenderse a cualquier época del año. La adaptación del espacio público a la climatología adversa recompensa el esfuerzo inversor con la presencia de usuarios todo el año, y permite trastocar los ritmos e inercias de ocupación del espacio colectivo que se le suponían a las ciudades en función de su ubicación geográfica.

---

**087**

### GREEN ROOF CANOPIES

MARQUESINAS DE CUBIERTA VEGETAL

**ALDAYJOVER**
Saragossa Tramway
Saragossa, Spain (2011)

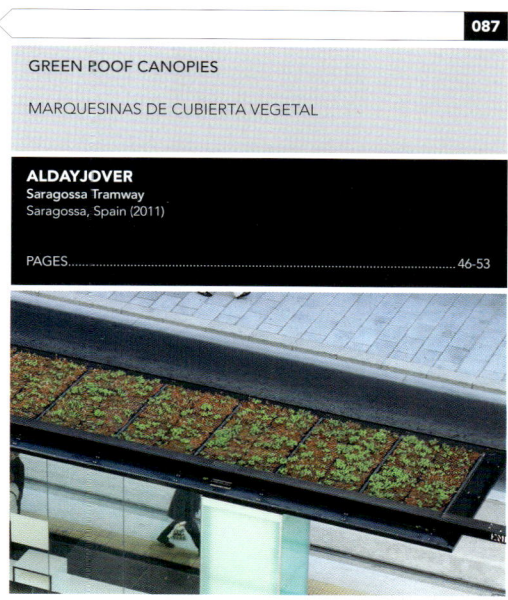

---

**EDUCATING** EDUCAR

Public space is one of the most educational scenarios that exists because it permits a relationship with the object to be studied which is not virtual but rather immediate. At present, educational options relating to nature and sustainable practices have become a part of most urban parks. Those concerning everyday responsible use of public space are not so common.

El espacio público es uno de los escenarios educativos más atractivos que existen, porque permite una relación no virtual sino inmediata con el objeto de estudio. Las posibilidades educativas relacionadas con la naturaleza y las prácticas sostenibles forman parte actualmente de la mayoría de los parques urbanos. Menos desarrolladas se encuentran las que se refieren al uso cotidiano y responsable del espacio público.

---

**091**

### TIDAL POOL

CANAL DE MAREAS

**MICHAEL VAN VALKENBURGH ASSOCIATES**
Brooklyn Bridge Park
New York, United States (2010-2013)

---

**DISSUADING** DISUADIR

Public space is the most vulnerable space in the city. It has been labeled ndefensible and is often the setting for conflict. Making public areas safe requires anticipatory mechanisms which bring safety for all users, without taking away their rights.

El espacio público es el más vulnerable de la ciudad. Ha sido calificado como indefendible y es frecuente escenario de conflicto. Convertir lo público en seguro requiere mecanismos de anticipación que den seguridad a todos los usuarios, sin despojarles de sus derechos.

---

### ENSURING ACCESSIBILITY
ASEGURAR LA ACCESIBILIDAD UNIVERSAL

Social development linked to economic progress includes integrating minority collectives whose needs must also be dealt with by public space. The new spaces, although they are recreating the conditions of the original natural environments, have to guarantee access to people with reduced mobility.

El desarrollo social aparejado al progreso económico incluye la integración de colectivos minoritarios cuyas necesidades también han de ser satisfechas por el espacio público.
Los nuevos espacios, aunque estén reproduciendo las condiciones de entornos naturales originales, han de garantizar el acceso a personas con movilidad reducida.

---

**095**

### CREATION SINGLE LEVELS

IGUALACIÓN DE COTAS

**ALDAYJOVER**
Saragossa Tramway
Saragossa, Spain (2011)

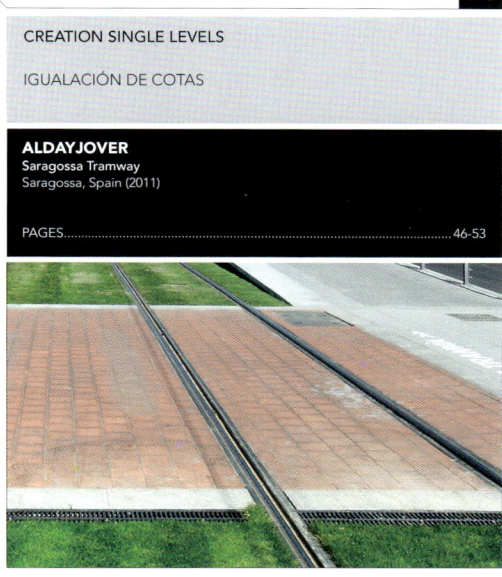

---

**096**

### LIMITATION THE SLOPES

LIMITACIÓN DE PENDIENTES

**BURGOS & GARRIDO, PORRAS LA CASTA, RUBIO & ÁLVAREZ-SALA, WEST8**
Madrid Río
Madrid, Spain (2011)

**RECYCLING** RECICLAR

The recycling process involves transforming the material, through an industrial process, to convert it into a new raw material. Unlike re-using, recycling is carried out off-site and depends on an external production source. The recycled elements are combined to obtain a product which not only contributes to a more sustainable life cycle but also enhances the properties of traditional surfaces.

El proceso de reciclaje implica la transformación del material, mediante un proceso industrial, para convertirlo en una nueva materia prima. A diferencia de la reutilización, el reciclaje se realiza fuera del entorno de la obra y depende de una fuente de producción externa. Los elementos reciclados se combinan para obtener un producto que no sólo contribuye a un ciclo de vida más sostenible, sino que mejora las propiedades de las superficies tradicionales.

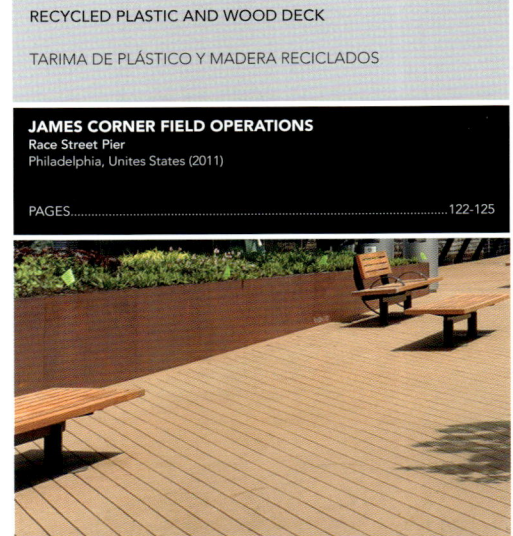

**ALLOWING REVERSION** FACILITAR LA REVERSIÓN

The temporary nature of some interventions leads to building systems which are as immediate as possible, both in their implementation and their dismantling. Allowing reversion means the capacity to intervene without altering the location, working on the space with the minimum material required.
Dry construction techniques and the use of separate elements make this type of action easier.

La temporalidad de algunas intervenciones induce a sistemas constructivos lo más inmediatos posibles, tanto en la ejecución como en el desmantelamiento. Facilitar la reversión significa capacidad de intervenir sin alterar el lugar, adecuar el espacio con el mínimo material necesario. La construcción en seco y el empleo de elementos exentos facilitan este tipo de actuación.

**100**

### REUSING REUTILIZAR

Re-using existing surfaces, such as asphalt, and applying a graphic element, is increasingly frequent in low cost spaces. Another option is to use already present salvaged materials, aggregates or timber, to create new surfaces.

La reutilización de superficies existentes como el asfalto, a las que se aplica un elemento gráfico es cada vez más frecuente en espacios de bajo coste. Otra posibilidad es usar materiales de segunda mano, áridos o maderas existentes, para crear nuevas superficies.

### EXISTING PAVINGS

PAVIMENTOS EXISTENTES

**GLOBAL ARQUITECTURA PAISAGISTA**
Lisbon Bicycle Path
Lisbon, Portugal (2009)

PAGES...................................................................34-39

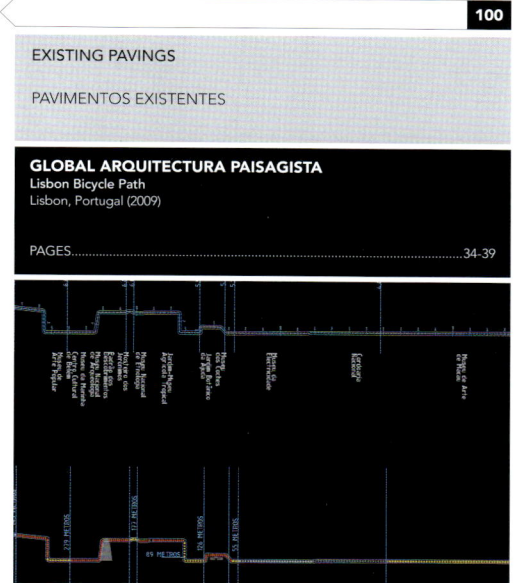

**101**

### GRANITE ASHLARS AND SLABS

SILLARES Y LOSAS DE GRANITO

**MICHAEL VAN VALKENBURGH ASSOCIATES**
Brooklyn Bridge Park
New York, United States (2013)

PAGES.....................................................................114-121

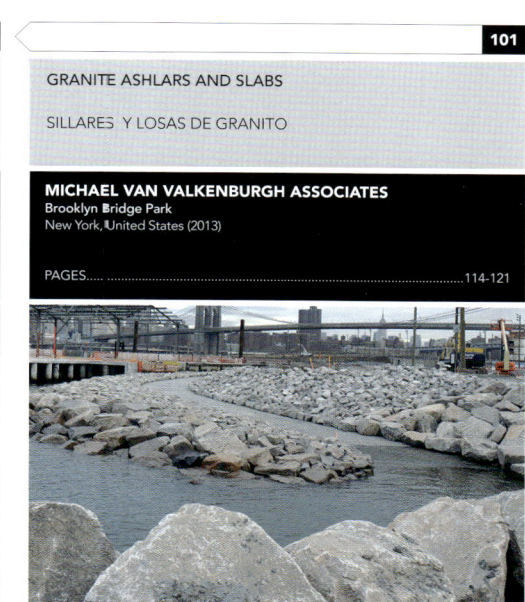

---

**103**

### SUPERIMPOSED ELEMENTS

ELEMENTOS SUPERPUESTOS

**SLA**
Fredericia C-Temporary Park
Fredericia, Denmark (2011)

PAGES...................................................................28-33

### OPTIMIZING MATERIALS OPTIMIZAR EL MATERIAL

Optimization is a result of extracting all the building and expressive options from a material, such that intensive use of the material achieves a reduction from the suppliers, an enhanced knowledge of its on-site behavior and systemization of the building solutions. Optimizing is the knowledge and the application yet the correct choice of materials comes before any optimization.

La optimización resulta de extraer todas las posibilidades constructivas y expresivas de un material, de manera que una intensiva utilización del mismo consiga una reducción por parte de los proveedores, un mejor conocimiento de su comportamiento en obra y una sistematización de las soluciones constructivas. Optimizar es conocer y aplicar, pero la adecuada elección del material es previa a cualquier optimización.

**104**

### GRANITE

EL GRANITO

**BURGOS & GARRIDO, PORRAS LA CASTA, RUBIO & ÁLVAREZ-SALA, WEST8**
Madrid Río
Madrid, Spain (2011)

PAGES...................................................................64-93

---

**108**

### PRE-FABRICATED CONCRETE SLABS

PLACAS DE HORMIGÓN PREFABRICADO

**JAMES CORNER FIELD OPERATIONS, DILLER SCOFIDIO + RENFRO**
The High Line Sections 1 & 2
New York, United States (2011)

PAGES...................................................................126-141

### ADAPTING ENDURANCE ADECUAR RESISTENCIAS

The comfort of any public space depends to a great extent on the paving and each use of space requires the ideal surface. Differentiating materials, according to what they will have to endure, ranging from children's areas to maintenance roads for heavy vehicles, contributes to the physical comfort of the user, enhances understanding of the space, avoids conflicts and keeps down costs.

El confort del espacio público depende en gran medida de los pavimentos y cada uso del espacio requiere la superficie idónea. La discriminación de materiales, en función de la resistencia que deben soportar, desde áreas infantiles hasta vías de mantenimiento para vehículos pesados, contribuye al confort físico del usuario, mejora la comprensión del espacio, evita conflictos entre usos y reduce costes.

**109**

### SAND, EARTH, CONCRETE SLABS, ASPHALT AND GRASS

ARENA, TIERRA, LOSAS DE CEMENTO, ASFALTO Y CÉSPED

**SLA**
Fredericia C-Temporary Park
Fredericia, Denmark (2011)

PAGES...................................................................28-33

**110**

ASPHALT, GRASS, ARTIFICIAL LAWN, RUBBERIZED TARTAN, GRAVEL AND SAND
ASFALTO, HIERBA, CÉSPED ARTIFICIAL, TARTÁN DE GOMA, GRAVA Y ARENA

**TOPOTEK 1**
Theresienhöhe Railway Cover
Munich, Germany (2010)

**111**

CERAMIC COBBLESTONES

ADOQUINES CERÁMICOS

**PAREDES.PINO ARQUITECTOS**
Open Center For Public Activities
Cordoba, Spain (2010)

**112**

WOOD, ON-SITE CONCRETE, CONCRETE PAVING STONES AND GRASS
MADERA, HORMIGÓN IN SITU, BALDOSAS DE HORMIGÓN Y CÉSPED

**STOSSLU**
Erie Street Plaza
Milwaukee, United States (2010)

**115**

PAINT AND INLAYS

PINTURA E INCRUSTACIONES

**PAREDES.PINO ARQUITECTOS**
Open Center For Public Activities
Cordoba, Spain (2010)

**116**

BASALT AND GRANITE COBBLESTONES

ADOQUINES DE BASALTO Y GRANITO

**BURGOS & GARRIDO, PORRAS LA CASTA, RUBIO & ÁLVAREZ-SALA, WEST8**
Madrid Rio
Madrid, Spain (2011)

**BLURRING THE LIMITS** DISIPAR LÍMITES

One of the essential characteristics of landscape urbanism is to blur the traditional limits between urban planning and landscaping. In this sense, this aim invites one to expand the field in all ways, to act on the perception of space in a physical way.

Una de las características esenciales del urbanismo paisajístico es desvanecer los límites tradiciones entre disciplinas. En ese sentido, este objetivo invita a expandir el campo en todas las escalas, a actuar sobre la percepción del espacio de manera física.

**INDUCING EXPERIENCES** PROVOCAR EXPERIENCIAS

It is not necessary for the rest area in a public space to be a leisure area for it to become an experience. It is enough to deliver the opportunity to go up to a higher level and observe the setting, to transfer an unexpected piece of landscape, to produce the effect of a microclimate or to propose activities. Consuming experiences is on our list of requirements and public space will be appealing insofar as it is able to induce these experiences.

No es necesario que se trate de una zona de ocio para que la estancia en un espacio público se convierta en una experiencia. Basta dar la oportunidad para elevarse y contemplar el entorno, transferir un trozo inesperado de paisaje, producir un efecto de microclima, o proponer actividades. Consumir experiencias forma parte de nuestra lista de necesidades y el espacio público será atractivo en la medida en que sea capaz de provocarlas.

**119**

MIST SHOWERS AND SPRING BOARDS

DUCHAS DE BRUMA Y TRAMPOLINES

**TOPOTEK 1**
Theresienhöhe Railway Cover
Munich, Germany (2010)

**120**

OBSERVATION DECK

MIRADOR

**BURGOS & GARRIDO, PORRAS LA CASTA, RUBIO & ÁLVAREZ-SALA, WEST8**
Madrid Rio
Madrid, Spain (2011)

## CREATING A COMPOSITION CREAR COMPOSICIONES

Paving is the skin of public space, the surface which delivers identity to the project. By applying a composition, the identification of the space is reinforced and a horizontal panorama is created. Depending on how complex the pattern is, the composition can create situation references, propose differentiated atmospheres, induce experiences in the user and ultimately enrich low cost interventions.

El pavimento es la piel del espacio público, la superficie que da identidad al proyecto. Al aplicar una composición se refuerza la identificación del espacio y se crea un panorama horizontal. En función de un diseño más o menos complejo, la composición puede crear referencias de situación, proponer ambientes diferenciados, provocar experiencias en el usuario y en último caso enriquecer intervenciones de bajo coste.

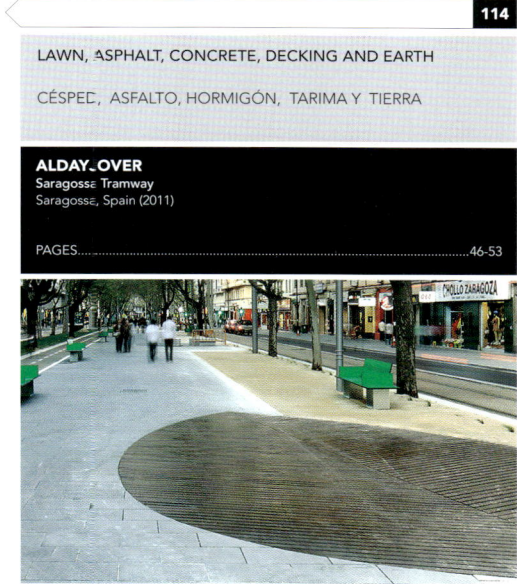

## STRUCTURES/FURNITURE

## ENDURING RESISTIR

The endurance of the furniture and other elements is a *sine qua non* condition when public space is involved. Some strategies are focused on surviving anti-social behaviour while others are designed to withstand the elements or constant use.

La resistencia del mobiliario y otros elementos es condición *sine qua non* cuando se trata de espacio público. Algunas estrategias están enfocadas a sobrevivir a comportamientos incivilizados, mientras que otras están diseñadas para soportar la intemperie o el uso continuado.

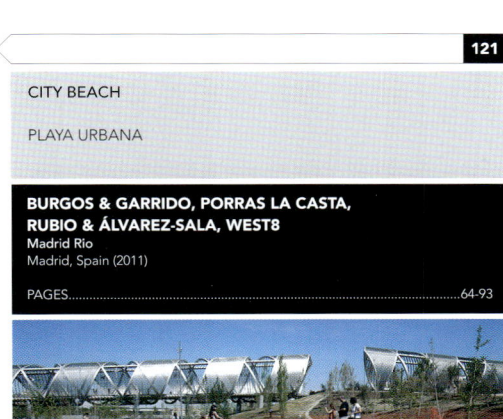

## SYSTEMATIZING SISTEMATIZAR

Designing specific elements for public spaces is the moment of greatest craftsmanship in a construction project. The trial and error tests in the workshop do not always coincide with what happens on-site. In any case systematizing the elements and standardizing solutions allows greater control over the outcome.

El diseño de piezas específicas para un espacio público es el momento más artesanal del proceso constructivo. Los ensayos de prueba-error en taller no siempre coinciden con el comportamiento en el exterior. En cualquier caso, la sistematización de las piezas y la estandarización de las soluciones permiten un mayor control sobre el resultado.

**123**

### PRE-FABRICATED METAL TRAYS

BANDEJAS METÁLICAS PREFABRICADAS

**PAREDES.PINO ARQUITECTOS**
Open Center For Public Activities
Cordoba, Spain (2010)

PAGES..................................................54-63

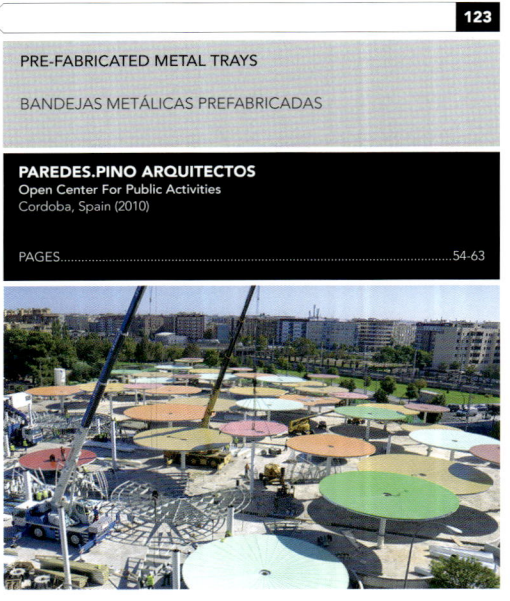

**124**

### CONCENTRATED LIGHTING

LUMINARIAS CONCENTRADAS

**BURGOS & GARRIDO, PORRAS LA CASTA, RUBIO & ÁLVAREZ-SALA, WEST8**
Madrid Rio
Madrid, Spain (2011)

PAGES..................................................64-93

**TRACE CONTROLLING** CONTROLAR ORIGEN

In the case of the separate elements and furniture trace control refers to the source of the raw materials. The distance assessed is that of extracting the raw material not the manufacture of the element.

En el caso de los elementos exentos y mobiliario el control del origen se refiere al origen de las materias primas. La distancia que se valora es la de extracción de la materia prima, no la de fabricación del elemento.

**127**

### RECREATIONAL ELEMENTS

ELEMENTOS RECREATIVOS

**TOPOTEK 1**
Theresienhöhe Railway Cover
Munich, Germany (2010)

PAGES..................................................40-45

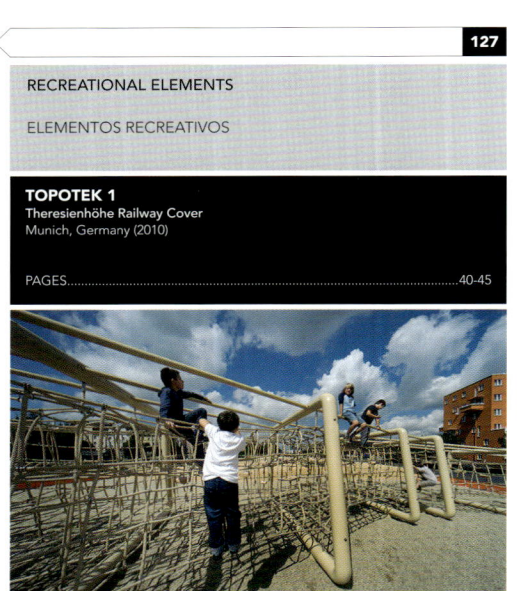

**128**

### IDENTIFICATORY FURNITURE

MOBILIARIO IDENTIFICATIVO

**ALDAYJOVER**
Saragossa Tramway
Saragossa, Spain (2011)

PAGES..................................................46-53

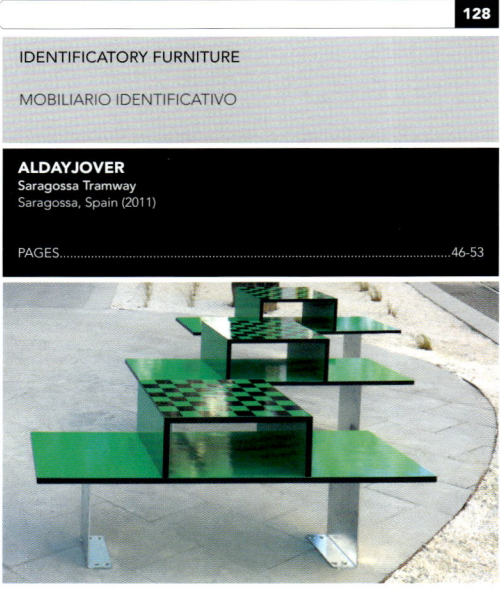

**REUSING** REUTILIZAR

Re-using some of the existing elements in a space usually forms part of the programme. Be they large scale elements such as viaducts or small constructions, integrating these elements requires re-thinking their use, questioning their role in the new space. They are often revealed to be unexpected devices which give the chance to enrich the project.

La reutilización de algunos elementos existentes en un espacio suele formar parte del programa. Ya se trate de piezas de gran escala, como viaductos, o de pequeñas construcciones, la integración de dichos elementos obliga a un replanteamiento de su uso, a un cuestionamiento de su papel en el nuevo espacio. Con frecuencia se revelan como inesperados dispositivos de oportunidad que enriquecen el conjunto.

**BLURRING THE LIMITS** DISIPAR LÍMITES

One of the essential characteristics of landscape urbanism is to blur the traditional limits between urban planning and landscaping. In this sense, this aim invites one to expand the field in all ways, to act on the perception of space in a physical way.

Una de las características esenciales del urbanismo paisajístico es desvanecer los límites tradiciones entre disciplinas. En ese sentido, este objetivo invita a expandir el campo en todas las escalas, a actuar sobre la percepción del espacio de manera física.

**131**

### GLASS ROOF

CUBIERTA DE VIDRIO

**STUDIO ASSOCIATO SECCHI-VIGANÒ**
Theater Square
Antwerp, Belgium (2008)

PAGES..................................................100-107

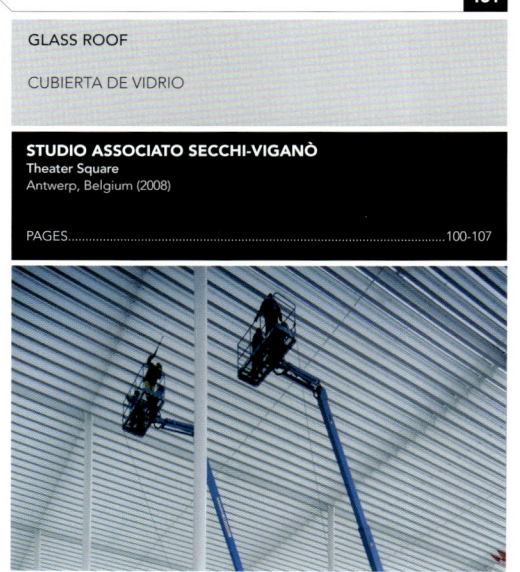

**CREATING REFERENCES** CREAR REFERENCIAS

Lighting elements are essentially points of reference in the darkness. This intrinsic capacity can be emphasized according to the position they occupy in the space and the light capacity such that a hierarchy of light emitters, which facilitate the nocturnal understanding of the space, is established.

Los elementos de iluminación son esencialmente puntos de referencia en la oscuridad. Esta capacidad intrínseca se puede acentuar en función de la posición que ocupen en el espacio y de la potencia lumínica, de manera que se establezca una jerarquía de emisores de luz que facilite la comprensión nocturna del espacio.

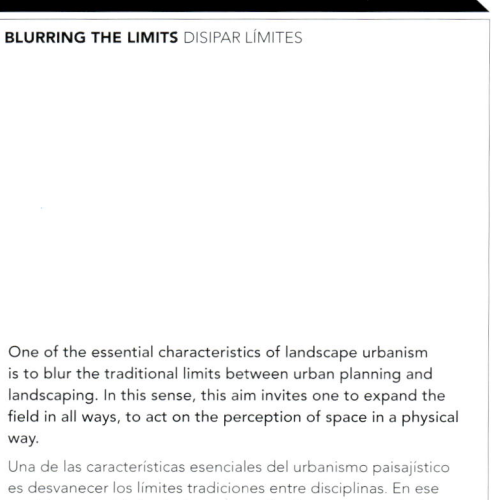

**125**

### WOOD ELEMENTS FROM NEARBY SITES

MADERA DE EXPLOTACIONES PRÓXIMAS

**MICHAEL VAN VALKENBURGH ASSOCIATES**
Brooklyn Bridge Park
New York, United States (2013)

PAGES.......................................................114-121

---

### CUSTOMIZING CUSTOMIZAR

Characterizing the elements helps towards the identification of the location. Transforming mass-produced elements into unique elements, through manipulating them or adding elements, is the most cost-effective way to achieve customization, even though very often designers tend towards singularity through elements designed to that effect.

La caracterización de los elementos facilita la identificación del lugar. La transformación de elementos de mercado en piezas únicas, a través de la manipulación o adición de elementos, es la manera más económica de conseguir la personalización, si bien es muy frecuente que los autores tiendan a la singularidad a través de piezas diseñadas al efecto.

---

**126**

### MAINTENANCE HOLE COVERS

TAPAS DE REGISTRO

**GLOBAL ARQUITECTURA PAISAGISTA**
Lisbon Bicycle Path
Lisbon, Portugal (2009)

PAGES.......................................................034-39

---

**129**

### RE-USING VIADUCTS

REUSO DE VIADUCTOS

**BURGOS & GARRIDO, PORRAS LA CASTA, RUBIO & ÁLVAREZ-SALA, WEST8**
Madrid Rio
Madrid, Spain (2011)

PAGES.......................................................64-93

---

### CAMOUFLAGING CAMUFLAR

Unlike the trend for colonizing the space with highly visible artifacts, camouflaging elements brings a calmer atmosphere in which the ambiance of the whole takes precedence over the individual elements. Camouflage does not mean mimetism but the scale of priorities in the final image of the project.

Frente a la tendencia de colonizar el espacio con artefactos de gran visibilidad, el camuflaje de elementos reporta un ambiente más calmado, en donde prima la atmósfera del conjunto por encima de las individualidades. Camuflaje no significa mimesis, sino escala de prioridades en la imagen final del proyecto.

---

**130**

### CHILDEN'S GAMES

JUEGOS INFANTILES

**BURGOS & GARRIDO, PORRAS LA CASTA, RUBIO & ÁLVAREZ-SALA, WEST8**
Madrid Rio
Madrid, Spain (2011)

PAGES.......................................................64-93

---

**132**

### BACKLIT TRAM STOPS

PARADAS RETROILUMINADAS

**ALDAYJOVER**
Saragossa Tramway
Saragossa, Spain (2011)

PAGES.......................................................46-53

---

**133**

### LIGHTING BENEATH THE STRUCTURE

LUMINARIAS BAJO LA ESTRUCTURA

**BURGOS & GARRIDO, PORRAS LA CASTA, RUBIO & ÁLVAREZ-SALA, WEST8**
Madrid Rio
Madrid, Spain (2011)

PAGES.......................................................64-93

---

**134**

### LIGHT AS A BUILDING MATERIAL

LA LUZ COMO MATERIAL DE CONSTRUCCIÓN

**STOSSLU**
Erie Street Plaza
Milwaukee, United States (2010)

PAGES.......................................................108-113

### MAKING LANDSCAPES CREAR PAISAJES

Lighting allows the perception of the space to be transformed. The absence of natural light eliminates the references which guide us during the day and brings with it the freedom to design an ephemeral landscape at night. Through lighting, spaces are marked out, surfaces are transformed, fantasies created and ultimately new spaces are constructed which enlarge the options of the public area.

La iluminación permite transformar la percepción del espacio. La ausencia de luz natural borra las referencias que nos guían durante el día y da libertad para diseñar un paisaje efímero durante la noche. A través de la iluminación se acotan espacios, se transforman superficies, se crean fantasías y en definitiva se construyen nuevos espacios que alargan las posibilidades de lo público.

**135**

#### PROJECTING ONTO THE PAVING
PROYECCIÓN SOBRE EL PAVIMENTO

**SLA**
Fredericia C-Temporary Park
Fredericia, Denmark (2011)

PAGES............................................................28-33

**136**

#### WHITE REFLECTIVE SURFACES
SUPERFICIES BLANCAS REFLECTANTES

**PAREDES.PINO ARQUITECTOS**
Open Center For Public Activities
Cordoba, Spain (2010)

PAGES............................................................54-63

### AVOIDING PHOTOPOLLUTION EVITAR LA CONTAMINACIÓN LUMÍNICA

Lighting open spaces is a threat to biodiversity and becomes a disadvantage when observing the night sky. The nocturnal aspect of public space should not set out to imitate the daylight aspect, in the same way that night-time use cannot be the same as day-time use. The priority is to create references and prevent any eventualities, through elements which keep dispersion and consumption to the minimum.

La iluminación de los espacios abiertos es una amenaza para la biodiversidad y un inconveniente para la visión del paisaje celeste. El aspecto nocturno del espacio público no debe intentar imitar al diurno, de la misma manera que el uso nocturno no podrá ser el mismo que el de día. La prioridad es la creación de referencias y la prevención de contingencias, a través de elementos que reduzcan al máximo la dispersión y el consumo.

**137**

#### FLOURESCENT STRIPS SET INTO THE HANDRAILS
BANDA FLUORESCENTE INTEGRADA EN EL PASAMANOS

**BURGOS & GARRIDO, PORRAS LA CASTA, RUBIO & ÁLVAREZ-SALA, WEST8**
Madrid Rio
Madrid, Spain (2011)

PAGES............................................................64-93

**138**

#### LED LIGHTING UNDER THE HANDRAILS
LUCES LED DEBAJO DE LAS BARANDILLAS

**JAMES CORNER FIELD OPERATIONS**
Race Street Pier
Philadelphia, United States (2011)

PAGES............................................................122-125

**139**

#### SOLAR LIGHTING EMBEDDED INTO THE PAVING
LÁMPARAS SOLARES EMBEBIDAS EN EL PAVIMENTO

**JAMES CORNER FIELD OPERATIONS**
Race Street Pier
Philadelphia, United States (2011)

PAGES............................................................122-125

**140**

#### LIGHTING ON THE UNDERSIDE OF FURNITURE
LUMINARIAS INTEGRADAS BAJO EL MOBILIARIO

**JAMES CORNER FIELD OPERATIONS, DILLER SCOFIDIO + RENFRO**
The High Line Sections 1 & 2
New York, United States (2011)

PAGES............................................................126-141

# PROJECT INDEX
## ÍNDICE DE PROYECTOS

# SLA

## FREDERICIA C-TEMPORARY PARK

Fredericia (Denmark) 2011

### EDITORS' NOTE NOTA DE LOS EDITORES

Implementing the urban plan drawn up by KCAP will mean extending the surface area of centre of Fredericia by 25%. In the time this plan is being drawn up, a very low cost temporary park will occupy this former industrial brownfield site. The park, laid out according to historic maps, recreates the landscape of the urban voids and will function as a framework for multiple uses to be defined by the users. Different activities related to health and fitness, subject to a process of constant mutation, will be carried out on the removable paving.

La elaboración del plan urbano redactado por KCAP supondrá la extensión en un 25% de la superficie del centro de Fredericia. Durante el tiempo que dure la redacción del nuevo plan, un parque temporal de bajísimo coste ocupará estos antiguos terrenos industriales. El parque, organizado a partir de la cartografía histórica, reproduce el paisaje de los vacíos urbanos, y servirá de marco a multitud de usos a definir por los usuarios. Sobre los pavimentos restituibles se realizarán actividades relacionadas con la salud y el ejercicio, sujetas a un proceso de constante mutación.

| | |
|---|---|
| **SITE AREA** SUPERFICIE DE LA INTERVENCIÓN (m²) | 140.000 |
| **PROJECT COST** COSTE DEL PROYECTO (euros/m²) | 11 |

1:10.000

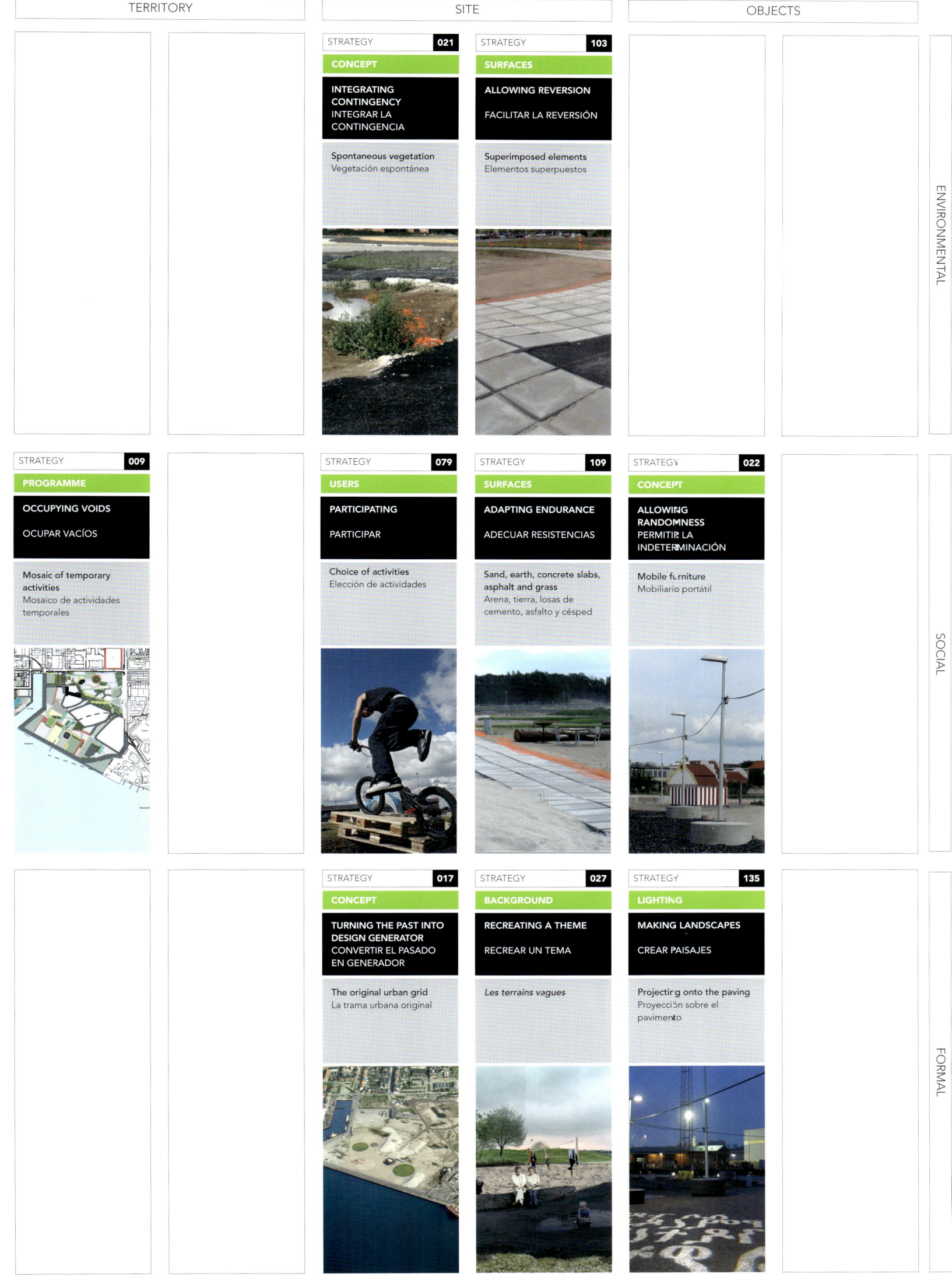

TERRITORY

SITE

OBJECTS

ENVIRONMENTAL

STRATEGY 021

CONCEPT

INTEGRATING CONTINGENCY
INTEGRAR LA CONTINGENCIA

Spontaneous vegetation
Vegetación espontánea

STRATEGY 103

SURFACES

ALLOWING REVERSION

FACILITAR LA REVERSIÓN

Superimposed elements
Elementos superpuestos

SOCIAL

STRATEGY 009

PROGRAMME

OCCUPYING VOIDS

OCUPAR VACÍOS

Mosaic of temporary activities
Mosaico de actividades temporales

STRATEGY 079

USERS

PARTICIPATING

PARTICIPAR

Choice of activities
Elección de actividades

STRATEGY 109

SURFACES

ADAPTING ENDURANCE

ADECUAR RESISTENCIAS

Sand, earth, concrete slabs, asphalt and grass
Arena, tierra, losas de cemento, asfalto y césped

STRATEGY 022

CONCEPT

ALLOWING RANDOMNESS
PERMITIR LA INDETERMINACIÓN

Mobile furniture
Mobiliario portátil

FORMAL

STRATEGY 017

CONCEPT

TURNING THE PAST INTO DESIGN GENERATOR
CONVERTIR EL PASADO EN GENERADOR

The original urban grid
La trama urbana original

STRATEGY 027

BACKGROUND

RECREATING A THEME

RECREAR UN TEMA

Les terrains vagues

STRATEGY 135

LIGHTING

MAKING LANDSCAPES

CREAR PAISAJES

Projecting onto the paving
Proyección sobre el pavimento

| STRATEGY | 027 |
|---|---|

**BACKGROUND**

**RECREATING A THEME**

**RECREAR UN TEMA**

*LES TERRAINS VAGUES*
After the intervention, the finished project presents the aspect of post-industrial voids, evoking settings of both freedom and opportunity at the disposal of the users.

*LES TERRAINS VAGUES*
Tras la intervención, el proyecto acabado presenta el aspecto de los vacíos postindustriales, evocados en tanto que ámbitos de libertad y oportunidad a disposición de los usuarios.

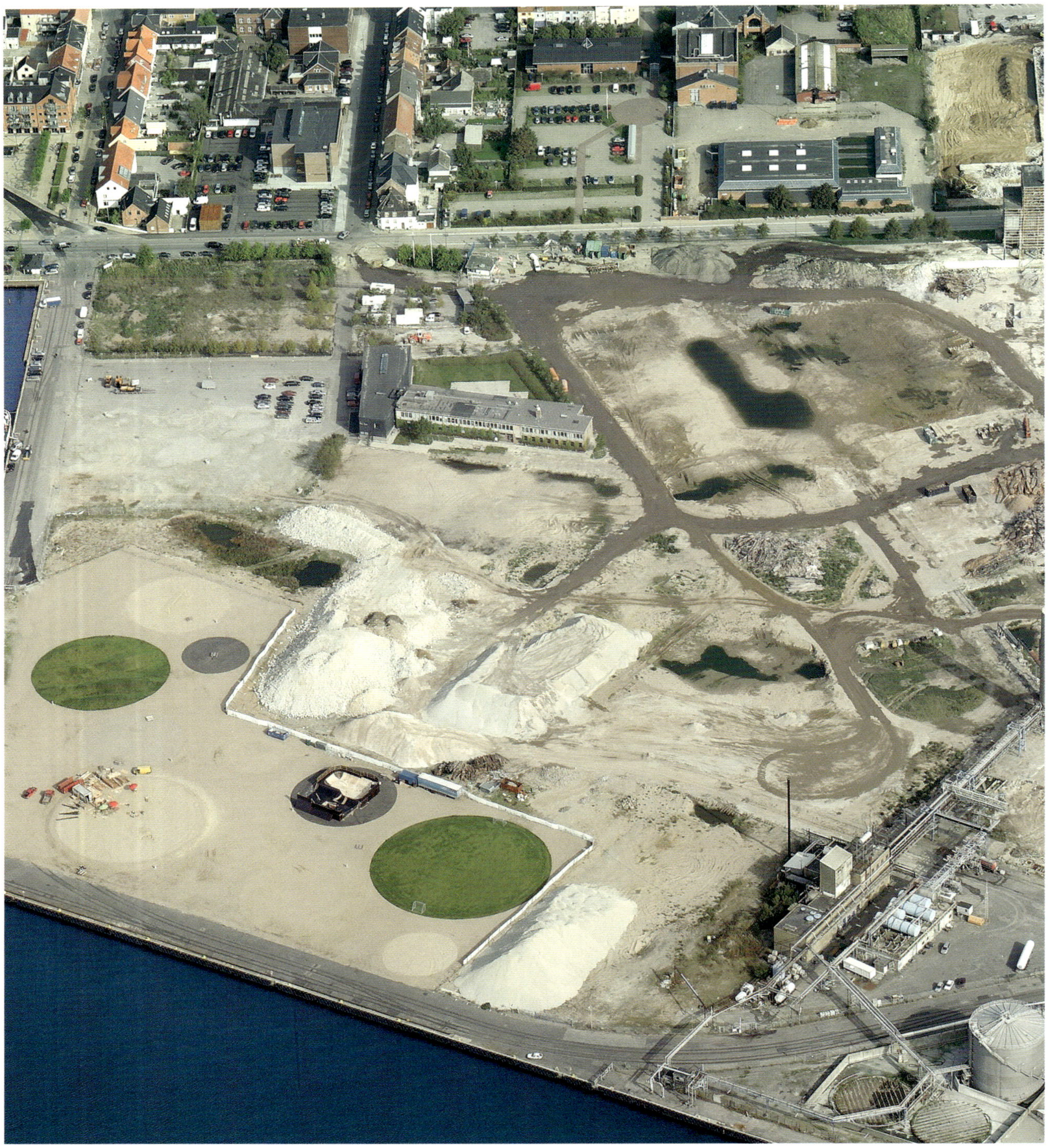

| STRATEGY | 009 |
|---|---|

**PROGRAMME**

**OCCUPYING VOIDS**

**OCUPAR VACÍOS**

MOSAIC OF TEMPORARY ACTIVITIES
The lands have been temporarily taken over by a mosaic of differentiated areas which allow them to be occupied by different activities related to health and fitness.

MOSAICO DE ACTIVIDADES TEMPORALES
Los terrenos han sido ocupados con carácter temporal por un mosaico de superficies diferenciadas que permiten la ocupación con actividades relacionadas con la salud y el ejercicio físico.

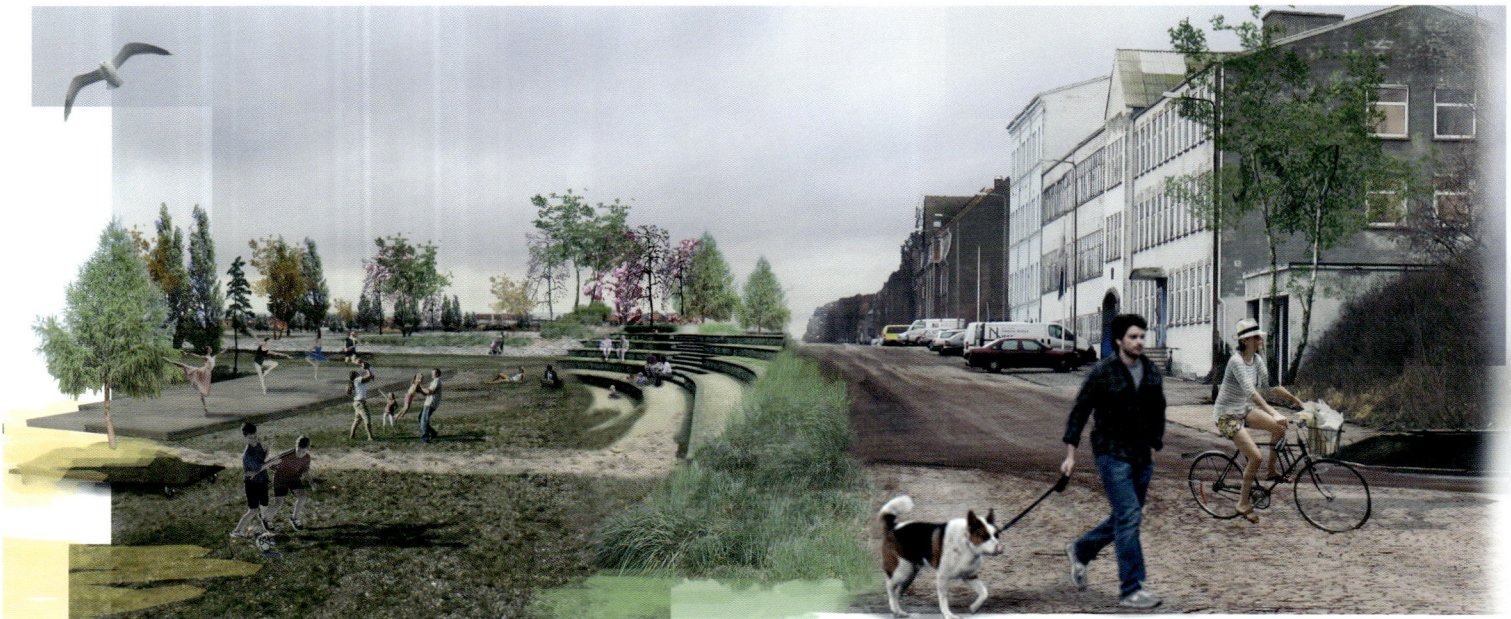

**CONCEPT**

**TURNING THE PAST INTO DESIGN GENERATOR**
**CONVERTIR EL PASADO EN GENERADOR**

THE ORIGINAL URBAN GRID
The formalization of the project is a result of the interpretation of the historic maps of the area where the original grid of the first urban settlement is displayed.

LA TRAMA URBANA ORIGINAL
La formalización del proyecto es fruto de la interpretación de los mapas históricos de la zona donde se muestra la trama original del primer asentamiento urbano.

**Site plan** Planta de situación

1:5000

## CONCEPT

### INTEGRATING CONTINGENCY
### INTEGRAR LA CONTINGENCIA

**SPONTANEOUS VEGETATION**
There is no plantation program. All vegetation is spontaneous. Water drainage is not programmed either, and it is expected to create pools of water in different areas.

**VEGETACIÓN ESPONTÁNEA**
La vegetación no está programada, se confía al crecimiento espontáneo. Tampoco está prevista la evacuación de pluviales, que pueden generar láminas de agua en las oquedades del terreno.

## SURFACES

### ALLOWING REVERSION
### FACILITAR LA REVERSIÓN

**SUPERIMPOSED ELEMENTS**
The original topography remains unchanged and pavements have been laid directly over the uneven surfaces. Concrete slabs and shells are easily removable and may be moved to other sites.

**ELEMENTOS SUPERPUESTOS**
Las cotas originales no han sido modificadas y sobre la superficie irregular existente se tienden directamente los pavimentos. Las losas de hormigón y las conchas de moluscos se retiran fácilmente y pueden ser reutilizadas en otro lugar.

## CONCEPT

### ALLOWING RANDOMNESS
### PERMITIR LA INDETERMINACIÓN

**MOBILE FURNITURE**
The project provides with several elements: lamps, logs and hardwood pallets. These elements may vary their configuration according to the needs.

**MOBILIARIO PORTÁTIL**
El proyecto pone a disposición de los usuarios una serie de elementos: luminarias, troncos, palets, que pueden ir cambiando la configuración del espacio según las necesidades.

## SURFACES

### ADAPTING ENDURANCE OF MATERIALS
### ADECUAR RESISTENCIAS

**SAND, EARTH, CEMENT SLABS, ASPHALT AND GRASS**
A patchwork of surface areas which are juxtaposed, planted or paved and different sizes are laid out on the site. These areas are adapted to sporting uses, games or walking.

**ARENA, TIERRA, LOSAS DE CEMENTO, ASFALTO Y CÉSPED**
Sobre el solar se dispone un patchwork de superficies yuxtapuestas, plantadas o pavimentadas, de distinto tamaño. Estas superficies se adecúan al uso deportivo, los juegos o el paseo.

### USERS

**PARTICIPATING**

PARTICIPAR

**CHOICE OF ACTIVITIES**
During the planning phase, users could choose the activities to be undertaken in the park. At present, they may exchange activities according to the level of acceptance among users.

**ELECCIÓN DE ACTIVIDADES**
Durante la fase de proyecto, los usuarios tuvieron la posibilidad de elegir qué actividades llevar a cabo en el parque. En la actualidad, se pueden sustituir unas actividades por otras en función de su aceptación.

### LIGHTING

**MAKING LANDSCAPES**

CREAR PAISAJES

**PROJECTING ONTO THE PAVING**
A special spotlight at a higher level than the other lights projects a graphic motif onto the asphalt paving.

**PROYECCIÓN SOBRE EL PAVIMENTO**
Un foco puntual a más altura que el resto de luminarias proyecta un motivo gráfico sobre el pavimento de asfalto.

# Global Arquitectura Paisagista

## LISBON BICYCLE PATH

Lisbon (Portugal) 2009

### EDITORS' NOTE NOTA DE LOS EDITORES

We promote means of transport co-existing together in the public space in our cities and the integration of sustainable mobility into the everyday space. The cycle way in Lisboa forms part of an ambitious urban plan for cycle paths. This route connects the centre up with the local train, the ferry port and several historical enclaves. The operation is very simple and the budget is very low: an asphalt strip runs through different places and integrates the existing pavings where they can be preserved. Painting the surface areas becomes a thread linking the whole operation and clearly separates the pedestrian flux from the cycling flux.

La vía ciclista de Lisboa forma parte de un ambicioso plan urbano de carriles bici. Este tramo conecta el centro con el tren de cercanías, la estación marítima y varios enclaves históricos. La operación es muy sencilla y su presupuesto muy bajo: una banda de asfalto recorre lugares dispares e integra los pavimentos existentes allí donde se han podido mantener. La pintura sobre las superficies sirve de hilo conductor a toda la operación y separa claramente el flujo peatonal del ciclista.

| | |
|---|---|
| **SITE AREA** SUPERFICIE DE LA INTERVENCIÓN (m²) | 63.000 |
| **PROJECT COST** COSTE DEL PROYECTO (euros/m²) | 15,87 |

1: 20.000

| TERRITORY | | | SITE | | OBJECTS | | |
|---|---|---|---|---|---|---|---|

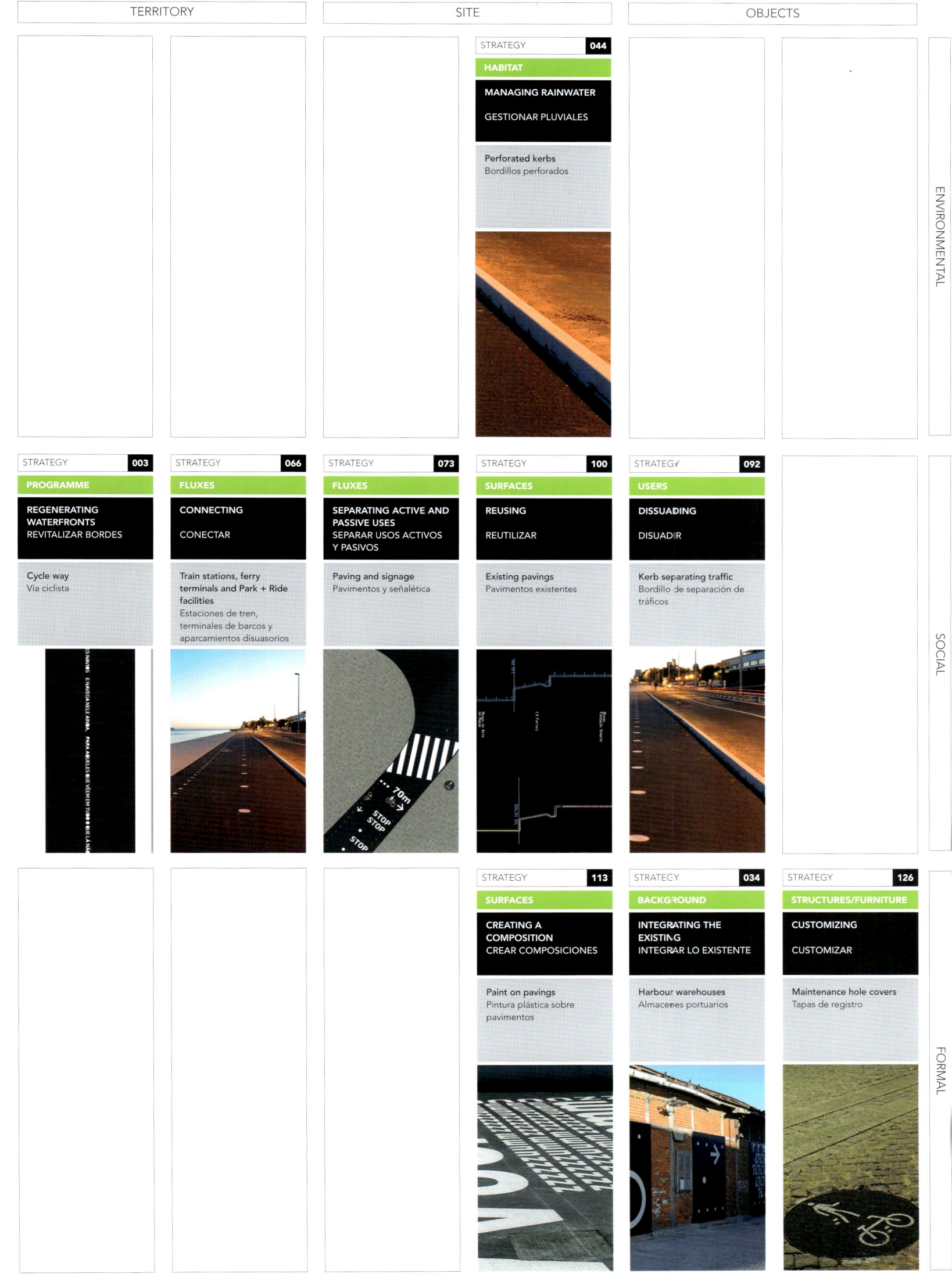

**ENVIRONMENTAL**

STRATEGY **044**

**HABITAT**

**MANAGING RAINWATER**

**GESTIONAR PLUVIALES**

Perforated kerbs
Bordillos perforados

---

**SOCIAL**

STRATEGY **003**

**PROGRAMME**

**REGENERATING WATERFRONTS**
REVITALIZAR BORDES

Cycle way
Vía ciclista

STRATEGY **066**

**FLUXES**

**CONNECTING**

CONECTAR

Train stations, ferry terminals and Park + Ride facilities
Estaciones de tren, terminales de barcos y aparcamientos disuasorios

STRATEGY **073**

**FLUXES**

**SEPARATING ACTIVE AND PASSIVE USES**
SEPARAR USOS ACTIVOS Y PASIVOS

Paving and signage
Pavimentos y señalética

STRATEGY **100**

**SURFACES**

**REUSING**

REUTILIZAR

Existing pavings
Pavimentos existentes

STRATEGY **092**

**USERS**

**DISSUADING**

DISUADIR

Kerb separating traffic
Bordillo de separación de tráficos

---

**FORMAL**

STRATEGY **113**

**SURFACES**

**CREATING A COMPOSITION**
CREAR COMPOSICIONES

Paint on pavings
Pintura plástica sobre pavimentos

STRATEGY **034**

**BACKGROUND**

**INTEGRATING THE EXISTING**
INTEGRAR LO EXISTENTE

Harbour warehouses
Almacenes portuarios

STRATEGY **126**

**STRUCTURES/FURNITURE**

**CUSTOMIZING**

CUSTOMIZAR

Maintenance hole covers
Tapas de registro

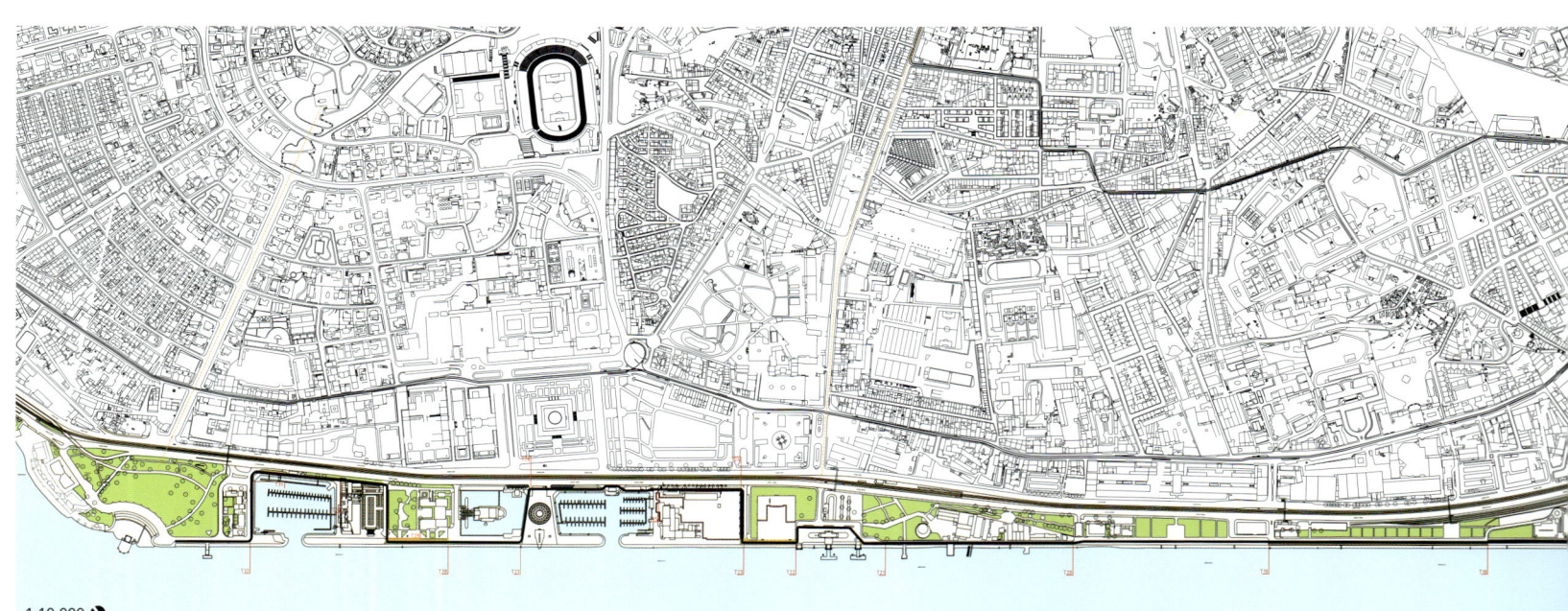

1:10.000

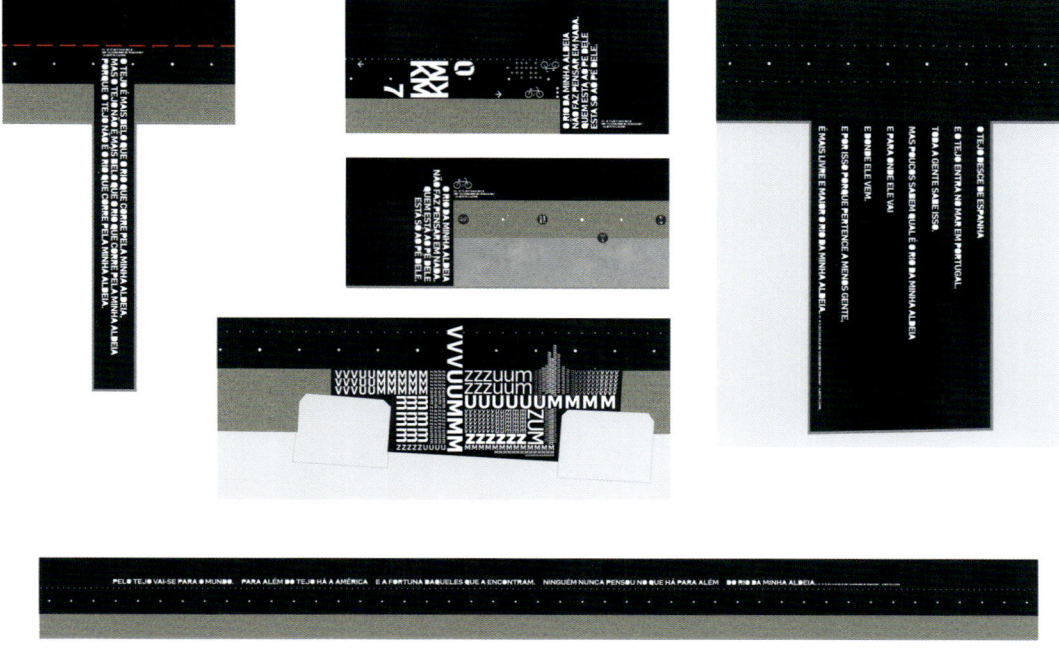

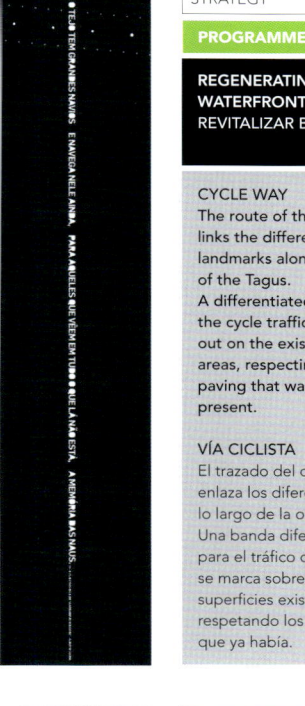

**PROGRAMME**

**REGENERATING WATERFRONTS**
**REVITALIZAR BORDES**

CYCLE WAY
The route of the cycle path links the different landmarks along the banks of the Tagus.
A differentiated strip for the cycle traffic is marked out on the existing surfaces areas, respecting the paving that was already present.

VÍA CICLISTA
El trazado del carril bici enlaza los diferentes hitos a lo largo de la orilla del Tajo. Una banda diferenciada para el tráfico de bicicletas se marca sobre las superficies existentes respetando los pavimentos que ya había.

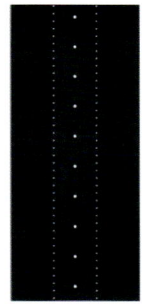

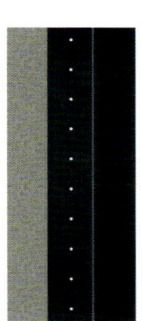
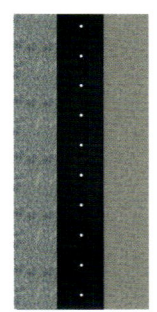
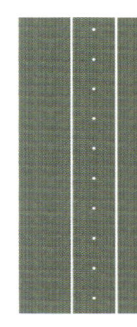

**FLUXES**

**SEPARATING ACTIVE AND PASSIVE USES**
**SEPARAR USOS ACTIVOS Y PASIVOS**

PAVING AND SIGNAGE
The asphalt strip is exclusively for bicycles and contains one lane for each direction of traffic. The dotted lines separate the lanes and the signage reminds the pedestrians of the sole use of the path.

PAVIMENTOS Y SEÑALÉTICA
La banda de asfalto es exclusiva para bicicletas y contiene un carril para cada sentido de la circulación. Las líneas de puntos separan los carriles y la señalética recuerda a los peatones la exclusividad de su uso.

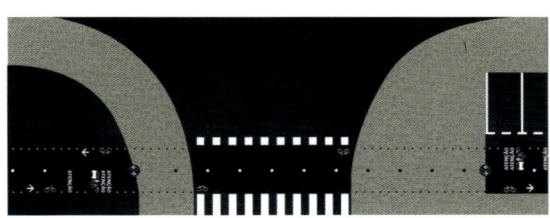

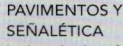

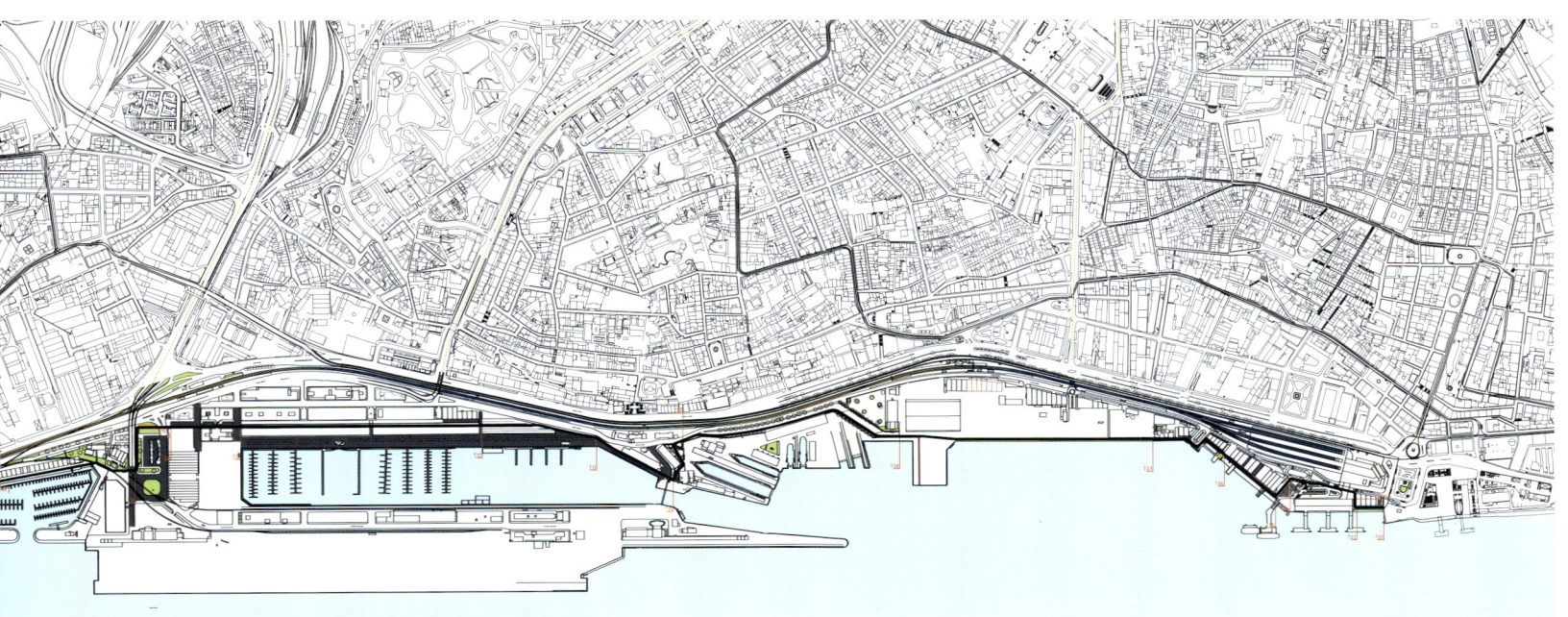

**REUSING**

REUTILIZAR

**EXISTING PAVINGS**
The cycle way runs alongside a varied ensemble of already paved industrial and historic spaces. 60% of the route can be done on the existing asphalt paving, limestone, basalt or granite cobblestones.

**PAVIMENTOS EXISTENTES**
La vía ciclista recorre un conjunto heterogéneo de espacios industriales e históricos ya pavimentados. El 60% del recorrido se realiza sobre los pavimentos existentes de asfalto, adoquines calizos, de basalto o de granito.

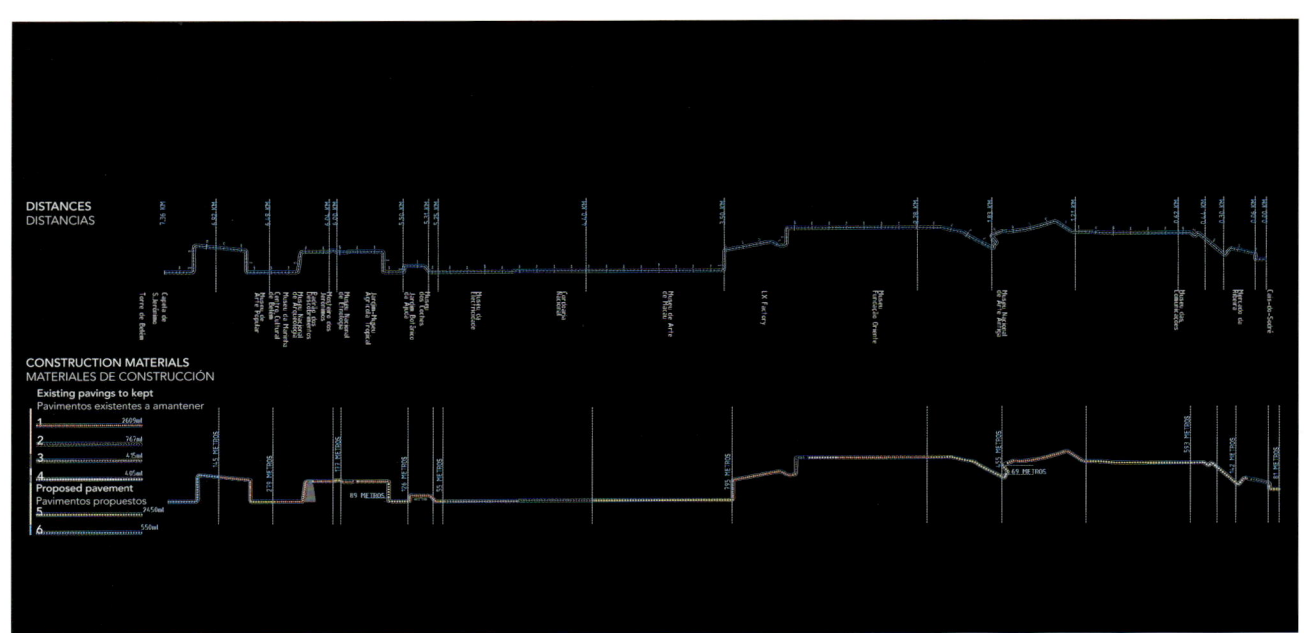

**DISTANCES**
DISTANCIAS

**CONSTRUCTION MATERIALS**
MATERIALES DE CONSTRUCCIÓN

Existing pavings to kept
Pavimentos existentes a amantener

Proposed pavement
Pavimentos propuestos

1. Asphalt 2. Portuguese pavement 3. Basalt pavement 4. Granit pavement 5. Granulated basalt 6. Portuguese or granit pavement
1. Asfalto 2. Adoquín portugués 3. Pavimento de basalto 4. Pavimento de granito 5. Piedra basáltica granulada 6. Adoquín portugués o de granito

### HABITAT

**MANAGING RAINWATER**

GESTIONAR PLUVIALES

**PERFORATED KERBS**
The perforations in the base of the concrete kerb allow water to be drained off towards the docks.

**BORDILLOS PERFORADOS**
Las perforaciones en la base del bordillo de hormigón permiten la evacuación del agua hacia los muelles.

### BACKGROUND

**INTEGRATING THE EXISTING**

INTEGRAR LO EXISTENTE

**HARBOUR STORES**
The doors to the former stores are used as media for the graphics which run through the entire intervention and are integrated into the route.

**ALMACENES PORTUARIOS**
Los portones de los viejos almacenes se usan como soporte de la gráfica que acompaña a toda la intervención y se integran en el recorrido.

### FLUXES

**CONNECTING**

CONECTAR

**TRAIN STATIONS, FERRY TERMINALS AND DETERRENT PARKING**
The 7 km route links 4 local train stations, two river ferry terminals and 5 Park + Ride facilities.

**ESTACIONES DE TREN, TERMINALES DE BARCOS Y APARCAMIENTOS DISUASORIOS**
El recorrido de 7 km conecta 4 estaciones de cercanías, dos estaciones de transbordadores fluviales y 5 aparcamientos disuasorios para automóviles.

### SURFACES

**CREATING A COMPOSITION**
CREAR COMPOSICIONES

**PAINT ON PAVINGS**
A Fernando Pessoa poem accompanies the cyclists during part of the route. At other times the paint is used to create compositions in unique areas.

**PINTURA PLÁSTICA SOBRE PAVIMENTOS**
Una poesía de Fernando Pessoa acompaña a las bicicletas durante parte del recorrido. Otras veces la pintura se emplea para crear composiciones en zonas singulares.

### STRUCTURES/FURNITURE

**CUSTOMIZING**

CUSTOMIZAR

**MAINTENANCE HOLE COVERS**
The maintenance hole covers are protected with a layer of asphalt onto which different figures are drawn.

**TAPAS DE REGISTRO**
Las tapas de registro están cubiertas con una capa asfáltica sobre la que se dibujan pictogramas diversos.

### USERS

**DISSUADING**

DISUADIR

**KERB SEPARATING TRAFFIC**
A concrete kerb separates the cycle lane from the road and prevents cycle flux from mixing with car flux.

**BORDILLO DE SEPARACIÓN DE TRÁFICOS**
Un bordillo de hormigón separa la vía ciclista de la calzada e impide la mezcla del flujo de bicicletas con el de automóviles.

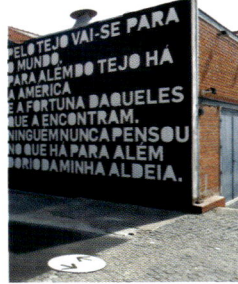

# THERESIENHÖHE RAILWAY COVER

Munich (Germany) 2010

## EDITORS' NOTE NOTA DE LOS EDITORES

Theresienhöhe* is a new neighbourhood close to the centre of Munich, built on the lands of a former trade fair centre which has now been dismantled. The city planning project is a dense group of housing blocks, which needed an open public space to compensate for the few views the compact grid afforded. The space over the train tracks is laid out inspired by rows of carriages. The rubber floored play areas, the fields and the large sandy area adjoin each other on the central strip of the intervention on a man-made landscape of polystyrene blocks.

Theresienhöhe* es un nuevo barrio a poca distancia del centro de Múnich, construido en los terrenos de un antiguo recinto ferial desmantelado. El plan urbanístico es un conjunto denso de bloques de vivienda, que para funcionar necesitaba de un espacio público abierto que compensara las escasas visuales que proporciona la trama compacta. El espacio sobre las vías del tren se organiza inspirado en las filas de vagones. Las zonas de juegos revestidas de caucho, las praderas y el gran arenero se suceden en la banda central de la intervención sobre una topografía artificial de bloques de poliestireno.

*Density, Condensed edition, pp. 170-177, 2006

| | |
|---|---|
| **SITE AREA** SUPERFICIE DE LA INTERVENCIÓN (m²) | 16.800 |
| **PROJECT COST** COSTE DEL PROYECTO (euros/m²) | 159 |

1:10.000

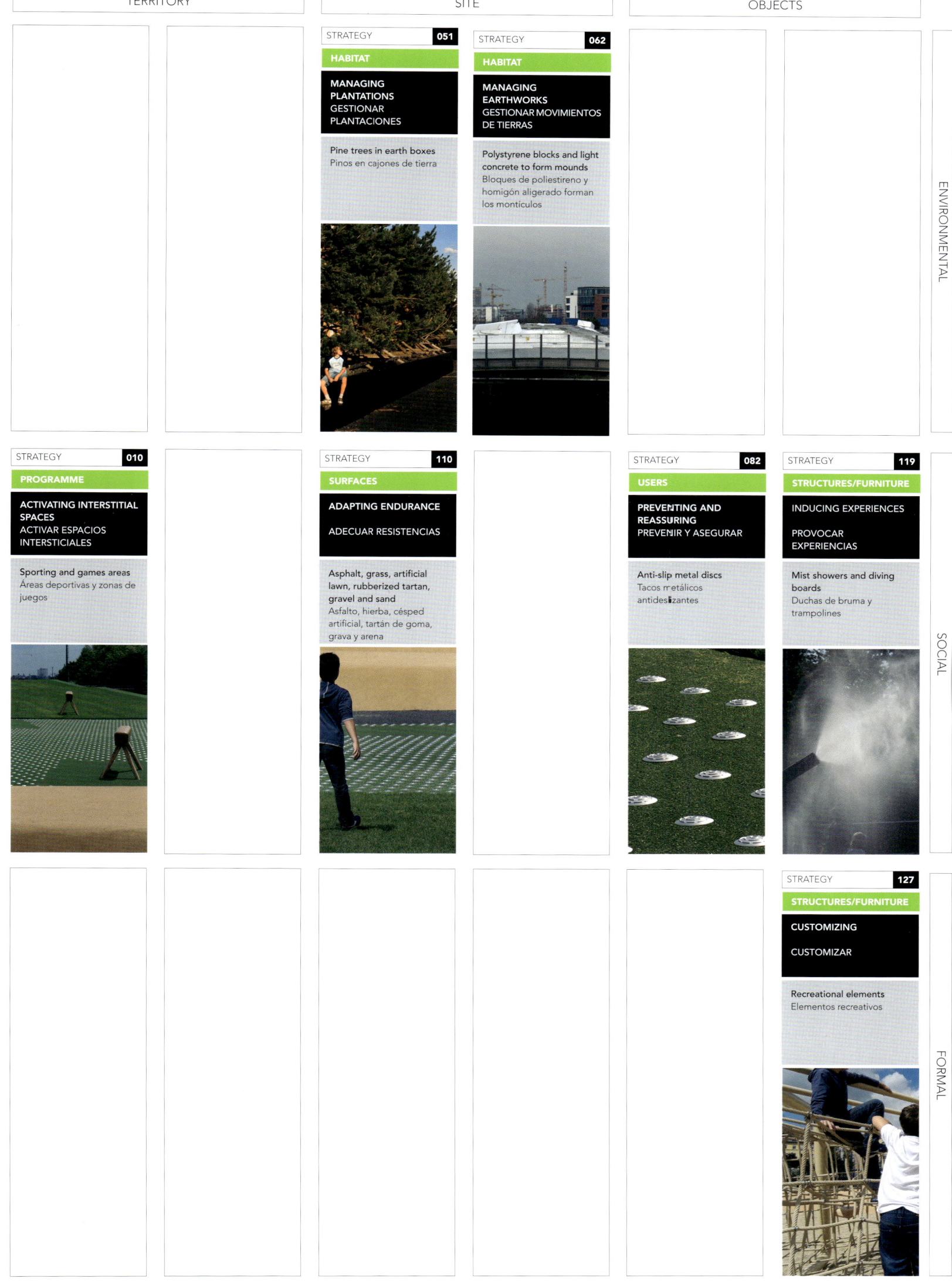

## TERRITORY

## SITE

## OBJECTS

ENVIRONMENTAL

STRATEGY 051

**HABITAT**

**MANAGING PLANTATIONS**
GESTIONAR PLANTACIONES

Pine trees in earth boxes
Pinos en cajones de tierra

STRATEGY 062

**HABITAT**

**MANAGING EARTHWORKS**
GESTIONAR MOVIMIENTOS DE TIERRAS

Polystyrene blocks and light concrete to form mounds
Bloques de poliestireno y homigón aligerado forman los montículos

SOCIAL

STRATEGY 010

**PROGRAMME**

**ACTIVATING INTERSTITIAL SPACES**
ACTIVAR ESPACIOS INTERSTICIALES

Sporting and games areas
Áreas deportivas y zonas de juegos

STRATEGY 110

**SURFACES**

**ADAPTING ENDURANCE**

ADECUAR RESISTENCIAS

Asphalt, grass, artificial lawn, rubberized tartan, gravel and sand
Asfalto, hierba, césped artificial, tartán de goma, grava y arena

STRATEGY 082

**USERS**

**PREVENTING AND REASSURING**
PREVENIR Y ASEGURAR

Anti-slip metal discs
Tacos metálicos antideslizantes

STRATEGY 119

**STRUCTURES/FURNITURE**

INDUCING EXPERIENCES

PROVOCAR EXPERIENCIAS

Mist showers and diving boards
Duchas de bruma y trampolines

FORMAL

STRATEGY 127

**STRUCTURES/FURNITURE**

**CUSTOMIZING**

CUSTOMIZAR

Recreational elements
Elementos recreativos

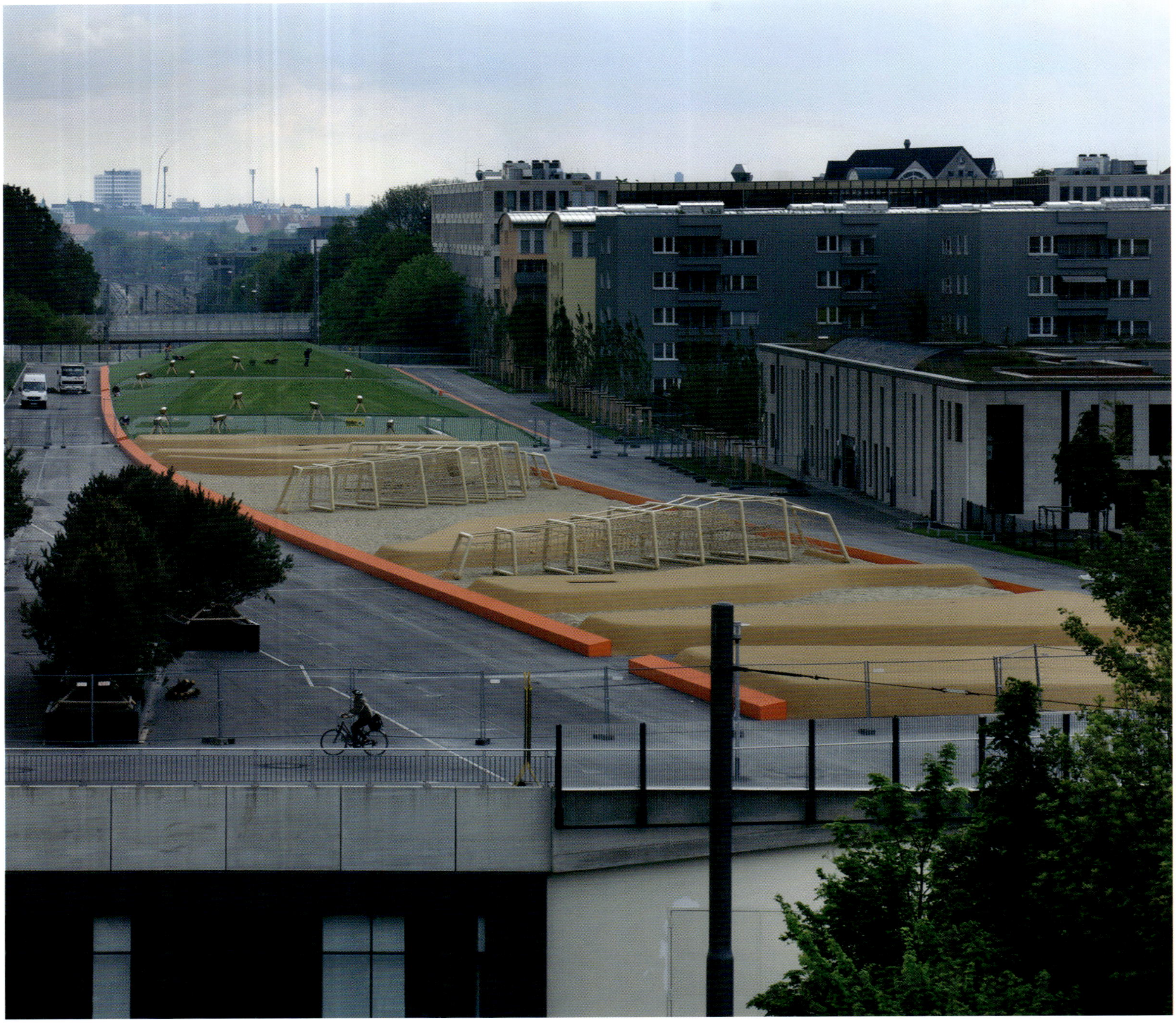

STRATEGY 010

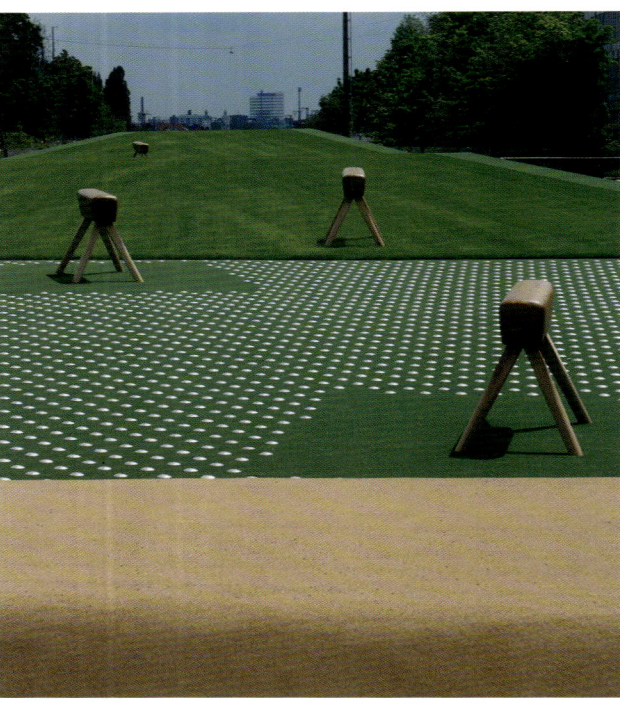

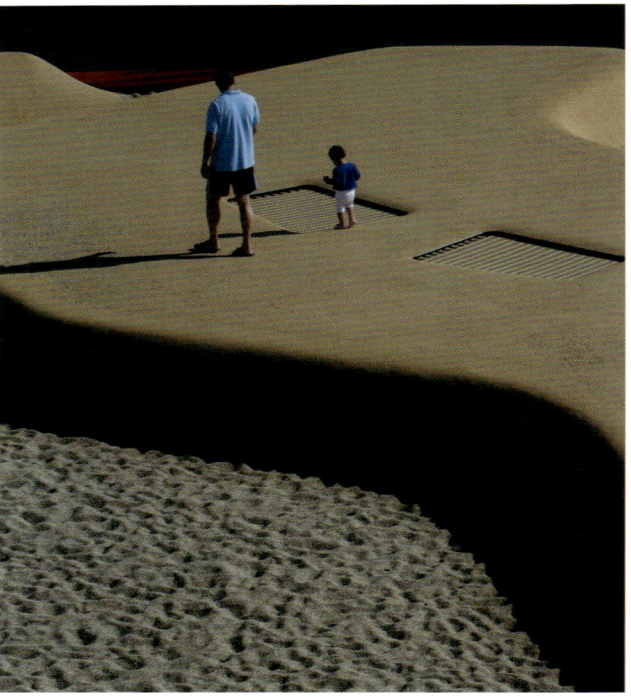

PROGRAMME

**ACTIVATING INTERSTITIAL SPACES**
**ACTIVAR ESPACIOS INTERSTICIALES**

SPORTING AND GAMES AREAS
These replace the ground level car park which occupied the roof of the train tracks on the train route through the new neighbourhood Theresienhöhe.

ÁREAS DEPORTIVAS Y ZONAS DE JUEGOS
Sustituyen al aparcamiento en superficie que ocupaba la cubierta de las vías del ferrocarril a su paso por el nuevo barrio de Theresienhöhe.

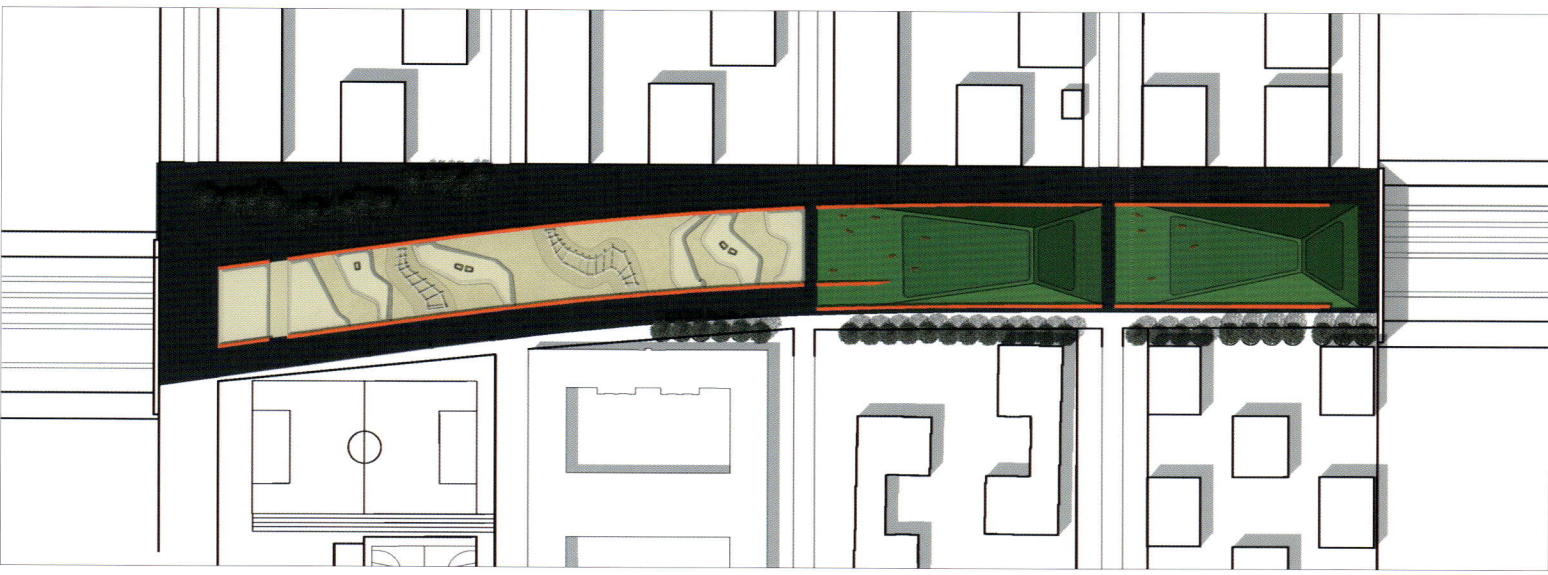

**Site plan** Plano de situación

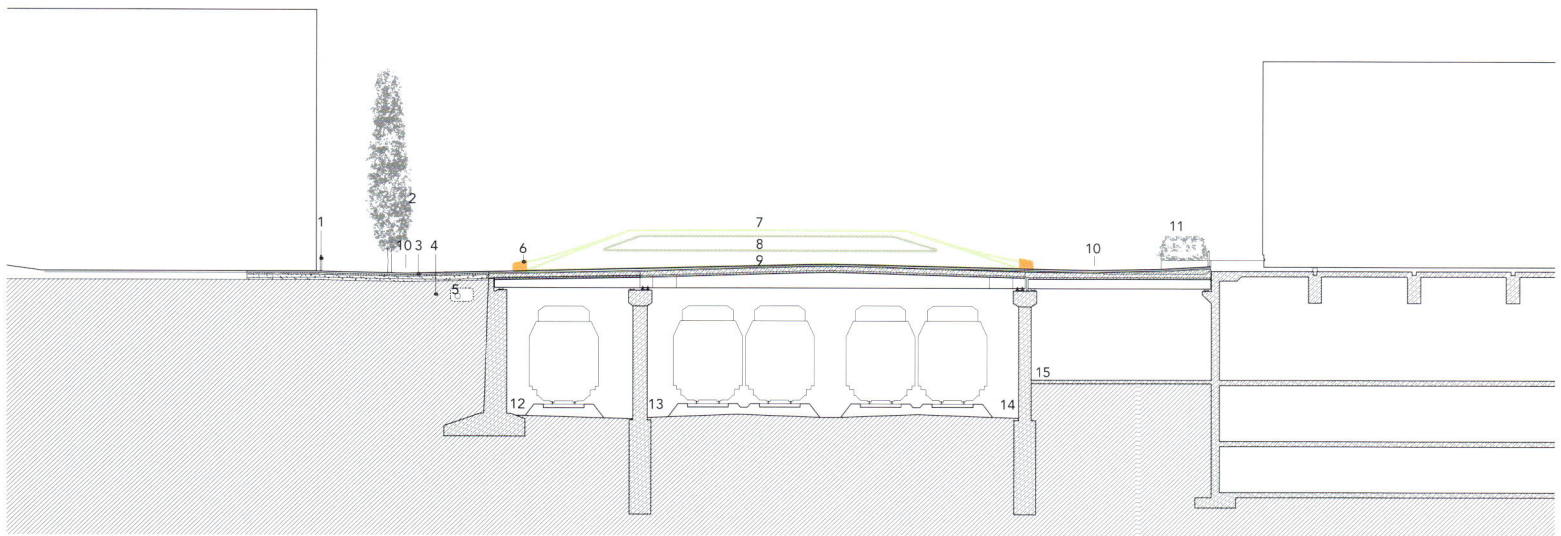

**Cross section** Sección transversal

1. Bollard 2. Lombardy Poplar (*Populus nigra 'Italica'*) 3. Asphalt 4. Natural soil 5. Infiltration ditch 6. Walls 7. Grass mound 8. Grass lawn 9. Astroturf 10. Gulley line 11. Grass planting, front garden 12. Ser vice track 13.Munich-Rosenheim railway line 14. Optional track for urban railway 15. Underground car park

1. Bolardo 2. Álamo de Lombardía (*Populus nigra 'Italica'*) 3. Asfalto 4. Terreno natural 5. Canal de infiltración 6. Peto 7. Montículo de hierba 8. Pradera de césped 9. Césped artificial 10. Desnivel de desagüe 11. Seto en el frente de los jardines privados 12. Vía de servicio 13. Línea de tren Múnich-Rosenheim 14. Vía de tren opcional para ferrocarriles urbanos 15. Aparcamiento subterráneo

**HABITAT**

**MANAGING EARTHWORKS**
GESTIONAR MOVIMIENTOS DE TIERRAS

**POLYSTYRENE BLOCKS AND LIGHT CONCRETE TO FORM MOUNDS**
The up to five meters high mounds are filled with polystyrene blocks to reduce the load over the slab and to avoid earthworks.

**BLOQUES DE POLIESTIRENO Y HOMIGÓN ALIGERADO FORMAN LOS MONTÍCULOS**
Para reducir la carga sobre la losa de cubierta, y evitar movimientos de tierras los montículos de hasta cinco metros de altura se rellenan de bloques rígidos de poliestireno.

## STRUCTURES/FURNITURE

### INDUCING EXPERIENCES

### PROVOCAR EXPERIENCIAS

**MIST SHOWERS AND DIVING BOARDS**
Showers refresh the air around them and spring boards are built in the polystyrene mounds.

**DUCHAS DE BRUMA, TRAMPOLINES**
Las duchas refrescan el ambiente a su alrededor y los trampolines están encastrados en los módulos de poliestereno.

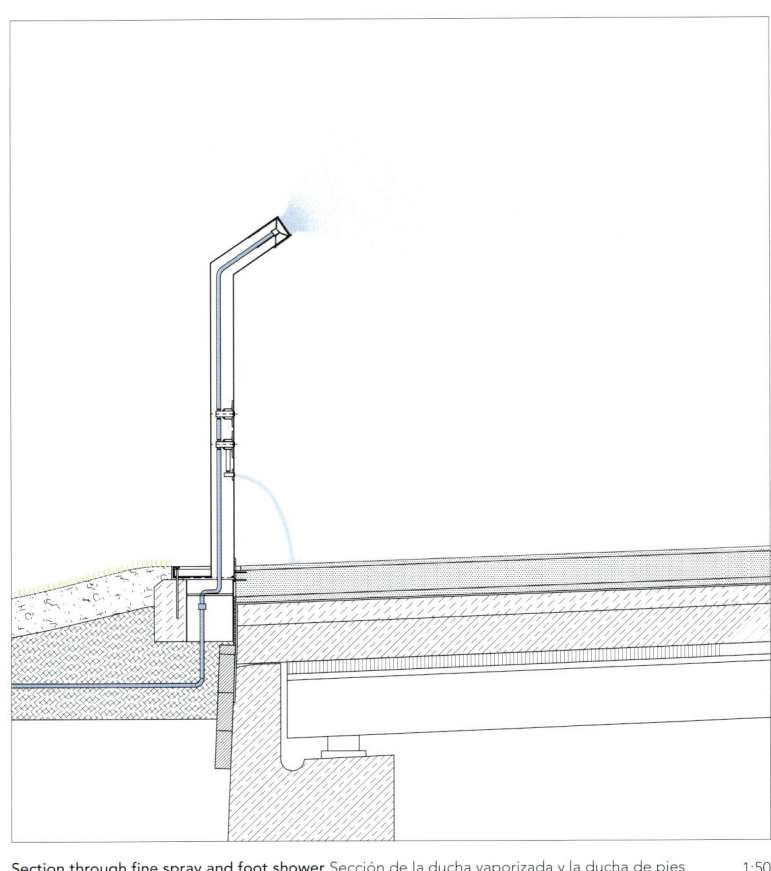

**Section through fine spray and foot shower** Sección de la ducha vaporizada y la ducha de pies          1:50

---

## USERS

### PREVENTING AND REASSURING
### PREVENIR Y ASEGURAR

**ANTI-SLIP METAL DISCS**
The cast parts fixed to the surface area of the artificial lawn prevent falls on the space planned as a runway to prepare for the jump.

**TACOS METÁLICOS ANTIDESLIZANTES**
Las piezas de fundición fijadas a la superficie de césped artificial previenen caídas en el espacio previsto como pasillo de carrera previo al salto.

## SURFACES

### ADAPTING ENDURANCE

### ADECUAR RESISTENCIAS

**ASPHALT, GRASS, ARTIFICIAL LAWN, RUBBERIZED TARTAN, GRAVEL AND SAND**
Each surface has a type of activity and furniture associated to it and buffers the different type of impacts.

**ASFALTO, HIERBA, CÉSPED ARTIFICIAL, TARTÁN DE GOMA, GRAVA Y ARENA**
Cada superficie lleva asociado un tipo de actividad y mobiliario, y amortigua los diferentes tipos de impactos.

## STRUCTURES/FURNITURE

### CUSTOMIZING

### CUSTOMIZAR

**RECREATIONAL ELEMENTS**
Polystyrene blocks are used in the stay areas. A series of paralel steel tubes supports climbing ropes and tunnel-slides.

**ELEMENTOS RECREATIVOS**
Bloques de poliestireno rígido para estancias. Una sucesión de anillos a base de tubos de acero soporta las cuerdas para trepar y los toboganes-túnel.

## HABITAT

### MANAGING PLANTATIONS
### GESTIONAR PLANTACIONES

**PINE TREES IN EARTH BOXES**
Any type of planting on top of the slab was not viable. The boxes enable a group of large pine trees to be laid out in the northern flank of the site.

**PINOS EN CAJONES DE TIERRA**
Cualquier tipo de plantación sobre la losa existente era inviable. Los cajones permiten organizar una agrupación de pinos de gran porte en el flanco norte del solar.

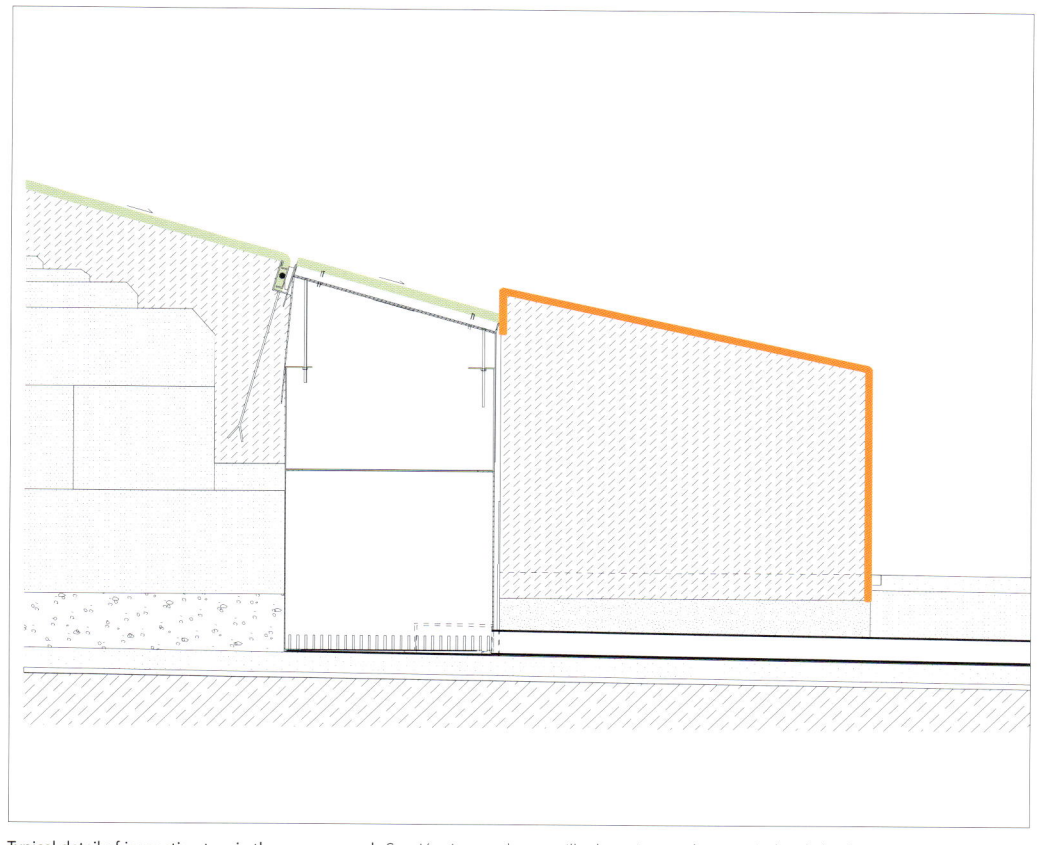

Typical detail of inspection tray in the grass mounds Sección tipo por la trampilla de registro en los montículos de hierba

1:100

# Aldayjover
## SARAGOSSA TRAMWAY
Saragossa (Spain) 2011

### EDITORS' NOTE NOTA DE LOS EDITORES

The new infrastructure crosses the southern half of the city and the public spaces which run alongside have been redesigned. Following an approach which treats the downtown area and the outskirts the same way, pedestrians, cyclists, cars and public transport have all been integrated.
Tram stops along the route protect from the intense sun and winds inherent to the city's climate, integrating all installations into their structure (lights, traffic lights, street lighting and telecommunications), freeing the new platform from visual noise.

La nueva infraestructura atraviesa la mitad sur de la ciudad y los espacios públicos que recorre se han acondicionado. Bajo un concepto que trata por igual tanto al centro como a la periferia, se integran peatones, ciclistas, automóviles y el transporte público. La obra ha permitido además, introducir un carril bici continuo y diferenciado que recorre la ciudad.
Las marquesinas a lo largo del recorrido protegen del intenso sol y de los vientos propios del clima de la ciudad, integran en su estructura todas las instalaciones de iluminación, semáforos, alumbrado y telecomunicaciones, liberando así al nuevo andén del ruido visual.

| | |
|---|---|
| **SITE AREA** SUPERFICIE DE LA INTERVENCIÓN (m²) | 180.500 |
| **PROJECT COST** COSTE DEL PROYECTO (euros/m²) | 210 |

1:20.000

| TERRITORY | | SITE | | OBJECTS | | |

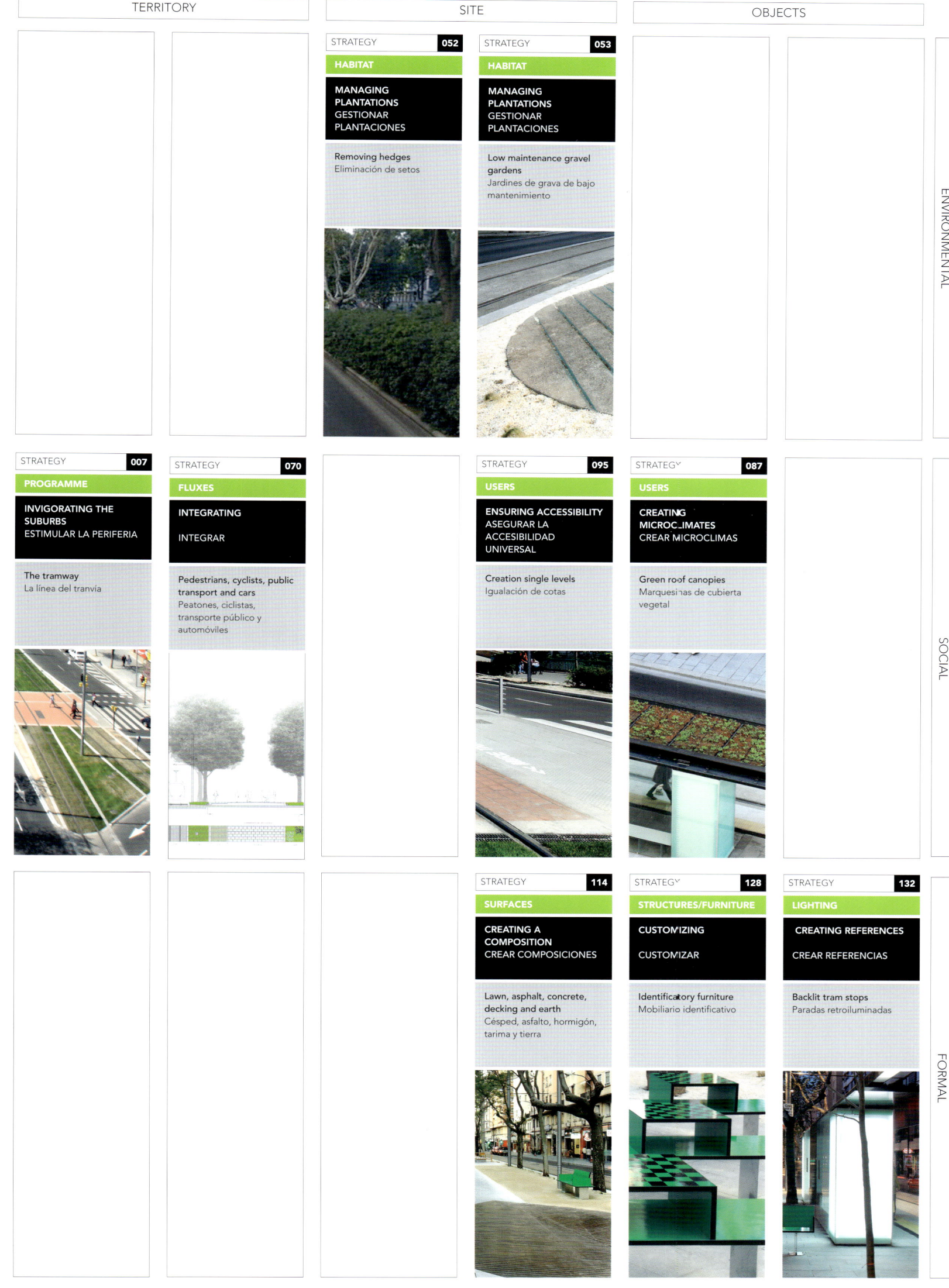

**TERRITORY**　　**SITE**　　**OBJECTS**

STRATEGY **052**

**HABITAT**

**MANAGING PLANTATIONS**
**GESTIONAR PLANTACIONES**

Removing hedges
Eliminación de setos

STRATEGY **053**

**HABITAT**

**MANAGING PLANTATIONS**
**GESTIONAR PLANTACIONES**

Low maintenance gravel gardens
Jardines de grava de bajo mantenimiento

**ENVIRONMENTAL**

STRATEGY **007**

**PROGRAMME**

**INVIGORATING THE SUBURBS**
**ESTIMULAR LA PERIFERIA**

The tramway
La línea del tranvía

STRATEGY **070**

**FLUXES**

**INTEGRATING**

**INTEGRAR**

Pedestrians, cyclists, public transport and cars
Peatones, ciclistas, transporte público y automóviles

STRATEGY **095**

**USERS**

**ENSURING ACCESSIBILITY**
**ASEGURAR LA ACCESIBILIDAD UNIVERSAL**

Creation single levels
Igualación de cotas

STRATEGY **087**

**USERS**

**CREATING MICROCLIMATES**
**CREAR MICROCLIMAS**

Green roof canopies
Marquesinas de cubierta vegetal

**SOCIAL**

STRATEGY **114**

**SURFACES**

**CREATING A COMPOSITION**
**CREAR COMPOSICIONES**

Lawn, asphalt, concrete, decking and earth
Césped, asfalto, hormigón, tarima y tierra

STRATEGY **128**

**STRUCTURES/FURNITURE**

**CUSTOMIZING**

**CUSTOMIZAR**

Identificatory furniture
Mobiliario identificativo

STRATEGY **132**

**LIGHTING**

**CREATING REFERENCES**

**CREAR REFERENCIAS**

Backlit tram stops
Paradas retroiluminadas

**FORMAL**

## INVIGORATING THE SUBURBS
## ESTIMULAR LA PERIFERIA

**INTEGRATING DOWNTOWN AND OUTSKIRTS**
A coherent system of paving and urban elements for the entire city democratizes the quality of managing public space without differentiating neighbourhoods.

**INTEGRAR CENTRO Y PERIFERIA**
Un sistema de pavimentación y elementos urbanos coherente para toda la ciudad democratiza la calidad del tratamiento del espacio público sin diferenciar barrios.

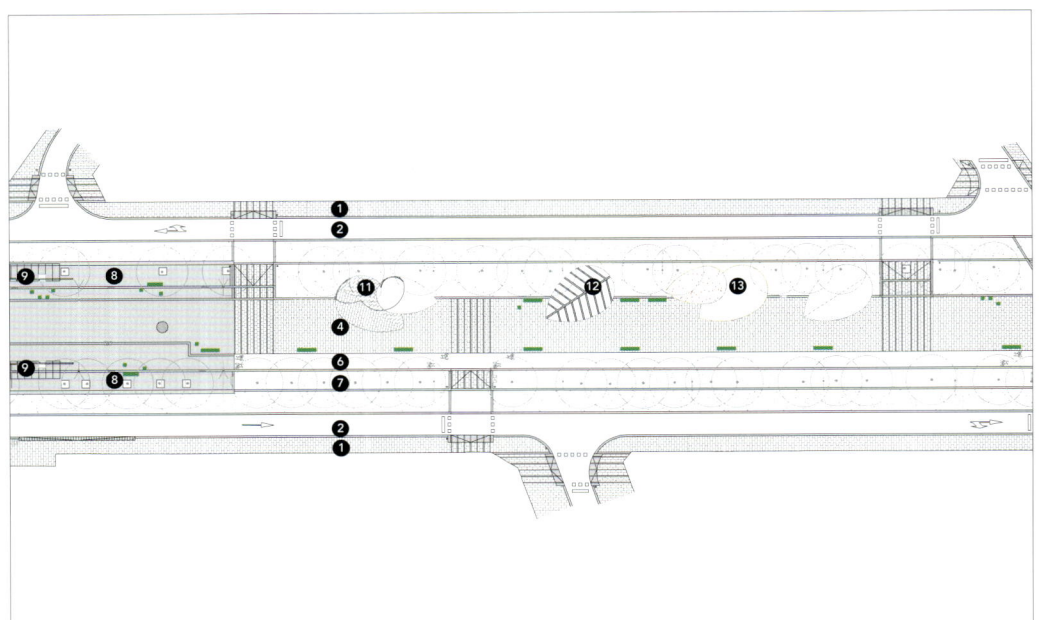

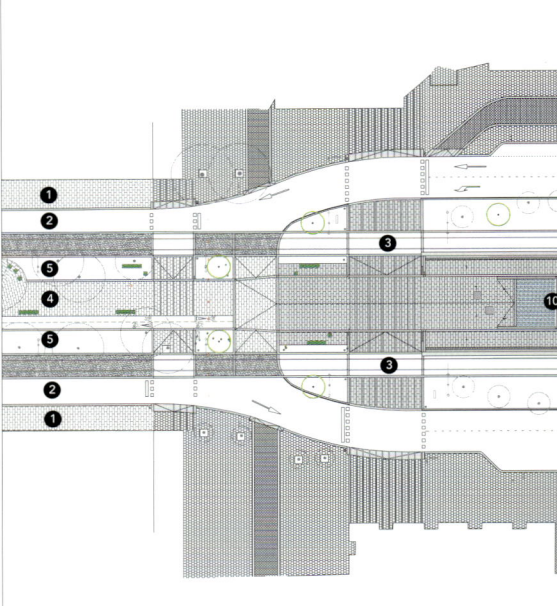

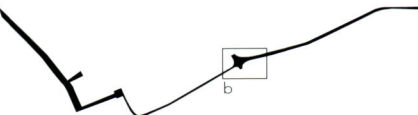

**General floor plan** Planta general

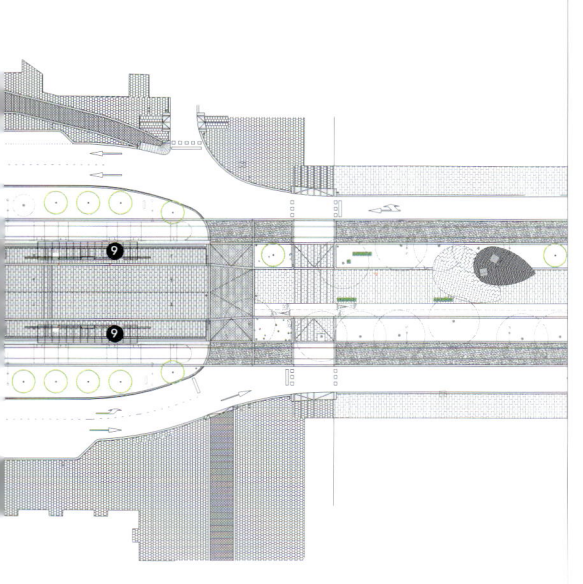

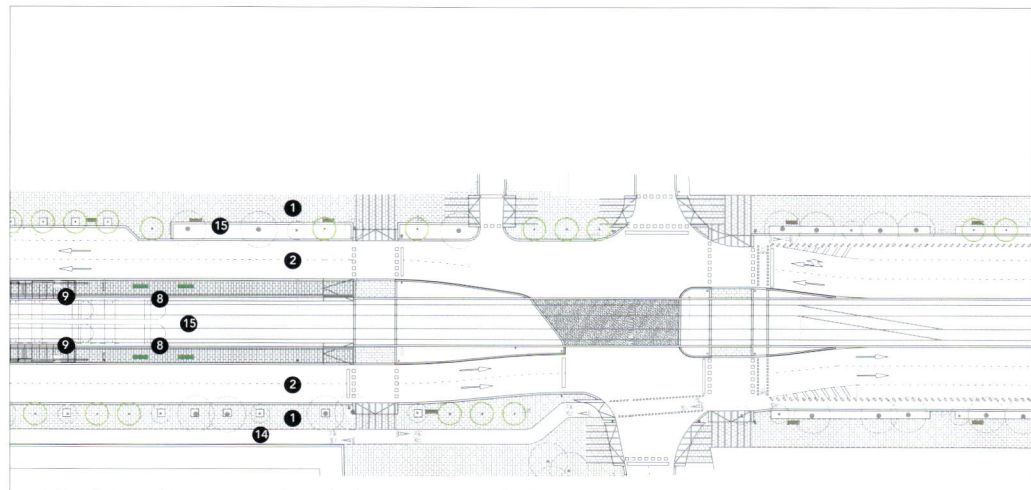

1. Sidewalk 2. Road 3. Tramway track (Washed concrete) 4. Central walkway 5. Walkway extension (Compacted sand) 6. Bicycle lane (Green tainted , washed concrete) 7. Wild meadow 8. Platform 9. Canopy 10. Fernando el Católico Monument (Water pond and green wall) 11. Kiosk 12. Water fountain 13. Playground 14. Bicycle lane on road 15. Car park lot 1. Acera 2. Calzada 3. Plataforma tranviaria. Hormigón in situ lavado 4. Paseo central 5. Ampliación del paseo. Arena compactada 5. Carril bici. Hormigón in situ tintado verde y lavado 7. Pradera rústica florida 8. Andén de parada 9. Marquesina 10. Entorno de estatua de Fernando El Católico. Lámina de agua y muro vegetal 11. Ubicación de quiosco 12. Fuente juego de agua 13. Juegos infantiles. Caucho 14. Carril bici en calzada 15. Aparcamiento

**SURFACES**

**CREATING A COMPOSITION**
**CREAR COMPOSICIONES**

LAWN, ASPHALT, DECKING AND EARTH
The system of longitudinal strips which separate the fluxes (pavements, roads, rails, lawn, cycle path, pedestrian strip and earth) is peppered with wooden platforms, mounds and play areas with curved shapes made from recycled rubber.

CÉSPED, ASFALTO, HORMIGÓN, TARIMA Y TIERRA
El sistema de bandas longitudinales que separa los flujos (aceras, calzadas, raíles, césped, carril bici, banda peatonal y tierra) se salpica con plataformas de madera, montículos y áreas de juegos de formas curvas de caucho.

1. Sidewalk 2. Taxi stop 3. Road 4. Wild meadow 5. Tramway track 6. Platform 7. Central walkway 1. Acera 2. Parada de taxis 3. Calzada 4. Pradera rústica 5. Plataforma del tranvía 6 Andén parada 7. Paseo central

STRATEGY 053

**HABITAT**

### MANAGING PLANTATIONS
### GESTIONAR PLANTACIONES

**LOW MAINTENANCE GRAVEL GARDEN**
This counteracts the use of grass beneath the rails in the dry Zarazgoza climate.

**JARDÍN DE GRAVA DE BAJO MANTENIMIENTO**
Contrarresta el uso de césped bajo los raíles en el clima seco de Zaragoza.

STRATEGY 095

**USERS**

### ENSURING ACCESSIBILITY
### ASEGURAR LA ACCESIBILIDAD UNIVERSAL

**CREATION SINGLE LEVELS AND RAMPS**
To favour the pedestrian continuity, all the fluxes are set at the same level, without kerbs or level changes.

**IGUALACIÓN DE COTAS Y RAMPAS**
Para favorecer la continuidad peatonal, todos los flujos conviven a la misma cota, sin bordillos ni desniveles.

**FLUXES**

**INTEGRATING**

INTEGRAR

PEDESTRIANS, CYCLISTS, PUBLIC TRANSPORT AND CARS
All the fluxes are integrated into the public space along the tramway, which also incorporates squares and key points, which were formerly cut off by traffic, for the pedestrian.

PEATONES, CICLISTAS, TRANSPORTE PÚBLICO Y AUTOMÓVILES
Todos los flujos se integran en el espacio público a lo largo de la línea de tranvía, que además incorpora para el peatón plazas y puntos clave que estaban aislados por el tráfico.

## STRUCTURES/FURNITURE

### CUSTOMIZING

### CUSTOMIZAR

**BENCHES, GROUPS OF CHAIRS AND TABLES**
These are made using panels with a green finish on galvanized steel stands which are screwed down.

**BANCOS, GRUPOS DE SILLAS Y MESAS**
Están realizados con tableros acabados en color verde sobre soportes de acero galvanizado que se atornillan al suelo.

## HABITAT

### MANAGING PLANTATIONS

### GESTIONAR PLANTACIONES

**REMOVING HEDGES**
By removing the existing hedges which separated pedestrian transit from vehicle traffic, maintenance costs are cut and a space free from visual obstacles is opened up, which fosters safety.

**ELIMINACIÓN DE SETOS**
Con la eliminación de los setos existentes que separaban la circulación peatonal de la rodada se ahorra en mantenimiento y se obtiene un espacio libre de obstáculos visuales que favorece la seguridad.

## USERS

### CREATING MICROCLIMATES

### CREAR MICROCLIMAS

**GREEN ROOF CANOPIES**
The tram stops have a green roof which minimizes the run-off. They adapt to Saragossa's harsh climate. The tram stops generate shade and protect from the wind.

**MARQUESINAS DE CUBIERTA VEGETAL**
Las paradas del tranvía tienen una cubierta vegetal que minimiza la escorrentía. Están adaptadas al duro clima de Zaragoza. Generan sombra y protegen del viento.

## LIGHTING

### CREATING REFERENCES

### CREAR REFERENCIAS

**BACKLIT TRAM STOPS**
The new tram stops give identity to the intervention and their presence lends rhythm to the nightscape along the tramway.

**PARADAS RETROILUMINADAS**
Las nuevas paradas del tranvía identifican la intervención y su presencia ritma el paisaje nocturno a lo largo de la línea.

# Paredes.Pino Arquitectos

## OPEN CENTER FOR PUBLIC ACTIVITIES

Cordoba (Spain) 2010

### EDITORS' NOTE NOTA DE LOS EDITORES

The project replaces a recently-built square which had no appeal whatsoever. Now, the parasols shelter a protected space for leisure activities and a twice-weekly market. Furthermore, the place serves as an anteroom for the new hospital which is being built on the adjacent site. The coverings are dealt with using light metal elements, of different diameters and variable heights, allowing light to reflect onto the white-coloured lower sides. The ground plan is handled using a uniform surface area of coloured cobblestones onto which some of the possible activities which the place invites one to do are marked out in paint.

El proyecto sustituye a una plaza reciente que carecía de todo atractivo. Ahora, los parasoles dan cobijo a un espacio protegido para usos de ocio y un mercado dos veces por semana. El lugar servirá además como antesala al nuevo hospital que se levanta en el solar contiguo. Las cubriciones se resuelven con elementos metálicos ligeros, de diámetros distintos y altura variable, permitiendo la reflexión de la luz sobre las caras inferiores de color blanco. El plano de suelo se resuelve con una superficie uniforme de adoquines de colores sobre los que se señalan con pintura algunas de las posibles actividades que el espacio invita a realizar.

| | |
|---|---|
| **SITE AREA** SUPERFICIE DE LA INTERVENCIÓN **(m²)** | 19.920 |
| **PROJECT COST** COSTE DEL PROYECTO **(euros/m²)** | 273 |

1:16.000

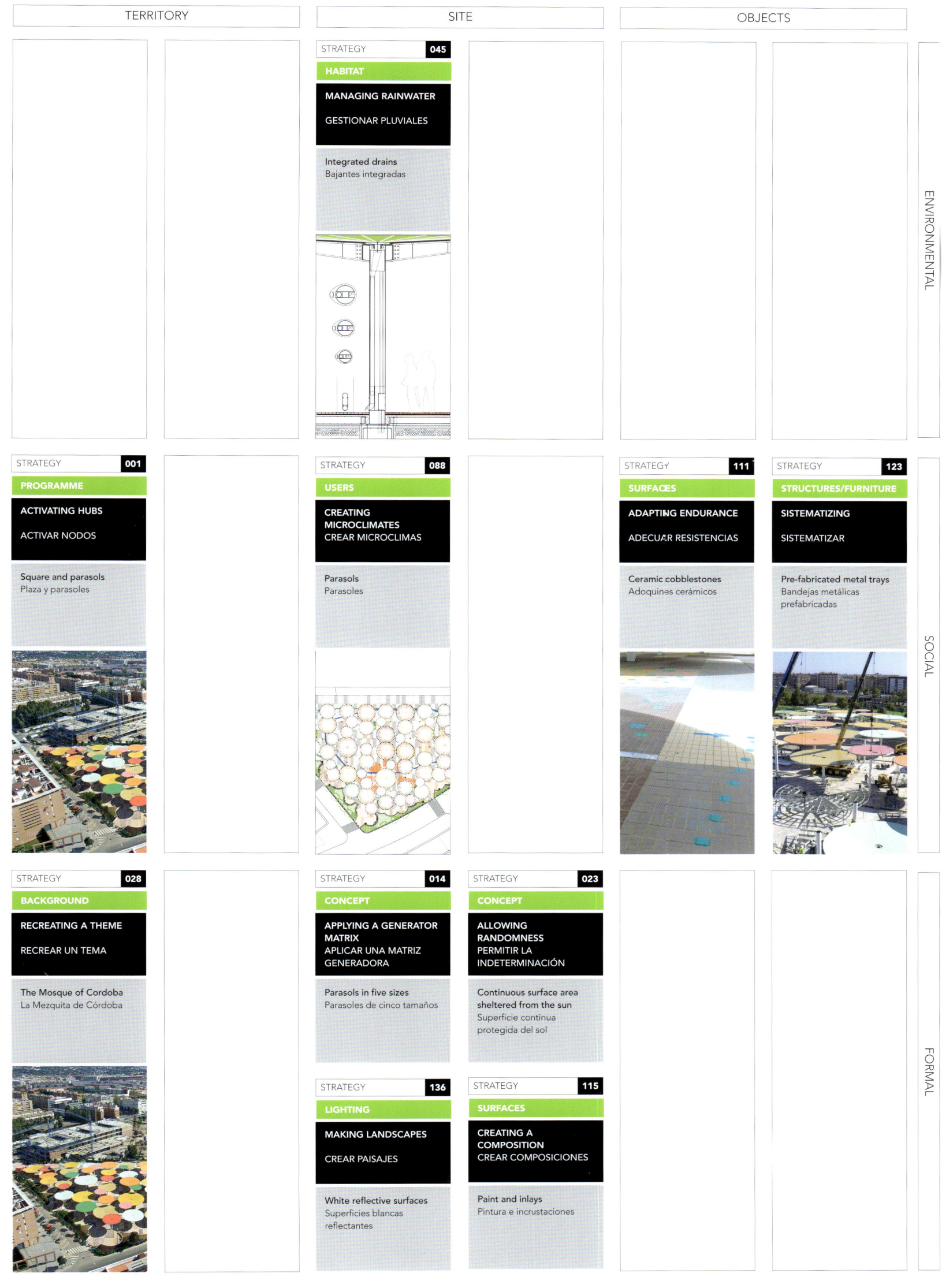

| TERRITORY | | SITE | | OBJECTS | | |
|---|---|---|---|---|---|---|

**STRATEGY 045**

HABITAT

**MANAGING RAINWATER**

GESTIONAR PLUVIALES

Integrated drains
Bajantes integradas

ENVIRONMENTAL

**STRATEGY 001**

PROGRAMME

**ACTIVATING HUBS**

ACTIVAR NODOS

Square and parasols
Plaza y parasoles

**STRATEGY 088**

USERS

**CREATING MICROCLIMATES**
CREAR MICROCLIMAS

Parasols
Parasoles

**STRATEGY 111**

SURFACES

**ADAPTING ENDURANCE**

ADECUAR RESISTENCIAS

Ceramic cobblestones
Adoquines cerámicos

**STRATEGY 123**

STRUCTURES/FURNITURE

**SISTEMATIZING**

SISTEMATIZAR

Pre-fabricated metal trays
Bandejas metálicas
prefabricadas

SOCIAL

**STRATEGY 028**

BACKGROUND

**RECREATING A THEME**

RECREAR UN TEMA

The Mosque of Cordoba
La Mezquita de Córdoba

**STRATEGY 014**

CONCEPT

**APPLYING A GENERATOR MATRIX**
APLICAR UNA MATRIZ
GENERADORA

Parasols in five sizes
Parasoles de cinco tamaños

**STRATEGY 023**

CONCEPT

**ALLOWING RANDOMNESS**
PERMITIR LA
INDETERMINACIÓN

Continuous surface area
sheltered from the sun
Superficie continua
protegida del sol

FORMAL

**STRATEGY 136**

LIGHTING

**MAKING LANDSCAPES**

CREAR PAISAJES

White reflective surfaces
Superficies blancas
reflectantes

**STRATEGY 115**

SURFACES

**CREATING A COMPOSITION**
CREAR COMPOSICIONES

Paint and inlays
Pintura e incrustaciones

**PROGRAMME**

**ACTIVATING HUBS**

**ACTIVAR NODOS**

SQUARE AND PARASOLS
The existing square was an empty space, with hardly any shade and a layout which did not make any activity appealing.
The space has been sheltered with parasols of different sizes which function as a roof for a market twice a week, and as an anteroom for the new hospital for countless spontaneous activities when the market stalls are taken down.

PLAZA Y PARASOLES
La plaza existente era un lugar vacío, sin apenas sombra, y una ordenación que no invitaba a realizar ninguna actividad.
El espacio se ha protegido con parasoles de varios tamaños que sirven de cubierta a un mercado dos veces por semana, de antesala del hospital y de un sinfín de actividades espontáneas cuando se retiran los puestos de venta.

**BACKGROUND**

**RECREATING A THEME**

**RECREAR UN TEMA**

THE MOSQUE OF CORDOBA
The repetition of columns and accumulated repeated elements of a different height but of the same family, creates a subtle respectful link between the Open Center for Public Activities and the Cathedral-Mosque of Cordoba.

LA MEZQUITA DE CÓRDOBA
La repetición de soportes y elementos repetitivos acumulados de distinta altura pero de igual familia, pone en ligero y respetuoso contacto al Centro Abierto de Actividades Ciudadanas con la Mezquita Catedral de Córdoba.

Market days circulation diagram Circulación en días de mercado

Every day circulation Circulación en el resto de la semana

Automobiles Circulación rodada

Parasols Pétalos cubierta

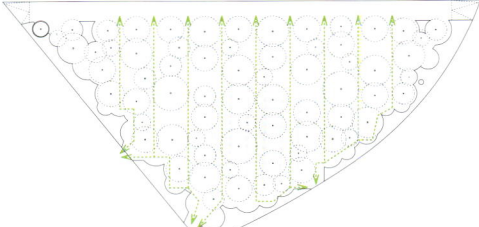

Square for activities Pavimentos activables

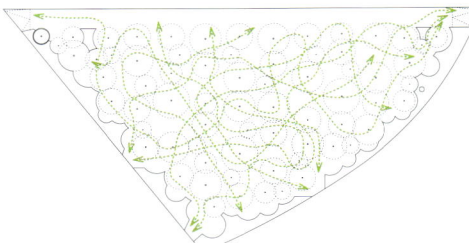

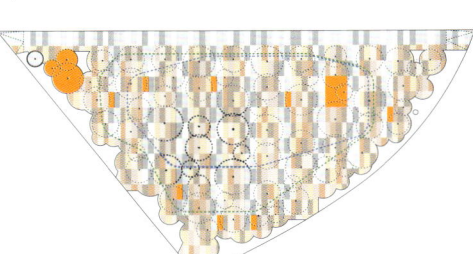

Planted areas Zonas verdes

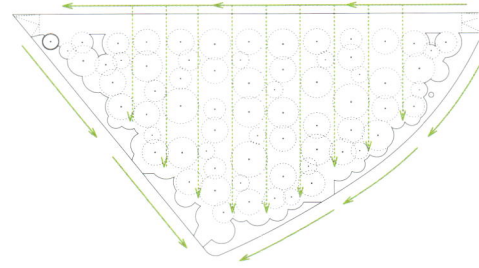

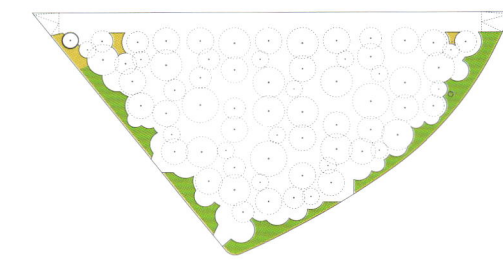

STRATEGY **088**

**USERS**

**CREATING MICROCLIMATES
CREAR MICROCLIMAS**

PARASOLS
The main function of the parasols is to create a space which enables different activities to be carried out sheltered from the harsh Cordoba sun.

PARASOLES
La función principal de los parasoles es crear un espacio a la sombra que permita el desarrollo de actividades al abrigo del duro sol cordobés.

Roof
Cubierta

Possible heights
Catálogo de alturas

Ceiling
Techo

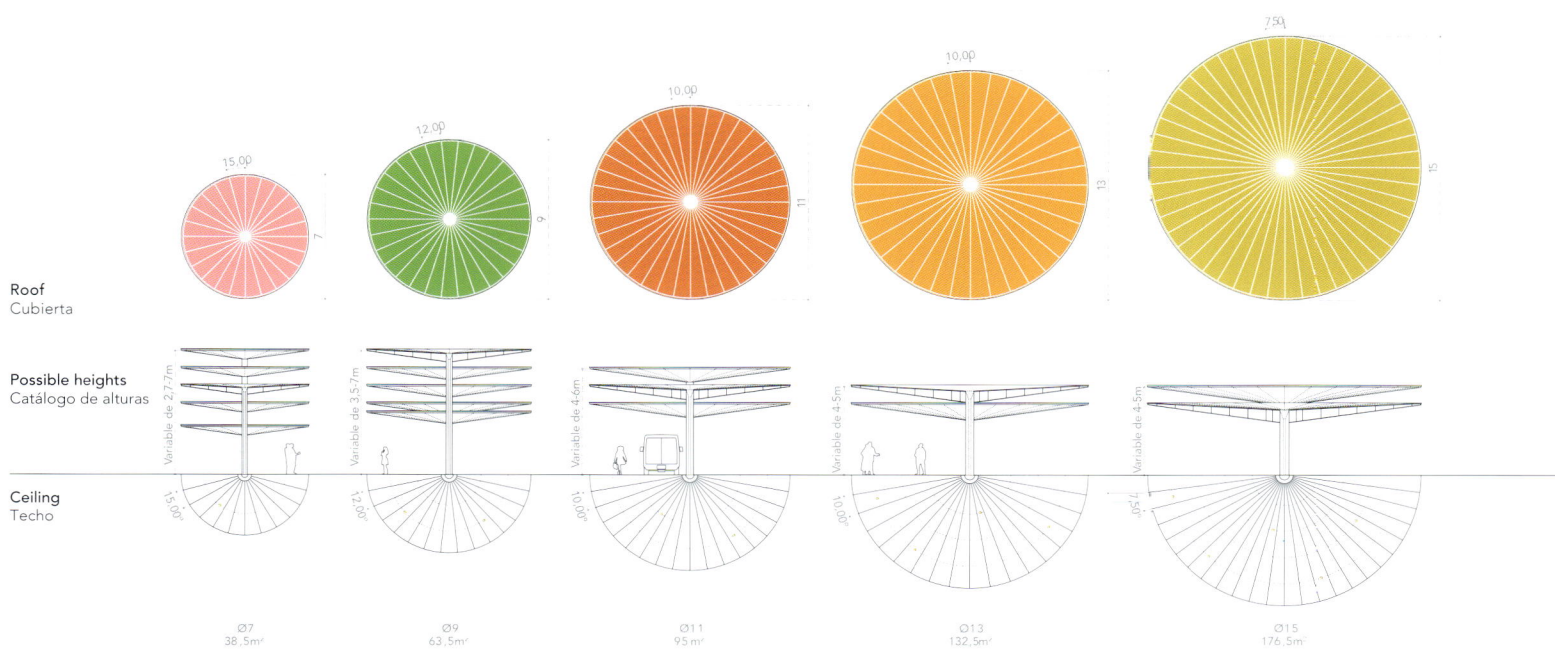

| Ø7 | Ø9 | Ø11 | Ø13 | Ø15 |
| 38,5m² | 63,5m² | 95 m² | 132,5m² | 176,5m² |

**CONCEPT**

**APPLYING A GENERATOR MATRIX**
APLICAR UNA MATRIZ GENERADORA

**PARASOLS IN FIVE SIZES**
The repetition of structural shafts of different heights and aluminium trays in several diameters occupies the whole space.

**PARASOLES DE CINCO TAMAÑOS**
La repetición de fustes estructurales de distinta altura y bandejas de aluminio de varios diámetros y colores organiza la totalidad de espacio.

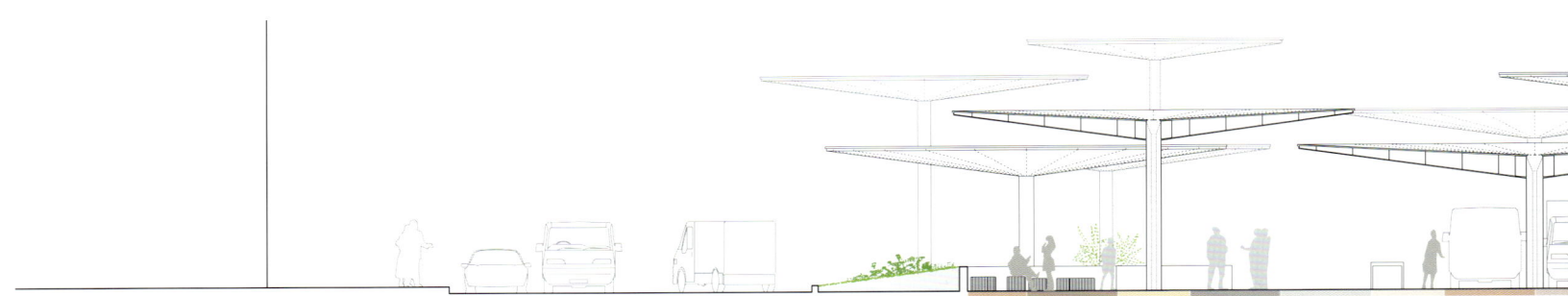

**ALLOWING RANDOMNESS**
PERMITIR LA INDETERMINACIÓN

**CONTINUOUS SURFACE AREA SHELTERED FROM THE SUN**
Underneath the parasols, the space is handled like a huge board for games and activities, some well-known and others yet to be invented or re-adapted.

**SUPERFICIE CONTINUA PROTEGIDA DEL SOL**
Bajo los parasoles, el espacio está tratado como un enorme tablero de juegos y actividades, algunas conocidas y otras aún por inventar o readaptar.

Weekly market configuration.
168 STALLS, 168 AUTOMOBILES
Configuración de mercado ambulante
168 PUNTOS DE VENTA, 168 VEHÍCULOS

Activity around a stage Configuración de actividad con escenario

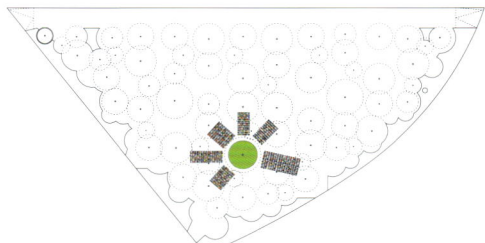

Fashion shows and performances
Configuración de desfiles de moda, presentaciones

Cooking festival Configuración de jornadas grastronómicas

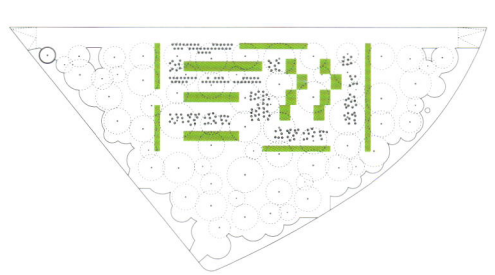

Race track (bicycles, motorbikes) Circuito de carrera, bicicletas, ruedas

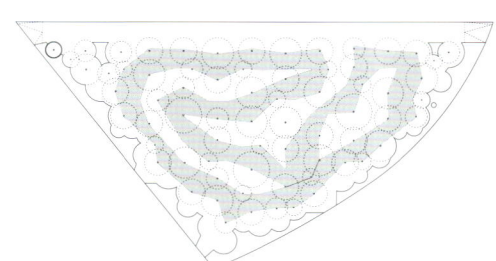

Open air cinema Configuración de minicines de verano

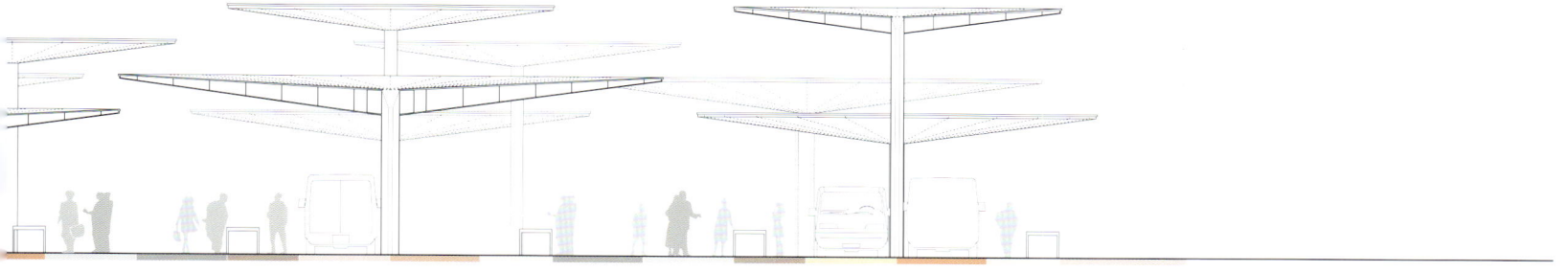

## SURFACES

## CREATING A COMPOSITION
## CREAR COMPOSICIONES

**PAINT AND INLAYS**
The activities and games are marked out in the paving using layouts with highly resistant paint for road markings or with inlays with coloured mortars in specific places.

**PINTURA E INCRUSTACIONES**
Las actividades y juegos se señalizan en el pavimento mediante el trazado con pintura de alta resistencia para señalización vial o mediante incrustaciones con morteros coloreados en lugares específicos.

## SURFACES

**ADAPTING ENDURANCE**

**ADECUAR RESISTENCIAS**

**CERAMIC COBBLESTONES**
The paving for the open space is dealt with using one single type of extruded ceramic cobblestone in different colours.

**ADOQUINES CERÁMICOS**
Los adoquines cerámicos de alta resistencia permiten la instalación sobre su superfice de los puestas de venta y el paso de las furgonetas de carga y descarga.

**HABITAT**

**MANAGING RAINWATER**

GESTIONAR PLUVIALES

**INTEGRATED DRAINS**
The rainwater is collected in a drain incorporated inside the shafts and is directed to the base of the parasols.

**BAJANTES INTEGRADAS**
El agua de lluvia se recoge en una bajante incorporada dentro de los fustes y es conducida hasta la base de los parasoles.

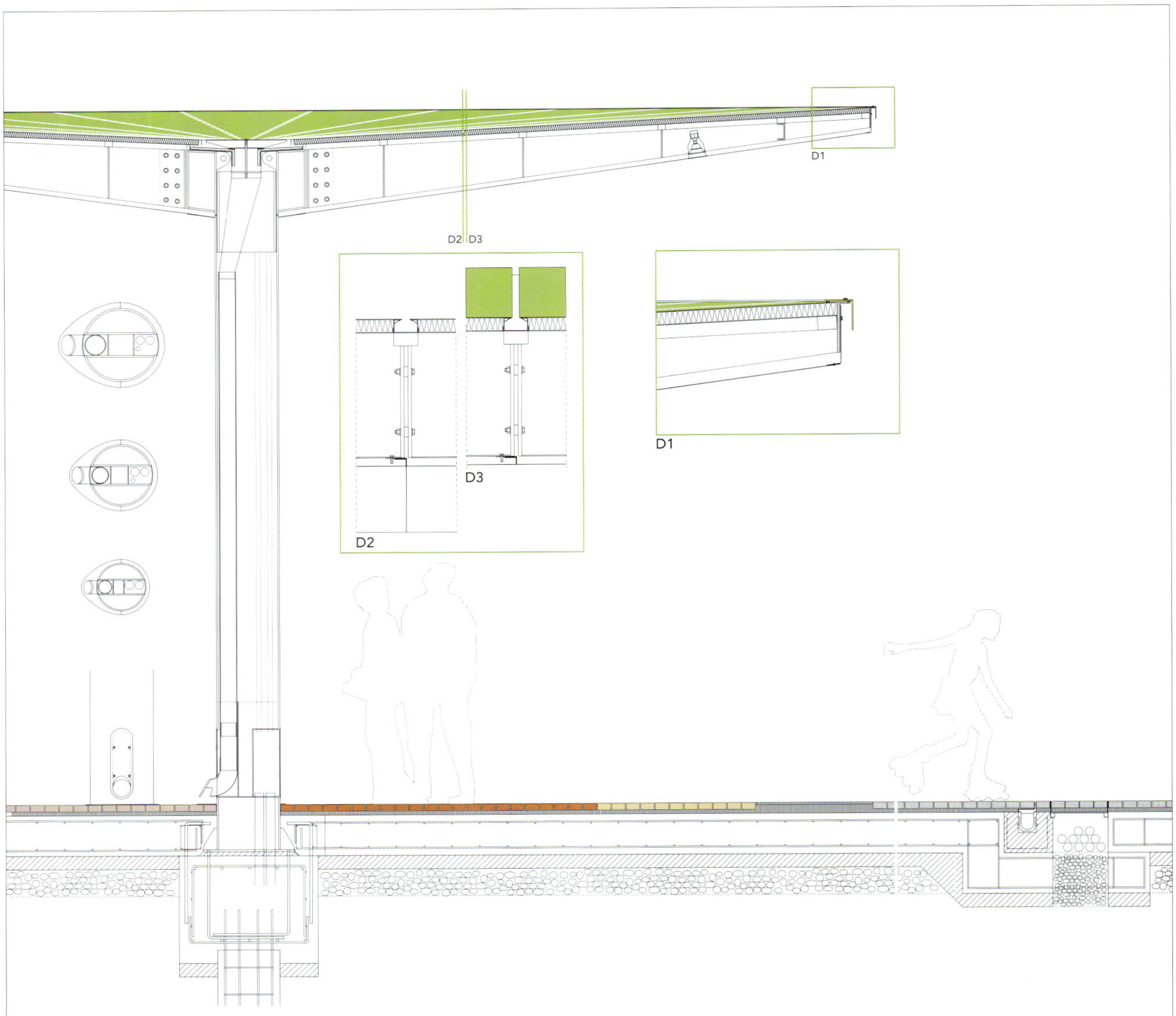

D1

D2 D3

D3

D2

D1

Parasol B Ø9m type section

**STRUCTURES/FURNITURE**

**SISTEMATIZING**

SISTEMATIZAR

**PRE-FABRICATED TRAYS**
The coverings are handled with light metal elements which are assembled on-site and lifted onto the stands, with diameters ranging from 7 metres, the smallest and 15 metres, the largest. In turn, the heights also vary between 4 and 7 metres. The system permits great variability and flexibility with few elements.

**BANDEJAS PREFABRICADAS**
Las cubriciones se resuelven con elementos metálicos ligeros montados en el solar y elevados sobre los soportes, con diámetros que se mueven entre los 7 metros del menor y los 15 metros del mayor. A su vez las alturas son también variables entre 4 y 7 metros. El sistema permite una enorme variabilidad y flexibilidad con pocos elementos.

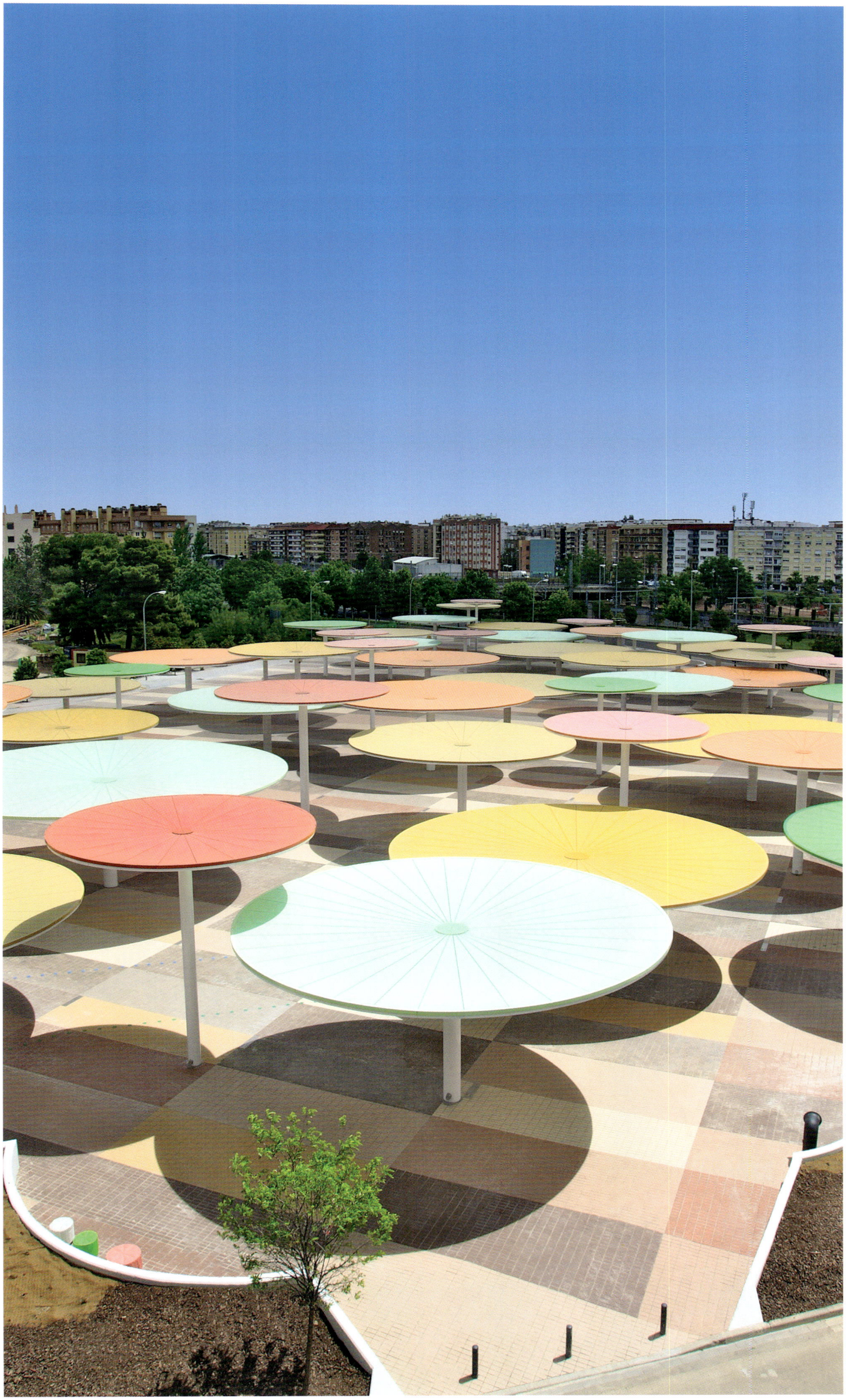

MAKING LANDSCAPES

CREAR PAISAJES

WHITE REFLECTIVE SURFACES
The lower side of the parasols is composed of white oven-lacquered galvanized steel plates and give a sense of unity to the ensemble. The reflective feature has two functions: it allows these white surfaces to be stained depending on the overlaps between parasols or the activities generated below them. Apart from this, in the dark they give off light due to the reflection downwards from the lighting for the space which is built in to each parasol. In this way, using artificial light, a welcoming space which is perfectly marked out against the darkness of the night sky has been constructed

SUPERFICIES BLANCAS REFLECTANTES
La cara inferior de los parasoles se compone de placas de acero galvanizado lacado al horno de color blanco y, dan unidad al conjunto. Esta condición reflectante cumple una doble función: permite el teñido de estas superficies blancas dependiendo de los solapes entre parasoles o de las actividades que se generen bajo ellos. Por otro lado, en la oscuridad proporciona una iluminación completa por reflexión sobre el suelo al llevar incorporado el alumbrado del espacio en el mismo parasol.
Se construye así mediante la luz artificial un espacio acogedor y perfectamente limitado frente a la oscuridad de la bóveda celeste.

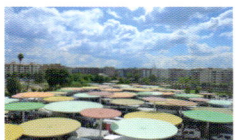

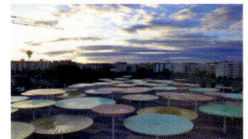

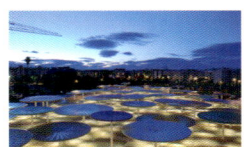

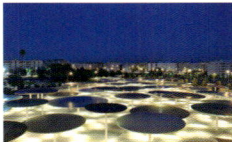

# Burgos Garrido, Porras La Casta, Rubio A. Sala, West8

**MADRID RIO**
Madrid (Spain) 2011

## EDITOR'S NOTE NOTA DE LOS EDITORES

This is another of the projects which given the scope we have been following from the very beginning.* Without going into the overwhelming figures which have accompanied the tunnelling for the motorway, we echo the capacity for change of the new park which is spreading out over the tunnels. Apart from the visual enhancement of the ill-treated river banks, the disappearance of the background noise and the pollution or how the right bank neighbourhoods have been brought closer to the downtown area there has also been a transformation of the relationship of the city with the territory: Madrid Río has consolidated the network of natural spaces running from North to South through the metropolitan area.

| | |
|---|---|
| **SITE AREA** SUPERFICIE DE LA INTERVENCIÓN **(m²)** | 1.288.900 |
| **PROJECT COST** COSTE DEL PROYECTO **(euros/m²)** | 310 |

01

01                 02                 03                 04

Es otra de las intervenciones que dada la envergadura seguimos desde sus comienzos*. Sin detenernos en las abrumadoras cifras que acompañan al soterramiento de la autopista, nos hacemos eco de la capacidad transformadora del nuevo parque que crece sobre los túneles. Al embellecimiento de las maltratadas orillas del río, la desaparición del ruido ambiental y la polución, o el acercamiento al centro de los barrios de la margen derecha, se suma una transformación de la relación de la ciudad con el territorio: Madrid Río consolida la red de espacios naturales que de Norte a Sur atraviesan el área metropolitana.

*The Public Chance, a+t publishers, pp. 394-417, 2008

## STRATEGY 041
### HABITAT
**REGENERATING ECOSYSTEMS**
REGENERAR ECOSISTEMAS

Regenerating the river bed
Regeneración del curso del río

## STRATEGY 061
### HABITAT
**AVOIDING NOISE POLLUTION**
EVITAR LA CONTAMINACIÓN ACÚSTICA

Green layer
Capa forestal

## STRATEGY 042
### HABITAT
**REGENERATING ECOSYSTEMS**
REGENERAR ECOSISTEMAS

Cutting $CO_2$ emissions
Reducir emisión de $CO_2$

## STRATEGY 063
### HABITAT
**MANAGING EARTHWORKS**
GESTIONAR MOVIMIENTOS DE TIERRAS

Minimum earthworks
Minimizar el movimiento de tierras

## STRATEGY 054
### HABITAT
**MANAGING PLANTATIONS**
GESTIONAR PLANTACIONES

Low consumption bushes
Arbustos de bajo consumo

## STRATEGY 058
### HABITAT
**MANAGING MAINTENANCE**
GESTIONAR MANTENIMIENTO

Limitations of meadows and riverside woods
Limitación de praderas y bosque de ribera

## STRATEGY 008
### PROGRAMME
**INVIGORATING THE SUBURBS**
ESTIMULAR LA PERIFERIA

Bridge network
Red de puentes

## STRATEGY 067
### FLUXES
**CONNECTING**
CONECTAR

Green metropolitan corridor
Corredor verde metropolitano

## STRATEGY 069
### FLUXES
**CONNECTIG**
CONECTAR

Remodelling the areas around housing
Remodelación del entorno de las viviendas

## STRATEGY 068
### FLUXES
**CONNECTING**
CONECTAR

Route of the European Paths Network
Recorrido de la Red de Senderos Europeos

## STRATEGY 071
### FLUXES
**INTEGRATING**
INTEGRAR

Activity Network
Red de actividades

## STRATEGY 074
### FLUXES
**SEPARATING ACTIVE AND PASSIVE USES**
SEPARAR USOS ACTIVOS Y PASIVOS

Cycle path, pedestrian walkway and recreational area
Vía ciclista, vía peatonal y zona de esparcimiento

## STRATEGY 075
### FLUXES
**SEPARATING ACTIVE AND PASSIVE USES**
SEPARAR USOS ACTIVOS Y PASIVOS

Fast track and slow tracks
Vía rápida y caminos lentos

## STRATEGY 096
### USERS
**ENSURING ACCESSIBILITY**
ASEGURAR LA ACCESIBILIDAD UNIVERSAL

Ramps on the contemporary bridges
Rampas en los puentes contemporáneos

## STRATEGY 097
### USERS
**ENSURING ACCESSIBILITY**
ASEGURAR LA ACCESIBILIDAD UNIVERSAL

Limitation the slopes
Limitación de pendientes

## STRATEGY 120
### STRUCTURES/FURNITURE
**INDUCING EXPERIENCES**
PROVOCAR EXPERIENCIAS

Observation deck
Mirador

## STRATEGY 035
### BACKGROUND
**INTEGRATING THE EXISTING**
INTEGRAR LO EXISTENTE

Matadero Madrid
Matadero Madrid

## STRATEGY 012
### CONCEPT
**USING A CORRIDOR AS STRUCTURE**
UTILIZAR UN CORREDOR COMO ESTRUCTURA

Expressway
Vía rápida

## STRATEGY 018
### CONCEPT
**TURNING THE PASS INTO DESIGN GENERATOR**
CONVERTIR EL PASADO EN GENERADOR

Grid of plantations and the river bed
Trama de las plantaciones y huella del arroyo

## STRATEGY 015
### CONCEPT
**APPLYING A GENERATOR MATRIX**
APLICAR UNA MATRIZ GENERADORA

The section type
La sección tipo

## STRATEGY 029
### BACKGROUND
**RECREATING A THEME**
RECREAR UN TEMA

The river bed
El lecho del río

| | | | | | |
|---|---|---|---|---|---|

STRATEGY **055**

**HABITAT**

**MANAGING PLANTATIONS**
GESTIONAR PLANTACIONES

Fixing systems and aeration tubes for roots
Sistemas de anclaje y tubos de aireación para raíces

STRATEGY **059**

**HABITAT**

**MANAGING MAINTENANCE**
GESTIONAR MANTENIMIENTO

Metal sheet bordering lawn areas
Chapa de limitación de áreas segadas

STRATEGY **137**

**LIGHTING**

**AVOIDING PHOTOPOLLUTION**
EVITAR LA CONTAMINACIÓN LUMÍNICA

Flourescent strips set into the handrails
Banda fluorescente integrada en el pasamanos

STRATEGY **083**

**USERS**

**PREVENTING AND REASSURING**
PREVENIR Y ASEGURAR

The yellow brick road
La senda amarilla

STRATEGY **093**

**USERS**

**DISSUADING**

DISUADIR

Protected granite
Granito protegido

STRATEGY **080**

**USERS**

**PARTICIPATING**

PARTICIPAR

Portraits of the neighbours
Retratos de los vecinos

STRATEGY **124**

**STRUCTURES/FURNITURE**

**SISTEMATIZING**

SISTEMATIZAR

Concentrated lighting
Luminarias concentradas

STRATEGY **104**

**SURFACES**

**OPTIMIZING MATERIALS**

OPTIMIZAR EL MATERIAL

Granite
El granito

STRATEGY **094**

**USERS**

**DISSUADING**

DISUADIR

Video surveillance
Videovigilancia

STRATEGY **129**

**STRUCTURES/FURNITURE**

**REUSING**

REUTILIZAR

Re-using viaducts
Reuso de viaductos

STRATEGY **030**

**BACKGROUND**

**RECREATING A THEME**

RECREAR UN TEMA

The cherry tree
El cerezo

STRATEGY **031**

**BACKGROUND**

**RECREATING A THEME**

RECREAR UN TEMA

Baroque gardens
Los jardines barrocos

STRATEGY **036**

**BACKGROUND**

**INTEGRATING THE EXISTING**
INTEGRAR LO EXISTENTE

Renovating the historic bridges
Rehabilitación de los puentes históricos

STRATEGY **037**

**BACKGROUND**

**INTEGRATING THE EXISTING**
INTEGRAR LO EXISTENTE

Re-modelling the historic dams
Remodelación de presas históricas

STRATEGY **116**

**SURFACES**

**CREATING A COMPOSITION**
CREAR COMPOSICIONES

Basalt and granite cobblestones
Adoquines de basalto y granito

STRATEGY **133**

**LIGHTING**

**CREATING REFERENCES**

CREAR REFERENCIAS

Lighting beneath the structure
Luminarias bajo la estructura

STRATEGY **032**

**BACKGROUND**

**RECREATING A THEME**

RECREAR UN TEMA

The railway bridges
Los puentes ferroviarios

STRATEGY **024**

**CONCEPT**

**ALLOWING RANDOMNESS**
PERMITIR LA INDETERMINACIÓN

Large esplanade for events
Gran explanada para eventos

STRATEGY **121**

**STRUCTURES/FURNITURE**

**INDUCING EXPERIENCES**

PROVOCAR EXPERIENCIAS

City beach
Playa urbana

STRATEGY **130**

**STRUCTURES/FURNITURE**

**CAMOUFLAGING**

CAMUFLAR

Children's games
Juegos infantiles

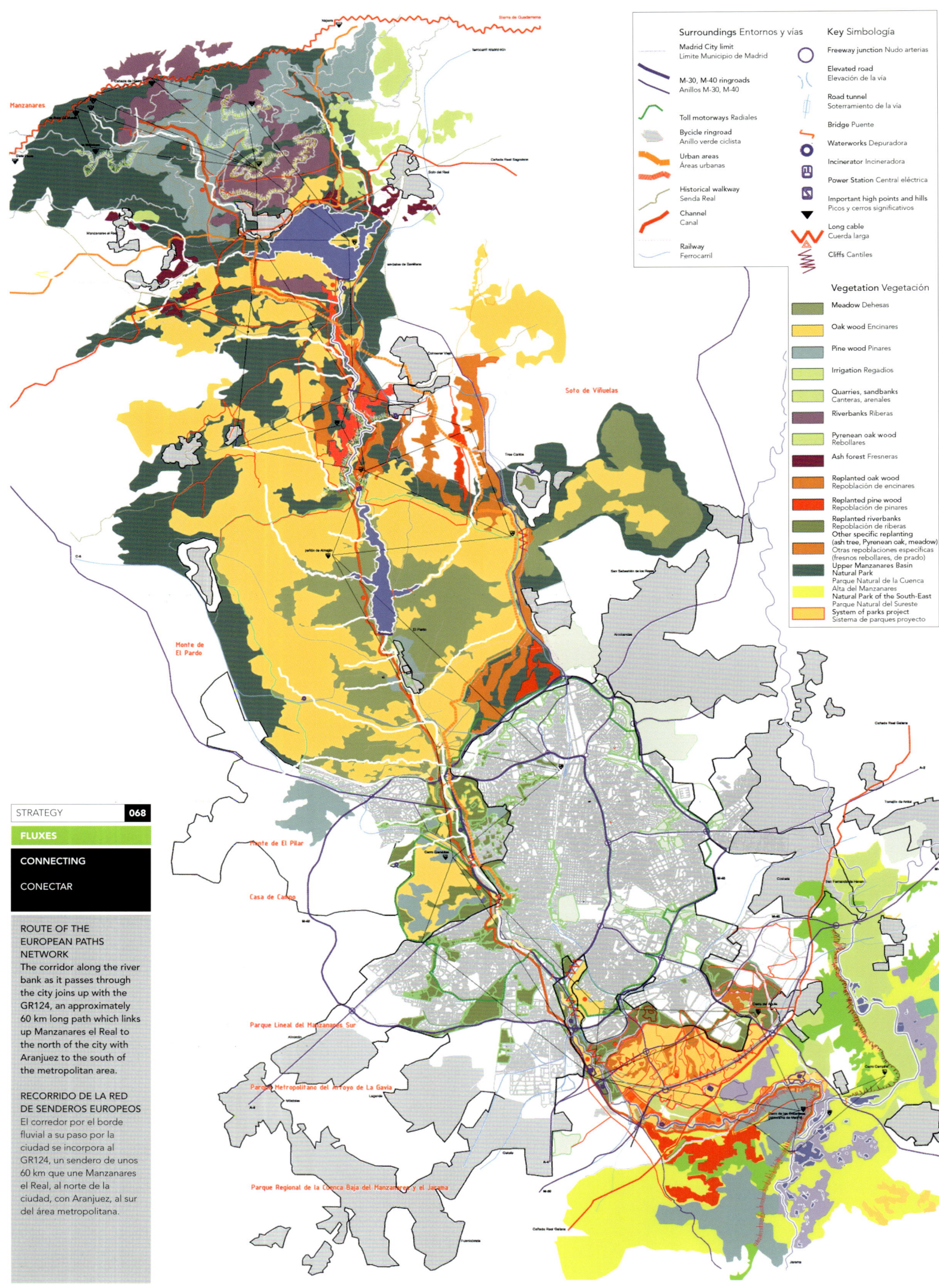

**Surroundings** Entornos y vías

— Madrid City limit
  Limite Municipio de Madrid

— M-30, M-40 ringroads
  Anillos M-30, M-40

— Toll motorways Radiales

— Bycicle ringroad
  Anillo verde ciclista

— Urban areas
  Áreas urbanas

— Historical walkway
  Senda Real

— Channel
  Canal

— Railway
  Ferrocarril

**Key** Simbología

○ Freeway junction Nudo arterias

) Elevated road
  Elevación de la vía

Ⅱ Road tunnel
  Soterramiento de la vía

⌒ Bridge Puente

◉ Waterworks Depuradora

▥ Incinerator Incineradora

◩ Power Station Central eléctrica

▼ Important high points and hills
  Picos y cerros significativos

Ⱳ Long cable
  Cuerda larga

Ⱳ Cliffs Cantiles

**Vegetation** Vegetación

▢ Meadow Dehesas

▢ Oak wood Encinares

▢ Pine wood Pinares

▢ Irrigation Regadios

▢ Quarries, sandbanks
  Canteras, arenales

▢ Riverbanks Riberas

▢ Pyrenean oak wood
  Rebollares

▢ Ash forest Fresneras

▢ Replanted oak wood
  Repoblación de encinares

▢ Replanted pine wood
  Repoblación de pinares

▢ Replanted riverbanks
  Repoblación de riberas
  Other specific replanting
  (ash tree, Pyrenean oak, meadow)
  Otras repoblaciones específicas
  (fresnos rebollares, de prado)

▢ Upper Manzanares Basin
  Natural Park
  Parque Natural de la Cuenca
  Alta del Manzanares

▢ Natural Park of the South-East
  Parque Natural del Sureste

▢ System of parks project
  Sistema de parques proyecto

STRATEGY  **068**

**FLUXES**

**CONNECTING**

**CONECTAR**

## ROUTE OF THE EUROPEAN PATHS NETWORK

The corridor along the river bank as it passes through the city joins up with the GR124, an approximately 60 km long path which links up Manzanares el Real to the north of the city with Aranjuez to the south of the metropolitan area.

## RECORRIDO DE LA RED DE SENDEROS EUROPEOS

El corredor por el borde fluvial a su paso por la ciudad se incorpora al GR124, un sendero de unos 60 km que une Manzanares el Real, al norte de la ciudad, con Aranjuez, al sur del área metropolitana.

**CONNECTING**

CONECTAR

**GREEN METROPOLITAN CORRIDOR**
Madrid Río lends continuity to a series of unconnected spaces in the metropolitan area: the protected area where the river source is located, the green fragments in the interior of the city and the regional park of the South-East.

**CORREDOR VERDE METROPOLITANO**
Madrid Río proporciona continuidad a una serie de espacios aislados en el área metropolitana: el área protegida donde nace el río, los fragmentos verdes en el interior de la ciudad y el parque regional del Sureste.

STRATEGY **042**

**HABITAT**

**REGENERATING ECOSYSTEMS**
REGENERAR ECOSISTEMAS

**CUTTING $CO_2$ EMISSIONS**
Creating a tunnel for the motorway and planting 34,000 trees decreases pollution by 35,000 tons of $CO_2$ a year.

**REDUCIR EMISIÓN DE $CO_2$**
El soterramiento de la autopista y la plantación de unos 34.000 árboles disminuyen la contaminación en 35.000 toneladas de $CO_2$ anuales.

01

02

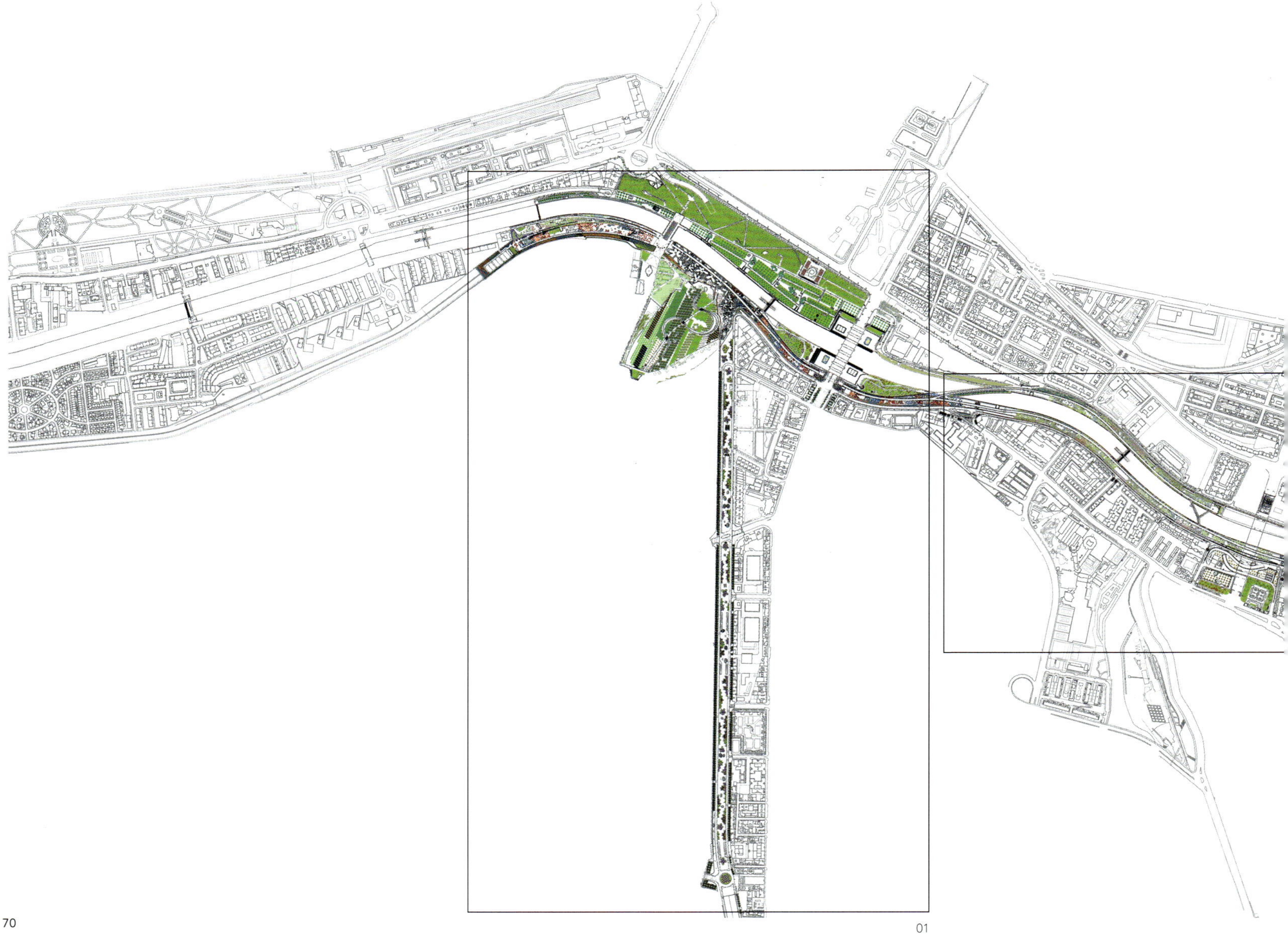

01

03

04

02

03

04

**HABITAT**

**REGENERATING
ECOSYSTEMS**
**REGENERAR
ECOSISTEMAS**

### REGENERATING THE RIVER BED

The river banks and course are recovered along the whole length as real areas for integration of the landscape and human activity. The quality of the water allows for the fish required for recreational angling to exist and for birds to nest.

### REGENERACIÓN DEL CAUCE DEL RÍO

Los márgenes y el cauce del río se recuperan en toda su longitud como verdaderas áreas de integración entre el paisaje y la actividad humana. La calidad del agua permite la presencia de peces para pesca deportiva y el anidamiento de aves.

STRATEGY  **012**

**CONCEPT**

**USING A CORRIDOR AS STRUCTURE**
UTILIZAR UN CORREDOR COMO ESTRUCTURA

**EXPRESSWAY**
The motorway which runs along both sides of the river creates a 6 km long corridor which comes with huge and constraining servitudes. The project adapts itself to its route and fits itself between the buildings and the walls of the river channel structure.

**VIA RÁPIDA**
La autopista que discurre a a ambos lados del río constituye un corredor de 6 km de longitud al que se suman enormes y determinantes servidumbres.
La intervención se amolda a su paso y se encaja entre los edificios y los muros de canalización del río.

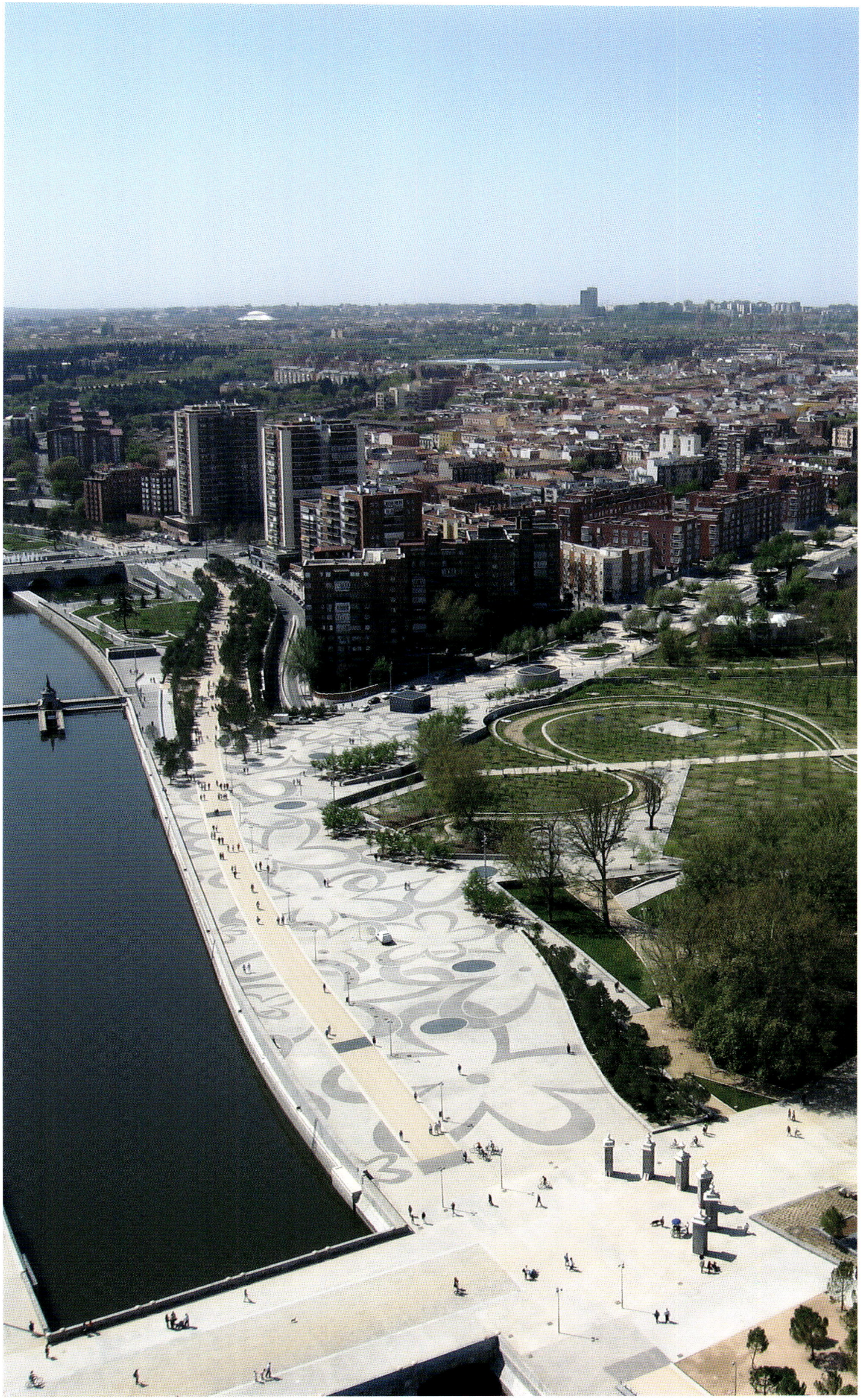

STRATEGY **058**

**HABITAT**

**MANAGING MAINTENANCE**
GESTIONAR MANTENIMIENTO

LIMITATIONS OF MEADOWS AND RIVERSIDE WOODS
Poplar trees, whose water requirements are twice that of pine trees, and the meadows are confined to the areas closest to the river bed and the ornamental water areas.

LIMITACIÓN DE PRADERAS Y BOSQUE DE RIBERA
Los chopos, cuyas necesidades de agua duplican las de los pinos, y las praderas se limitan a las zonas más próximas al cauce del río y a las láminas de agua ornamentales.

STRATEGY **024**

**CONCEPT**

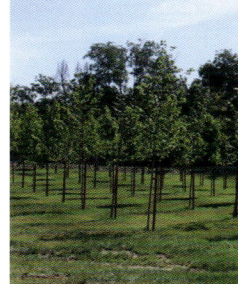

**ALLOWING RANDOMNESS**
PERMITIR LA INDETERMINACIÓN

LARGE ESPLANADE FOR EVENTS
The Explanada del Rey brings together the different parts of the monumental scene.
It serves as a platform for the celebration of all types of events which have the historic city as a background.

GRAN EXPLANADA PARA EVENTOS
La Explanada del Rey relaciona las diferentes piezas de la escena monumental. Sirve de soporte a la celebración de todo tipo de acontecimientos y espectáculos que tienen como telón de fondo a la ciudad histórica.

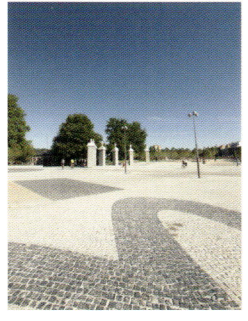

**STRUCTURES/FURNITURE**

**INDUCING EXPERIENCES**

PROVOCAR
EXPERIENCIAS

**OBSERVATION DECK**
The Huerta de la Partida is finished off with a raised observation deck from which the monumental cornice of Madrid can be seen. This establishes a direct connection between the Palacio Real, the Casa de Campo Park and the neighbourhoods. A paved esplanade serves as an atrium to the park.

**MIRADOR**
La Huerta de la Partida se remata con un mirador desde el que se contempla la cornisa monumental de Madrid.
Establece una conexión directa entre el Palacio Real, la Casa de Campo y los barrios. Una explanda pavimentada sirve de atrio al parque.

**BACKGROUND**

**RECREATING A THEME**
RECREAR UN TEMA

THE CHERRY TREE
The stretch of the Avenida de Portugal is implemented by reproducing a pattern inspired by cherry blossom, and which organizes the walking spaces, the lawn areas and the benches. Four different species of cherry tree have been planted which flower for one month in spring.

EL CEREZO
El trazado de la Avenida de Portugal se resuelve con la reproducción de un patrón inspirado en la flor del cerezo, y que organiza los espacios de paso, las islas de césped y los bancos. Se han plantado cuatro especies de cerezos que florecen durante más de un mes.

STRATEGY | **018**

**CONCEPT**

**TURNING THE PAST INTO DESIGN GENERATOR**
CONVERTIR EL PASADO EN GENERADOR

GRID OF PLANTATIONS AND THE RIVER BED
The Huerta de la Partida is an interpretation of the vegetable garden of the workers which Philip II had there, and this is crossed by a dry river bed which follows the course of the Arroyo de Meaques.

TRAMA DE LAS PLANTACIONES Y HUELLA DEL ARROYO
La Huerta de la Partida es una interpretación de la de los trabajadores de Felipe II, y está atravesada por un cauce seco que reproduce el trazado del Arroyo de Meaques.

STRATEGY  **008**

**PROGRAMME**

**INVIGORATING THE
SUBURBS**
ESTIMULAR LA PERIFERIA

**BRIDGE NETWORK**
This is part of an integral
system of transversal
connectivity to revitalize
the right bank
neighbourhoods, which
despite being close to the
downtown area, still
maintained a distinct
peripheral character.

**RED DE PUENTES**
Forma parte de un sistema
integral de conectividad
transversal para revitalizar
los barrios de la margen
derecha, que pese a su
proximidad al centro,
mantenían un marcado
carácter periférico.

**HABITAT**

**AVOIDING NOISE POLLUTION**
EVITAR LA CONTAMINACIÓN ACÚSTICA

**GREEN LAYER**
On the roof of the tunnels and their underground service installations, the project has implemented a green roof.
The disappearance of cars has lowered noise levels in areas adjacent to dwellings.

**CAPA FORESTAL**
Sobre la cubierta de los túneles y sus instalaciones de servicio enterradas, el proyecto implanta una capa vegetal. La desaparición de los automoviles disminuye el ruido en las inmediaciones de las viviendas.

STRATEGY **015**

**CONCEPT**

**APPLYING A GENERATOR MATRIX**
APLICAR UNA MATRIZ GENERADORA

THE SECTION TYPE
The Salón de Pinos strip is divided into a service road for vehicles alongside the dwellings, a pedestrian walkway and two strips of lateral plantations on the roof of the tunnels.
A continuous granite parapet and cast iron panels mark out the area bordering onto water. In the area meeting up with the river bridges, the Salón widens out into an outdoor living area.

LA SECCIÓN TIPO
La banda del Salón de Pinos se divide en una calzada auxiliar para el tráfico rodado junto a las viviendas, una senda peatonal y dos bandas de plantación laterales sobre la cubierta de los túneles. Un peto continuo de granito y paneles de forja delimitan el borde con el agua. En el encuentro con los puentes del río, el Salón se ensancha como estancia.

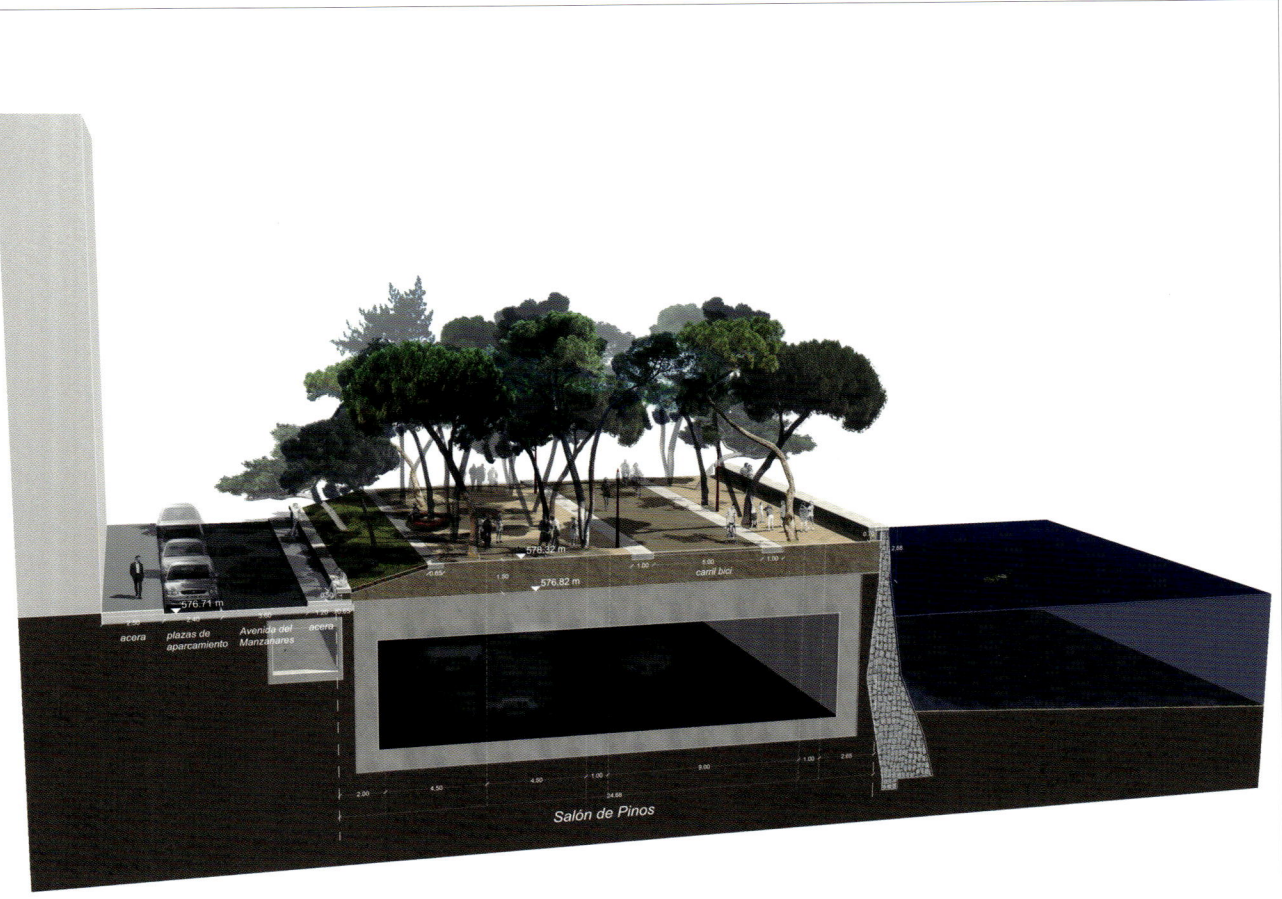

576.71 m
576.32 m
576.82 m
acera
plazas de aparcamiento
Avenida del Manzanares
acera
carril bici
Salón de Pinos


STRATEGY **054**

**HABITAT**

**MANAGING PLANTATIONS**
GESTIONAR PLANTACIONES

LOW CONSUMPTION BUSHES
On the roof of the tunnels the herbs and ground cover plants accompany the pine trees. They require little water and weigh very little, making up for the weight the pine trees will acquire over time.

ARBUSTOS DE BAJO CONSUMO
Sobre la cubierta de los túneles, las plantas aromáticas y tapizantes acompañan a los pinos. Consumen poca agua y pesan muy poco, equilibrando así el peso que irán ganando los pinos con el tiempo.

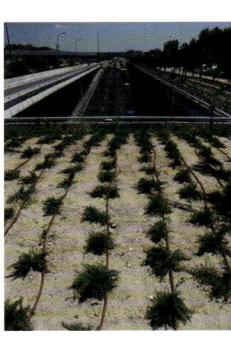

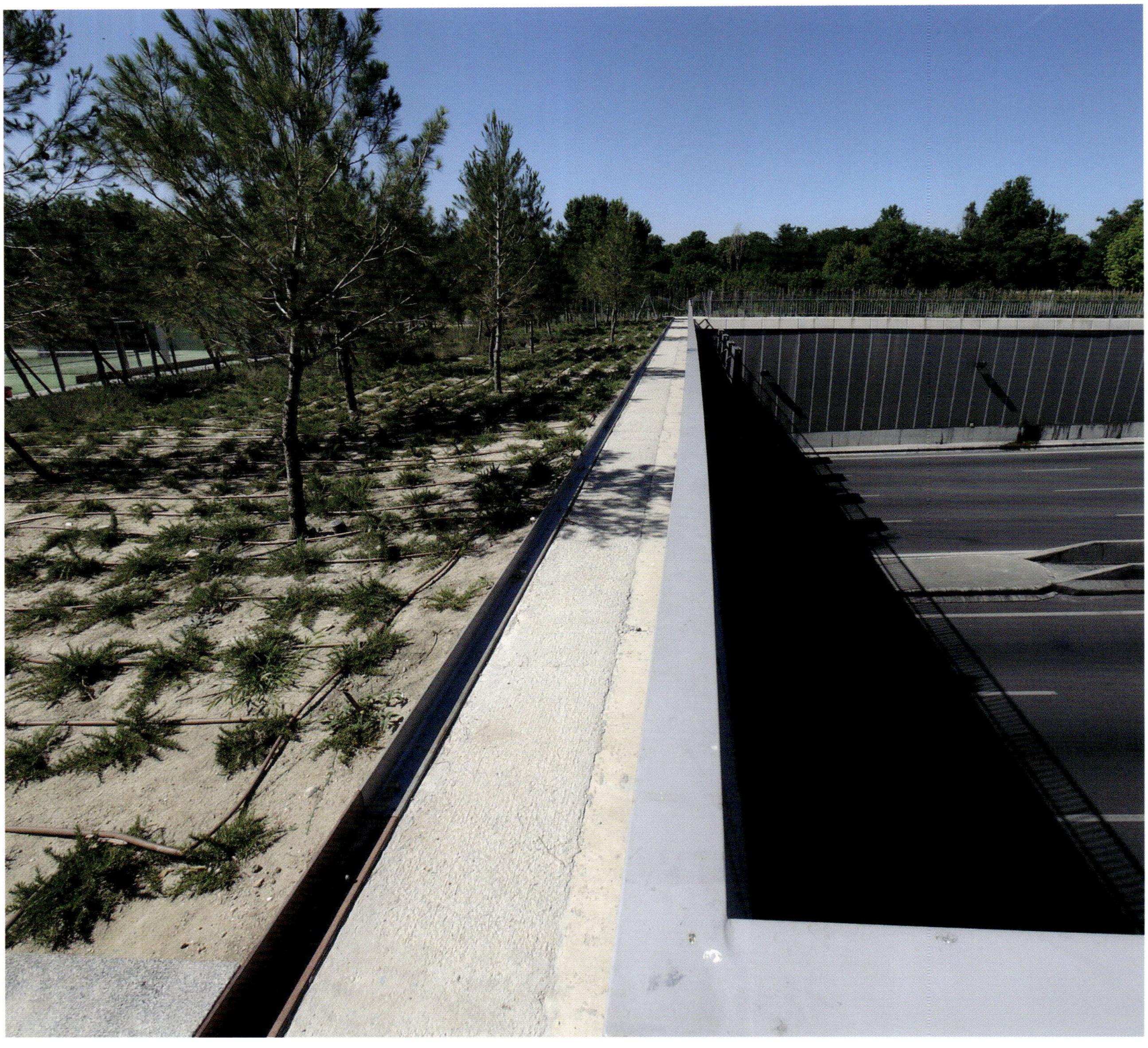

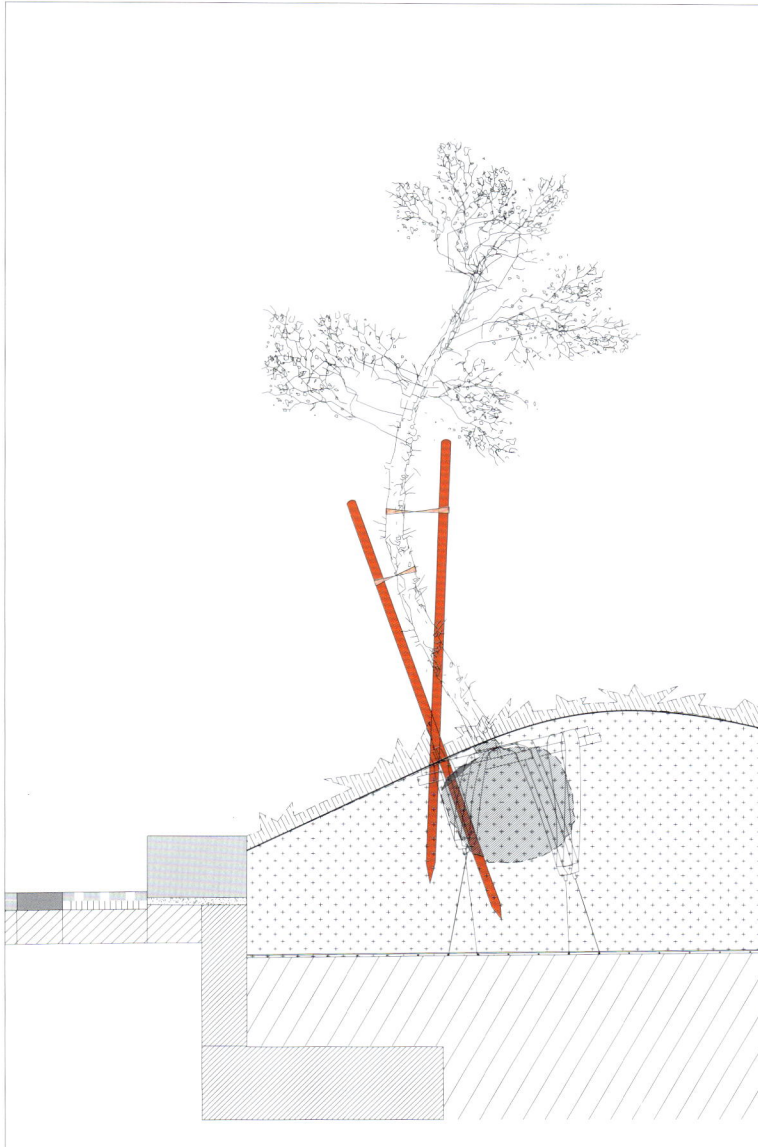

## STRUCTURES/FURNITURE

### CAMOUFLAGING

### CAMUFLAR

**CHILDREN'S GAMES**
A total of 17 play areas use 65 different elements. The games recreate the atmosphere of small dense woods within the larger pine wood which surrounds them. They are built with longer lasting untreated logs, hemp ropes and rubber, along with chains, rings, wheels or parabolas.

**JUEGOS INFANTILES**
Un total de 17 áreas de juegos infantiles emplean 65 elementos diferentes. Los juegos recrean el ambiente de pequeños bosques espesos dentro del bosque más grande de pinos que los rodea. Están construidos con troncos de madera sin tratar, más duradera, cuerdas de cáñamo y caucho, complementadas con cadenas, anillas, ruedas o parábolas.

## HABITAT

### MANAGING MAINTENANCE GESTIONAR MANTENIMIENTO

**METAL SHEET BORDERING LAWN AREAS**
A steel sheet embedded into the ground divides the lawn area which is mown regularly from the lawn area which is left unmown.

**CHAPA DE LIMITACIÓN DE ÁREAS SEGADAS**
Una chapa de acero incrustada en el terreno separa la pradera que se siega con regularidad de la que crece de manera natural.

## HABITAT

### MANAGING PLANTATIONS GESTIONAR PLANTACIONES

**FIXING SYSTEMS AND AERATION TUBES FOR ROOTS**
The pine trees have been fixed to the slabs of the tunnels using steel cables and biodegradable ties to enhance their stability and the horizontal growth of their roots. These fixtures have red painted wooden stakes added for all the trees in the park, creating a single theme for them. The aeration tube allows the roots to be aired, reducing the asphyxia and waterlogging produced due to the soil being compacted by footsteps.

**SISTEMAS DE ANCLAJE Y TUBOS DE AIREACIÓN PARA RAÍCES**
Los pinos han sido anclados a la losa de los túneles mediante cables de acero y bridas biodegradables para potenciar su estabilidad y el crecimiento de sus raíces en horizontal. Estos anclajes se complementan con tutores de madera pintados de color rojo para todo el arbolado del parque, dotando de unidad al conjunto. El tubo de aireación permite la entrada de aire a las raíces, reduciendo la asfixia y el encharcamiento producidos por la compactación del suelo por el pisoteo.

## STRUCTURES/FURNITURE

### REUSING
### REUTILIZAR

**RE-USING VIADUCTS**
The former road for vehicles has been converted to a footbridge and integrated into the pine tree lounge. Its total width has been divided into a cycle path, a sidewalk paved with granite and a mound with grass and pine trees.

**REUSO DE VIADUCTOS**
El antiguo paso de vehículos ha sido transformado en puente peatonal e integrado en el salón de pinos. Su ancho total se divide en una senda ciclista, una acera pavimentada de granito, y un montículo de pinos y césped.

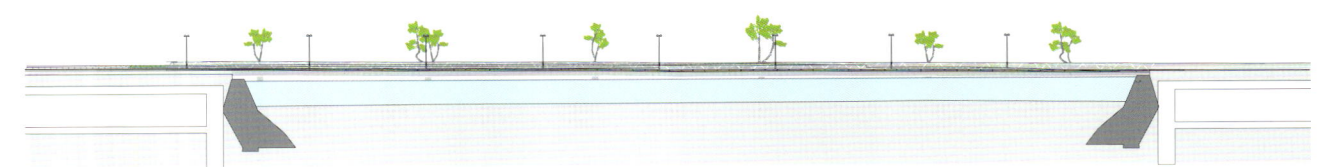

## BACKGROUND

### INTEGRATING THE EXISTING
### INTEGRAR LO EXISTENTE

**RE-MODELLING THE HISTORIC DAMS**
These have been turned into pedestrian walkways by adding a new decking superimposed onto the original allowing for new installations to be inserted and recovering the useful width for public use. Decking is made of Ipe wood and the new railings are made of galvanized steel

**REMODELACIÓN DE PRESAS HISTÓRICAS**
Han sido convertidas en pasarelas peatonales al añadir un nuevo tablero superpuesto al original, el cual permite el paso de nuevas instalaciones y recuperar el ancho útil para uso público. El pavimento es de madera de Ipé y las nuevas barandillas son de acero galvanizado.

**USERS**

**ENSURING ACCESSIBILITY**
**ASEGURAR LA ACCESIBILIDAD UNIVERSAL**

**RAMPS ON THE CONTEMPORARY BRIDGES**
The finish has been adapted to that of the other elements in the project and access stairs have been added. Widening the decking by using a light metal cantilever fixed to the existing structure has allowed the sidewalks to be widened 1.5 m for pedestrians.

**RAMPAS EN LOS PUENTES CONTEMPORÁNEOS**
Sus acabados se han adecuado a los del resto de elementos del proyecto y se han añadido escaleras de acceso. El ensanchamiento de los tableros mediante un voladizo metálico ligero adosado a la estructura existente permite ensanchar las aceras para peatones en 1,5 m.

**STRUCTURES/FURNITURE**

**REUSING**

**REUTILIZAR**

**RE-USING VIADUCT**
The existing viaduct has served as a platform and protection for the play area. A coat of paint applied to the concrete surface serves to identify the space.

**REUSO VIADUCTO**
El viaducto existente sirve como soporte y protección del área de juegos. Una capa de pintura sobre la superficie de hormigón sirve para identificar el espacio.

**BACKGROUND**

**INTEGRATING THE EXISTING**
**INTEGRAR LO EXISTENTE**

**RENOVATING THE HISTORIC BRIDGES**
Five bridges in total have recovered their historic look. The stone fabric has been restored, arches, pillars, steps, supports, buttresses and paving have all been renovated and all the unique elements given a makeover.

**REHABILITACIÓN DE LOS PUENTES HISTÓRICOS**
Un total de cinco puentes recuperan su imagen histórica. Se ha restaurado la fábrica de piedra, acondicionado arcadas, pilastras, escaleras, estribos, contrafuertes y pavimentos y repasado todos los elementos singulares.

## MANAGING EARTHWORKS
### GESTIONAR MOVIMIENTOS DE TIERRAS

**MINIMUM EARTHWORKS**
The earth removed has been relocated within the area in order to landscape the park, with the necessary additives added to the soils which have been used for planting. The total quantity of displaced earth has been reduced by 75%.

**MINIMIZAR MOVIMIENTO DE TIERRAS**
La tierra removida ha sido reubicada dentro de la zona para la construcción del parque, añadiéndose los aditivos necesarios en aquellos suelos que han sido plantados. Se ha logrado reducir un 75% la cantidad total de tierra desplazada.

## SEPARATING ACTIVE AND PASSIVE USES
### SEPARAR USOS ACTIVOS Y PASIVOS

**FAST TRACK AND SLOW TRACKS**
A winding path with a stabilized paving and a varying slope crosses another flatter wider asphalt path. The former is for a stroll in the park while the latter is aimed at bike and skate use.

**VÍA RÁPIDA Y CAMINOS LENTOS**
Un camino sinuoso de suelo estabilizado y pendiente variable se entrecruza con otro camino de asfalto, más plano y ancho. El primero sirve para recorrer el parque lentamente a pie, mientras que el segundo invita al uso de bicicletas y patines.

**BACKGROUND**

**RECREATING A THEME**

**RECREAR UN TEMA**

THE RIVER BED
The Arganzuela Park is
another item of landscape
conceived as a space from
which the river has
withdrawn leaving behind
its ancestral footprint.
To this end, it is organized
with different lines which
cross over each other like
gullies where the water
once flowed, leaving
spaces for different uses in
between.

EL LECHO DEL RÍO
El parque de la Arganzuela
es otra unidad paisajística
concebida como un espacio
del que el río se ha retirado
dejando su huella ancestral.
Por eso está organizado con
diferentes líneas que se
entrecruzan como surcos
por los que pasó el agua,
dejando entre sí espacios
para distintos usos.

**BACKGROUND**

**RECREATING A THEME**

**RECREAR UN TEMA**

BAROQUE GARDENS
The hedges in the area
around the Puente de
Toledo are inspired by the
layouts of the Baroque
garden style of the
Bourbon period. Adjacent
to these, stands have been
built which allow one to get
closer to the river and
observe the arches of the
historic bridge.

LOS JARDINES
BARROCOS
Los setos en el entorno del
Puente de Toledo se
inspiran en los trazados de
la jardinería barroca de la
época borbónica. Junto a
ellos se ha construido un
graderío que permite
aproximarse al río y
contemplar los arcos del
puente histórico.

| STRATEGY | 133 |
|---|---|

**LIGHTING**

**CREATING REFERENCES**

CREAR REFERENCIAS

LIGHTING BENEATH THE STRUCTURE
The external mesh finish is lit up from underneath the Arganzuela Bridge.

LUMINARIAS BAJO LA ESTRUCTURA
Desde la parte inferior del puente de la Arganzuela se ilumina la malla de cerramiento.

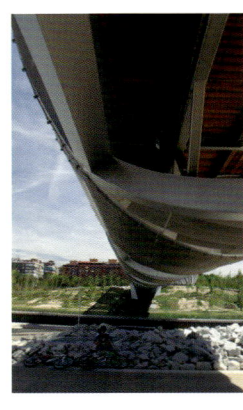

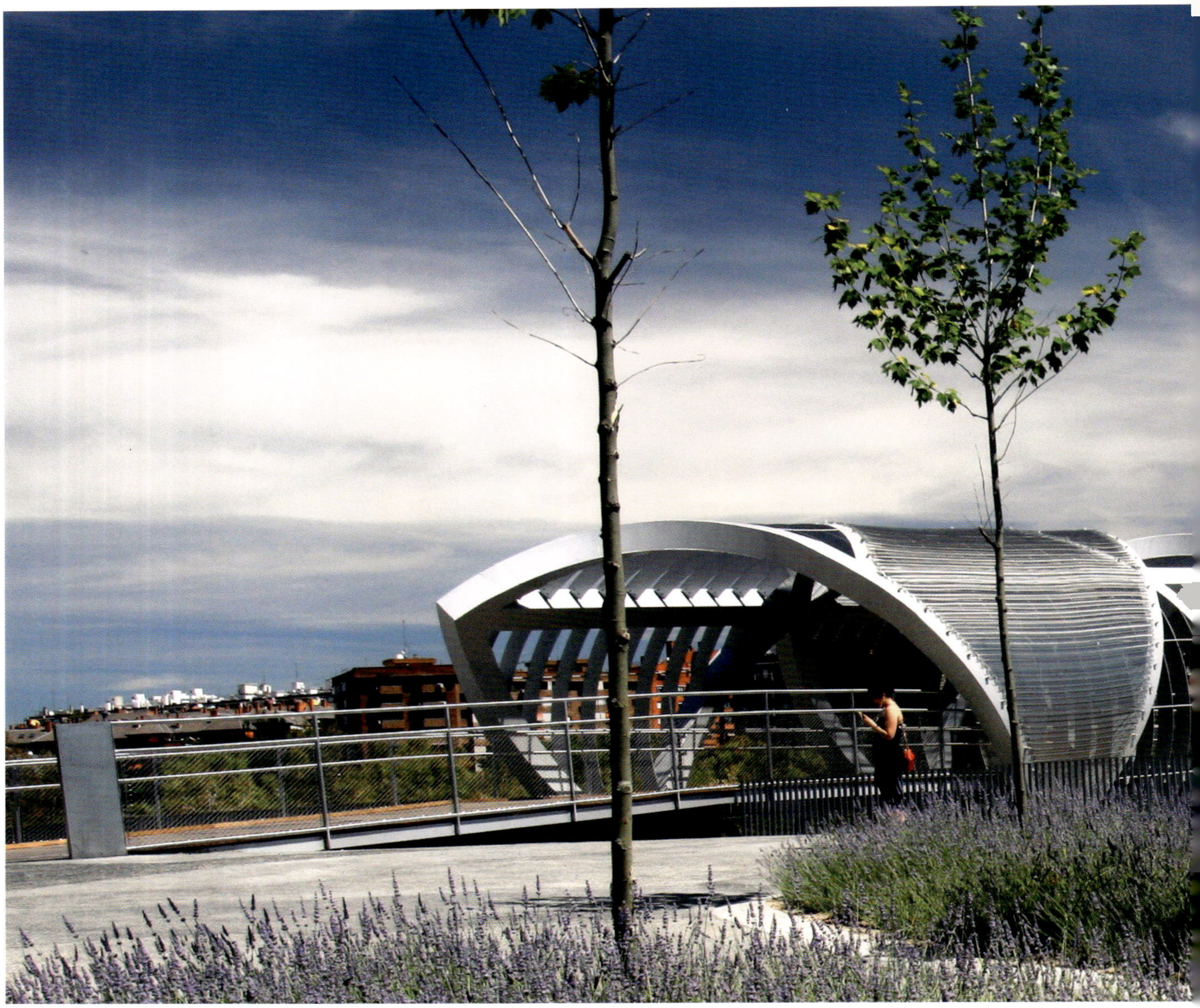

| STRATEGY | 074 |
|---|---|

**FLUXES**

**SEPARATING ACTIVE AND PASSIVE USES**
SEPARAR USOS ACTIVOS Y PASIVOS

CYCLE PATH, PEDESTRIAN WALKWAY AND RECREATIONAL AREA
Inside the Arganzuela Bridge cycle and pedestrian transit takes place separately and at different levels. This split level is used to create stepped seating. The Ipe decking brings uniformity to the three strips.

VÍA CICLISTA, VÍA PEATONAL Y ZONA DE ESPARCIMIENTO
En el interior del Puente de Arganzuela, el paso de los peatones y de las bicicletas se realiza por separado a distinta cota. Este desnivel se aprovecha para crear gradas escalonadas.
La pavimentación de madera de Ipé uniformiza las tres bandas.

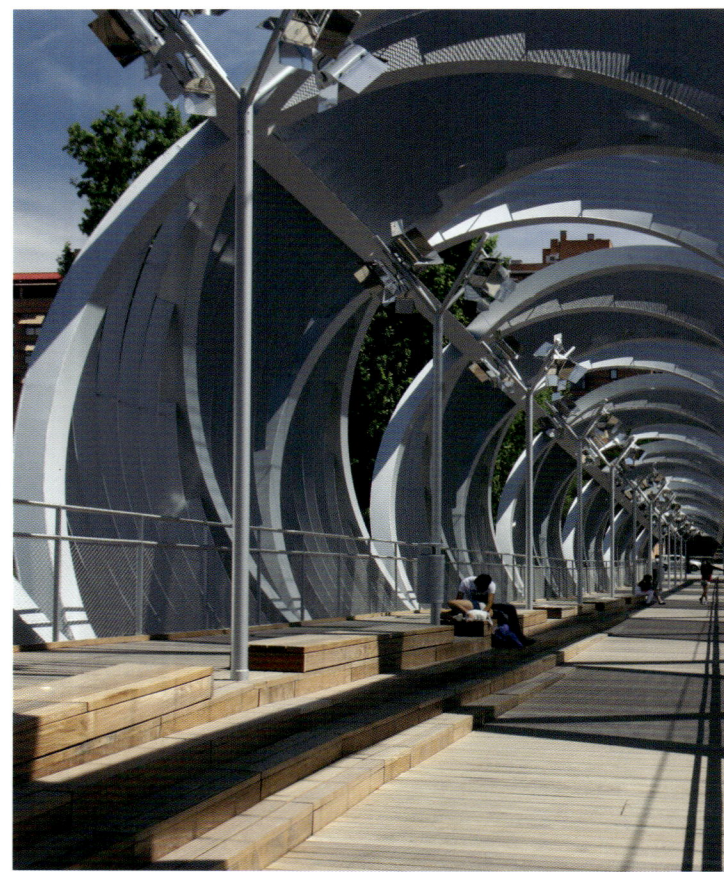

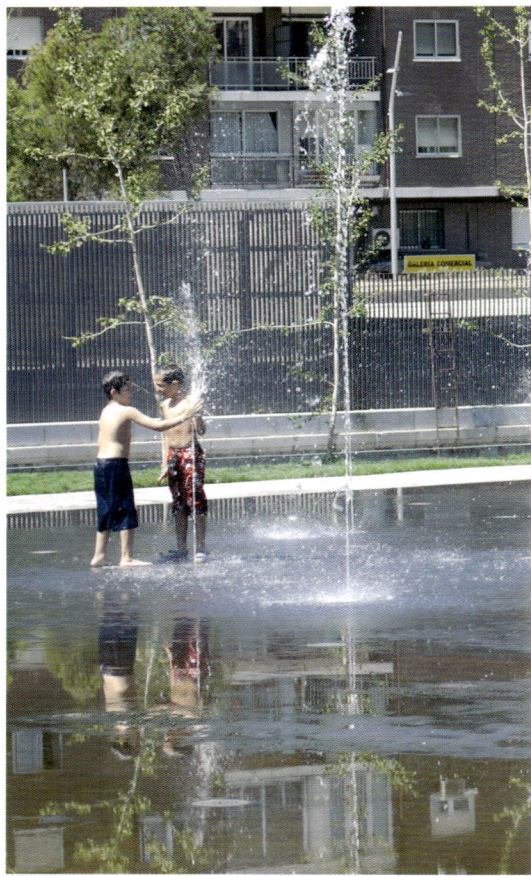

**STRUCTURES/FURNITURE**

INDUCING EXPERIENCES

PROVOCAR
EXPERIENCIAS

CITY BEACH
The project is an adaptation
based on the winning
project for a children's
competition. Three oval-
shaped enclosures alternate
different effects:
waterlogging, water jets
and water sprays. Each area
of water and each effect
has its own working
sequence. The times for
each effect can be set
according to the time of
year.

PLAYA URBANA
El proyecto es una
adaptación de la propuesta
ganadora de un concurso
infantil. Tres recintos
ovalados alternan distintos
efectos: inundación,
surtidores y pulverización.
Cada lámina y cada efecto
tienen su propia secuencia
de funcionamiento. Los
tiempos pueden ser
regulados en función de la
época del año.

## INTEGRATING THE EXISTING
### INTEGRAR LO EXISTENTE

**MATADERO MADRID**
This recently built construction which occupies the buildings of the old Madrid Abattoir has been incorporated into the park as a large facility living within it. Both the entrances and free spaces between the buildings are part of the design of the park.

**MATADERO MADRID**
Este conjunto de creación contemporánea que ocupa los edificios del antiguo Matadero de Madrid se incorpora al parque como gran dotación que vive dentro de él. Tanto los accesos como espacios libres entre edificios forman parte del diseño del parque.

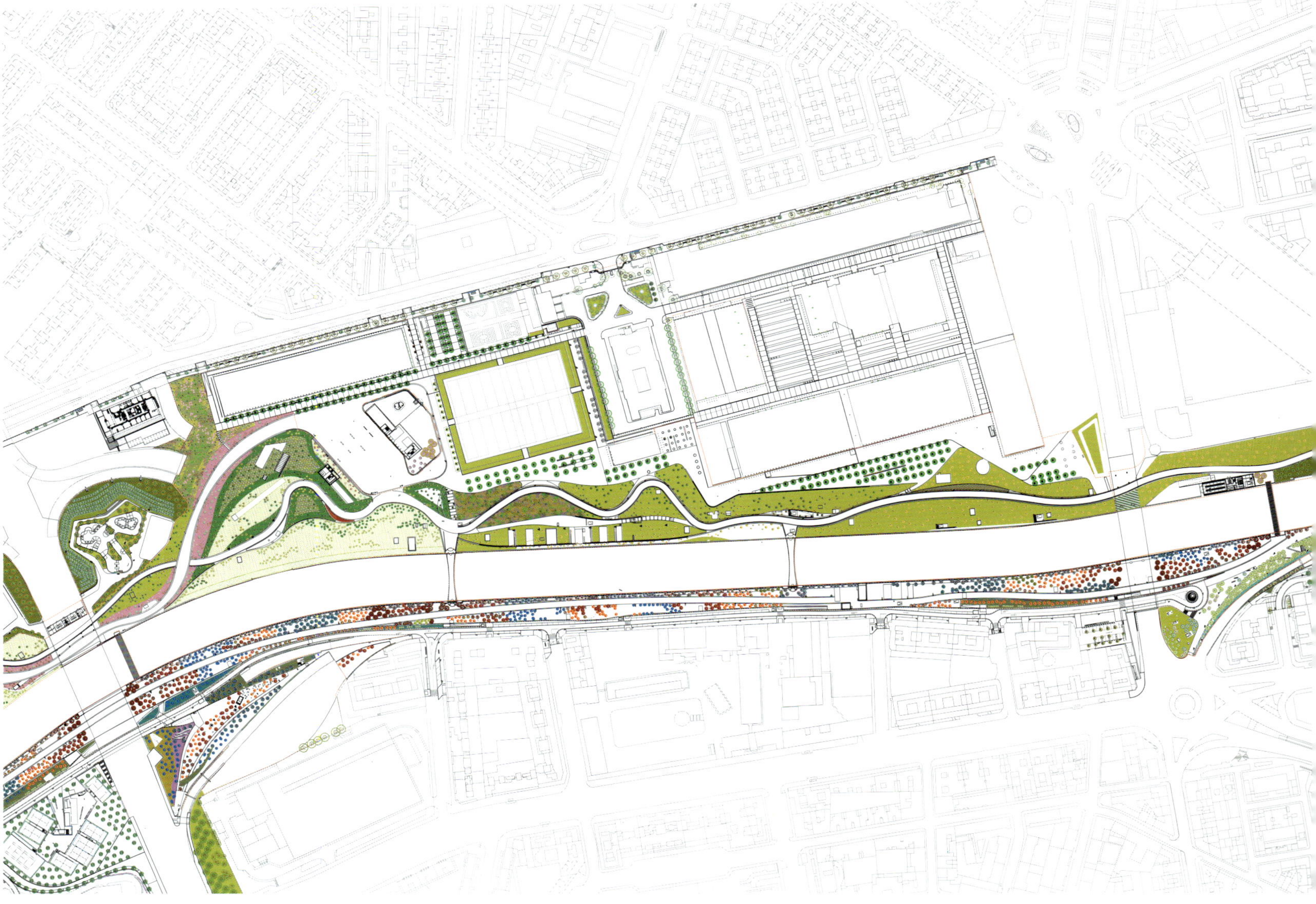

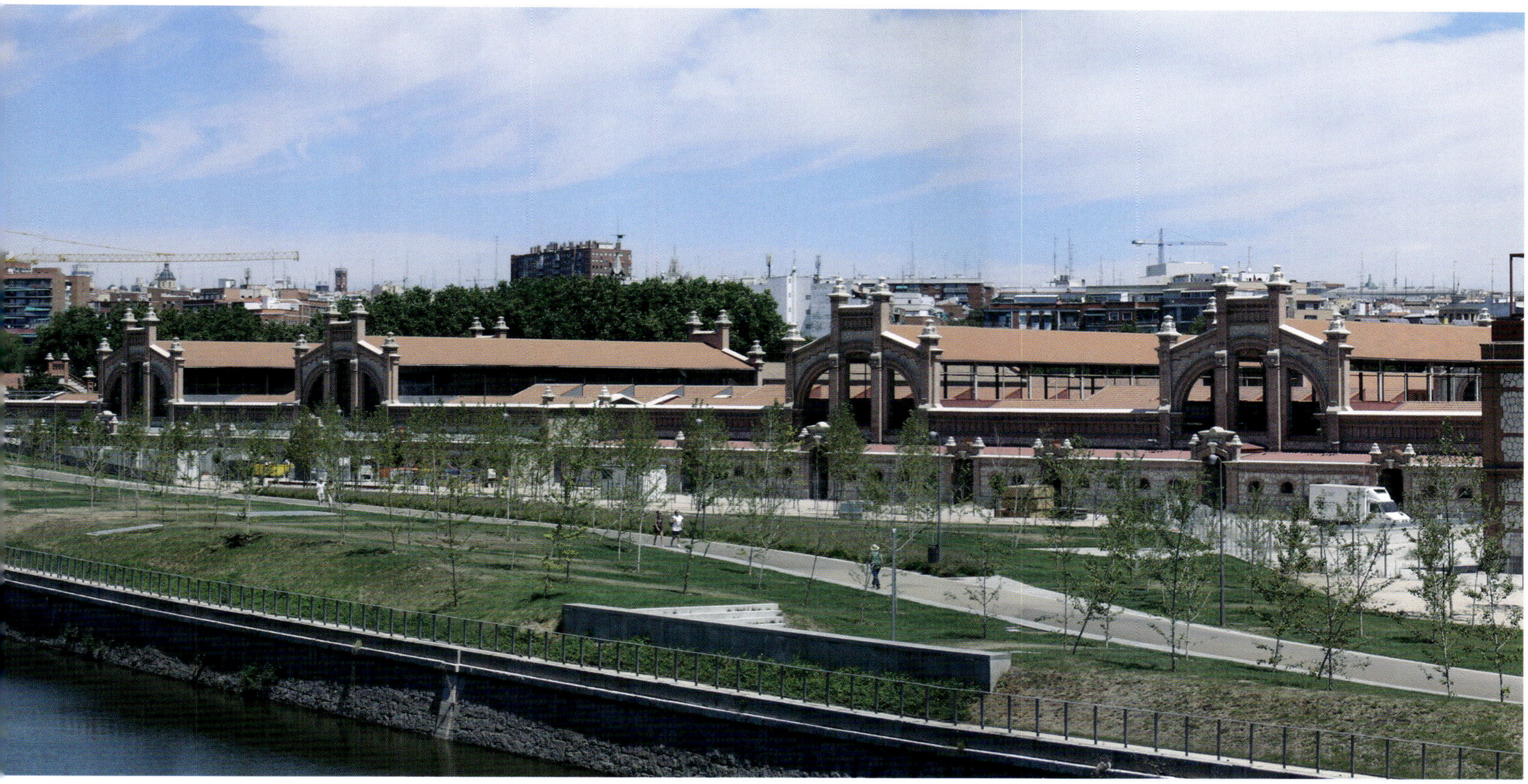

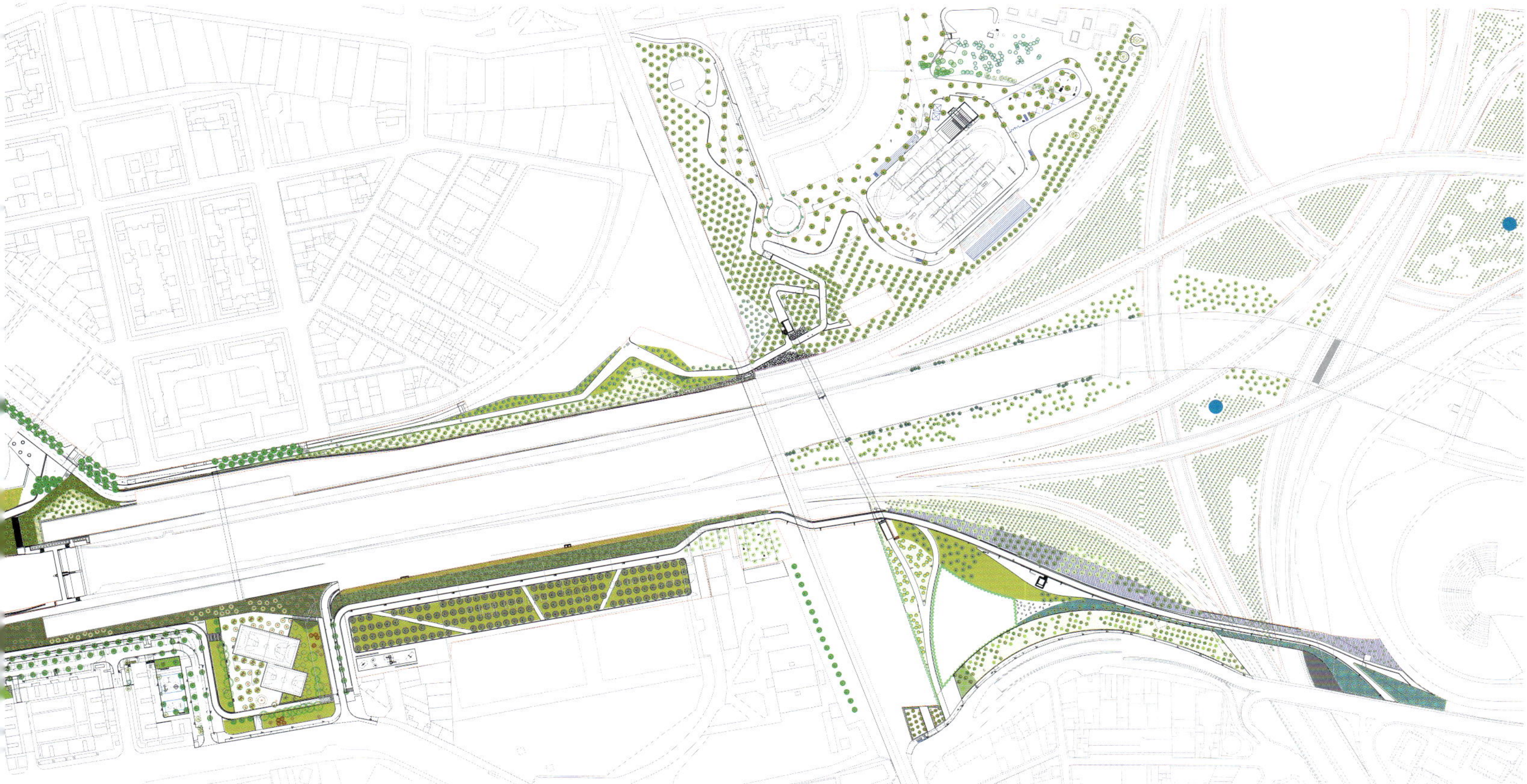

**RECREATING A THEME**

RECREAR UN TEMA

### THE RAILWAY BRIDGES
Beamed latticework made from steel profiles has been used in the structure of the walkway-observation deck. The structure is open at three points: two windows overlooking the river and an overhanging balcony. The decking is made from screwed down strips of Ipe and the railings are a taut stainless steel mesh.

### LOS PUENTES FERROVIARIOS
Una viga celosía de perfiles de acero resuelve la estructura de la pasarela-mirador. La estructura se abre en tres puntos: dos ventanas al río y un balcón volado. El suelo es de rastreles de madera de Ipé atornillados y las barandillas son de malla tensada de acero inoxidable.

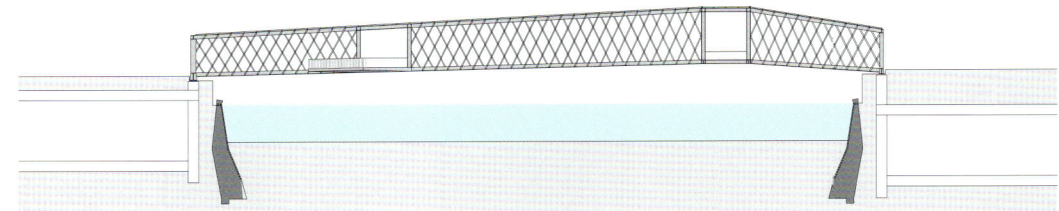

**AVOIDING PHOTOPOLLUTION**
EVITAR LA CONTAMINACIÓN LUMÍNICA

### FLOURESCENT STRIPS SET INTO THE HANDRAILS
Fluorescent strip lighting has been fitted into the undersides of the galvanized steel handrails and serves to light the paths on the footbridge.

### BANDA FLUORESCENTE INTEGRADA EN EL PASAMANOS
La banda de tubos fluorescentes está empotrada en la cara inferior del pasamanos de acero galvanizado y sirve para iluminar los recorridos de la pasarela.

## PARTICIPATING

## PARTICIPAR

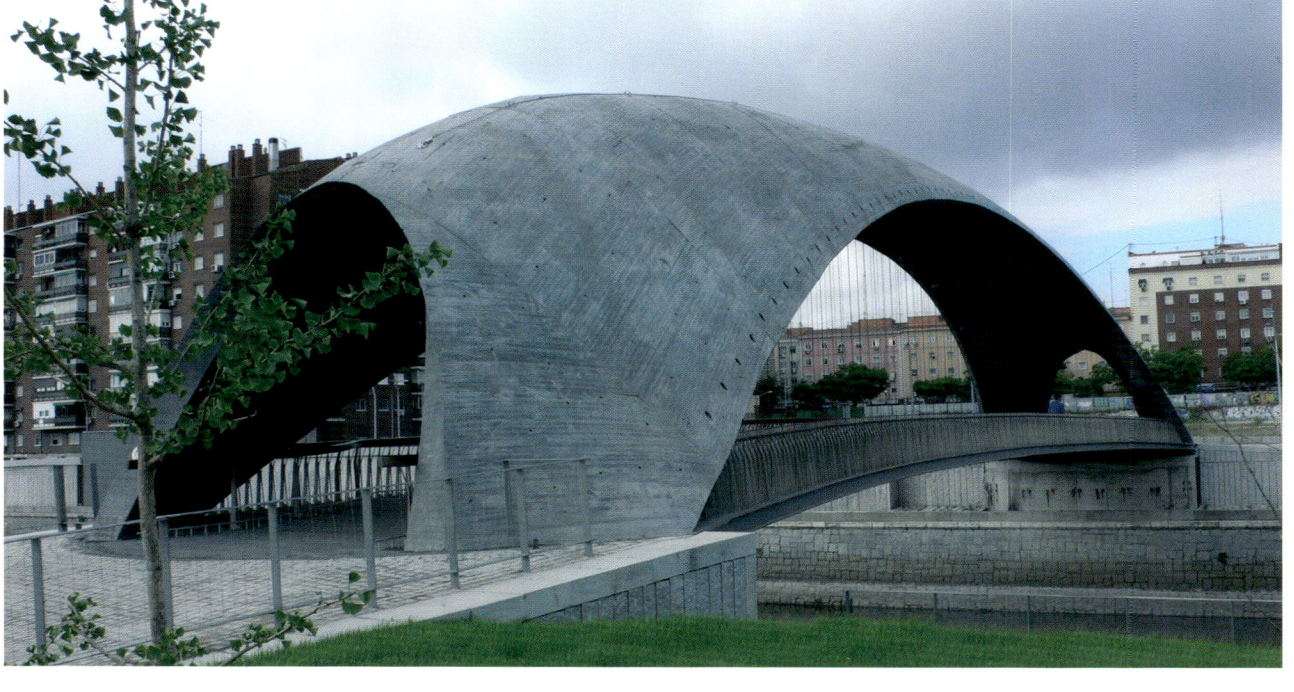

PORTRAITS OF THE NEIGHBOURS
The portraits of 50 neighbourhood residents have been set into the vault of two new pedestrian bridges. The volunteers citizens hung from a harness for the photos to be taken while they were floating.

RETRATOS DE LOS VECINOS
Los retratos de 50 vecinos del barrio figuran en la bóveda de dos nuevos puentes peatonales. Los ciudadanos voluntarios fueron colgados de un arnés para realizar las fotografías.

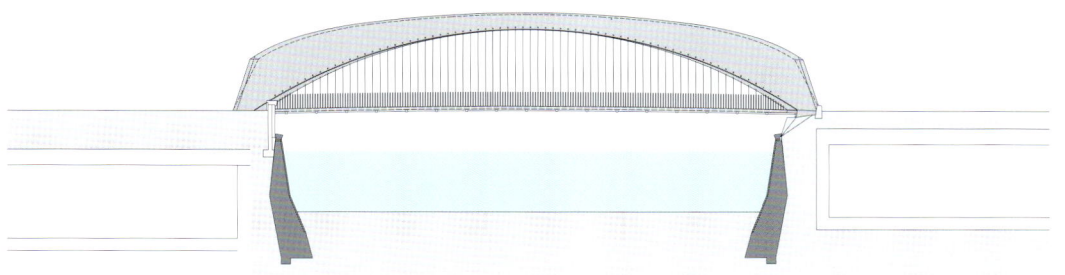

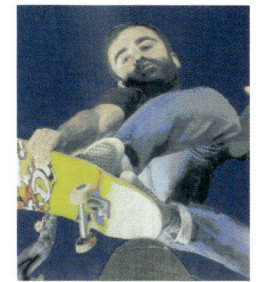

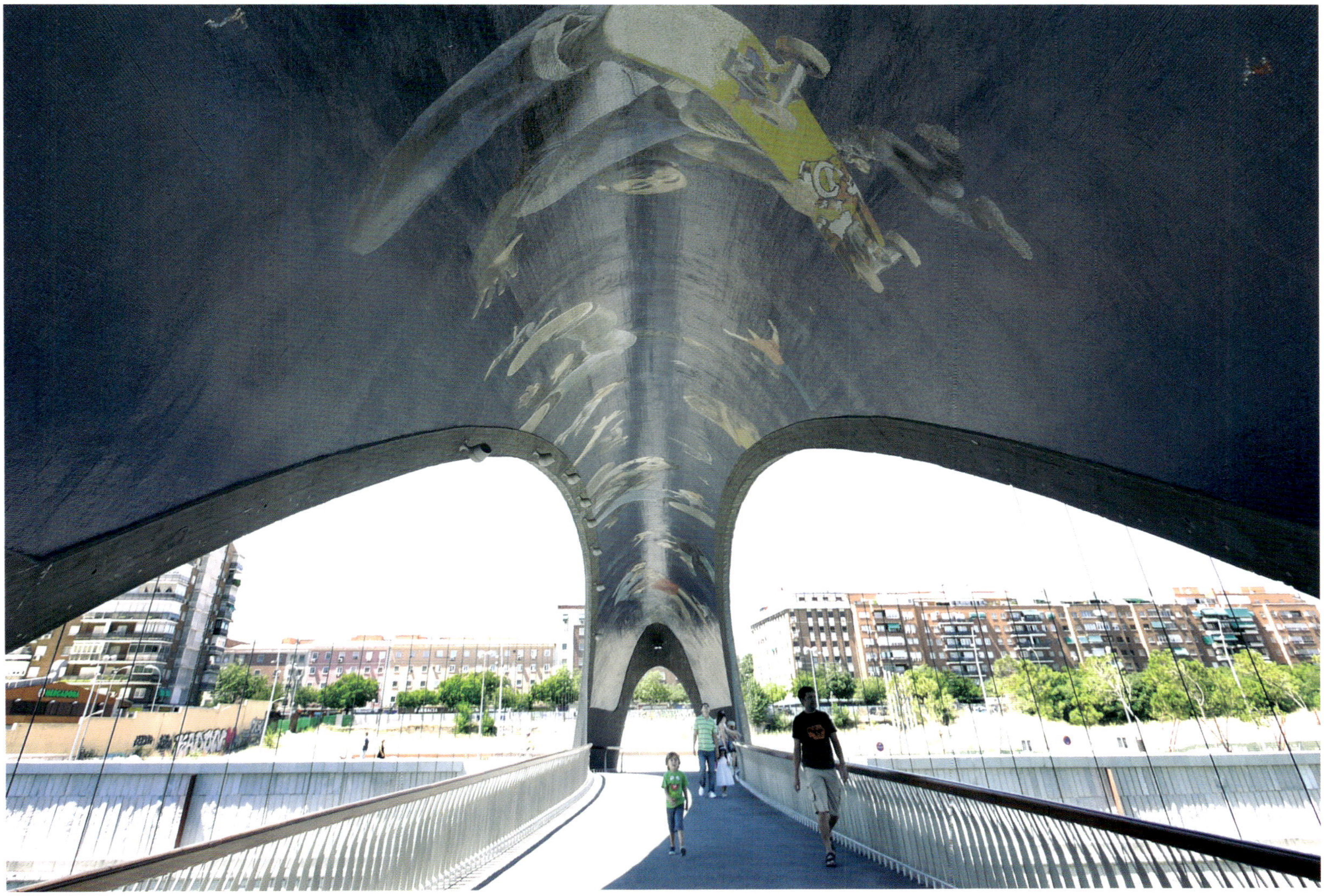

## USERS

### PREVENTING AND REASSURING
### PREVENIR Y ASEGURAR

**THE YELLOW BRICK ROAD**
A strip of yellow stabilized flooring runs right through the park, bringing a sense of identity to the project telling users which way to go.

**LA SENDA AMARILLA**
Una banda de suelo estabilizado de color amarillo recorre la totalidad del parque, identifica toda la intervención e informa a los usuarios del recorrido a seguir.

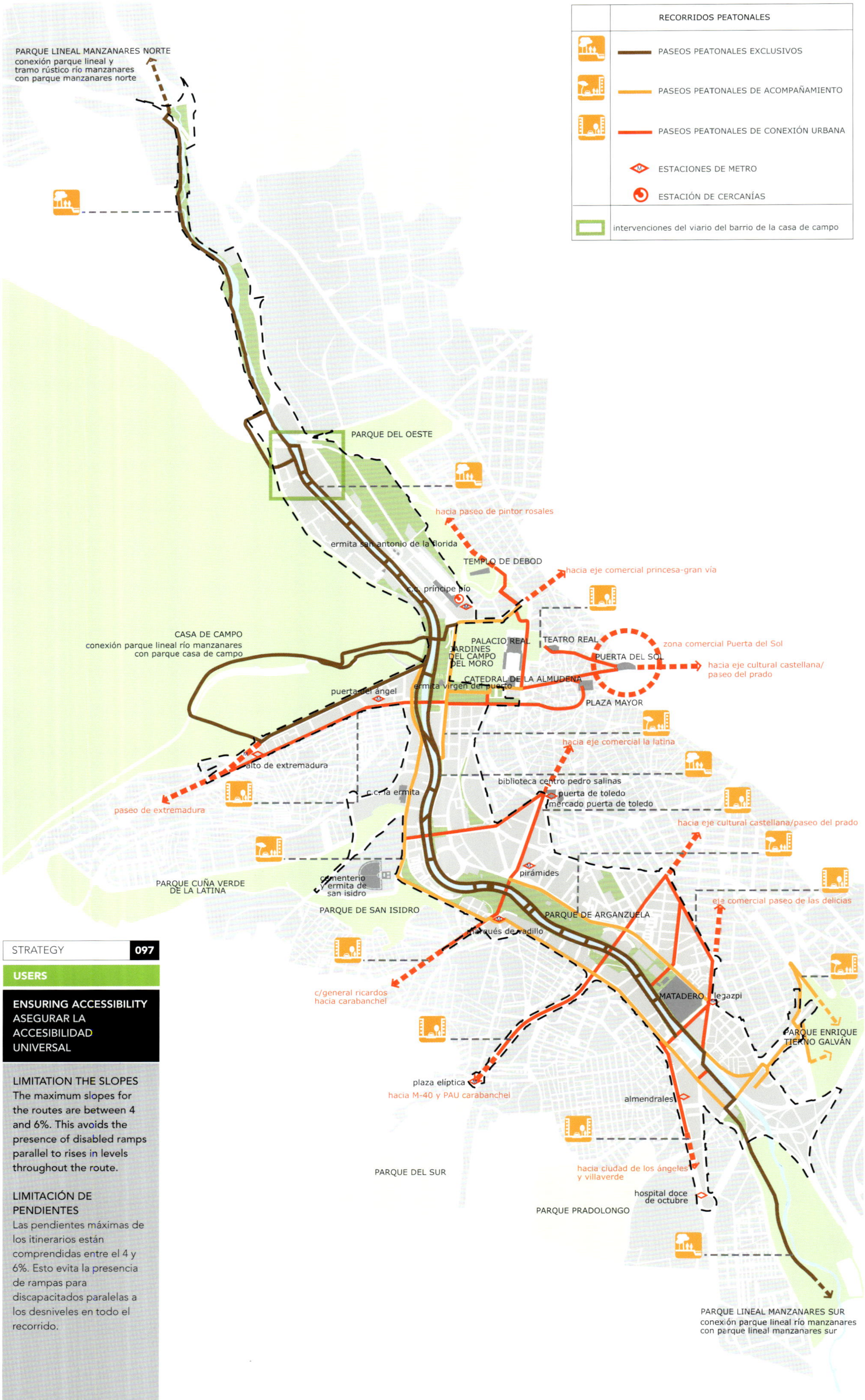

## USERS

### ENSURING ACCESSIBILITY
### ASEGURAR LA ACCESIBILIDAD UNIVERSAL

**LIMITATION THE SLOPES**
The maximum slopes for the routes are between 4 and 6%. This avoids the presence of disabled ramps parallel to rises in levels throughout the route.

**LIMITACIÓN DE PENDIENTES**
Las pendientes máximas de los itinerarios están comprendidas entre el 4 y 6%. Esto evita la presencia de rampas para discapacitados paralelas a los desniveles en todo el recorrido.

### RECORRIDOS PEATONALES

- PASEOS PEATONALES EXCLUSIVOS
- PASEOS PEATONALES DE ACOMPAÑAMIENTO
- PASEOS PEATONALES DE CONEXIÓN URBANA
- ESTACIONES DE METRO
- ESTACIÓN DE CERCANÍAS
- intervenciones del viario del barrio de la casa de campo

PARQUE LINEAL MANZANARES NORTE
conexión parque lineal y tramo rústico río manzanares con parque manzanares norte

PARQUE DEL OESTE

hacia paseo de pintor rosales

ermita san antonio de la florida

TEMPLO DE DEBOD

hacia eje comercial princesa-gran vía

CASA DE CAMPO
conexión parque lineal río manzanares con parque casa de campo

c/ príncipe pío

PALACIO REAL
JARDINES DEL CAMPO DEL MORO
TEATRO REAL

PUERTA DEL SOL

zona comercial Puerta del Sol

hacia eje cultural castellana/ paseo del prado

CATEDRAL DE LA ALMUDENA

puerta del ángel

ermita virgen del puerto

PLAZA MAYOR

hacia eje comercial la latina

alto de extremadura

c. c. la ermita

biblioteca centro pedro salinas

puerta de toledo
mercado puerta de toledo

hacia eje cultural castellana/paseo del prado

paseo de extremadura

PARQUE CUÑA VERDE DE LA LATINA

cementerio ermita de san isidro

pirámides

eje comercial paseo de las delicias

PARQUE DE SAN ISIDRO

PARQUE DE ARGANZUELA

marqués de vadillo

MATADERO

legazpi

PARQUE ENRIQUE TIERNO GALVÁN

c/general ricardos hacia carabanchel

plaza elíptica
hacia M-40 y PAU carabanchel

almendrales

PARQUE DEL SUR

hacia ciudad de los ángeles y villaverde

hospital doce de octubre

PARQUE PRADOLONGO

PARQUE LINEAL MANZANARES SUR
conexión parque lineal río manzanares con parque lineal manzanares sur

## SURFACES

### OPTIMIZING MATERIALS
### OPTIMIZAR EL MATERIAL

**GRANITE**
The material, sourced from a quarry 300 Km from Madrid, has been used in paving, furniture and surfacing for the whole park in all types of cuts and finishes. This material was already present in the historic bridges, bringing unity to the project and reminding us of the Sierra de Madrid granite where the source of the Manzanares River is located.

**EL GRANITO**
El material, procedente de una cantera a unos 300 Km de Madrid, se emplea en pavimentos, mobiliario y superficies de todo el parque en todo tipo de cortes y acabados. Estaba ya presente en los puentes históricos, unifica la intervención y recuerda al granito de la Sierra de Madrid donde nace el Río Manzanares .

## SURFACES

### CREATING A COMPOSITION
### CREAR COMPOSICIONES

**BASALT AND GRANITE COBBLESTONES**
The flower pattern also applied to the (basalt and limestone) paving in the Avenida de Portugal is only interrupted to make way for the cycle and pedestrian path which leads from the Salón de Pinos.

**ADOQUINES DE BASALTO Y GRANITO**
El motivo floral aplicado también a los pavimentos de la Avenida de Portugal (de basalto y piedra caliza) solo se interrumpe para dejar paso a la senda peatonal y ciclista que da continuidad al Salón de Pinos.

## USERS

### DISSUADING
### DISUADIR

**PROTECTED GRANITE**
The granite surfaces on benches and parapets have been protected with a shiny top layer which cancels out the porosity of the material and stops paints or dyes from staining it.

**GRANITO PROTEGIDO**
Las superficies de granito en bancos y petos han sido protegidas con una capa exterior brillante que anula la porosidad del material e impide la fijación de pinturas o tintas.

## FLUXES

### CONNECTING
### CONECTAR

**REMODELLING THE AREAS AROUND HOUSING**
The access has been improved, removing level differences, paving the sidewalks and roads and organizing parking spaces and plantations in the nearby streets so as to smooth the transition from the park to the neighbourhoods. The cast iron bollards protect the pedestrian paths from vehicle use.

**REMODELACIÓN DEL ENTORNO DE LAS VIVIENDAS**
Se han mejorado los accesos, eliminado desniveles, pavimentado aceras y calzadas y organizado aparcamientos y plantaciones en las calles aledañas para suavizar la transición entre el parque y los barrios. Los bolardos de hierro forjado protegen los itinerarios peatonales de la invasión por parte de los vehículos.

## STRUCTURES/FURNITURE

### SYSTEMATIZING
### SISTEMATIZAR

**CONCENTRATED LIGHTING**
One single lamp post holds all the light fixtures required for the footbridge. This way both placing installations on the structures and the excessive presence of furniture has been avoided.

**LUMINARIAS CONCENTRADAS**
Un solo poste soporta todas las luminarias que necesita el puente peatonal. Se evitan tanto el paso de instalaciones por la estructura como la presencia de excesivo mobiliario.

## USERS

### DISSUADING
### DISUADIR

**VIDEO SURVEILLANCE**
The CCTV cameras, which are visible and appropriately signalled, follow the movements of the public in the proximity of the historic dams.

**VIDEOVIGILANCIA**
Las cámaras, visibles y convenientemente anunciadas, vigilan los movimientos del público en el entorno de las presas históricas.

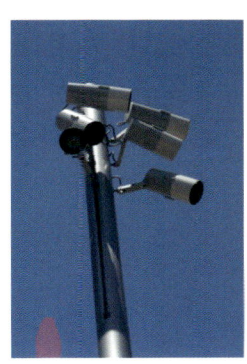

**FLUXES**

**INTEGRATING**

**INTEGRAR**

### ACTIVITY NETWORK
The operation integrates networks of amenities and services, sporting activities, landscaped and recreational areas and several urban parks into the river's area of influence.

### RED DE ACTIVIDADES
La operación integra en el área de influencia del río varias redes de equipamientos y servicios, actividades deportivas, zonas ajardinadas y de terciario recreativo y varios parques urbanos.

# José Antonio Martínez Lapeña & Elías Torres

## HERCULES MALL
Seville (Spain) 2009

### EDITORS' NOTE NOTA DE LOS EDITORES

This space in the historic centre of Seville has been remodelleded in a single approach, incorporating neighbour and municipal requests. One single paving coloured according to the Seville soil brings together the entire space without any sharp level change. The intervention is camouflaged between the trees and the setting is regenerated, discretely, reinterpreting that already existent.
Simultaneously, 500 m away, the Plaza de la Encarnación has also been remodelled, inviting round a new upstairs neighbour, who managed to move in with a bit of a racket after a complicated move, but who, despite the hard work, forgot all about the surface area of the square and the users who would still cross it.

Este espacio del casco histórico de Sevilla ha sido remodelado de forma unitaria, incorporando las solicitudes vecinales y municipales. Un pavimento único del color de la tierra sevillana unifica y baña todo el espacio sin ningún desnivel brusco. La intervención se camufla entre los árboles y el entorno se regenera, con sigilo, reinterpretando lo existente.
Simultáneamente, a 500 m, la Plaza de la Encarnación también se remodeló, invitando a un nuevo vecino al piso de arriba, que consiguió instalarse con algo de estruendo tras una costosa mudanza, pero que, a pesar del esfuerzo, se olvidó de la superficie de la plaza y los usuarios que seguirían cruzándola.

| | |
|---|---|
| **SITE AREA** SUPERFICIE DE LA INTERVENCIÓN (m²) | 37.707 |
| **PROJECT COST** COSTE DEL PROYECTO (euros/m²) | 316 |

1: 10.000

| TERRITORY | | SITE | | OBJECTS | | |
|---|---|---|---|---|---|---|

**STRATEGY 046**

**HABITAT**

**MANAGING RAINWATER**
GESTIONAR PLUVIALES

Stormwater tank
Tanque de tormentas

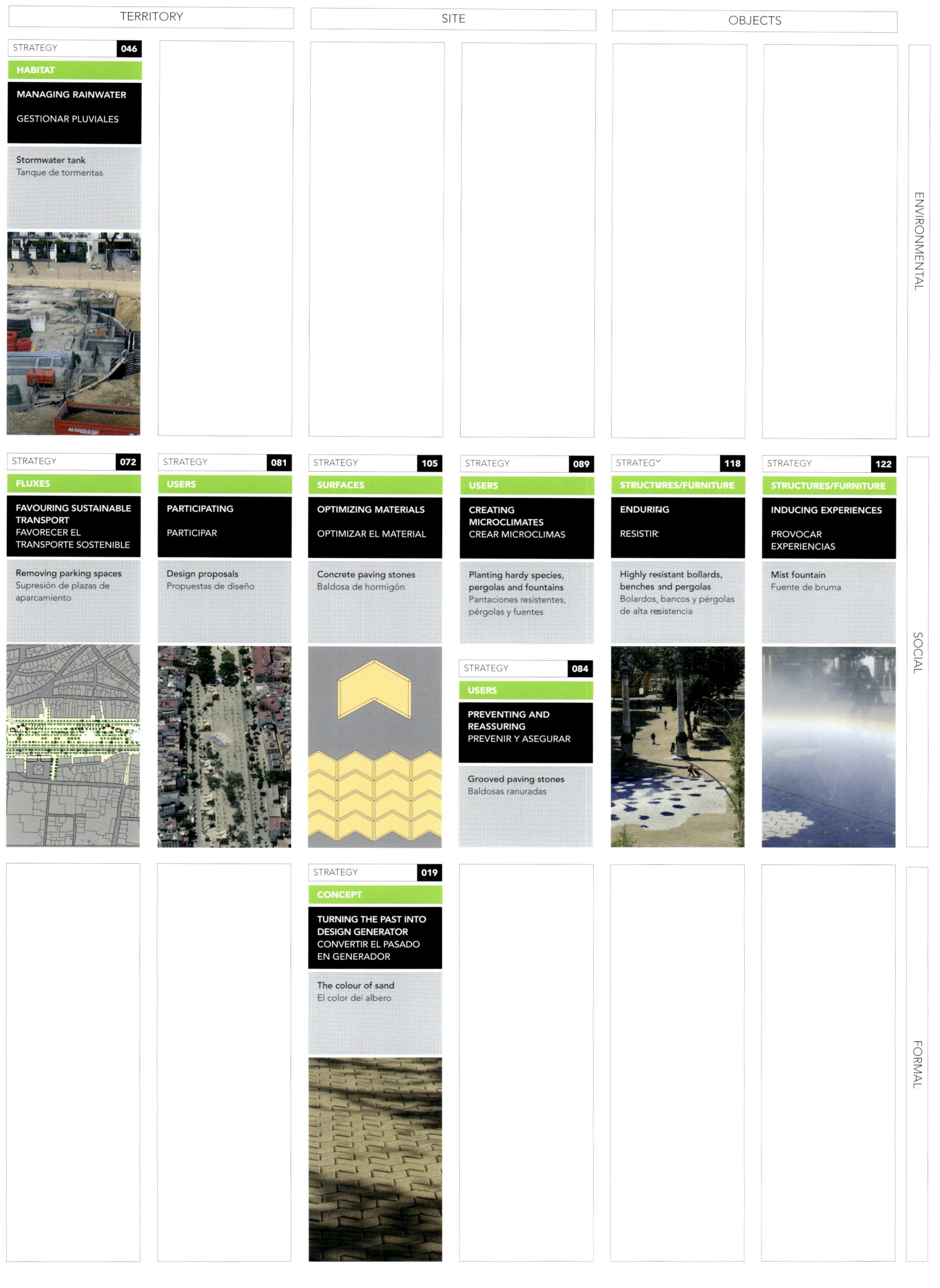

**STRATEGY 072**

**FLUXES**

**FAVOURING SUSTAINABLE TRANSPORT**
FAVORECER EL TRANSPORTE SOSTENIBLE

Removing parking spaces
Supresión de plazas de aparcamiento

**STRATEGY 081**

**USERS**

**PARTICIPATING**
PARTICIPAR

Design proposals
Propuestas de diseño

**STRATEGY 105**

**SURFACES**

**OPTIMIZING MATERIALS**
OPTIMIZAR EL MATERIAL

Concrete paving stones
Baldosa de hormigón

**STRATEGY 089**

**USERS**

**CREATING MICROCLIMATES**
CREAR MICROCLIMAS

Planting hardy species, pergolas and fountains
Pantaciones resistentes, pérgolas y fuentes

**STRATEGY 084**

**USERS**

**PREVENTING AND REASSURING**
PREVENIR Y ASEGURAR

Grooved paving stones
Baldosas ranuradas

**STRATEGY 118**

**STRUCTURES/FURNITURE**

**ENDURING**
RESISTIR

Highly resistant bollards, benches and pergolas
Bolardos, bancos y pérgolas de alta resistencia

**STRATEGY 122**

**STRUCTURES/FURNITURE**

**INDUCING EXPERIENCES**
PROVOCAR EXPERIENCIAS

Mist fountain
Fuente de bruma

**STRATEGY 019**

**CONCEPT**

**TURNING THE PAST INTO DESIGN GENERATOR**
CONVERTIR EL PASADO EN GENERADOR

The colour of sand
El color del albero

ENVIRONMENTAL

SOCIAL

FORMAL

STRATEGY 081

USERS

PARTICIPATING

PARTICIPAR

DESIGN PROPOSALS
The project was implemented seeking citizen opinion in the decision-making process which led to the final project. Neighbour participation was present in the project development and the implementation of the works.

PROPUESTAS DE DISEÑO
El proyecto se llevó a cabo dando la palabra a la ciudadanía para tomar las decisiones que se plasmaron en el proyecto definitivo.
La participación de los vecinos acompañó al desarrollo del proyecto y a la ejecución de las obras.

STRATEGY 072

FLUXES

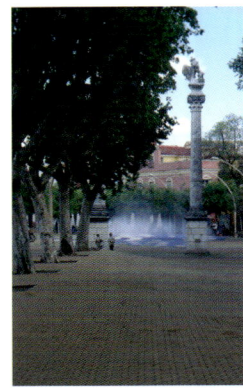

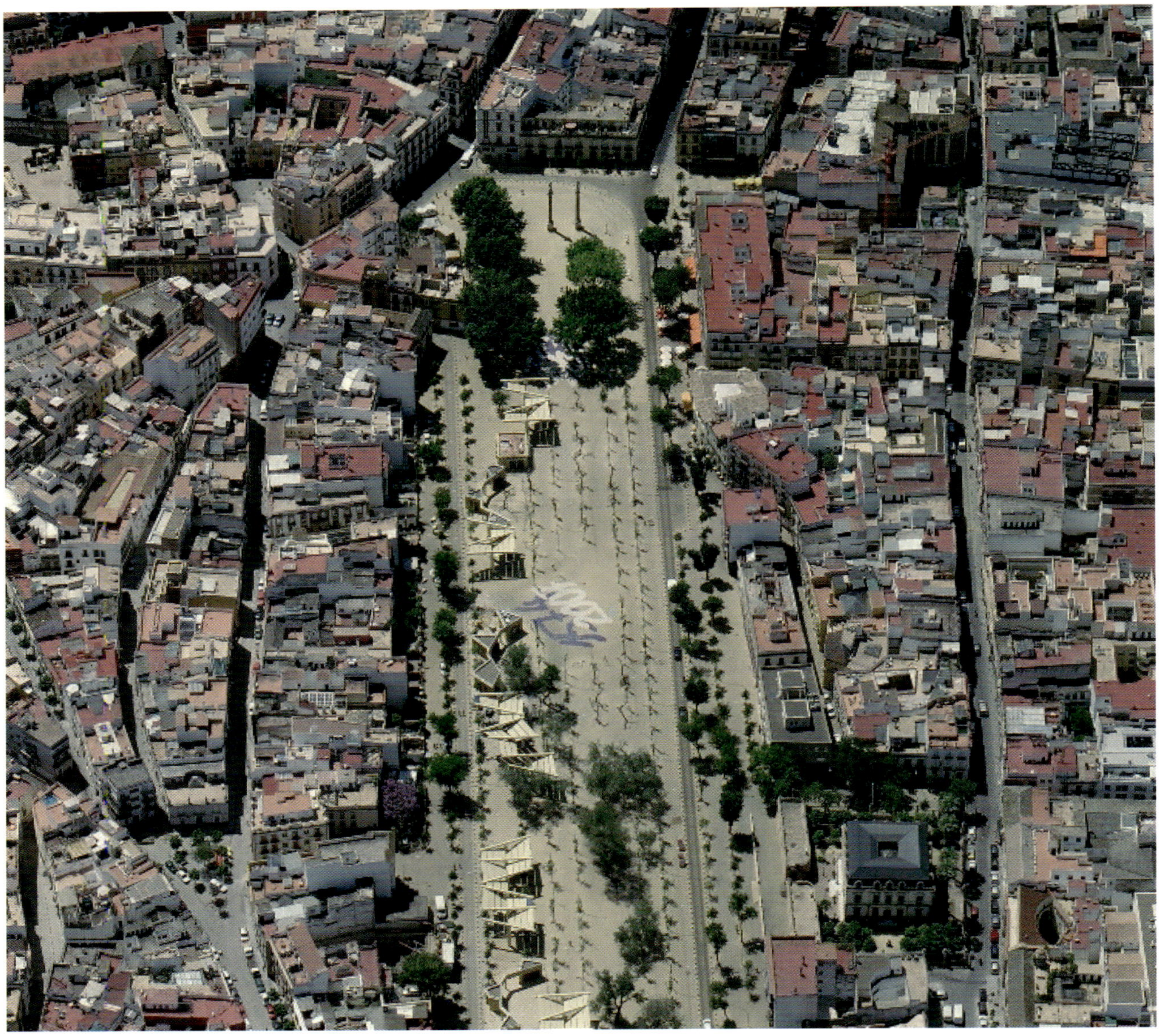

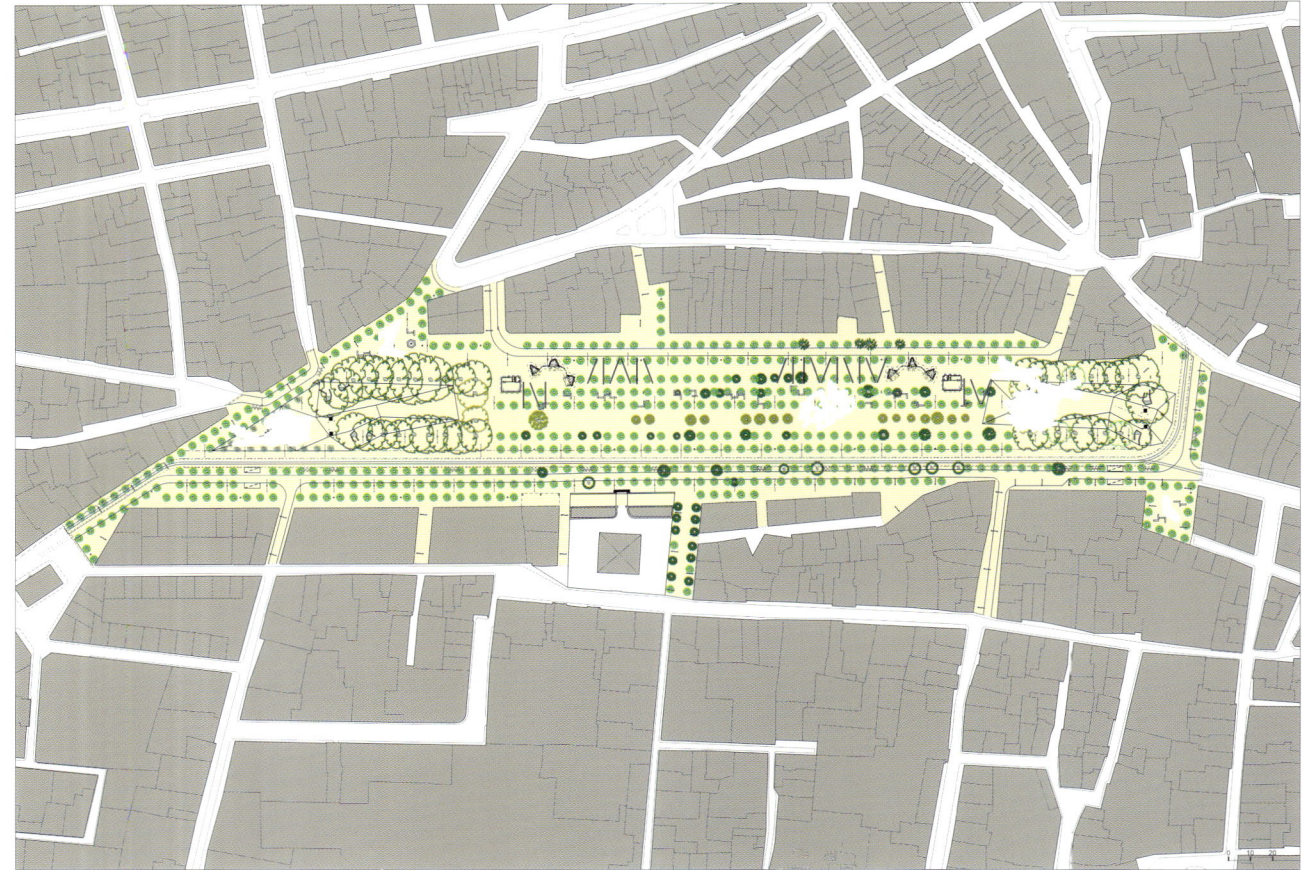

FAVOURING SUSTAINABLE TRANSPORT
FAVORECER EL TRANSPORTE SOSTENIBLE

REMOVING PARKING SPACES
Parking spaces have been removed from the surface area and bicycle racks have been installed. The road has been clearly marked out using large bollards which prevent parking. This is part of the traffic control policies in the whole of the historic centre of Seville.

SUPRESIÓN DE PLAZAS DE APARCAMIENTO
Ha desaparecido el aparcamiento de automóviles en superficie y se han instalado aparcamientos para bicicletas. La calzada se ha delimitado claramente con bolardos de gran tamaño que impiden el estacionamiento.
Ello se enmarca dentro de las políticas de control del tráfico en todo el centro histórico de Sevilla.

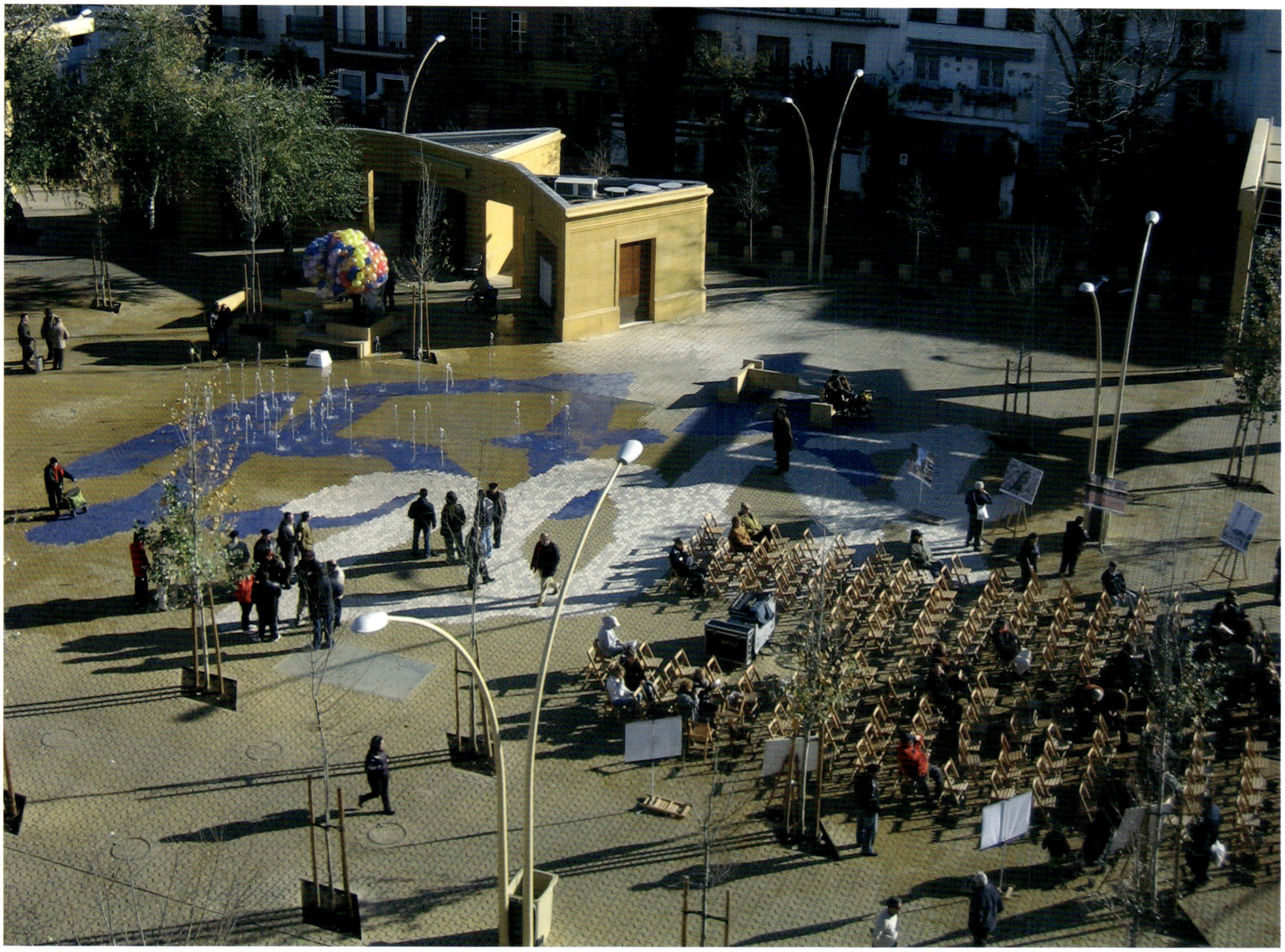

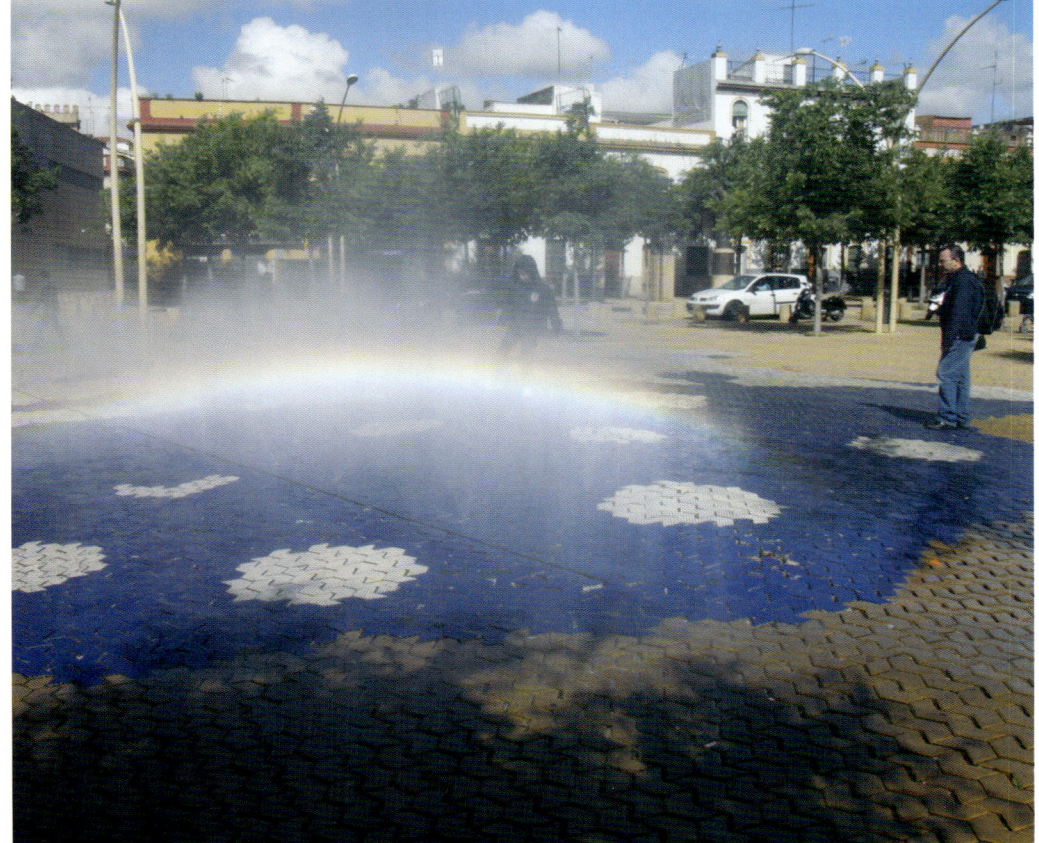

STRATEGY **122**

**STRUCTURES/FURNITURE**

**INDUCING EXPERIENCES**

**PROVOCAR EXPERIENCIAS**

MIST FOUNTAIN
This cools down the atmosphere and offers good fun.

FUENTE DE BRUMA
Refresca el ambiente e invita a la diversión.

STRATEGY **118**

**STRUCTURES/FURNITURE**

**ENDURING**

**RESISTIR**

BOLLARDS, BENCHES AND HIGHLY-RESISTANT PERGOLAS
All these elements are made of concrete and sized to be impact- and vandal-resistant.

BOLARDOS, BANCOS Y PÉRGOLAS DE ALTA RESISTENCIA
Todos estos elementos están hechos de hormigón y dimensionados para resistir impactos o acciones vandálicas.

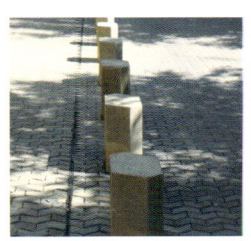

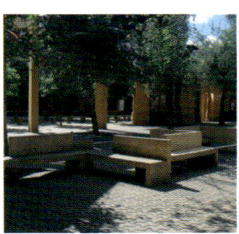

## CONCEPT

### TURNING THE PAST INTO DESIGN GENERATOR
CONVERTIR LO EXISTENTE EN GENERADOR

#### THE COLOUR OF THE SAND
The colour of the earth which was present in the square, a distinguishing feature of Seville architecture, is applied to all the surface areas, functions as a thread linking the whole intervention and means the urban furniture blends in with the cobblestone surface.

#### EL COLOR DEL ALBERO
El color del albero que había en la plaza, característico de la arquitectura sevillana, se aplica a todas las superficies, sirve como hilo conductor para toda la intervención y permite que los elementos de mobiliario urbanos se confundan con la superficie de adoquines.

## SURFACES

### OPTIMIZING MATERIALS
OPTIMIZAR EL MATERIAL

#### CONCRETE PAVING STONES
One single type of paving stones, with a double diamond pattern, was used to repave the whole surface area. This is a mass-pressed double-layered semi-dry concrete element. At times it is laid leaving joints filled in with earth and other times it is laid with the joints set tight.

#### BALDOSA DE HORMIGÓN
Un solo tipo de baldosa creada especialmente para la Alameda, con forma de doble rombo, sirve para revestir todas las superficies de la plaza. Se trata de una pieza de hormigón bicapa semiseco prensado en masa. Unas veces se coloca dejando separaciones rellenas con tierra vegetal y otras se coloca con la junta a tope.

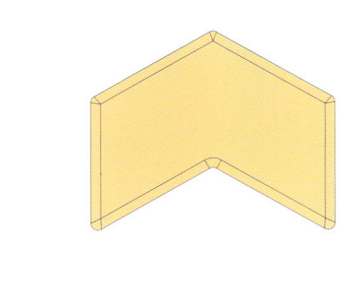

## USERS

### PREVENTING AND REASSURING
PREVENIR Y ASEGURAR

#### GROOVED PAVING STONES
The grooved earthenware anti-slip paving stones in the areas adjoining the mist fountains prevent slipping when walking on the wet surface.

#### BALDOSAS RANURADAS
Las baldosas ranuradas de gres antideslizante en las zonas próximas a las fuentes de bruma evitan resbalones al caminar sobre la superficie húmeda.

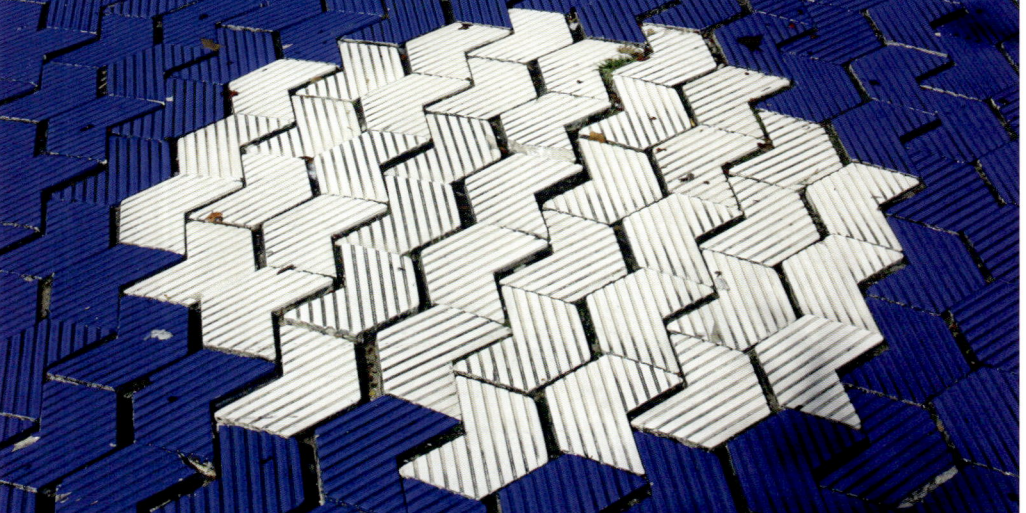

## HABITAT

### MANAGING RAINWATER
GESTIONAR PLUVIALES

#### STORMWATER TANK
A pit excavated to house an underground station which was never built has been re-used as a stormwater tank. The underground tank is used to avoid situations where the drainage system might overflow, this way preventing broken pipelines and as a consequence flooding in the city centre, since the Hercules Mall is the lowest area in the city.

#### TANQUE DE TORMENTAS
Un foso excavado para alojar una estación de metro que nunca se construyó se ha reutilizado como tanque de tormentas. El tanque subterráneo sirve para evitar situaciones de colapso del alcantarillado evitando así la rotura de las tuberías y, por consiguiente, las inundaciones en el centro, ya que la Alameda de Hércules es la zona más baja de la ciudad.

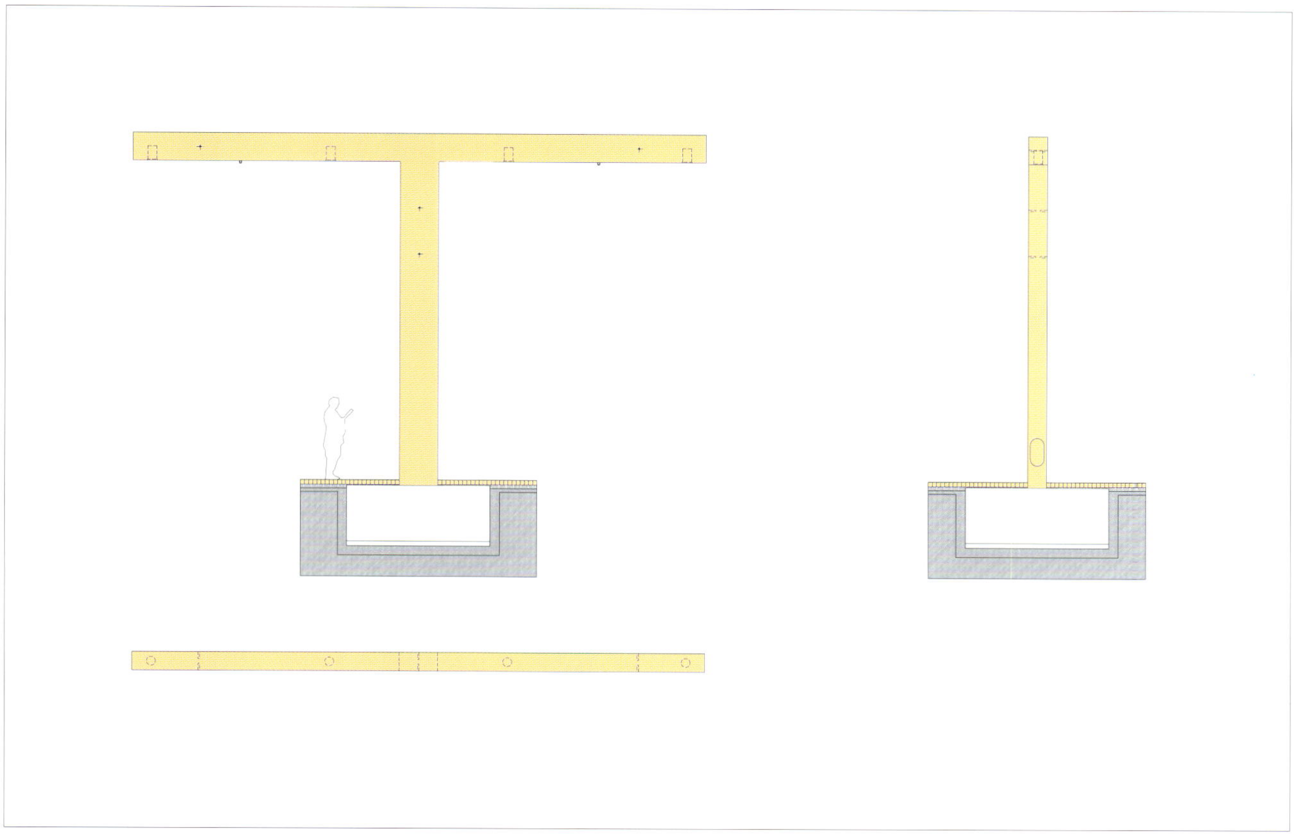

**CREATING MICROCLIMATES**
**CREAR MICROCLIMAS**

**PLANTING HARDY SPECIES, PERGOLAS AND FOUNTAINS**
350 new European nettle trees and five plane trees have been planted due to their ease of conservation in the Seville climate and these add to the existing trees to offer shade.
The pergolas shelter the terraces from the sun and the fountains cool down the atmosphere.

**PLANTACIONES RESISTENTES, PÉRGOLAS Y FUENTES**
Se han plantado 350 nuevos almeces y cinco plátanos por su facilidad de conservación en el clima sevillano, y se unen a los existentes para dar sombra. Las pérgolas protegen del sol a las terrazas y las fuentes refrescan el ambiente.

# Studio Associato Secchi-Viganò

## THEATER SQUARE
Antwerp (Belgium) 2008

### EDITORS' NOTE NOTA DE LOS EDITORES

The Theatre Square was an enormous undefined space in the centre of Antwerp which was not frequented often. Despite its strategic location, the lack of legibility was causing the users to hurry off after the shows. The proposal is based on linking up small legible friendly and safe spaces to bring back the public. For this reason the site has been divided into four recognizable areas: a garden on the south side, a tree-lined walk, a service street and a covered square which works for all types of uses, as an anteroom for the theatre before each show and as a market once a week.

La Plaza del Teatro era un enorme espacio indefinido y poco frecuentado del centro de Amberes. Pese a su ubicación estratégica, la falta de legibilidad provocaba la huida de los usuarios tras las representaciones. La propuesta se basa en el encadenamiento de espacios reducidos, legibles, amenos y seguros para atraer de nuevo al público. Por eso el recinto se ha dividido en cuatro zonas fácilmente reconocibles: un jardín en el lado sur, un paseo arbolado, una calle de servicios y una plaza cubierta que sirve para todo tipo de usos, como antesala del teatro antes de cada función y de mercado una vez por semana.

| | |
|---|---|
| **SITE AREA** SUPERFICIE DE LA INTERVENCIÓN (m²) | 30.200 |
| **PROJECT COST** COSTE DEL PROYECTO (euros/m²) | 364 |

1: 10.000

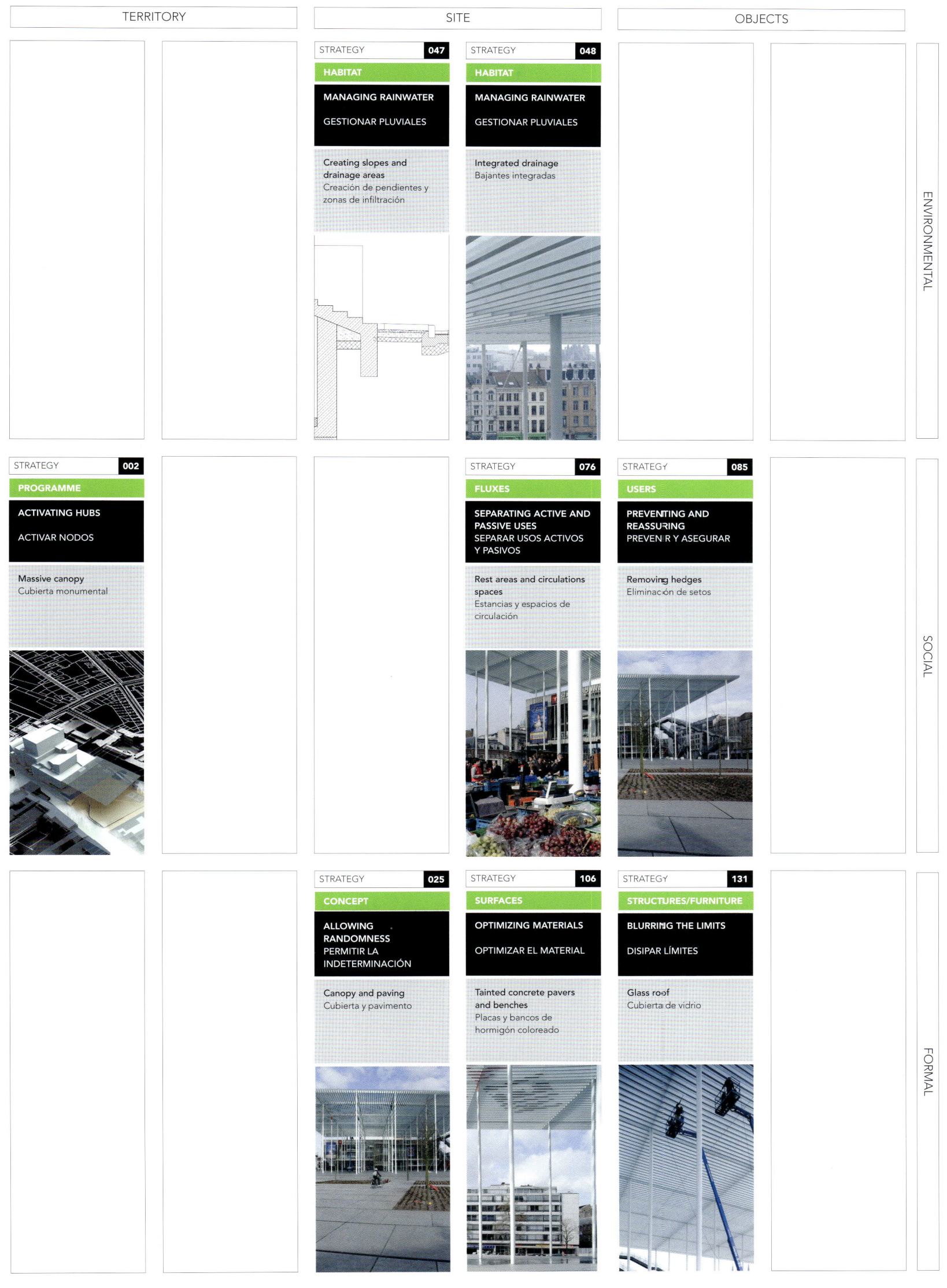

ENVIRONMENTAL

**STRATEGY** `047`

HABITAT

**MANAGING RAINWATER**

GESTIONAR PLUVIALES

Creating slopes and drainage areas
Creación de pendientes y zonas de infiltración

**STRATEGY** `048`

HABITAT

**MANAGING RAINWATER**

GESTIONAR PLUVIALES

Integrated drainage
Bajantes integradas

**STRATEGY** `002`

PROGRAMME

**ACTIVATING HUBS**

ACTIVAR NODOS

Massive canopy
Cubierta monumental

**STRATEGY** `076`

FLUXES

**SEPARATING ACTIVE AND PASSIVE USES**
SEPARAR USOS ACTIVOS Y PASIVOS

Rest areas and circulations spaces
Estancias y espacios de circulación

**STRATEGY** `085`

USERS

**PREVENTING AND REASSURING**
PREVENIR Y ASEGURAR

Removing hedges
Eliminación de setos

SOCIAL

**STRATEGY** `025`

CONCEPT

**ALLOWING RANDOMNESS**

PERMITIR LA INDETERMINACIÓN

Canopy and paving
Cubierta y pavimento

**STRATEGY** `106`

SURFACES

**OPTIMIZING MATERIALS**

OPTIMIZAR EL MATERIAL

Tainted concrete pavers and benches
Placas y bancos de hormigón coloreado

**STRATEGY** `131`

STRUCTURES/FURNITURE

**BLURRING THE LIMITS**

DISIPAR LÍMITES

Glass roof
Cubierta de vidrio

FORMAL

STRATEGY **025**

**CONCEPT**

**ALLOWING RANDOMNESS**
PERMITIR LA INDETERMINACIÓN

CANOPY AND PAVING
**Opposite the theatre, the large roof covers over an esplanade prepared to stage all types of uses (market, shows, play areas...) on a uniform concrete surface.**

CUBIERTA Y PAVIMENTO
Frente al teatro, la gran cubierta protege una explanada lista para acoger todo tipo de usos (mercado, espectáculos, zona de juegos...) sobre la superficie uniforme de hormigón.

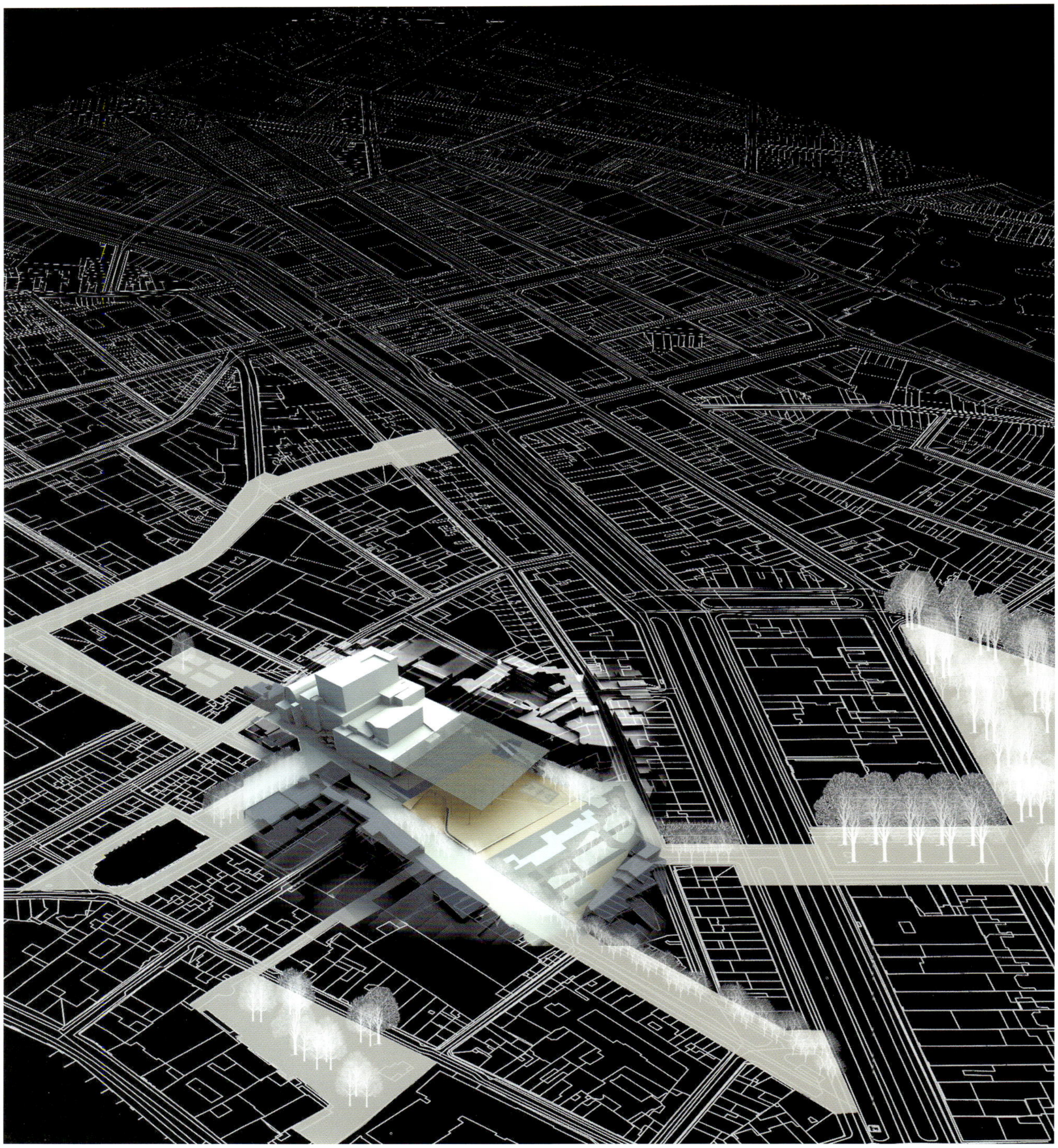

STRATEGY **062**

**PROGRAMME**

**ACTIVATING HUBS**

ACTIVAR NODOS

MASSIVE CANOPY
**The new roof transforms the site into an urban lounge acting as anteroom for the theatre as well. The roof massiveness, jointly with the cantilevered staircases and the garden in front, dignify a formerly residual space.**

CUBIERTA MONUMENTAL
La instalación de la cubierta transforma el espacio en un salón urbano, que actua a la vez como gran vestíbulo del teatro. La monumentalidad de la pieza, con las escaleras en vuelo y el jardín que la precede dignifica un espacio que se había convertido en residual.

STRATEGY **085**

**USERS**

**PREVENTING AND REASSURING**
PREVENIR Y ASEGURAR

REMOVING HEDGES
**The absence of hedges and tall plants inbetween allows the existence of long visual corridors to enjoy the show that is the square. This way hidden areas are avoided and surveillance is made easy.**

ELIMINACIÓN DE SETOS
La ausencia de setos y plantas de altura intermedia permiten la existencia de largos corredores visuales para disfrutar del espectáculo de la plaza. Se evitan así las zonas ocultas y se facilita la vigilancia.

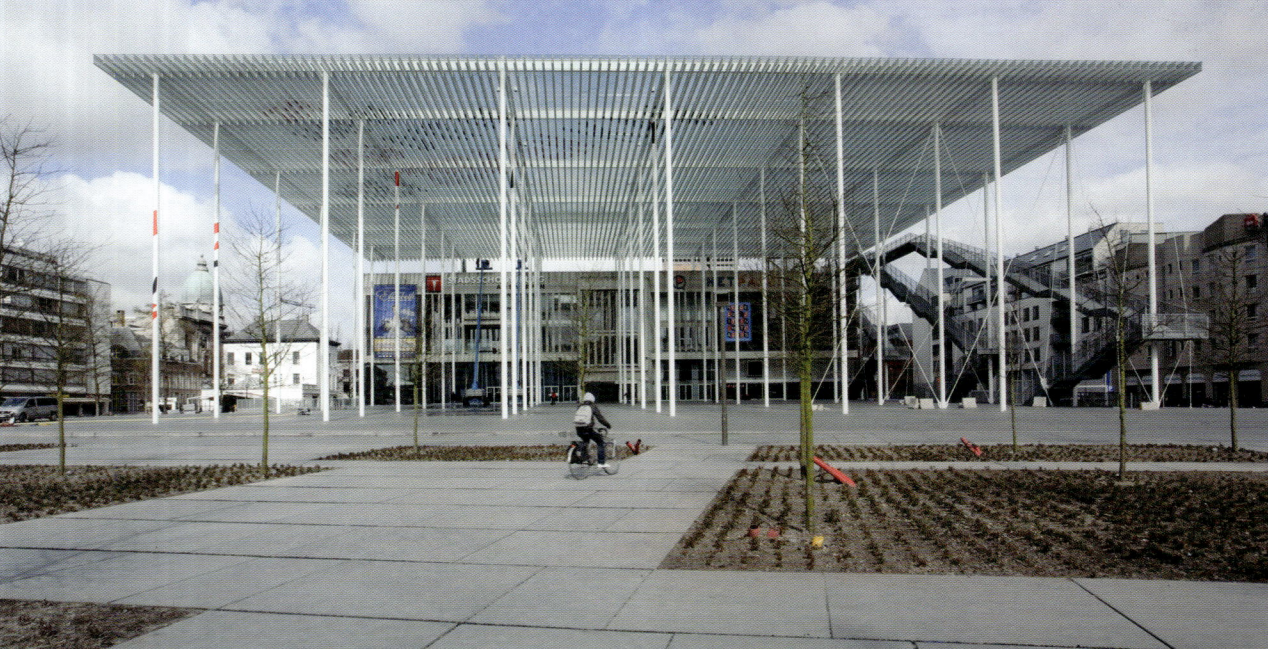

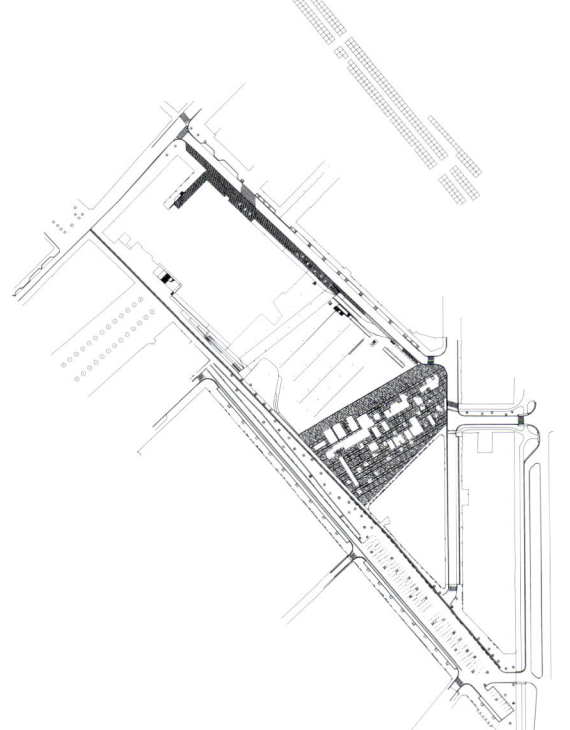

Garden
Jardín

Equipped Space
Vía de servicio

Square
Plaza

FREIGHT
MERCANCÍAS
BUSES
AUTOBUSES
CARS
COCHES
THEATER
TEATRO
CAR PARK ENTRANCE
ACCESO APARCAMIENTO
CAFETERIA
CAFETERÍA
MOTORBYKES
MOTOCILCETAS
HANDICAPPED
MINUSVÁLIDOS
CAR PARK ENTRANCE
ACCESO APARCAMIENTO
CARS
COCHES
CARS
COCHES
PEDESTRIANS
PEATONES
BUSES
AUTOBUSES

Mall
Paseo

Car park Entrance
Acceso aparcamiento

CAR PARK ENTRANCE
ACCESO APARCAMIENTO

Market Places
Puestos de mercado

1:5.000

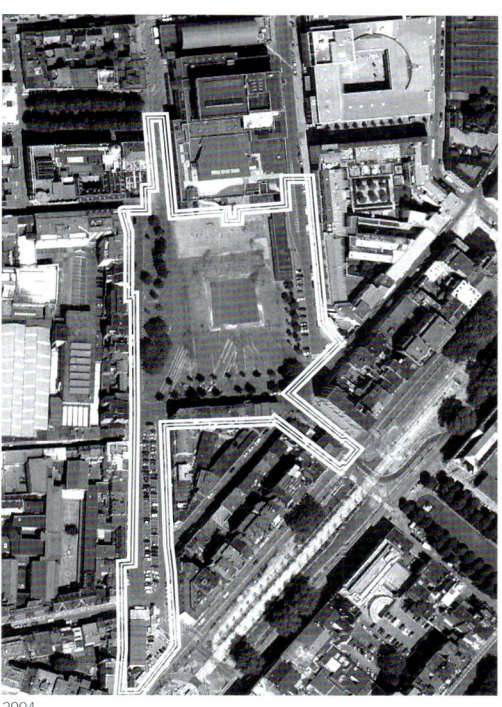

2004

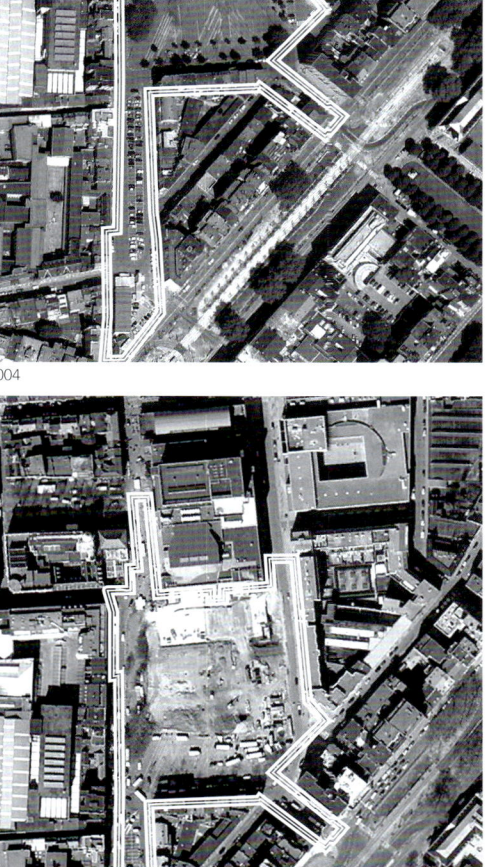

2007

2009

## FLUXES

### SEPARATING ACTIVE AND PASSIVE USES
SEPARAR USOS ACTIVOS Y PASIVOS

REST AREAS AND CIRCULATION SPACES
The gardens make a quiet space for resting.
In addition, the crossing areas for pedestrians and cyclists have been marked out, as well as the entrances for cars and goods vehicles.

ESTANCIAS Y ESPACIOS DE CIRCULACIÓN
Los jardines proporcionan un espacio tranquilo para la estancia. Por otro lado, se han delimitado las vías de paso para peatones y bicicletas, así como los accesos de automóviles y vehículos de mercancías.

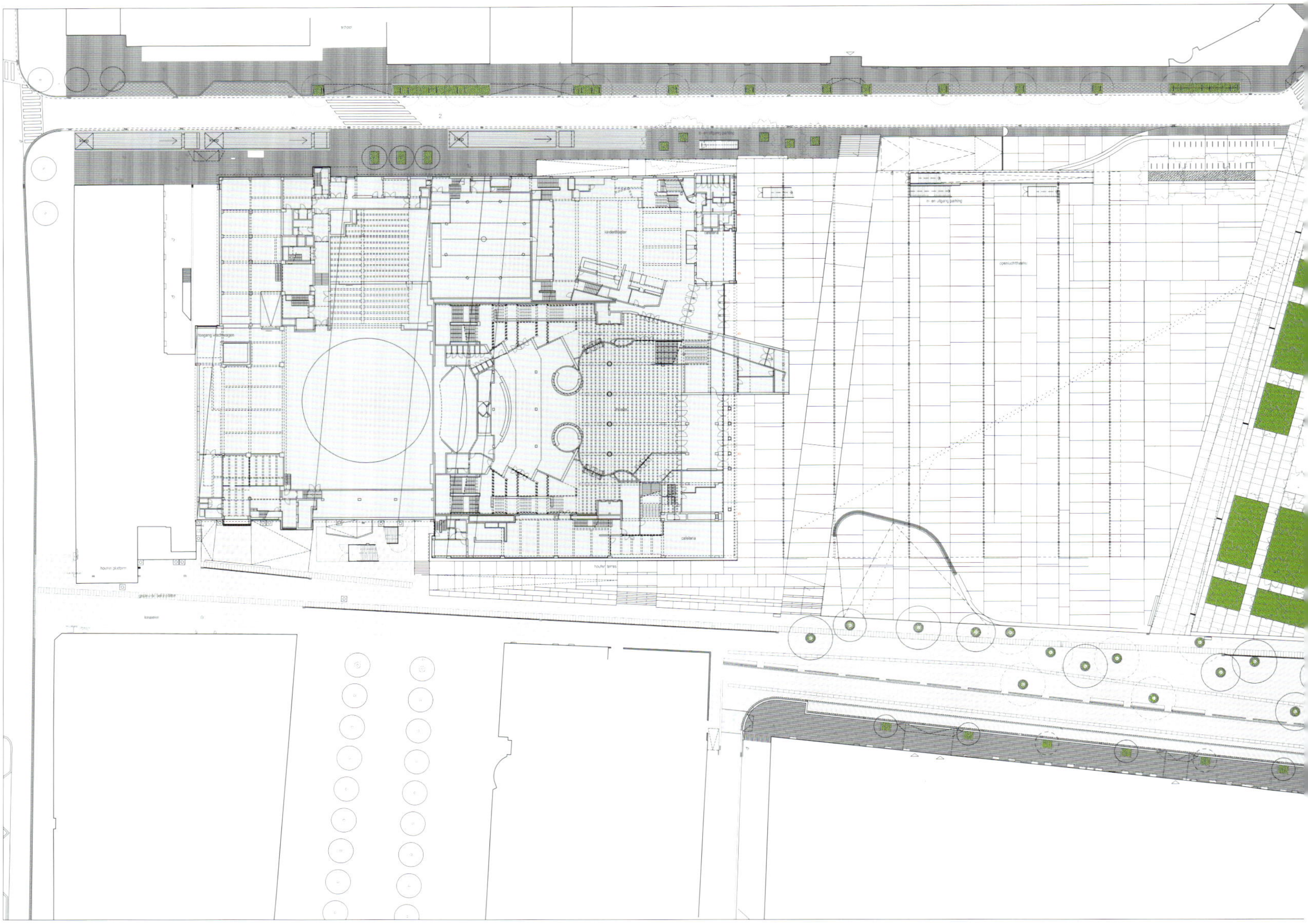

General floor plan Planta general

**SURFACES**

**OPTIMIZING MATERIALS**

**OPTIMIZAR EL MATERIAL**

TAINTED CONCRETE PAVERS AND BENCHES
These plates, installed without joints, are used as uniform paving for the entire space of the square under the roof. They allow for pedestrian uses and occasional goods vehicle transit for loading and unloading.

PLACAS Y BANCOS DE HORMIGÓN COLOREADO
Las placas, instaladas sin juntas, se emplean para pavimentar de forma uniforme todo el espacio de la plaza bajo la cubierta. Permiten usos peatonales y el paso esporádico de los vehículos de carga y descarga.

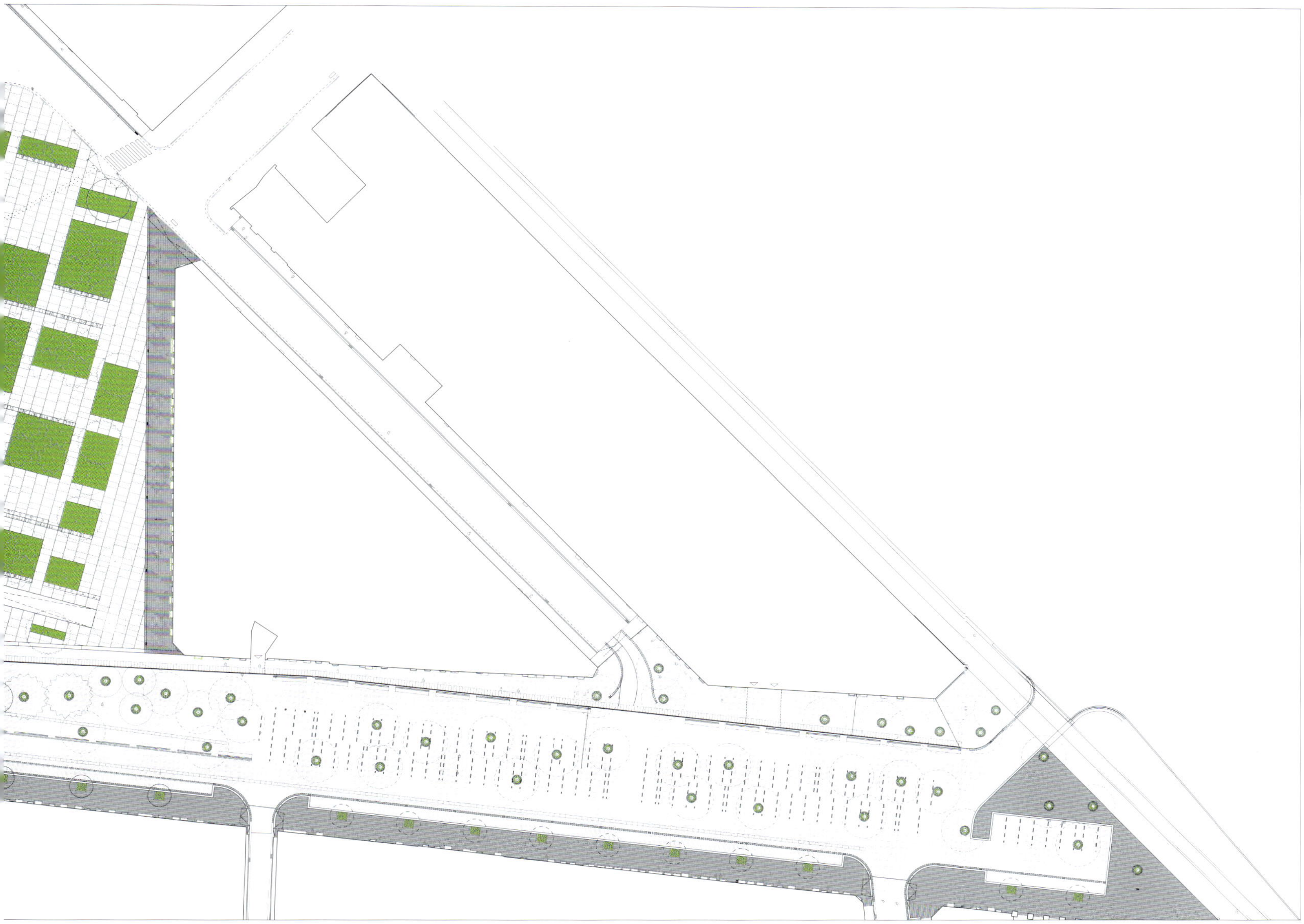

STRATEGY 131

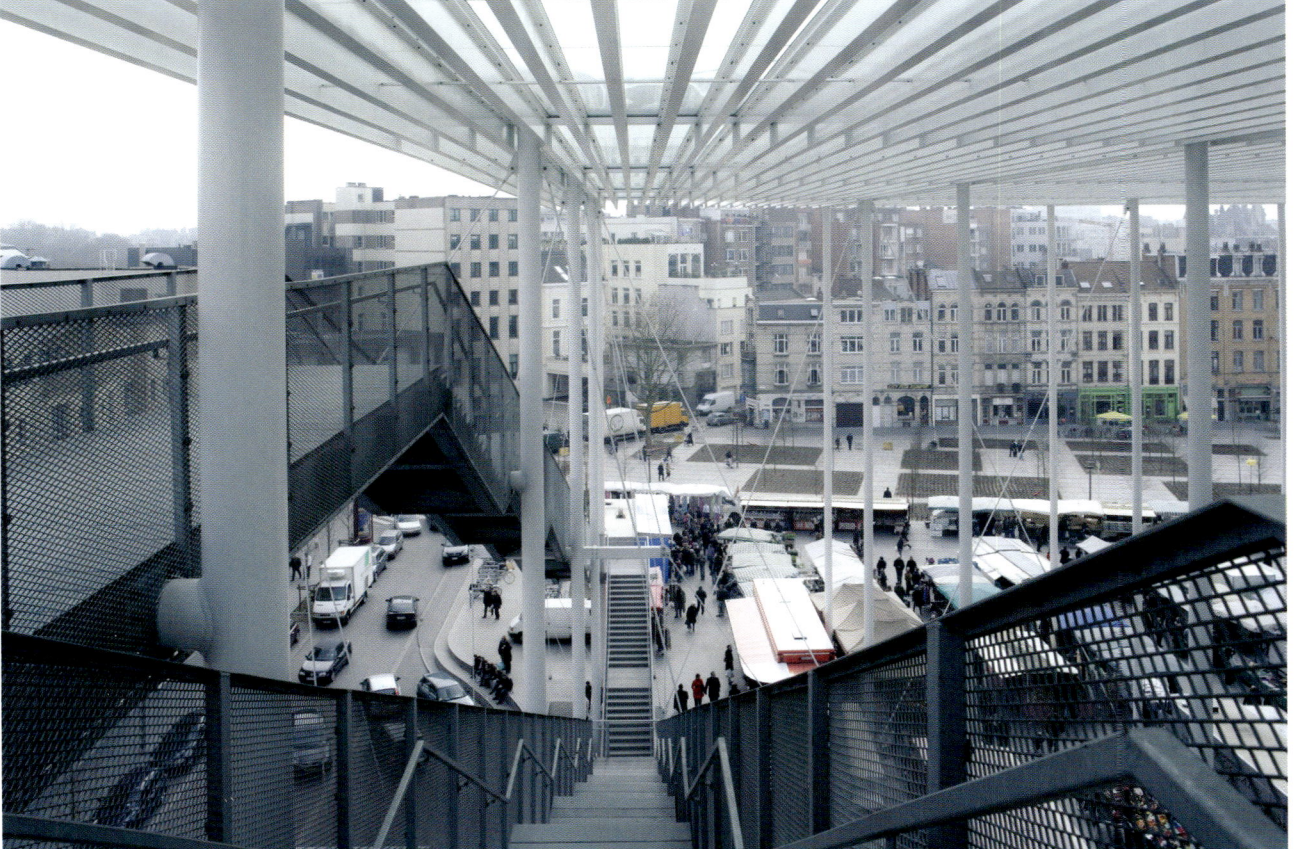

**STRUCTURES/FURNITURE**

**BLURRING THE LIMITS**

**DISIPAR LÍMITES**

GLASS ROOF
Glass blurs the presence of the roof, allows natural light inside the square and favours the vision of the sky.

CUBIERTA DE VIDRIO
El vidrio disipa la presencia de la cubierta, permite el paso de la luz y la visión del cielo.

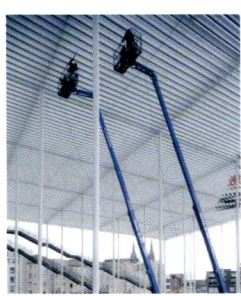

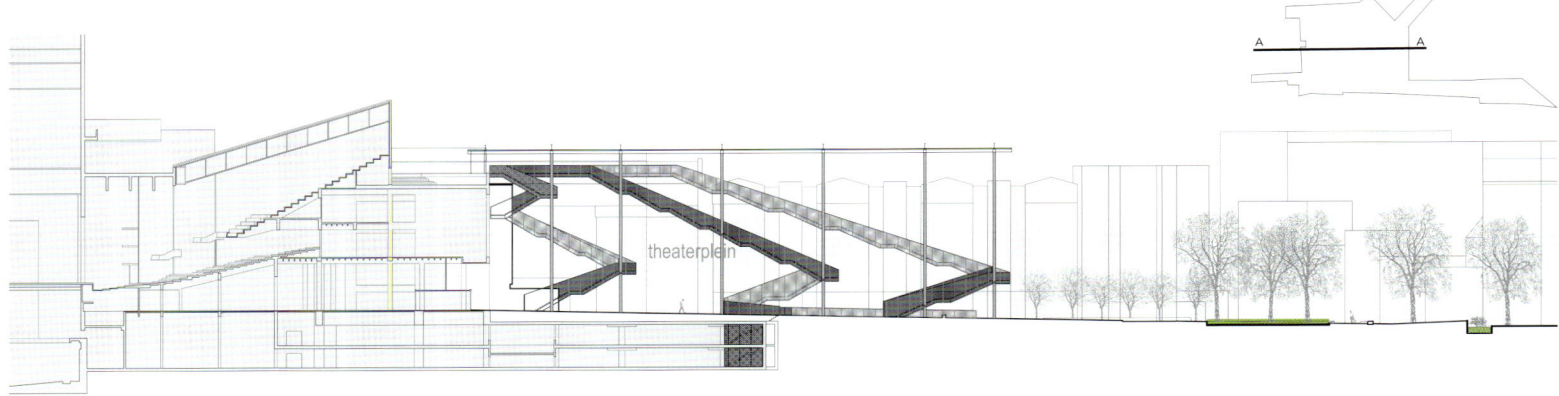

Section A Sección

STRATEGY **047**

**HABITAT**

**MANAGING RAINWATER**

**GESTIONAR PLUVIALES**

CREATING SLOPES AND DRAINAGE AREAS
The area underneath the canopy is a uniform plane with 2% slope from the theater down to the gardens. Runoff is conducted towards the planted areas where it filters into the soil.

CREACIÓN DE PENDIENTES Y ZONAS DE INFILTRACIÓN
El espacio bajo cubierta es una superficie uniforme con una pendiente constante del 2% desde el acceso al teatro hasta los jardines. Toda la escorrentía de la plaza es dirigida así hacia las zonas plantadas en los jardines donde se filtra al subsuelo.

STRATEGY **048**

**HABITAT**

**MANAGING RAINWATER**

**GESTIONAR PLUVIALES**

INTEGRATED DRAINAGE
The roof slope prevents water spilling from the canopy edges and conducts runoff to the drainage tubes integrated inside the steel columns.

BAJANTES INTEGRADAS
La pendiente de la cubierta impide que el agua rebose por los bordes y dirije el flujo hacia las bajantes de pluviales que se integran en el interior de los soportes de acero.

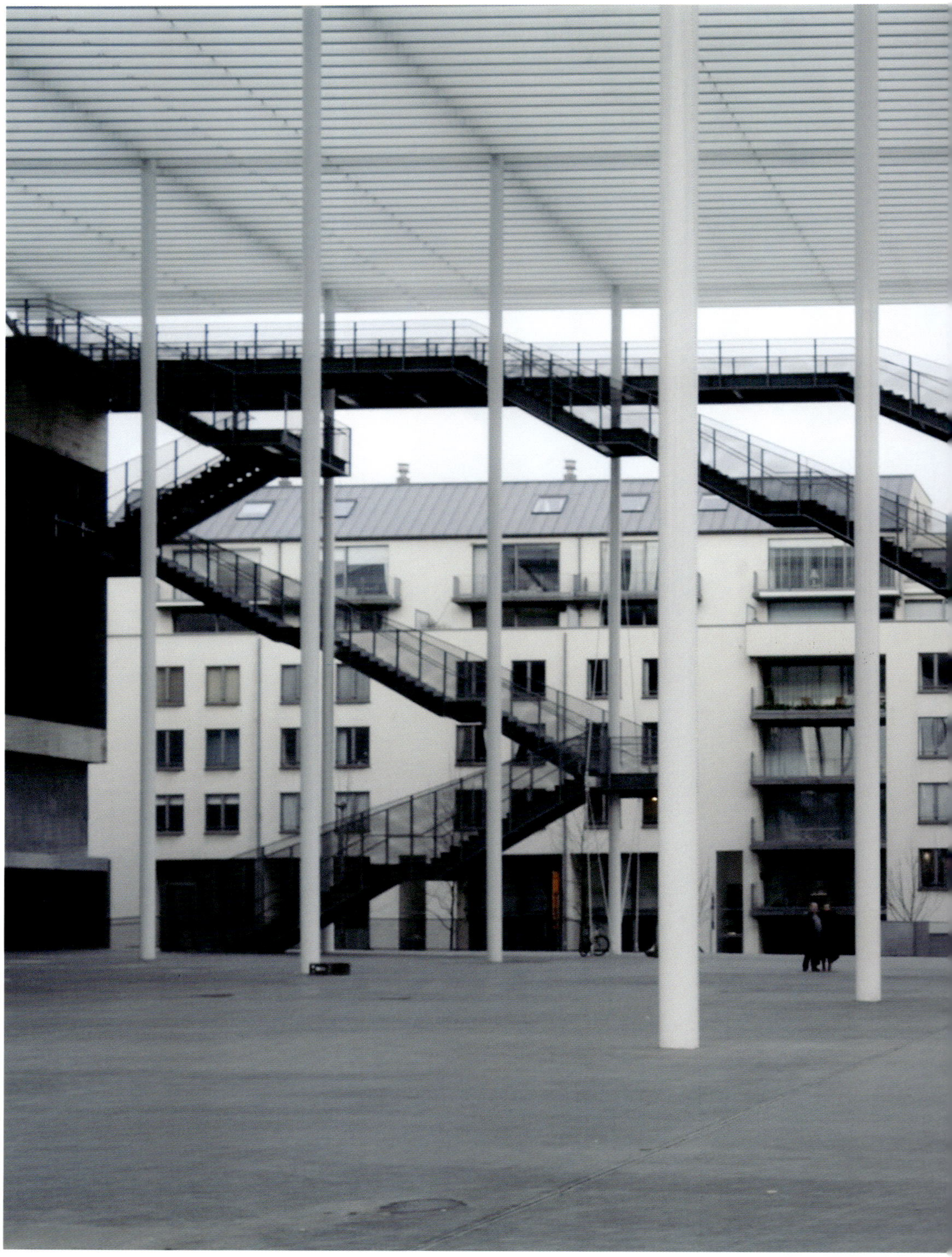

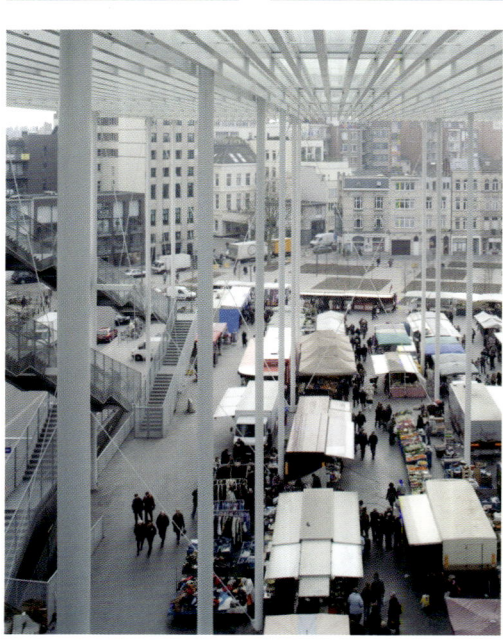

Section B Sección

# STOSSLU

## ERIE STREET PLAZA
Milwaukee (United States) 2010

### EDITORS' NOTE NOTA DE LOS EDITORES

The Third Ward district in Milwaukee is a former industrial neighbourhood which is fast becoming one of the most active areas in the city. Housing, stores and art galleries occupy the former industrial warehouses.

The new square serves as a link between the walk which runs alongside the Milwaukee River from the business district and the green corridor which runs alongside the shore of Lake Michigan. A hybrid plan between a square and a park is adapted to the changing uses of a neighbourhood undergoing mutation and the climate constraints; this rebuilds the natural habitat of the lake shores and takes care of the frequent rising water levels.

El distrito Third Ward de Milwaukee es un antiguo barrio industrial que se está transformando rápidamente en una de las áreas más activas de la ciudad. Viviendas, comercios y galerías de arte ocupan los antiguos almacenes industriales.

La nueva plaza sirve de articulación entre el paseo que bordea el río Milwaukee desde el distrito de negocios y el corredor verde que recorre la orilla del lago Michigan. Un plano híbrido entre plaza y parque se adapta a los usos cambiantes de un barrio en mutación y a los condicionantes climáticos; reconstruye el hábitat natural de las orillas del lago y asume sus crecidas periódicas.

| | |
|---|---|
| **SITE AREA** SUPERFICIE DE LA INTERVENCIÓN (m²) | 1.208 |
| **PROJECT COST** COSTE DEL PROYECTO (euros/m²) | 500 |

1:10.000

ENVIRONMENTAL

STRATEGY 049

**HABITAT**

**MANAGING RAINWATER**
GESTIONAR PLUVIALES

Artificial topography
Topografía artificial

STRATEGY 060

**HABITAT**

**MANAGING SEASONALITY**
GESTIONAR ESTACIONALIDAD

Vertical cuts in the sheet pile wall
Hendiduras en las pantallas de contención

STRATEGY 056

**HABITAT**

**MANAGING PLANTATIONS**
GESTIONAR PLANTACIONES

Gradient of vegetation type
Gradiente vegetal

SOCIAL

STRATEGY 004

**PROGRAMME**

**REGENERATING WATERFRONTS**
REVITALIZAR BORDES

Hybrid square-meadow
Híbrido plaza-pradera

STRATEGY 112

**SURFACES**

**ADAPTING ENDURANCE**
ADECUAR RESISTENCIAS

Wood, on-site concrete, concrete paving stones and grass
Madera, hormigón in situ, baldosas de hormigón y césped

STRATEGY 086

**USERS**

**PREVENTING AND REASSURING**
PREVENIR Y ASEGURAR

Opening up the views
Apertura de visuales

FORMAL

STRATEGY 033

**BACKGROUND**

**RECREATING A THEME**
RECREAR UN TEMA

The marshlands
Las marismas

STRATEGY 117

**SURFACES**

**BLURRING THE LIMITS**
DISIPAR LÍMITES

Concrete paving stones and earth
Baldosas de hormigón y tierra vegetal

STRATEGY 134

**LIGHTING**

**CREATING REFERENCES**
CREAR REFERENCIAS

Light as a building material
La luz como material de construcción

STRATEGY 026

**CONCEPT**

**ALLOWING RANDOMNESS**
PERMITIR LA INTERVENCIÓN

Irregular layout of furniture
Disposición irregular del mobiliario

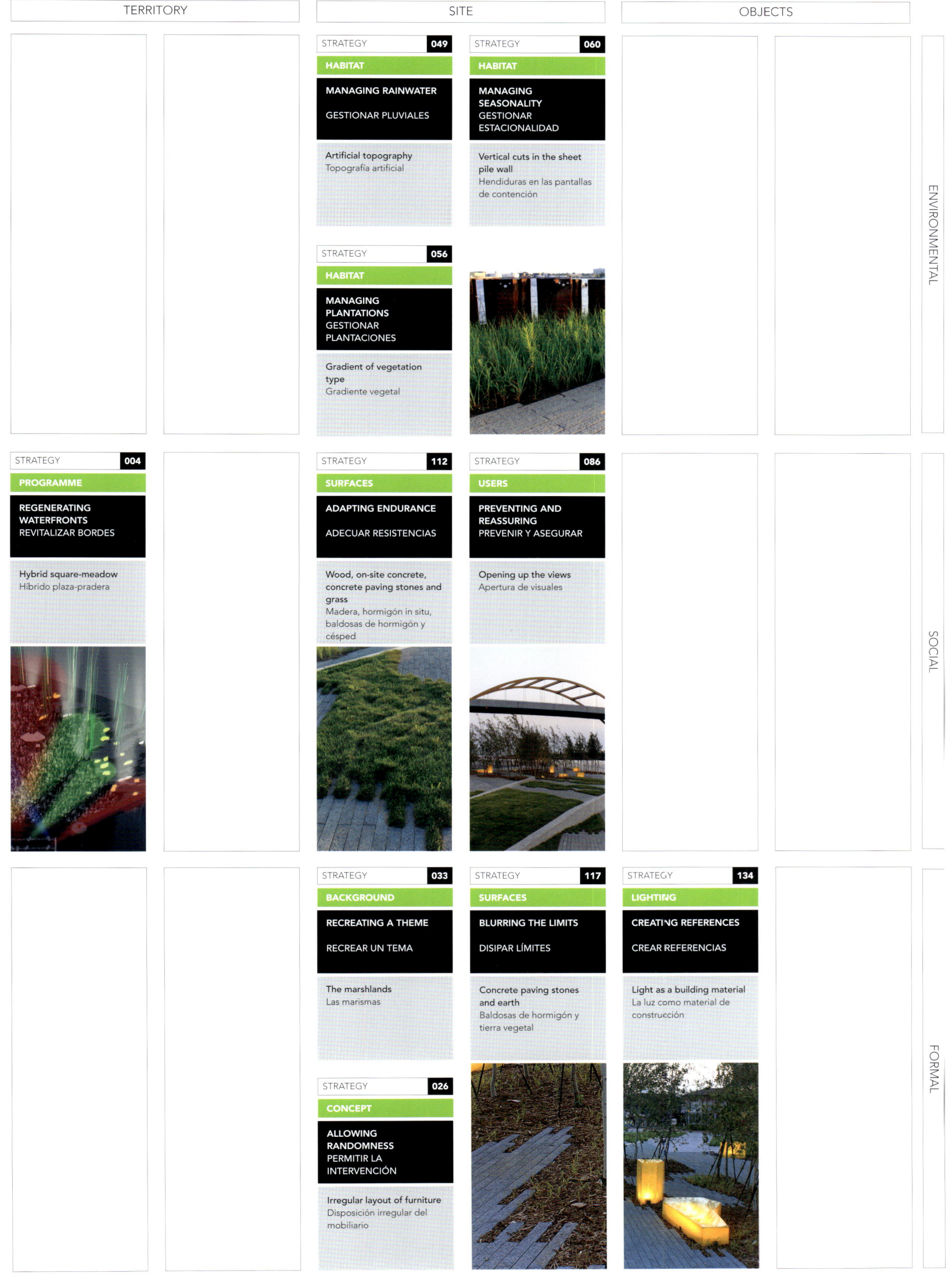

**PROGRAMME**

**REGENERATING
WATERFRONTS**
REVITALIZAR BORDES

**HYBRID SQUARE-
MEADOW**
The surface area mixes
hard paving with grass
lawns. The ratio between
the different treatments of
the plan allows flexible
scheduling of collective
occasional activities or the
individual regular use of the
spaces.

**HÍBRIDO PLAZA-PRADERA**
La superficie mezcla el
pavimento duro con
plantaciones de césped.
La proporción entre ambos
tratamientos del plano del
suelo permite la
programación flexible de
actividades colectivas y
ocasionales o el uso
individual y regular de los
espacios.

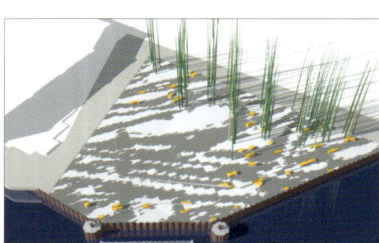
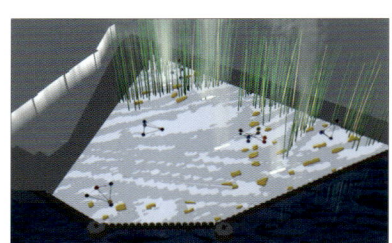

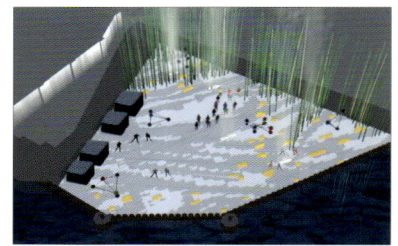

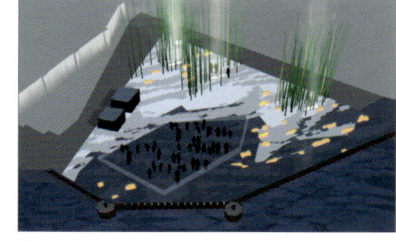

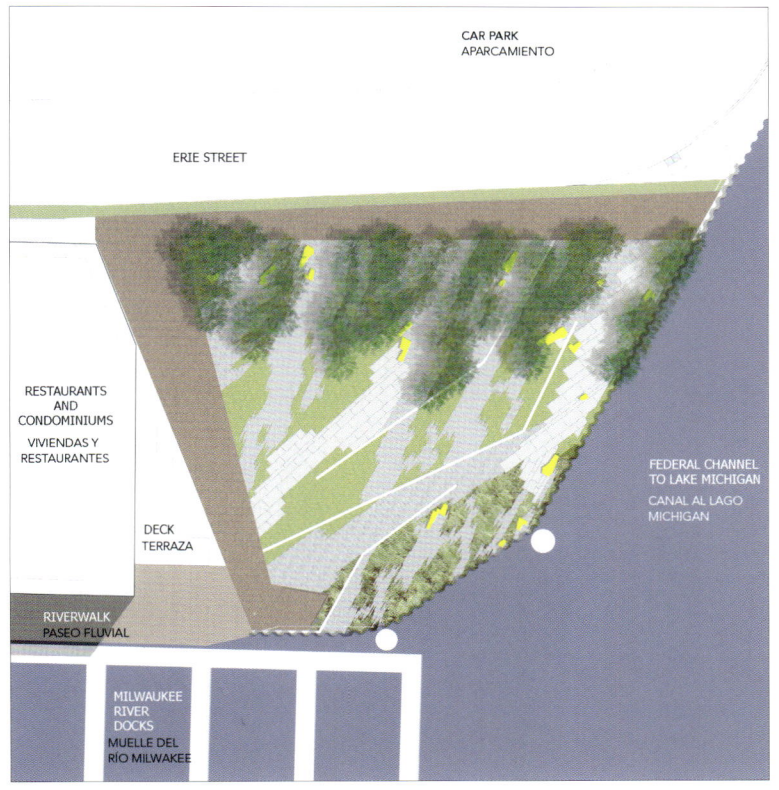

**CAR PARK**
**APARCAMIENTO**

**ERIE STREET**

**RESTAURANTS AND CONDOMINIUMS**
**VIVIENDAS Y RESTAURANTES**

**DECK**
**TERRAZA**

**RIVERWALK**
**PASEO FLUVIAL**

**FEDERAL CHANNEL TO LAKE MICHIGAN**
**CANAL AL LAGO MICHIGAN**

**MILWAUKEE RIVER DOCKS**
**MUELLE DEL RÍO MILWAUKEE**

| STRATEGY | **049** |
| --- | --- |

**HABITAT**

**MANAGING RAINWATER**

**GESTIONAR PLUVIALES**

**ARTIFICIAL TOPOGRAPHY**
The difference in levels between the edges of the square has been altered in order to direct the rainwater to the riverfront, where it accumulates to generate marshland.

**TOPOGRAFÍA ARTIFICIAL**
La diferencia de cotas entre los extremos de la plaza ha sido modificada con el fin de dirigir el agua de lluvia al borde del río, donde se acumula para generar una marisma.

| STRATEGY | **056** |
| --- | --- |

**HABITAT**

**MANAGING PLANTATIONS**
**GESTIONAR PLANTACIONES**

**GRADIENT OF VEGETATION TYPES**
Three types of plantations (the poplar wood, the field and the marshland vegetation) run down from the street to the riverbank and maximize the diversity of the settings.

**GRADIENTE VEGETAL**
Tres tipos de plantaciones (el bosque de álamos, la pradera y la vegetación de marisma) descienden desde la calle hasta la orilla del río y maximizan la diversidad de ambientes.

| STRATEGY | **086** |
| --- | --- |

**USERS**

**PREVENTING AND REASSURING**
**PREVENIR Y ASEGURAR**

**OPENING UP THE VIEWS**
The dense plantation of poplar trees permits the visual connection between the edges of the square through several clearings. This allows surveillance from the adjacent street and enhances the sensation of safety among users.

**APERTURA DE VISUALES**
La densa plantación de álamos permite, a través de varios ejes despejados, la conexión visual entre los extremos de la plaza. Esto facilita la vigilancia desde la calle colindante y favorece la sensación de seguridad entre los usuarios.

CREATING REFERENCES

CREAR REFERENCIAS

LIGHT AS A BUILDING MATERIAL
The light qualities of the fibre glass used to make the benches stand out at night: the benches project light, they reflect the light from the car headlights and gradually fade out as the day dawns.

LA LUZ COMO MATERIAL DE CONSTRUCCIÓN
Las cualidades luminosas de la fibra de vidrio empleada para fabricar los bancos se acentúan por la noche: los bancos proyectan luz, reflejan la luz de los faros de los automóviles y se apagan progresivamente cuando llega el día.

ALLOWING RANDOMNESS PERMITIR LA INTERVENCIÓN

IRREGULAR LAYOUT OF FURNITURE
The erratic layout of benches and seating areas accentuates the indetermination of uses and makes possible different types of groupings of individuals: from areas for large groups to solitary corners.

DISPOSICIÓN IRREGULAR DEL MOBILIARIO
La disposición errática de bancos y zonas de asiento acentúa la indeterminación de los usos y permite diferentes tipos de agrupaciones de individuos: desde áreas para grandes grupos a rincones solitarios.

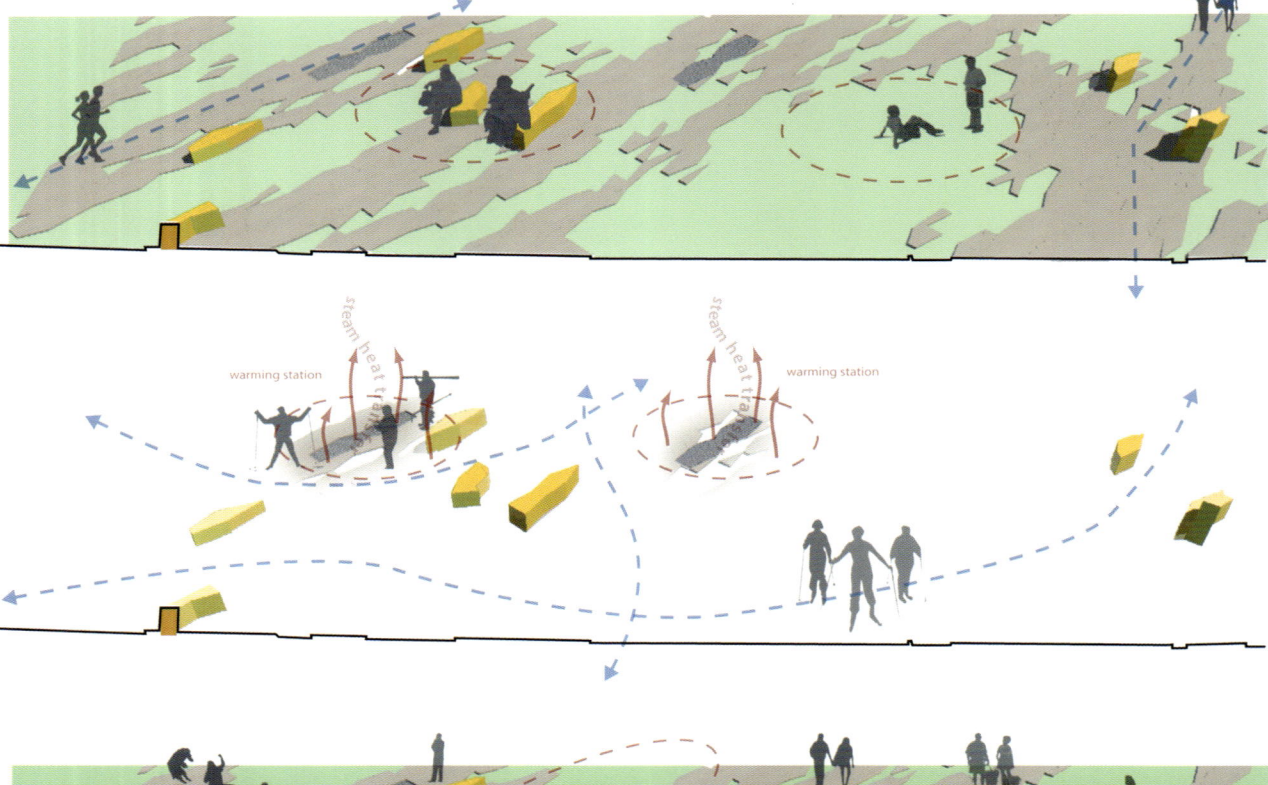

STRATEGY 117

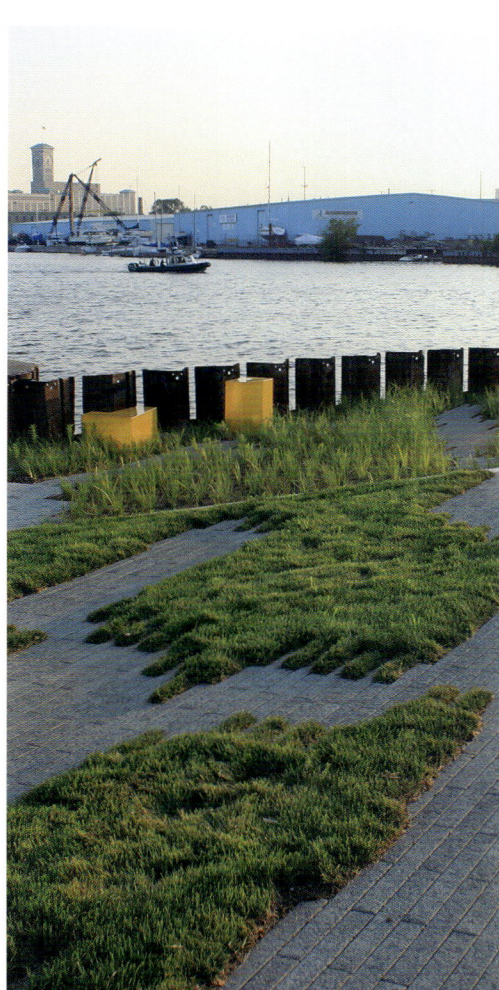

SURFACES

**BLURRING THE LIMITS**

**DISIPAR LÍMITES**

CONCRETE PAVING STONES AND EARTH
The traditional border between planted and paved areas vanishes and makes way for areas with blurred borders.

BALDOSAS DE HORMIGÓN Y TIERRA VEGETAL
El límite tradicional entre superficies plantadas y soladas se borra y deja paso a superficies de bordes difusos.

STRATEGY 112

SURFACES

**ADAPTING ENDURANCE**

**ADECUAR RESISTENCIAS**

WOOD, ON-SITE CONCRETE, CONCRETE PAVING STONES AND GRASS
The distribution of surface areas with different materials shares out the fluxes according to uses.

MADERA, HORMIGÓN IN SITU, BALDOSAS DE HORMIGÓN Y CÉSPED
La distribución de superficies de distinto material reparte los flujos en función de los usos.

STRATEGY 033

BACKGROUND

**RECREATING A THEME**

**RECREAR UN TEMA**

THE MARSHLANDS
On the edge of the square which is in contact with the water, the conditions of a typical marshland of the shores of the Great Lakes have been recreated.

LAS MARISMAS
En el borde de la plaza que está en contacto con el agua se han recreado las condiciones de una marisma típica de las orillas de los Grandes Lagos.

STRATEGY 060

HABITAT

**MANAGING SEASONALITY**
**GESTIONAR ESTACIONALIDAD**

VERTICAL CUTS IN THE SHEET PILE WALL
The gaps made in the steel retainers allow the square to be flooded during the cyclical rises in water levels of Lake Michigan.

HENDIDURAS EN LAS PANTALLAS DE CONTENCIÓN
Las hendiduras practicadas en las contenciones de acero permiten la inundación de la plaza durante las crecidas cíclicas del Lago Michigan.

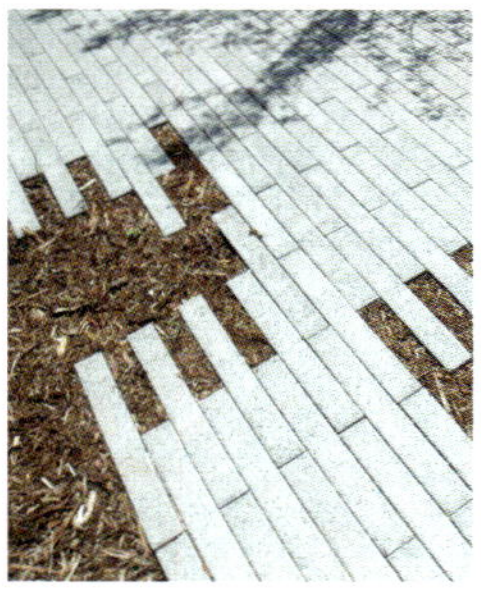

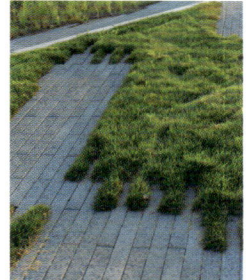

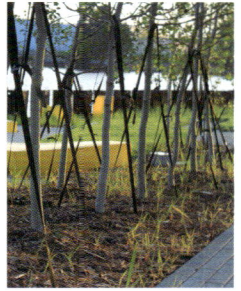

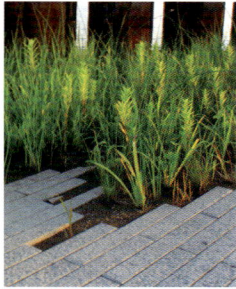

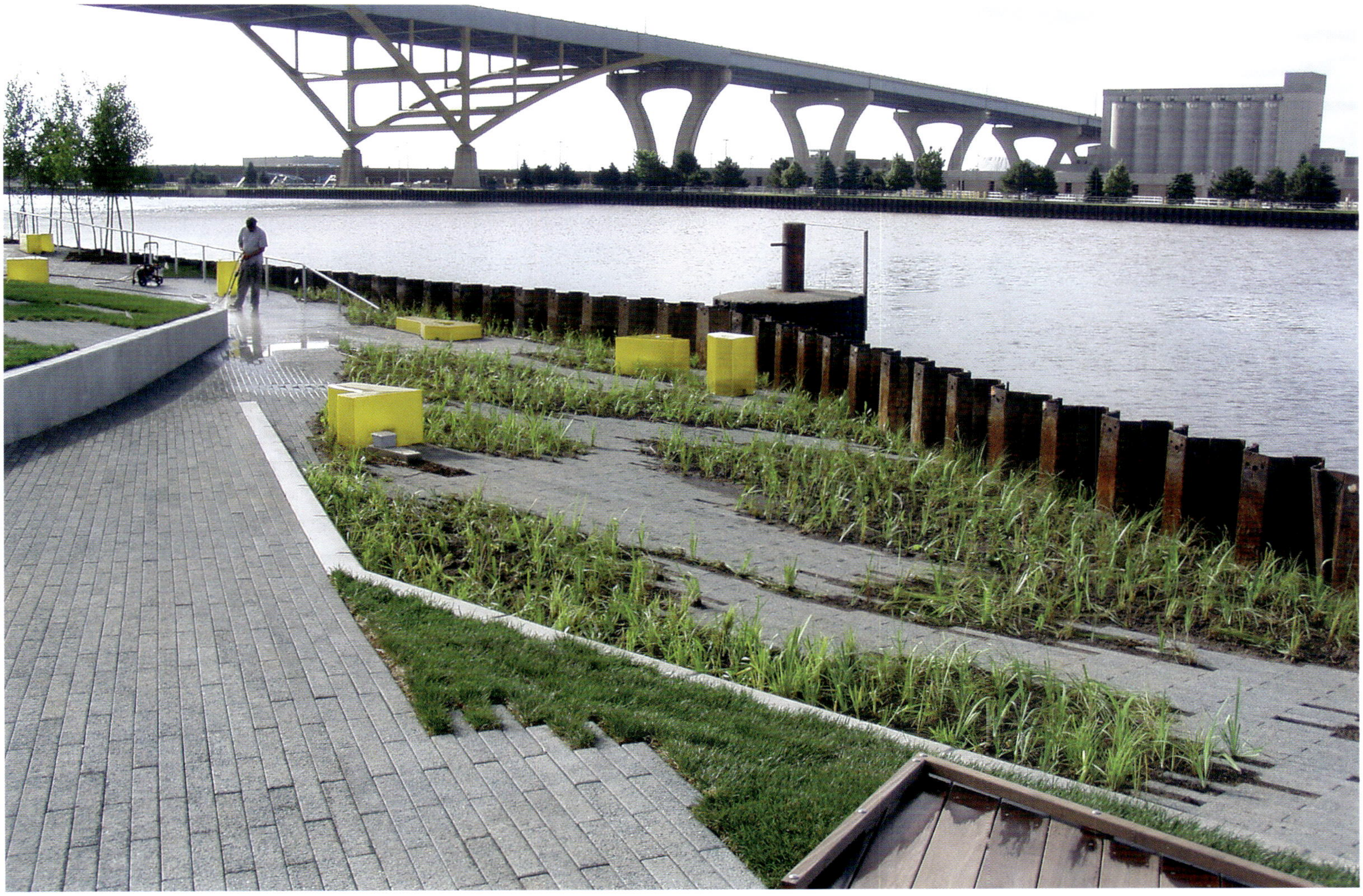

# Michael Van Valkenburgh Associates

**BROOKLYN BRIDGE PARK**
New York (United States) 2010-2013

## EDITORS' NOTE NOTA DE LOS EDITORES

We cover the first stage of an ambitious plan to convert the harbour docks of the banks of the East River. 34 hectares in total will have been converted to public space when the works come to an end. To finance these works, part of the land belonging to the park, on which housing and a hotel with the best views of Manhattan will be built, has been put on the market. The existing warehouses will be sold off once recycled and business and cultural concessions will be set up. The end goal of this management model is that the practical whole of the construction project can be financed with private funds.

Mostramos la primera fase de un ambicioso plan de reconversión de los muelles portuarios en la orilla del East River. Un total de 34 hectáreas habrán sido reconvertidas en espacios públicos cuando acaben las obras. Para financiarlas se ha puesto en el mercado parte del suelo perteneciente al parque, sobre el que se construirán viviendas y un hotel con las mejores vistas de Manhattan. Se comercializarán los almacenes existentes una vez reciclados y se pondrán en marcha concesiones comerciales y culturales. El objetivo final de este modelo de gestión es que la práctica totalidad de la construcción pueda financiarse con fondos privados.

| | |
|---|---|
| **SITE AREA** SUPERFICIE DE LA INTERVENCIÓN (m²) | 343.000 |
| **PROJECT COST** COSTE DEL PROYECTO (euros/m²) | 700 |

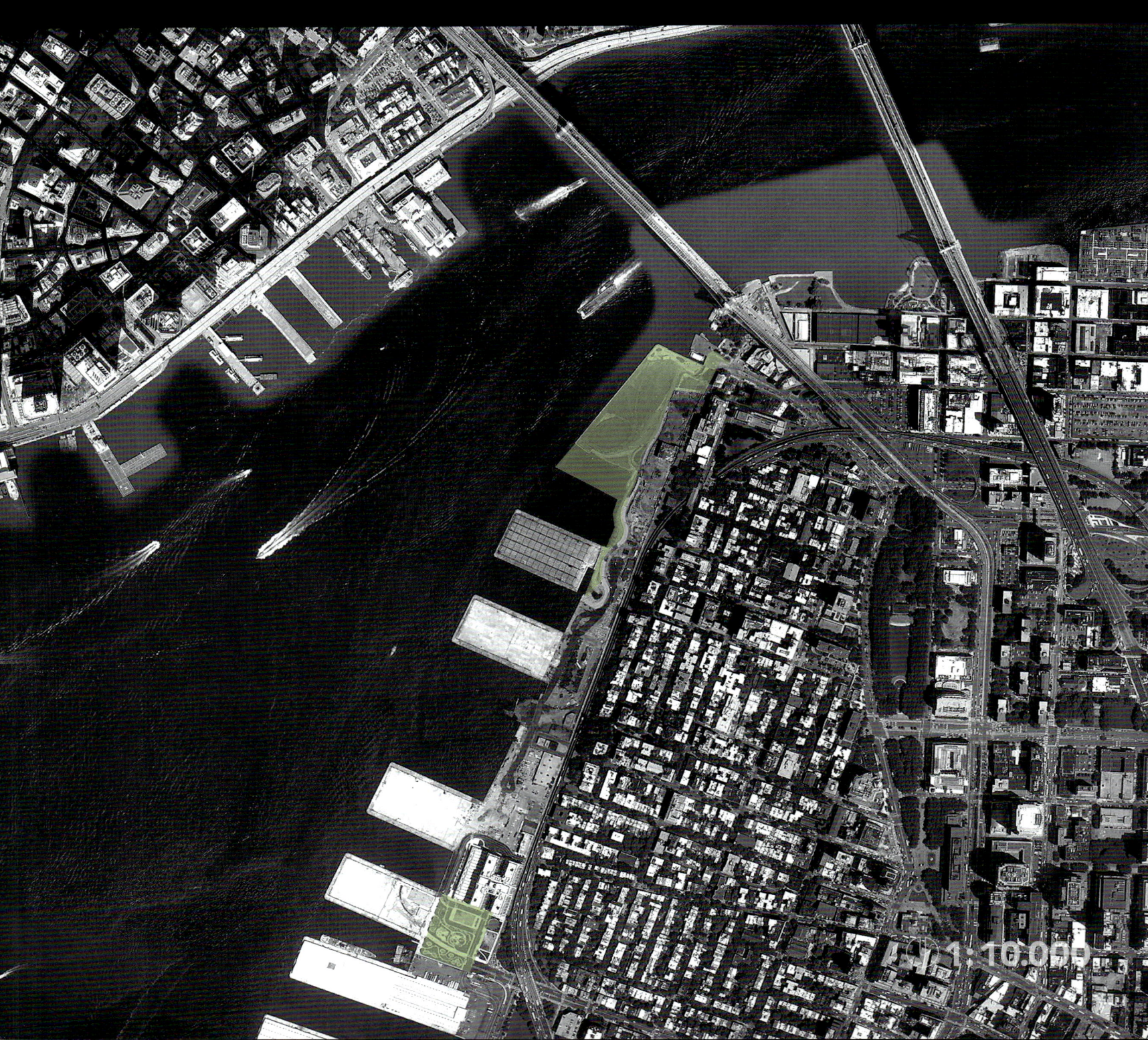

1:10.000

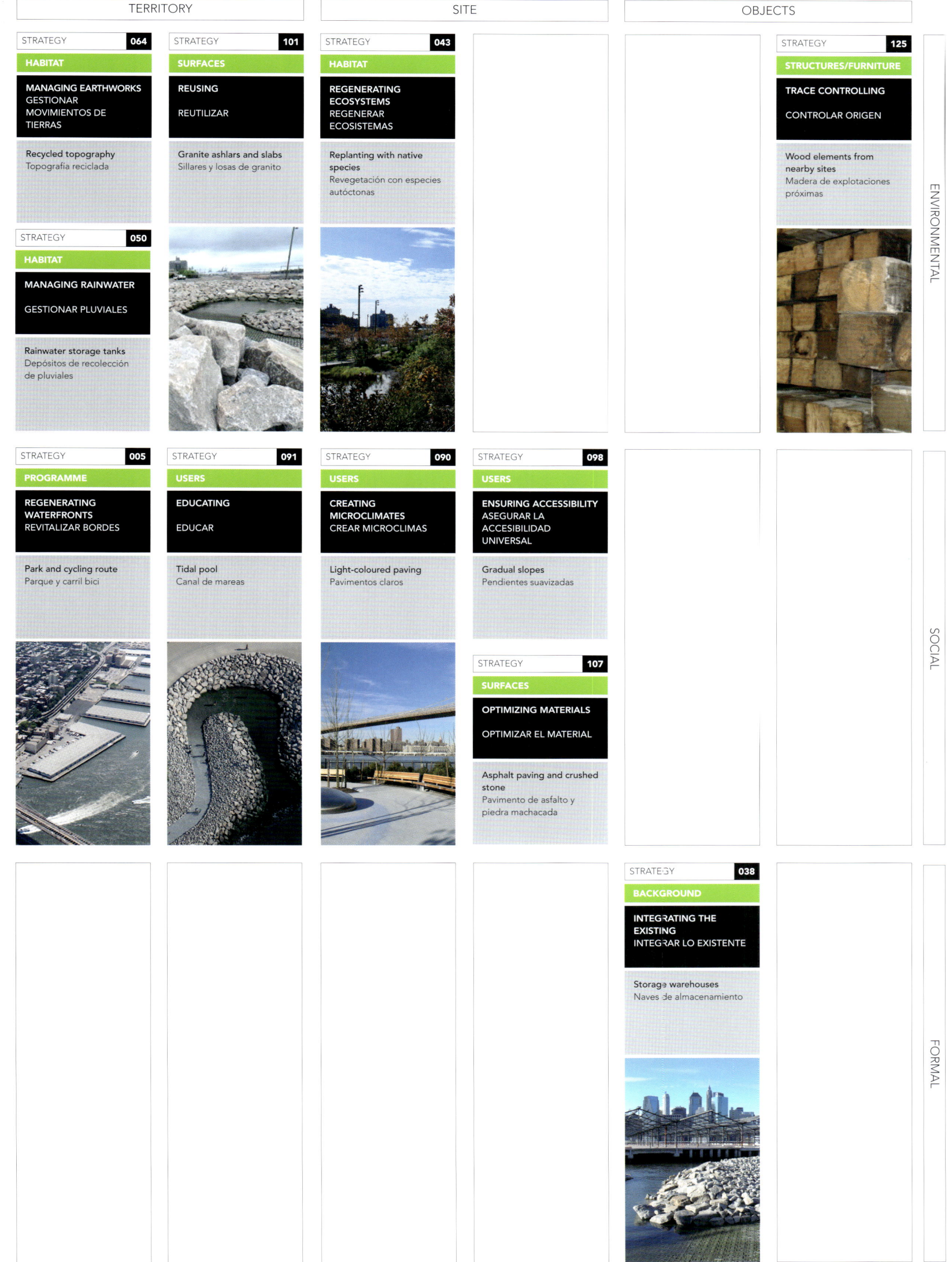

| TERRITORY | | SITE | | OBJECTS | | |
|---|---|---|---|---|---|---|

**TERRITORY**

STRATEGY **064**

HABITAT

**MANAGING EARTHWORKS**
GESTIONAR MOVIMIENTOS DE TIERRAS

Recycled topography
Topografía reciclada

STRATEGY **050**

HABITAT

**MANAGING RAINWATER**

GESTIONAR PLUVIALES

Rainwater storage tanks
Depósitos de recolección de pluviales

STRATEGY **101**

SURFACES

**REUSING**

REUTILIZAR

Granite ashlars and slabs
Sillares y losas de granito

**SITE**

STRATEGY **043**

HABITAT

**REGENERATING ECOSYSTEMS**
REGENERAR ECOSISTEMAS

Replanting with native species
Revegetación con especies autóctonas

**OBJECTS**

STRATEGY **125**

STRUCTURES/FURNITURE

**TRACE CONTROLLING**

CONTROLAR ORIGEN

Wood elements from nearby sites
Madera de explotaciones próximas

**ENVIRONMENTAL**

STRATEGY **005**

PROGRAMME

**REGENERATING WATERFRONTS**
REVITALIZAR BORDES

Park and cycling route
Parque y carril bici

STRATEGY **091**

USERS

**EDUCATING**

EDUCAR

Tidal pool
Canal de mareas

STRATEGY **090**

USERS

**CREATING MICROCLIMATES**
CREAR MICROCLIMAS

Light-coloured paving
Pavimentos claros

STRATEGY **098**

USERS

**ENSURING ACCESSIBILITY**
ASEGURAR LA ACCESIBILIDAD UNIVERSAL

Gradual slopes
Pendientes suavizadas

STRATEGY **107**

SURFACES

**OPTIMIZING MATERIALS**

OPTIMIZAR EL MATERIAL

Asphalt paving and crushed stone
Pavimento de asfalto y piedra machacada

**SOCIAL**

STRATEGY **038**

BACKGROUND

**INTEGRATING THE EXISTING**
INTEGRAR LO EXISTENTE

Storage warehouses
Naves de almacenamiento

**FORMAL**

**PROGRAMME**

**REGENERATING
WATERFRONTS
REVITALIZAR BORDES**

**PARK AND CYCLING
ROUTE**
The docklands opposite
Manhattan have been
converted to a strip of
public spaces linked by a
pedestrian and cycle way
which connects them up.
The new park is adapted to
the free spaces on the
docks. The earthworks and
the planned planting
depend on the load which
each slab can bear.

**PARQUE Y CARRIL BICI**
Los terrenos portuarios
frente a Manhattan se
transforman en una banda
de espacios públicos
ligados por una vía para
peatones y bicicletas que
los une. El nuevo parque se
ajusta a los espacios
liberados sobre los muelles.
El movimiento de tierras y
las plantaciones planificadas
dependen de las cargas que
puede soportar cada losa.

PIER SIX 1. Swing Valley 2. Water Play 3. Sandbox Village 4. Slide Mountain 5. Marsh Garden
6. One Brooklyn Bridge Park 7. Entry Pavilion 8. Water Taxi 9. Dog Run
MUELLE SEIS 1. Columpios 2. Juegos de agua 3. Arenero 4. Toboganes 5. Marisma 6. Edificio One
Broklyn Bridge Park 7. Pabellón de acceso 8. Taxis acuáticos 9. Área para perros

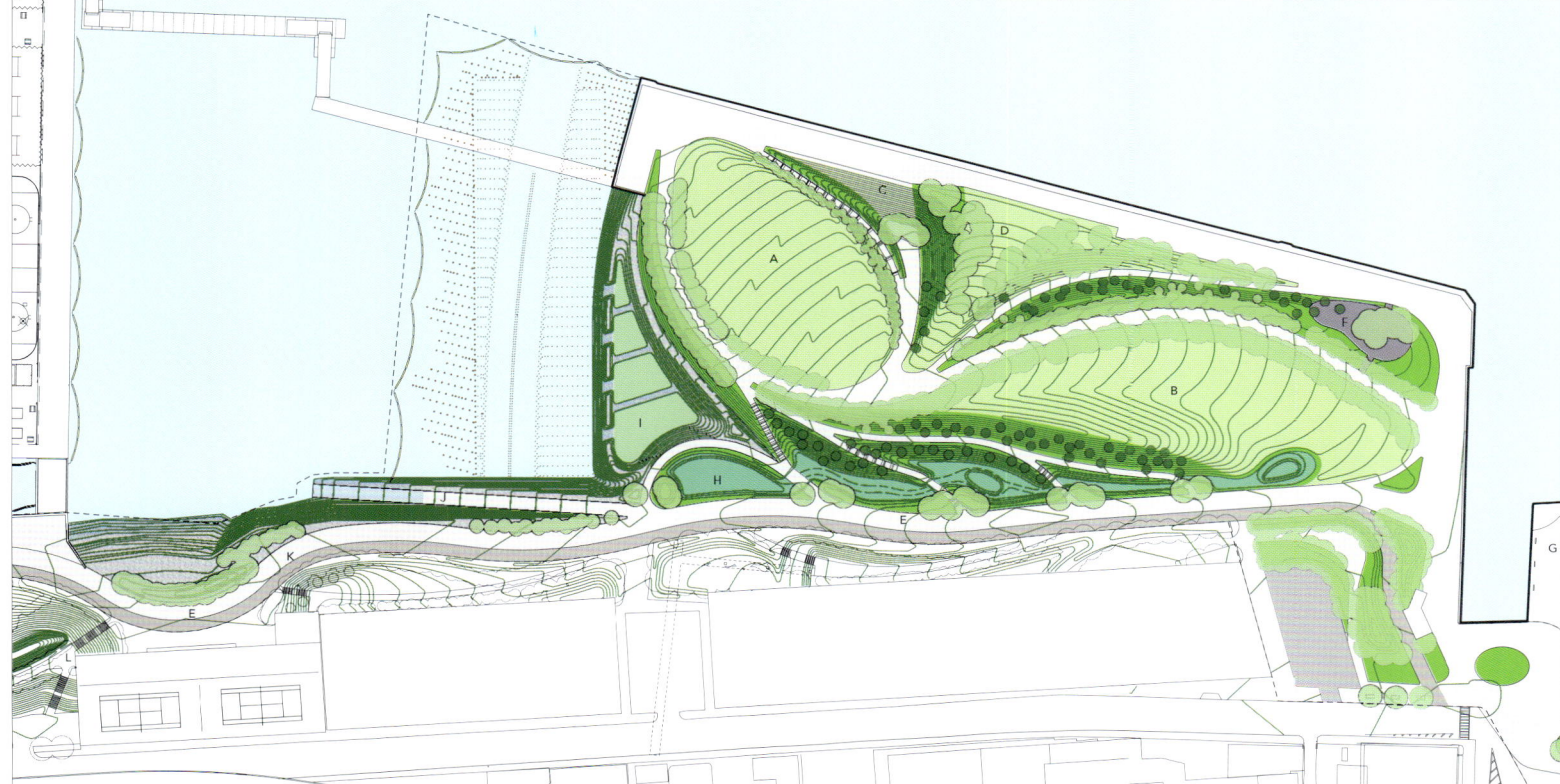

PIER ONE A. Harbor View Lawn B. Bridge View Lawn C. Granite Prospect D. Vale E. Promenade F. Tot Lot G. Fulton Ferry Landing H. Water Gardens I. Salt Marsh J. Kayak Launch K. Bicycle and Pedestrian Path L. Spiral Ramp

MUELLE UNO A. Pradera con vistas al puerto B. Pradera con vistas al puente C. Graderío de granito D. Hondonada E. Paseo marítimo F. Juegos infantiles G. Muelle del ferry H. Jardines acuáticos I. Marisma J. Embarcadero de kayaks K. Senda peatonal y ciclista L. Rampa espiral

**HABITAT**

**MANAGING EARTHWORKS**
GESTIONAR
MOVIMIENTOS DE
TIERRAS

ARTIFICIAL TOPOGRAPHY
The artificial topography
organizes Pier 1.
The completely flat surface
area is filled in with artificial
hills which differentiate
spaces, uses and paths.
The debris coming from the
construction of a train
tunnel in Mahattan has
been used as infill soil.

TOPOGRAFÍA ARTIFICIAL
La topografía artificial
organiza el Muelle.
La superficie totalmente
plana se rellena con colinas
artificiales que diferencian
espacios, usos y recorridos.
El terreno procedente de la
construcción de un túnel
ferroviario de acceso a
Manhattan se ha empleado
como material de relleno.

**HABITAT**

**REGENERATING
ECOSYSTEMS**
REGENERAR
ECOSISTEMAS

REPLANTING WITH
NATIVE SPECIES
Various habitats native to
the banks of the East River
have been re-introduced:
coastal woods and bushes,
freshwater wetlands, a
marshland and shallow
water habitats.

REVEGETACIÓN CON
ESPECIES AUTÓCTONAS
Se han reintroducido varios
hábitats propios de las
orillas del East River:
bosque y arbustos de costa,
humedales de agua dulce,
praderas, una marisma y
hábitats de aguas poco
profundas.

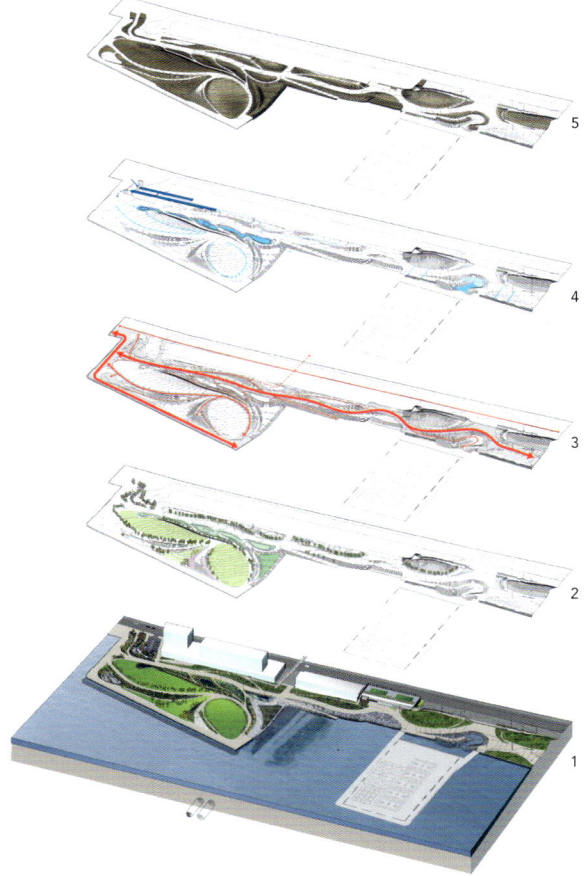

1. A diverse landscape as a neighborhood amenity 2. Adding topography to an erstwhile flat site made possible the introduction of many landscapes 3. Path networks afford diverse experiences 4. Site run-off captured for irrigation 5. Constructed topography to +8.5 m

1. Un paisaje diverso como equipamiento para el vecindario 2. La construcción de desniveles topográficos en un lugar anteriormente plano permite la introducción de paisajes variados 3. La red de caminos asegura una rica gama de experiencias 4. La escorrentía se aprovecha para el riego 5. Colinas artificiales de hasta 8,5 m de altura

STRATEGY **038**

## BACKGROUND

### INTEGRATING THE EXISTING
### INTEGRAR LO EXISTENTE

STORAGE WAREHOUSES
Part of the harbour stores are re-used for new public uses. It has been planned that the steel supporting structure is maintained, while the enclosures may be partially dismantled.

NAVES DE ALMACENAMIENTO
Parte de los almacenes portuarios se reutiliza para nuevos usos públicos. Está previsto el mantenimiento de la estructura de acero que los soporta, mientras que los cerramientos podrán ser desmontados parcialmente.

STRATEGY **091**

## USERS

### EDUCATING
### EDUCAR

TIDAL POOLS
The tidal pool next to Pier 2 allows the users to get to know the natural habitat which is left behind by the high tide when the tide goes out and to have direct contact with the East River waters

CANAL DE MAREAS
El canal de mareas junto al Muelle 2 permite a los usuarios conocer el hábitat natural que deja la marea alta cuando el agua se retira y entra en contacto directo con las aguas del East River.

STRATEGY **050**

## HABITAT

### MANAGING RAINWATER
### GESTIONAR PLUVIALES

RAINWATER STORAGE TANKS
The rainwater is collected and stored in underground tanks. 70% of the irrigation water comes from these tanks.

DEPÓSITOS DE RECOLECCIÓN DE PLUVIALES
El agua de lluvia se recoge y se almacena en tanques subterráneos. El 70% del agua de riego procede de estos depósitos.

119

**SURFACES**

**OPTIMIZING MATERIALS**

**OPTIMIZAR EL MATERIAL**

ASPALT PAVING AND CRUSHED STONE
The paving for all the pathways is carried out using a layer of asphalt covered with a final layer of crushed stones embedded into a tar binder.
The repairs and maintenance work can be easily undertaken without damaging the general look of the paving.

PAVIMENTO DE ASFALTO Y PIEDRA MACHACADA
La pavimentación de todos los caminos resuelve con una capa de asfalto recubierta por un acabado final de piedra machacada embebida en un aglomerante bituminoso. Las reparaciones y el mantenimiento se pueden realizar fácilmente sin perjudicar el aspecto general del pavimento.

STRATEGY **090**

**USERS**

**CREATING MICROCLIMATES**
**CREAR MICROCLIMAS**

LIGHT-COLOURED PAVING
The light colour of the paving reflects the heat instead of absorbing it. This way the "heat island" effect, which is produced by direct sunlight and the sun's rays reflected on the water, is avoided.

PAVIMENTOS CLAROS
El color claro de los pavimentos refleja el calor en vez de absorberlo. De esta manera evita el efecto "isla de calor" que producen la incidencia directa del sol y los rayos reflejados en el agua.

**STRUCTURES/FURNITURE**

**TRACE CONTROLLING**

CONTROLAR ORIGEN

**WOOD FROM CONTROLLED GROWTH FORESTS**
The acacia wood posts used to support the garden fencing emulate the fences used in farmland. Both these supports and the children's games are acacia wood which is highly resistant to external agents and comes from nearby states.

**MADERAS DE EXPLOTACIONES PRÓXIMAS**
Los postes de madera de acacia empleados para soportar las vallas de los jardines reproducen los cercados de las explotaciones agrícolas. Tanto estos soportes como los juegos infantiles son de madera de acacia muy resistente a los agentes externos y procedente de la región.

**USERS**

**ENSURING ACCESSIBILITY**
ASEGURAR LA ACCESIBILIDAD UNIVERSAL

**GRADUAL SLOPES**
All the paths have gradients of less than 5% and make all the areas perfect for wheelchair access.

**PENDIENTES SUAVIZADAS**
Todos los caminos tienen menos de un 5% de pendiente y hacen todas las zonas accesibles en silla de ruedas.

**SURFACES**

**REUSING**

REUTILIZAR

**GRANITE ASHLARS AND SLABS**
The remains of the demolition of the Willis Avenue bridge have been used to make the borders of the marsh area and will be further used in the future stages of the park. 400 granite slabs coming from the Roosvelt Island bridge demolition have been used for building the grandstand.

**SILLARES Y LOSAS DE GRANITO**
Los restos de la demolición del puente de Willis Avenue se han empleado en conformar los bordes de la zona de marismas.
Unas 400 losas de granito procedentes de la demolición del puente de Roosvelt Island se han reutilizado para construir el graderío.

# James Corner Field Operations

**RACE STREET PIER**
Philadelphia (United States) 2011

## EDITORS' NOTE NOTA DE LOS EDITORES

This is one of the first interventions to give Philadelphia back its river. The run-down waterfront has freed up large areas of public spaces which the authorities want to link up to the business district. This operation is similar to the recovery of the Brooklyn* waterfront, where the pier structures were also put to use. A ramp allows the space to be divided into two levels, connected by stands. On the lower platform, a multi-purpose field occupies most of the space and two perforations in the structure allow the changing tides to be experienced close-up.

Esta es una de las primeras intervenciones para devolver a Filadelfia su río. El borde portuario en decadencia ha liberado grandes cantidades de espacio público que las autoridades quieren conectar con el centro de negocios. La operación se asemeja a la recuperación del frente portuario de Brooklyn*, donde también se aprovecha las estructuras de los muelles. Una rampa permite dividir el espacio en dos niveles, conectados por un graderío. En la plataforma inferior, una pradera para usos múltiples ocupa la mayor parte del espacio y dos perforaciones en la estructura permiten experimentar de cerca el desnivel de las mareas.

\* Brooklyn Bridge Park. Michael Van Valkenburgh Associates. pp 114-121

| | |
|---|---|
| **SITE AREA** SUPERFICIE DE LA INTERVENCIÓN (m²) | 4.046 |
| **PROJECT COST** COSTE DEL PROYECTO (euros/m²) | 844,70 |

1: 10.000

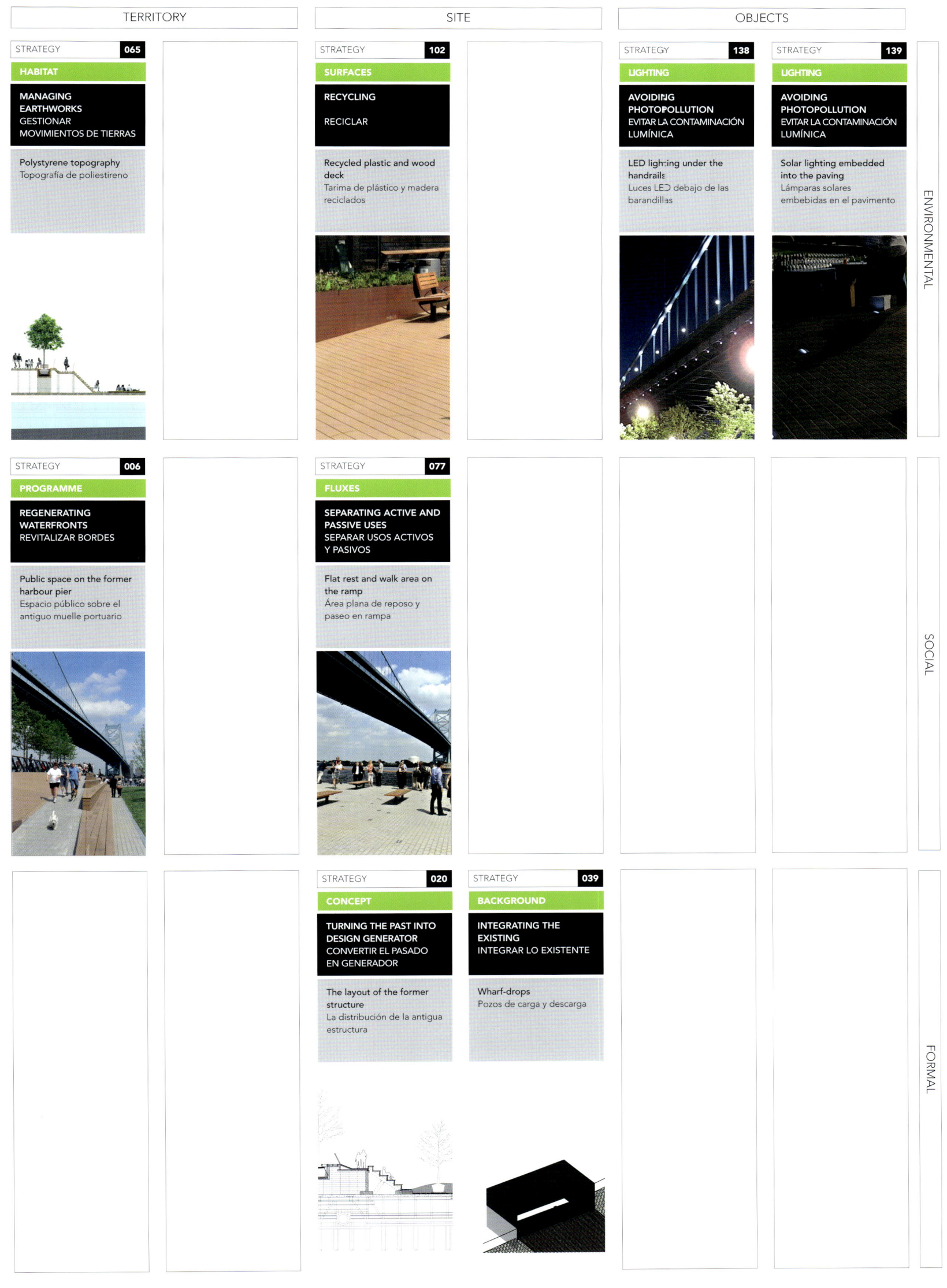

STRATEGY **065**

**HABITAT**

**MANAGING EARTHWORKS**
GESTIONAR MOVIMIENTOS DE TIERRAS

Polystyrene topography
Topografía de poliestireno

STRATEGY **102**

**SURFACES**

**RECYCLING**

RECICLAR

Recycled plastic and wood deck
Tarima de plástico y madera reciclados

STRATEGY **138**

**LIGHTING**

**AVOIDING PHOTOPOLLUTION**
EVITAR LA CONTAMINACIÓN LUMÍNICA

LED lighting under the handrails
Luces LED debajo de las barandillas

STRATEGY **139**

**LIGHTING**

**AVOIDING PHOTOPOLLUTION**
EVITAR LA CONTAMINACIÓN LUMÍNICA

Solar lighting embedded into the paving
Lámparas solares embebidas en el pavimento

ENVIRONMENTAL

STRATEGY **006**

**PROGRAMME**

**REGENERATING WATERFRONTS**
REVITALIZAR BORDES

Public space on the former harbour pier
Espacio público sobre el antiguo muelle portuario

STRATEGY **077**

**FLUXES**

**SEPARATING ACTIVE AND PASSIVE USES**
SEPARAR USOS ACTIVOS Y PASIVOS

Flat rest and walk area on the ramp
Área plana de reposo y paseo en rampa

SOCIAL

STRATEGY **020**

**CONCEPT**

**TURNING THE PAST INTO DESIGN GENERATOR**
CONVERTIR EL PASADO EN GENERADOR

The layout of the former structure
La distribución de la antigua estructura

STRATEGY **039**

**BACKGROUND**

**INTEGRATING THE EXISTING**
INTEGRAR LO EXISTENTE

Wharf-drops
Pozos de carga y descarga

FORMAL

**FLUXES**

**PROGRAMME**

**SEPARATING ACTIVE AND PASSIVE USES**
SEPARAR USOS ACTIVOS Y PASIVOS

**REGENERATING WATERFRONTS**
REVITALIZAR BORDES

FLAT REST AND WALK AREA ON THE RAMP
Is a ramp designed for walking which ascends gradually and forces the perspectives towards the viewpoint which finishes off the route. On the sunny side there is a lower esplanade for resting, with a multi-purpose field, plantations and groups of benches.

ÁREA PLANA DE REPOSO Y PASEO EN RAMPA
Un lado del muelle es una rampa pensada para el paseo que se eleva suavemente y fuerza las perspectivas hacia el mirador que remata el recorrido. En el lado más soleado se ha dispuesto una explanada inferior para el reposo, con una pradera multiusos, plantaciones y agrupaciones de bancos.

PUBLIC SPACE ON THE FORMER HARBOUR PIER
The project is set within an ambitious regeneration plan for the banks of the Delaware river.
The obsolete harbour facilities will be converted to public spaces and amenities.

ESPACIO PÚBLICO SOBRE EL ANTIGUO MUELLE PORTUARIO
El proyecto pertenece al plan de regeneración de las orillas del río Delaware. Las instalaciones obsoletas del puerto serán reconvertidas en espacios públicos y equipamientos.

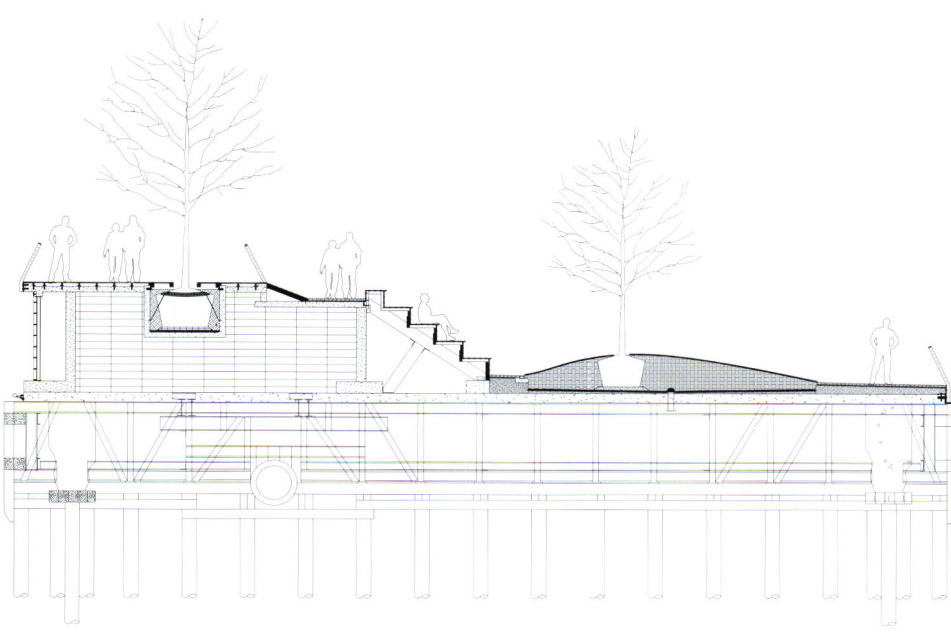

## HABITAT

### MANAGING EARTHWORKS
GESTIONAR MOVIMIENTOS DE TIERRAS

**POLYSTYRENE LANDSCAPE**
The polystyrene used as a filler to create two levels on the pier is very light and is adapted to the sizing of the existing structure.
This material can be brought in pre-fabricated and ready to be assembled for the works and the installation is not dependent on the weather conditions.

**TOPOGRAFÍA DE POLIESTIRENO**
El poliestireno empleado como relleno para obtener dos niveles sobre el muelle es muy ligero y se adecúa al dimensionado de la estructura existente. Puede llegar prefabricado y listo para montar a la obra y su instalación no depende de las condiciones climáticas.

## LIGHTING

### AVOIDING PHOTOPOLLUTION
EVITAR LA CONTAMINACIÓN LUMÍNICA

**SOLAR LIGHTING EMBEDDED INTO THE PAVING**
200 LED lights, which are powered by solar energy, have been embedded into the stone paving of the lower level. The device is protected by a glass block the same size as the paving stones.

**LÁMPARAS SOLARES EMBEBIDAS EN EL PAVIMENTO**
En el pavimento de piedra del nivel inferior se han embebido 200 luminarias LED que se alimentan con energía solar. El dispositivo está protegido por un bloque de vidrio del tamaño de las piezas del pavimento.

## LIGHTING

### AVOIDING PHOTOPOLLUTION
EVITAR LA CONTAMINACIÓN LUMÍNICA

**LED LIGHTING UNDER THE HANDRAILS**
Both the handrails for the upper walk and those which are in direct contact with the water have LED lighting embedded which downlight to the ground and do not interfere with views of the nightscape.

**LUCES LED DEBAJO DE LAS BARANDILLAS**
Tanto las barandillas del paseo superior como las que están en contacto directo con el agua llevan encastradas luminarias LED que bañan el suelo y no interfieren en la contemplación del paisaje nocturno.

## SURFACES

### RECYCLING
RECICLAR

**RECYCLED PLASTIC AND WOOD DECK**
The space on the ramp and the stands are surfaced with a material made from wood and plastic fibres. The wood comes from sawmill waste and storage pallets and the plastic comes from recycled bags. The plastic protects the wood from damp and insects and the wood protects the plastics from the sun's rays.

**TARIMA DE PLÁSTICO Y MADERA RECICLADOS**
El espacio en rampa y las gradas están revestidos con un pavimento a base de madera y fibras de plástico. La madera procede de deshechos de serrería y palés de almacenaje y el plástico procede de bolsas recicladas. El plástico protege a la madera de la humedad y los insectos y la madera protege al plástico de los rayos solares.

## BACKGROUND

### INTEGRATING THE EXISTING
INTEGRAR LO EXISTENTE

**WHARF-DROPS**
On the lower esplanade two of the five wharf-drops which directly loaded and unloaded boats have been preserved. These perforations have been closed off with a metal grating and one part has been left open. This way the original structure of the pier can be seen and the river can be experienced in an unusual way.

**POZOS DE CARGA Y DESCARGA**
Se han mantenido en la explanada inferior dos de los cinco pozos que permitían la carga y descarga desde los barcos. Estas perforaciones se han cerrado con una rejilla metálica y una parte se ha dejado abierta. De este modo es posible ver la estructura original del muelle y experimentar el río de una manera poco habitual.

## CONCEPT

### TURNING THE PAST INTO DESIGN GENERATOR
CONVERTIR EL PASADO EN GENERADOR

**THE LAYOUT OF THE FORMER STRUCTURE**
The original pier supported a two-storey building, a lower level for storage and an upper level for leisure. This layout has served as inspiration on dividing out the space in a walk area which rises up and an esplanade for socializing.

**LA DISTRIBUCIÓN DE LA ANTIGUA ESTRUCTURA**
El muelle original soportaba un edificio de dos niveles, uno inferior para almacenes y otro superior para ocio. Esta distribución ha servido de inspiración para dividir el espacio en una zona de paseo que se eleva y una explanada inferior para el encuentro.

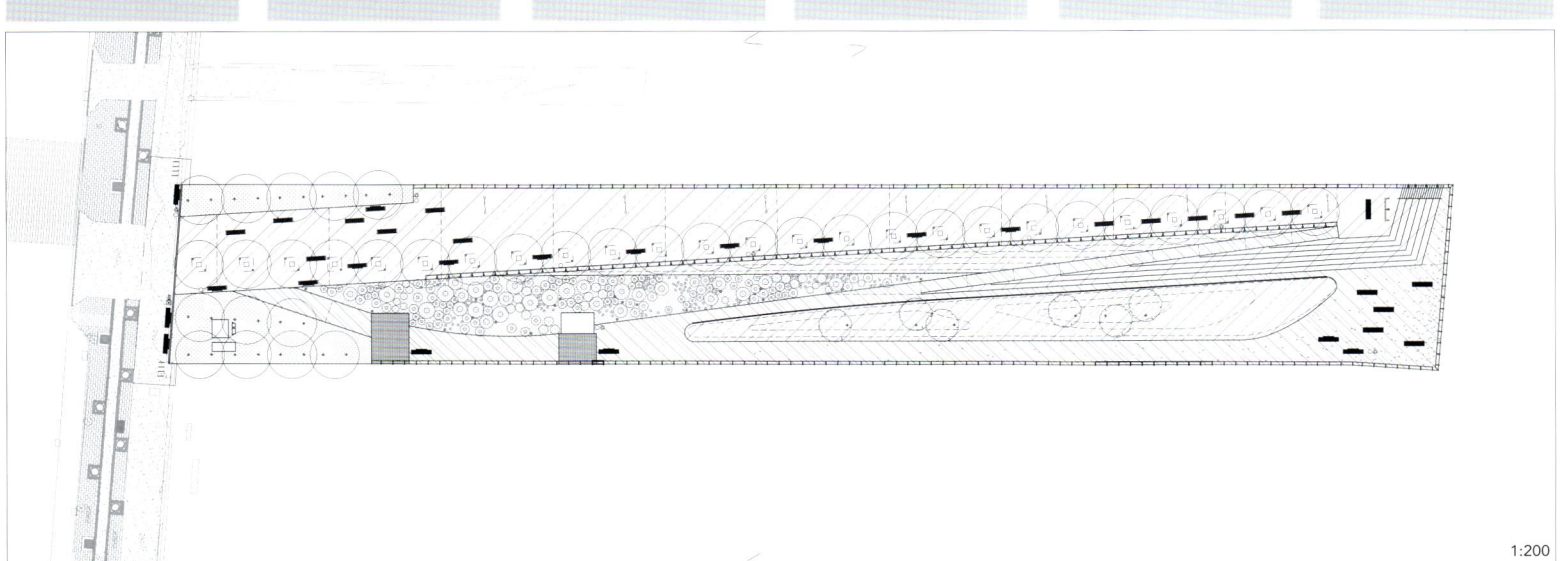

1:200

# James Corner Field Operations, Diller Scofidio + Renfro

## THE HIGH LINE SECTIONS 1 & 2
New York (United States) 2011

### EDITORS' NOTE NOTA DE LOS EDITORES

At **a+t** we have followed this project from the start*. Here we include the complete project with special focus on the most recent stretch: stage 2. The original strategies have been maintained in this sector although they have been adapted to the narrower character of the stretch and its rectilinear layout. The flooring based on pre-fabricated concrete components, the plantations, the components, the lighting and the access systems have all been maintained. The difference resides in the fact that this sector of the route is divided into a greater number of differentiated spaces which break up the regularity of the layout.

En **a+t** hemos seguido este proyecto desde sus inicios*. Incluimos ahora el proyecto completo centrándonos especialmente en el tramo más reciente: la fase 2. Las estrategias originales continúan en este sector, aunque adaptadas a la mayor estrechez del tramo y su trazado rectilíneo. Se mantienen los solados a base de piezas prefabricadas de hormigón, las plantaciones, las piezas, el mobiliario, la iluminación y el sistema de accesos. La diferencia estriba en que en este sector el recorrido se divide en un mayor número de espacios diferenciados que rompen la regularidad del trazado.

*In common I, pp. 98-111. The Public Chance, pp. 310-325, 2008

| | |
|---|---|
| **SITE AREA** SUPERFICIE DE LA INTERVENCIÓN (m²) | 16.187 |
| **PROJECT COST** COSTE DEL PROYECTO (euros/m²) | 6.557 |

1: 10.000

| TERRITORY | | SITE | | OBJECTS | |
|---|---|---|---|---|---|

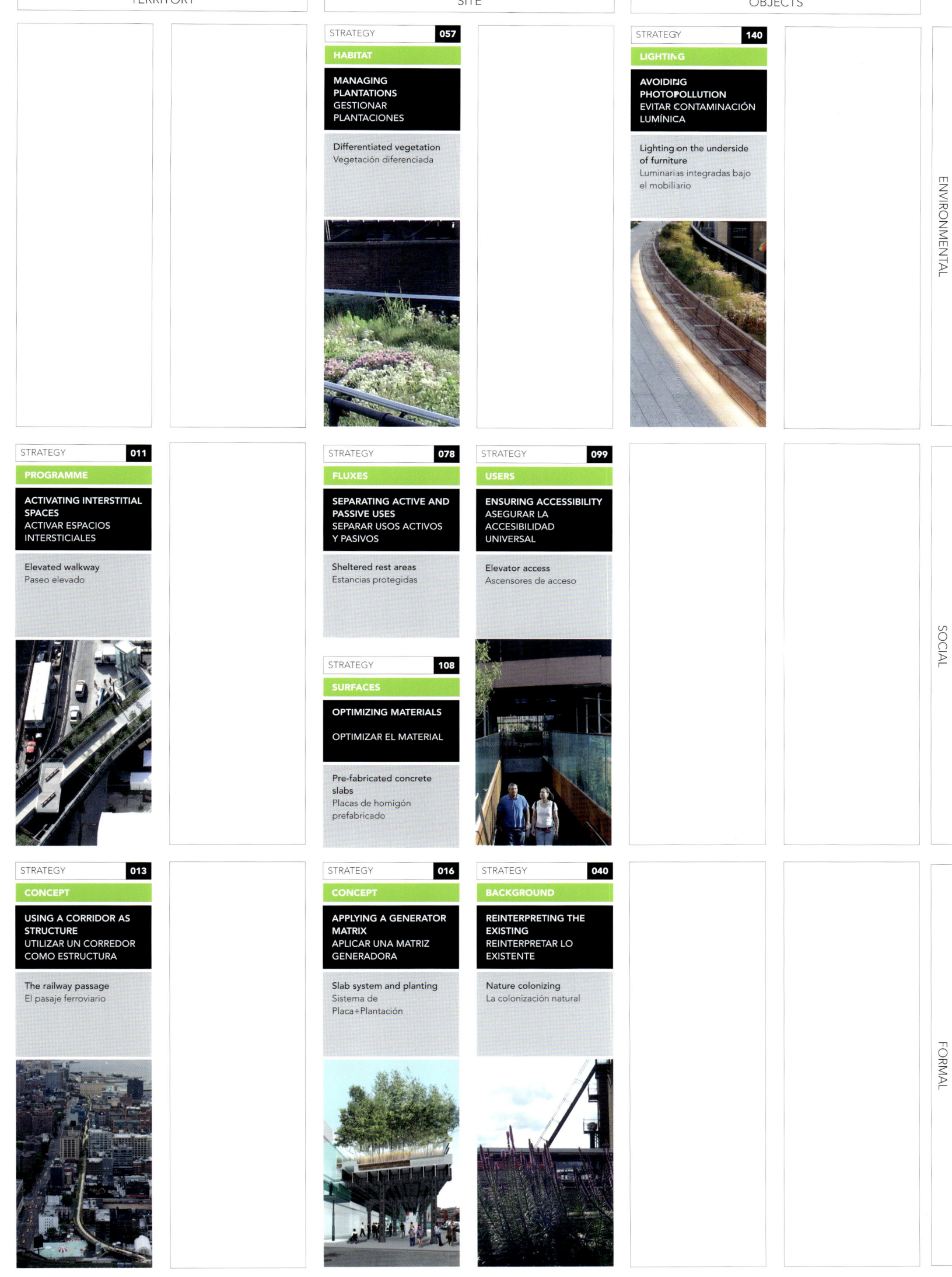

**ENVIRONMENTAL**

STRATEGY 057

HABITAT

**MANAGING PLANTATIONS**
GESTIONAR PLANTACIONES

Differentiated vegetation
Vegetación diferenciada

STRATEGY 140

LIGHTING

**AVOIDING PHOTOPOLLUTION**
EVITAR CONTAMINACIÓN LUMÍNICA

Lighting on the underside of furniture
Luminarias integradas bajo el mobiliario

**SOCIAL**

STRATEGY 011

PROGRAMME

**ACTIVATING INTERSTITIAL SPACES**
ACTIVAR ESPACIOS INTERSTICIALES

Elevated walkway
Paseo elevado

STRATEGY 078

FLUXES

**SEPARATING ACTIVE AND PASSIVE USES**
SEPARAR USOS ACTIVOS Y PASIVOS

Sheltered rest areas
Estancias protegidas

STRATEGY 108

SURFACES

**OPTIMIZING MATERIALS**

OPTIMIZAR EL MATERIAL

Pre-fabricated concrete slabs
Placas de homigón prefabricado

STRATEGY 099

USERS

**ENSURING ACCESSIBILITY**
ASEGURAR LA ACCESIBILIDAD UNIVERSAL

Elevator access
Ascensores de acceso

**FORMAL**

STRATEGY 013

CONCEPT

**USING A CORRIDOR AS STRUCTURE**
UTILIZAR UN CORREDOR COMO ESTRUCTURA

The railway passage
El pasaje ferroviario

STRATEGY 016

CONCEPT

**APPLYING A GENERATOR MATRIX**
APLICAR UNA MATRIZ GENERADORA

Slab system and planting
Sistema de Placa+Plantación

STRATEGY 040

BACKGROUND

**REINTERPRETING THE EXISTING**
REINTERPRETAR LO EXISTENTE

Nature colonizing
La colonización natural

| STRATEGY | **013** | STRATEGY | **011** | STRATEGY | **099** |

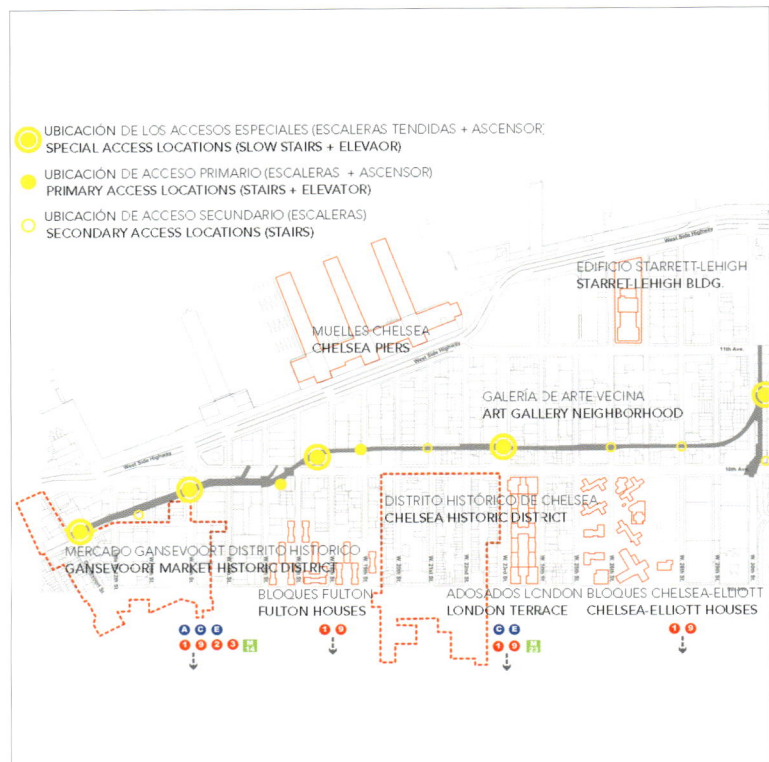

**CONCEPT**

**USING A CORRIDOR AS STRUCTURE**
**UTILIZAR UN CORREDOR COMO ESTRUCTURA**

**THE RAILWAY PASSAGE**
The park runs on top of the railway viaduct that linked the industrial buildings of West Manhattan from 1930 to 1980. The overpass allowed trains to cover the area avoiding dangerous grade crossings and creating a narrow urban pass between the buildings it connects

**EL PASAJE FERROVIARIO**
El parque se ha instalado sobre el viaducto de ferrocarril que desde 1930 a 1980 enlazaba las industrias del oeste de Manhattan. Esta estructura permitía la circulación de ferrocarriles evitando los pasos a nivel, creando un estrecho desfiladero urbano entre los numerosos edificios que conecta.

**PROGRAMME**

**ACTIVATING INTERSTITIAL SPACES**
**ACTIVAR ESPACIOS INTERSTICIALES**

**ELEVATED WALKWAY**
The pedestrian path runs along a 1.6 ha strip of unused land and allows the pedestrians to walk 20 blocks (about 1.6 km) of the Manhattan grid uninterrupted at a height of 9 metres.

**PASEO ELEVADO**
El paseo peatonal recorre en sus dos primeras fases una franja de 1,6 ha de terrenos en desuso, y permite a los peatones recorrer sin interrupción 20 manzanas (unos 1,6 km) de la retícula de Manhattan a 9 metros de altura.

**USERS**

**ENSURING ACCESSIBILITY**
**ASEGURAR LA ACCESIBILIDAD UNIVERSAL**

**ELEVATOR ACCESS**
Along the whole length of the route, different sets of elevators ensure wheelchair access to the flat viaduct decking. The pedestrian routes and rest areas are sized to allow wheelchairs and prams to get past and to turn around.

**ASCENSORES DE ACCESO**
A lo largo de todo el recorrido, varios núcleos de ascensores aseguran el acceso con silla de ruedas al tablero plano del viaducto. Las rutas peatonales, las rampas y las zonas de estancia están dimensionadas para permitir el paso y el giro de sillas y carritos.

UBICACIÓN DE LOS ACCESOS ESPECIALES (ESCALERAS TENDIDAS + ASCENSOR)
SPECIAL ACCESS LOCATIONS (SLOW STAIRS + ELEVAOR)

UBICACIÓN DE ACCESO PRIMARIO (ESCALERAS + ASCENSOR)
PRIMARY ACCESS LOCATIONS (STAIRS + ELEVATOR)

UBICACIÓN DE ACCESO SECUNDARIO (ESCALERAS)
SECONDARY ACCESS LOCATIONS (STAIRS)

EDIFICIO STARRETT-LEHIGH
STARRET-LEHIGH BLDG.

MUELLES CHELSEA
CHELSEA PIERS

GALERÍA DE ARTE VECINA
ART GALLERY NEIGHBORHOOD

DISTRITO HISTÓRICO DE CHELSEA
CHELSEA HISTORIC DISTRICT

MERCADO GANSEVOORT DISTRITO HISTÓRICO
GANSEVOORT MARKET HISTORIC DISTRICT

BLOQUES FULTON
FULTON HOUSES

ADOSADOS LONDON BLOQUES CHELSEA-ELLIOTT
LONDON TERRACE CHELSEA-ELLIOTT HOUSES

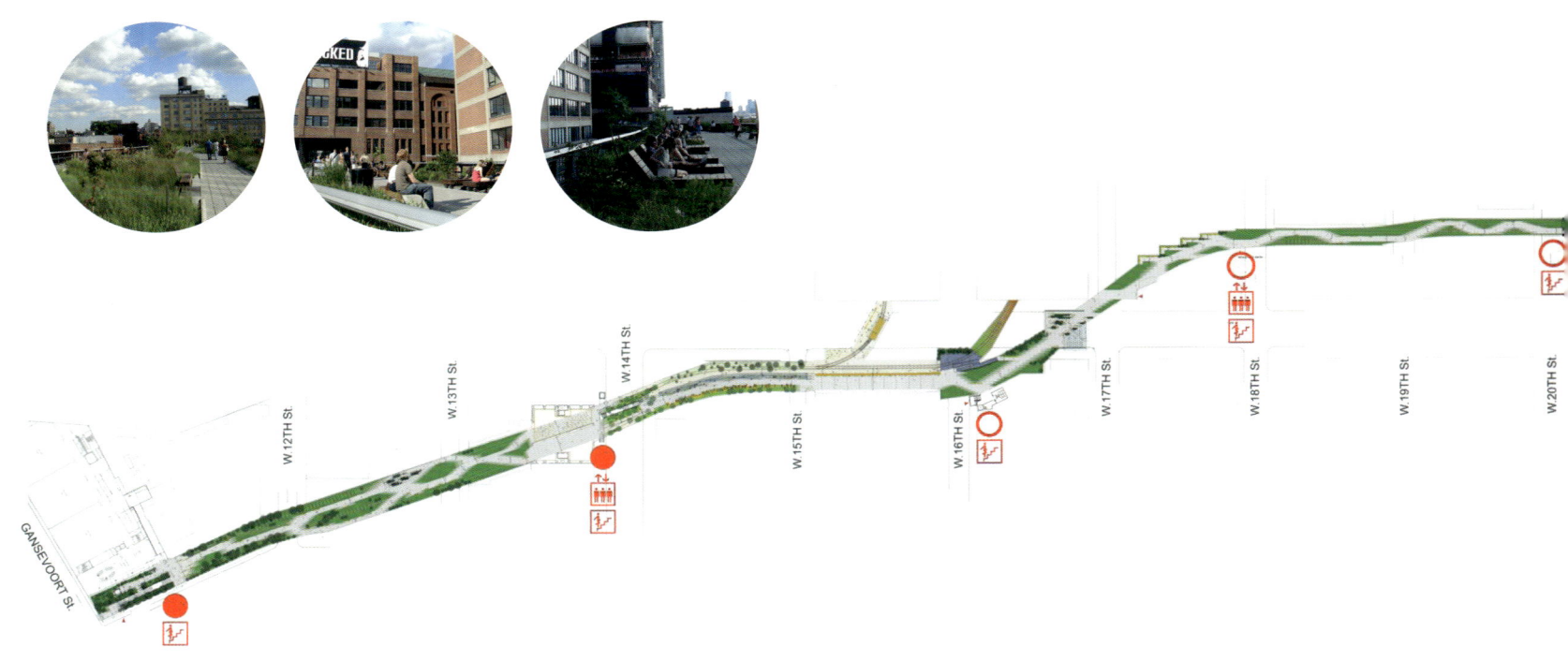

## CONCEPT

**APPLYING A GENERATOR MATRIX**
APLICAR UNA MATRIZ GENERADORA

**SLAB SYSTEM AND PLANTING**
The pre-fabricated concrete slabs serve to organize the grooved surface of the park. The gradual decrease in their width until they become bases for plants shapes a surface area which removes the border between paths and gardens.

**SISTEMA DE PLACA+PLANTACIÓN**
Las placas de hormigón prefabricado sirven para organizar la superficie estriada del parque.
La disminución gradual de su anchura hasta convertirse en bases para plantas forma una superficie que borra el límite entre caminos y jardines.

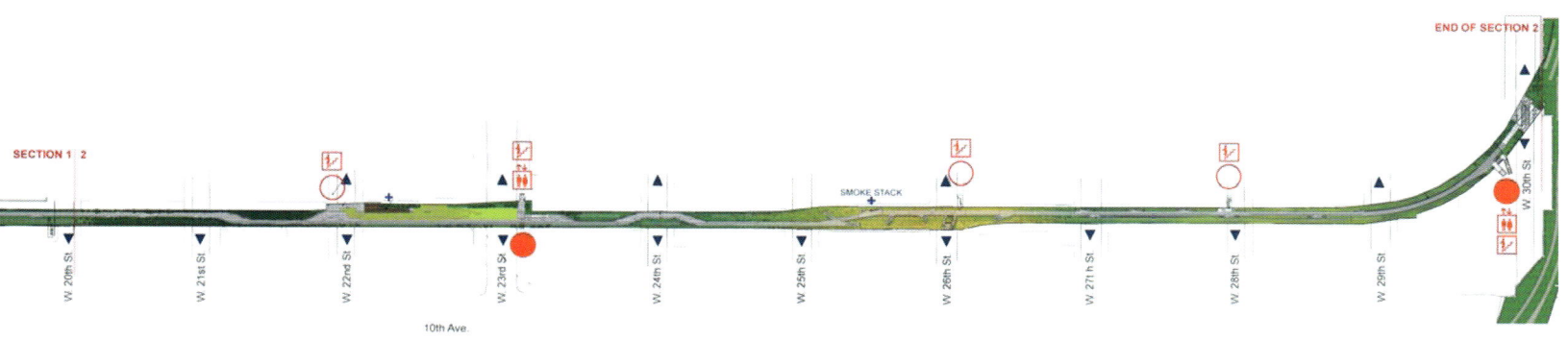

SECTION 1 | 2

END OF SECTION 2

SMOKE STACK

W 20th St | W 21st St | W 22nd St | W 23rd St | W 24th St | W 25th St | W 26th St | W 27th St | W 28th St | W 29th St | W 30th St

10th Ave.

● FRIMARY ACCESS POINT ACCESO PRINCIPAL
○ ACCESS POINT ACCESO SECUNDARIO
ELEVATOR ASCENSOR
STAIRS ESCALERAS
▲ GOOD VIEWS BUENAS VISTAS
+ EXISTING FEATURES ELEMENTOS EXISTENTES

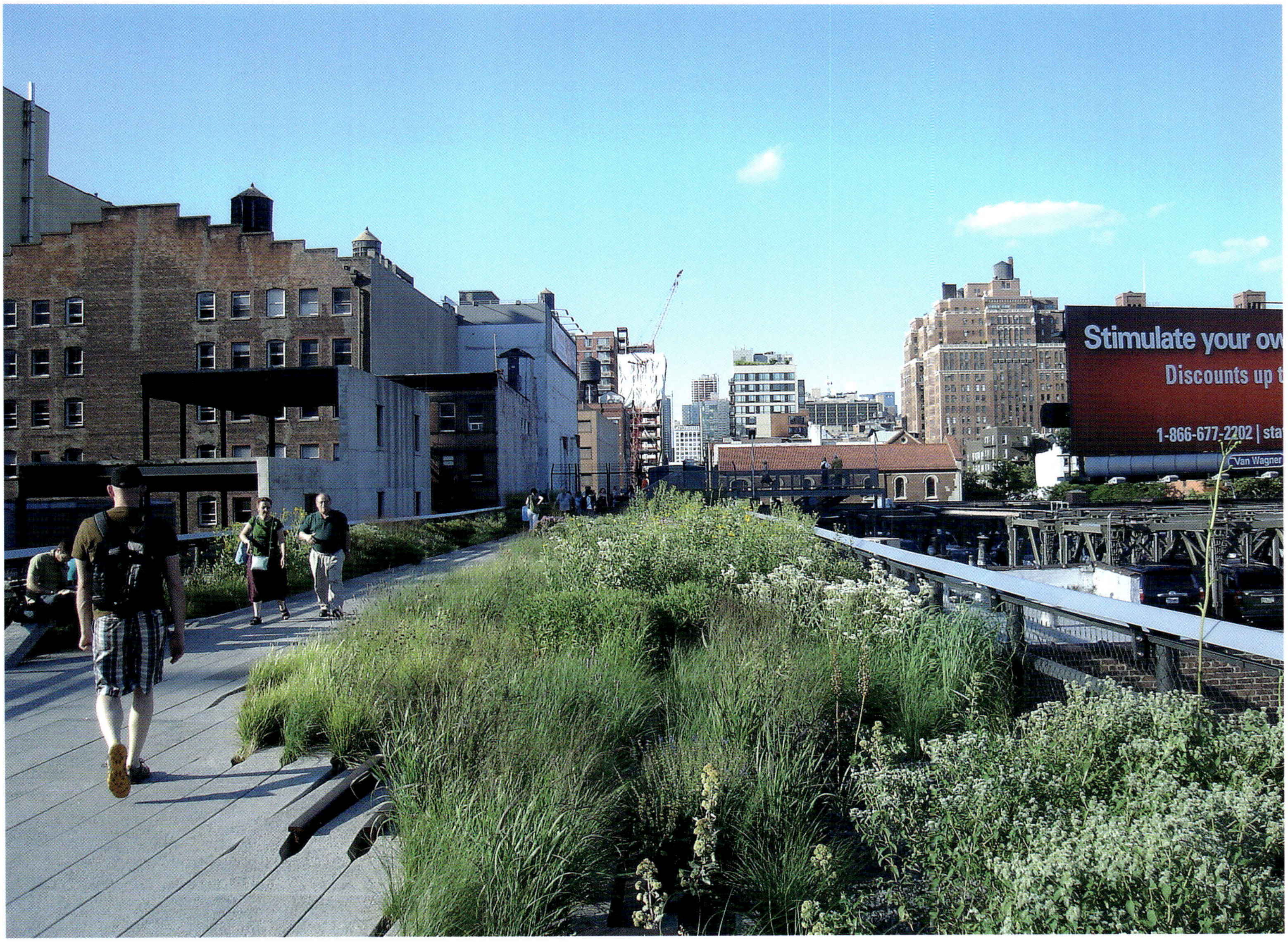

A                B                 C

**SECTION 1** SECCIÓN

S1A     S1B

GANSEVOORT ST.

WASHINGTON ST.

LITTLE W. 12TH ST.

W. 13TH ST.

W. 14TH ST.

W. 15TH ST.

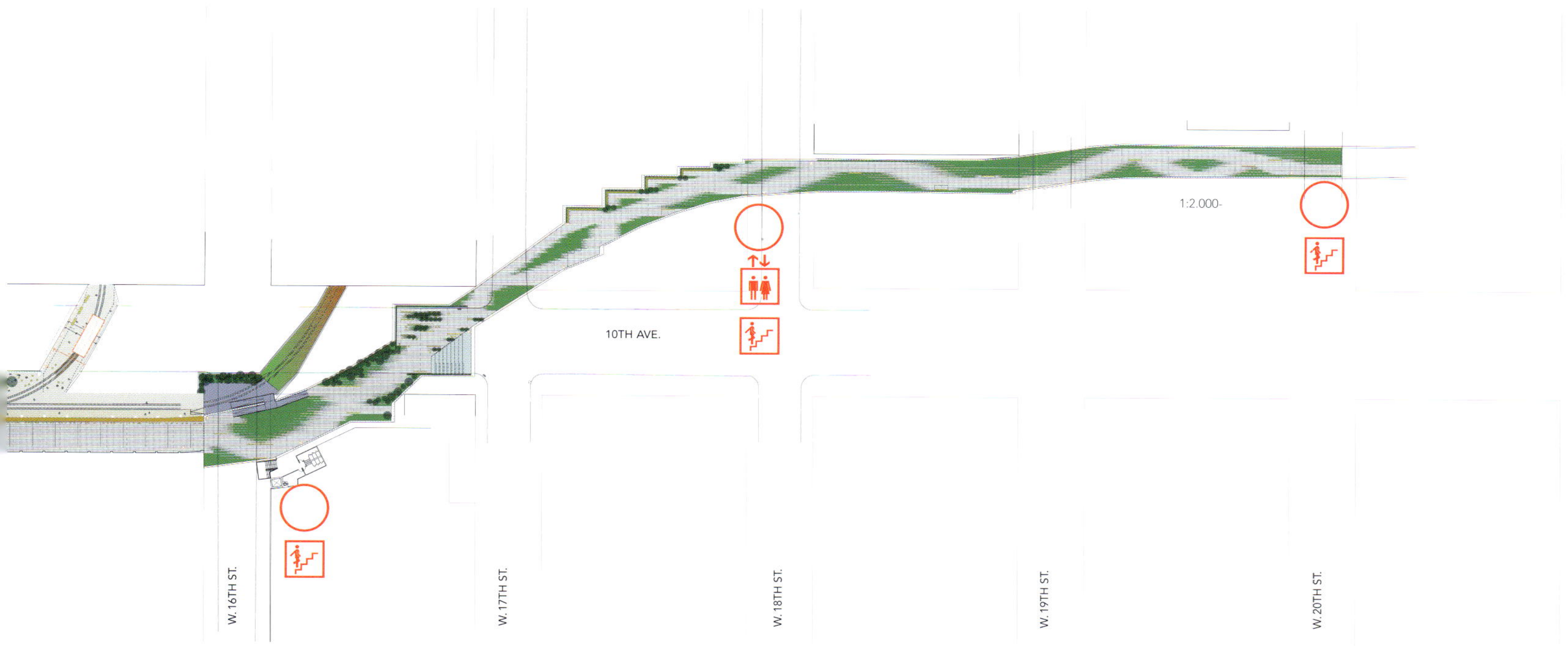

1:2.000-

10TH AVE.

W. 16TH ST.

W. 17TH ST.

W. 18TH ST.

W. 19TH ST.

W. 20TH ST.

POZO
PIT
0% : 100%

LLANURAS
PLAINS
40% : 600%

PUENTE
BRIDGE
50% : 50%

MONTÍCULO
MOUND
55% : 45%

RAMPA
RAMP
60% : 40%

PASARELA ELEVADA
FLYOVER
100% : 50%

## HABITAT

### MANAGING PLANTATIONS
### GESTIONAR PLANTACIONES

**DIFFERENTIATED VEGETATION**
The concrete slabs separate out to leave a gap between them which allows the organic material to grow and sustains the primitive and colonizing ranges of plant species.

**VEGETACIÓN DIFERENCIADA**
Las placas de hormigón se separan dejando entre ellas una junta que permite que la materia orgánica crezca y sustente las cadenas primitivas y colonizadoras de especies vegetales.

**SECTION 2** SECCIÓN

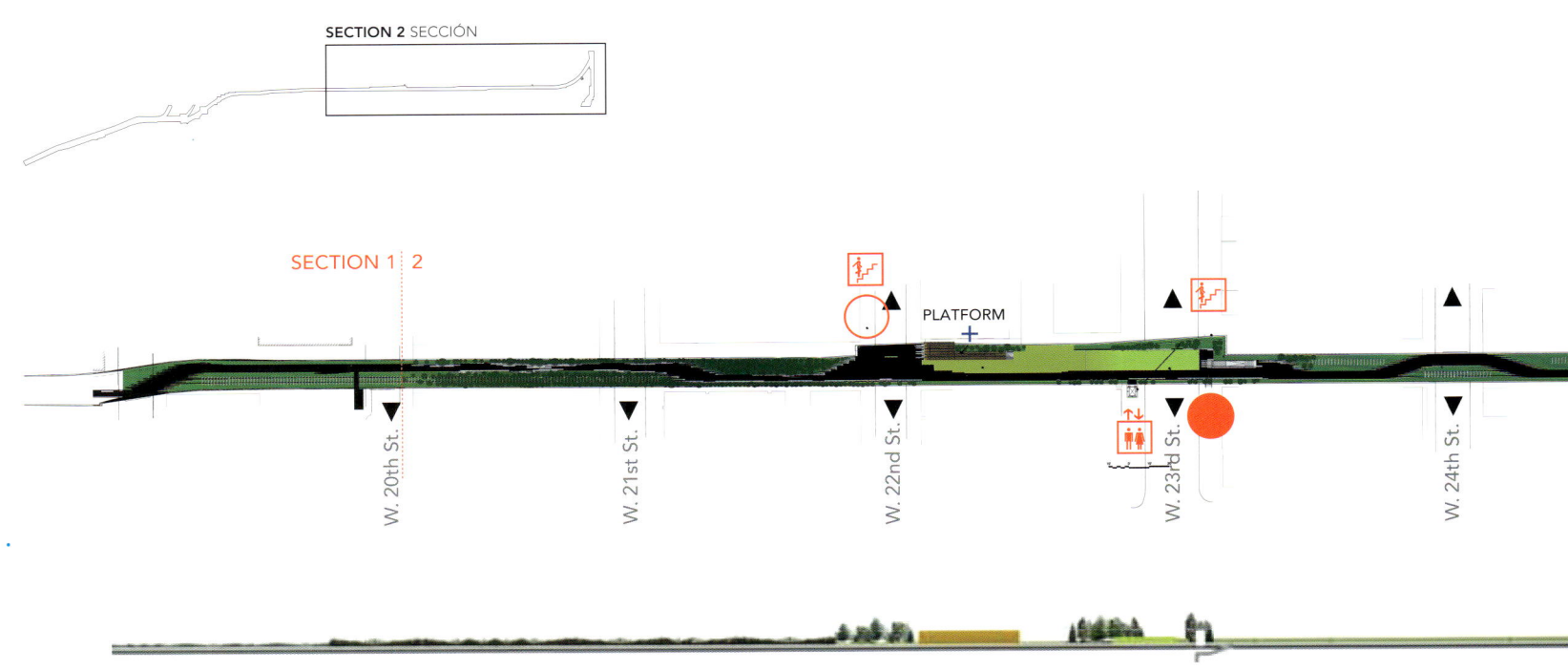

**SECTION 1 | 2**

PLATFORM

W. 20th St.

W. 21st St.

W. 22nd St.

W. 23rd St.

W. 24th St.

1. THICKET ÁREA DE MATORRAL

2. LAWN / SEATING STEPS CÉSPED / GRADAS

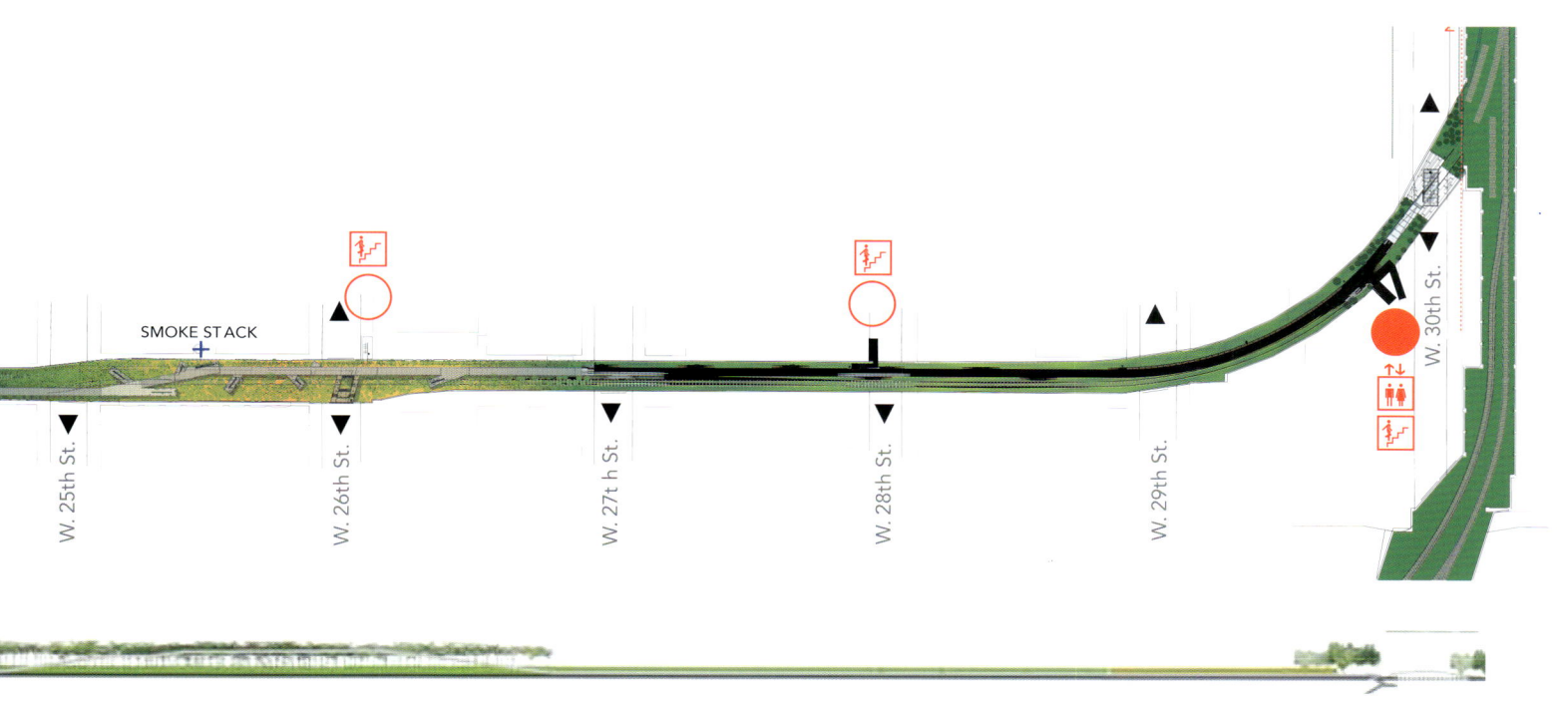

SMOKE STACK

W. 25th St.  W. 26th St.  W. 27th St.  W. 28th St.  W. 29th St.  W. 30th St.

**3. MEADOW** PRADERA

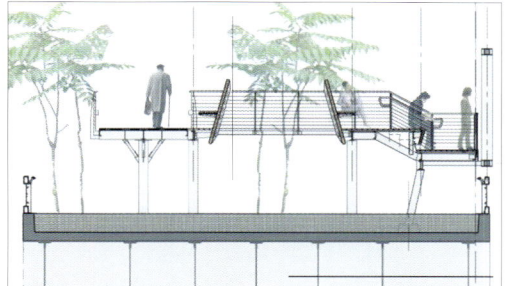

**4. WOODLAND FLYOVER** PASARELA SOBRE EL BOSQUE

**5. STRAIGHT-AWAY** TRAMO RECTO

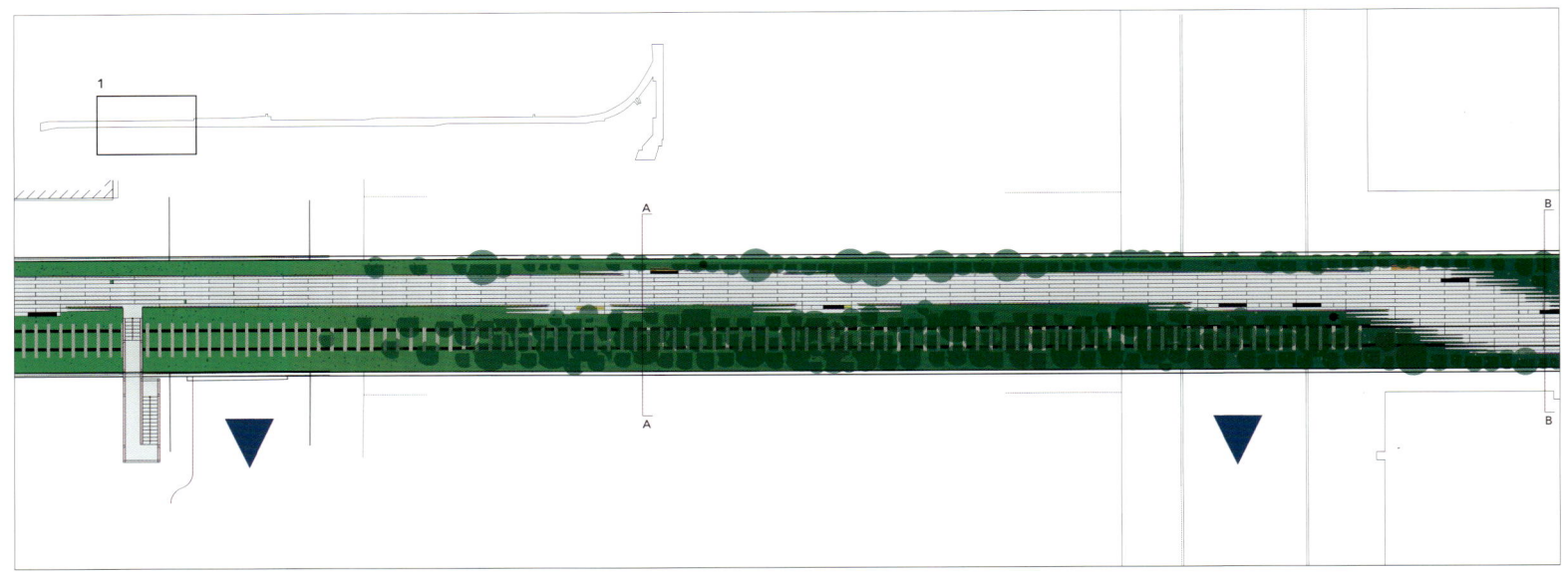

**SECTION 2** / 1. Meadow FASE 2 / 1. Área de matorral

1:500

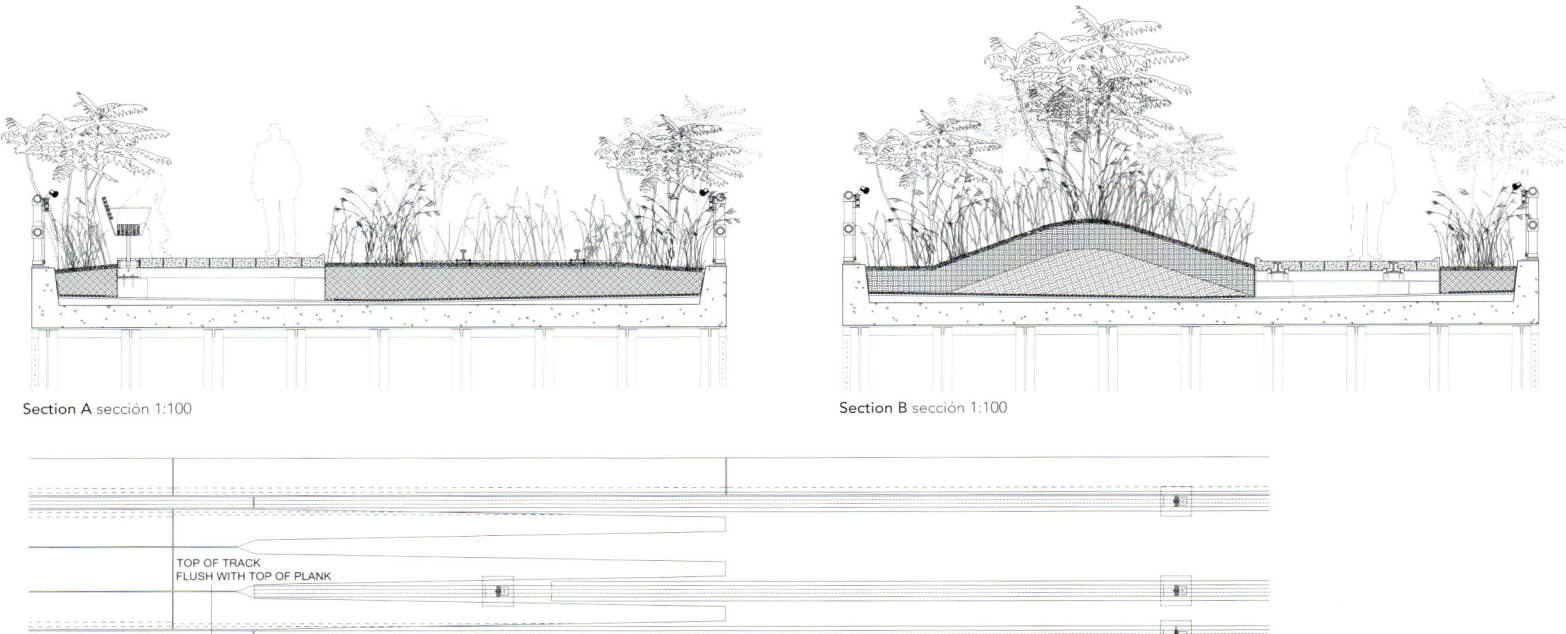

Section A sección 1:100

Section B sección 1:100

TOP OF TRACK
FLUSH WITH TOP OF PLANK

TOP OF TRACK
SLOPED 2% MAX.

**Railway. Floor Plan** Ferrocarril. Planta

1:200

| STRATEGY | **108** |
|---|---|

**SURFACES**

**OPTIMIZING MATERIALS**

OPTIMIZAR EL MATERIAL

**PRE-FABRICATED CONCRETE SLABS**
Five types of components are used for the whole length of the pedestrian routes. These can be easily re-organized to build hard or soft areas. The variety of levels gives rise to different landscapes.

**PLACAS DE HOMIGÓN PREFABRICADO**
Cinco tipos de piezas resuelven la totalidad de los recorridos peatonales. Estos pueden reconfigurarse fácilmente para construir superficies duras o blandas. La variedad de gradientes da lugar a diferentes paisajes.

**SECTION 2** / 2. Woodland Flyover FASE 2 / 2. Césped / Gradas                 1:500

Labels in the plan:
- 23RD STREET ENTRY- ELEVATOR
- METAL EDGE
- 23RD STREET ENTRY- STEPS
- LAWN
- INTEGRATED RAILTRACK
- PEEL- UP LAWN
- 23RD STREET OVERLOOK

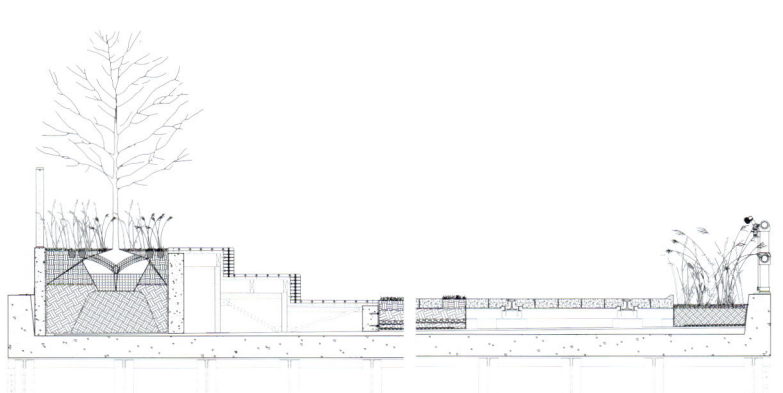

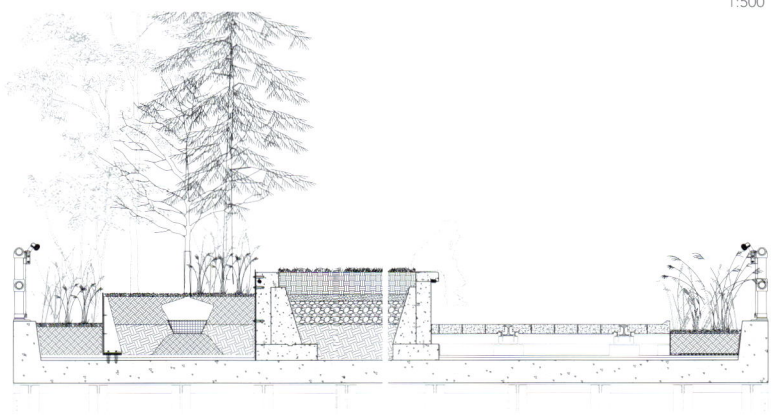

**Section C** sección 1:100

**Section D** sección

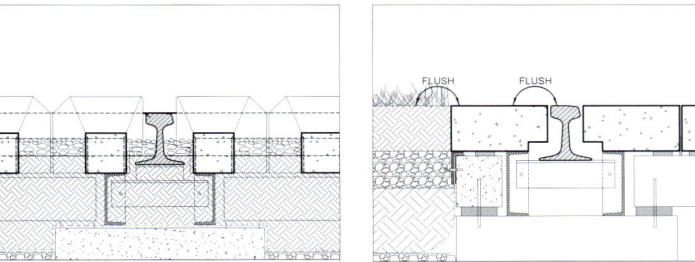

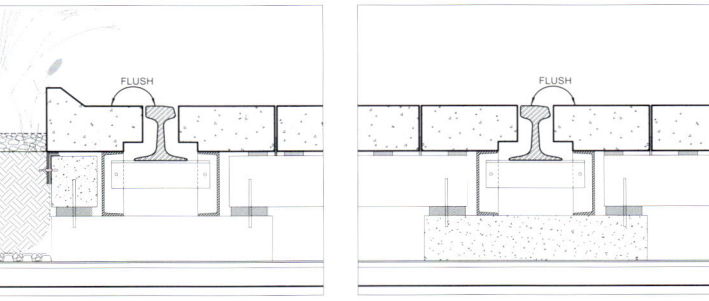

**Paving details. Rail track reinstallation** Detalles de pavimento. Reinstalación de los railes                 1:20

FLUSH

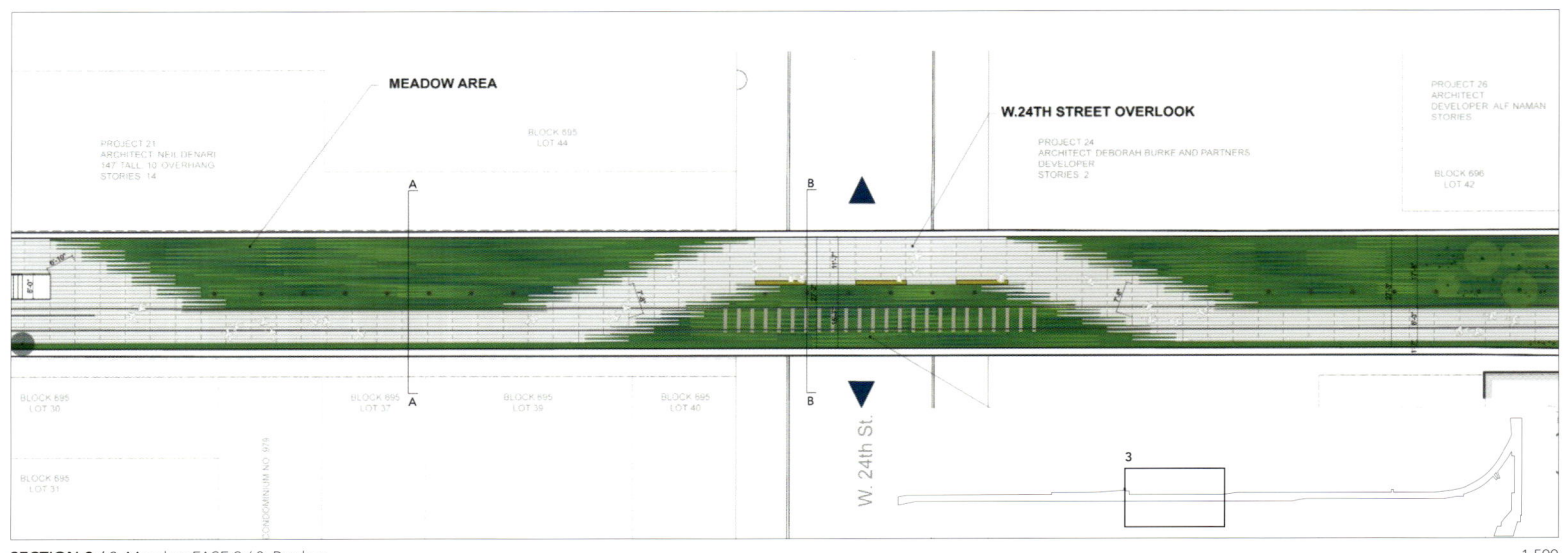

MEADOW AREA

W.24TH STREET OVERLOOK

PROJECT 21
ARCHITECT: NEIL DENARI
147' TALL, 10' OVERHANG
STORIES: 14

BLOCK 695
LOT 44

PROJECT 24
ARCHITECT: DEBORAH BURKE AND PARTNERS
DEVELOPER:
STORIES: 2

PROJECT 26
ARCHITECT:
DEVELOPER: ALF NAMAN
STORIES:

BLOCK 696
LOT 42

BLOCK 695
LOT 30

BLOCK 695
LOT 37

BLOCK 695
LOT 39

BLOCK 695
LOT 40

BLOCK 695
LOT 31

W. 24th St.

**SECTION 2** / 3. Meadow FASE 2 / 3. Pradera                                    1:500

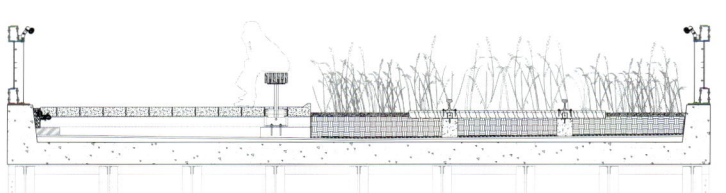

Section A sección 1:100

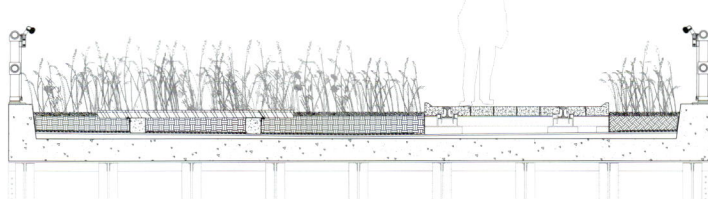

Section B sección 1:100

| STRATEGY **078** | STRATEGY **040** |
|---|---|
| **FLUXES** | **BACKGROUND** |
| **SEPARATING ACTIVE AND PASSIVE USES** SEPARAR USOS ACTIVOS Y PASIVOS | **REINTERPRETING THE EXISTING** REINTERPRETAR LO EXISTENTE |

**SHELTERED REST AREAS**
Stage 2 (like the first) comprises a series of unique rest areas which mark out the pedestrian route: stepped seating; an observation deck overlooking the street; a long drawn out bench along the curved part of the viaduct; and a perforation made in the structure in order to make its functioning understood.

**ESTANCIAS PROTEGIDAS**
La Fase 2 (al igual que la primera) se compone de una serie de espacios singulares de estancia que jalonan el recorrido peatonal: un graderío; un mirador sobre la calle; un gran banco corrido a lo largo del sector curvo del viaducto; y una perforación practicada en la estructura para entender su funcionamiento.

**NATURE COLONIZING**
The greenery found on the abandoned tracks serves to inspire the landscaping of the path. Wind and birds brought the seeds from the other side of the Hudson River and the undergrowth made its way to fill in the gaps in the structure. In stage 2, several settings based on the character of the existing greenery: undergrowth, lawn areas, wild grassland and low woodland follow on from each other.

**LA COLONIZACIÓN NATURAL**
El paisaje encontrado sobre las vías abandonadas sirve de inspiración al ajardinamiento del paseo. El viento y las aves trajeron las semillas desde la orilla opuesta del río Hudson, y la maleza se abrió paso rellenando los intersticios de la estructura.
En la Fase 2 se suceden varios entornos basados en el carácter del paisaje existente: la maleza, la superficie de césped, la pradera salvaje y el bosque bajo.

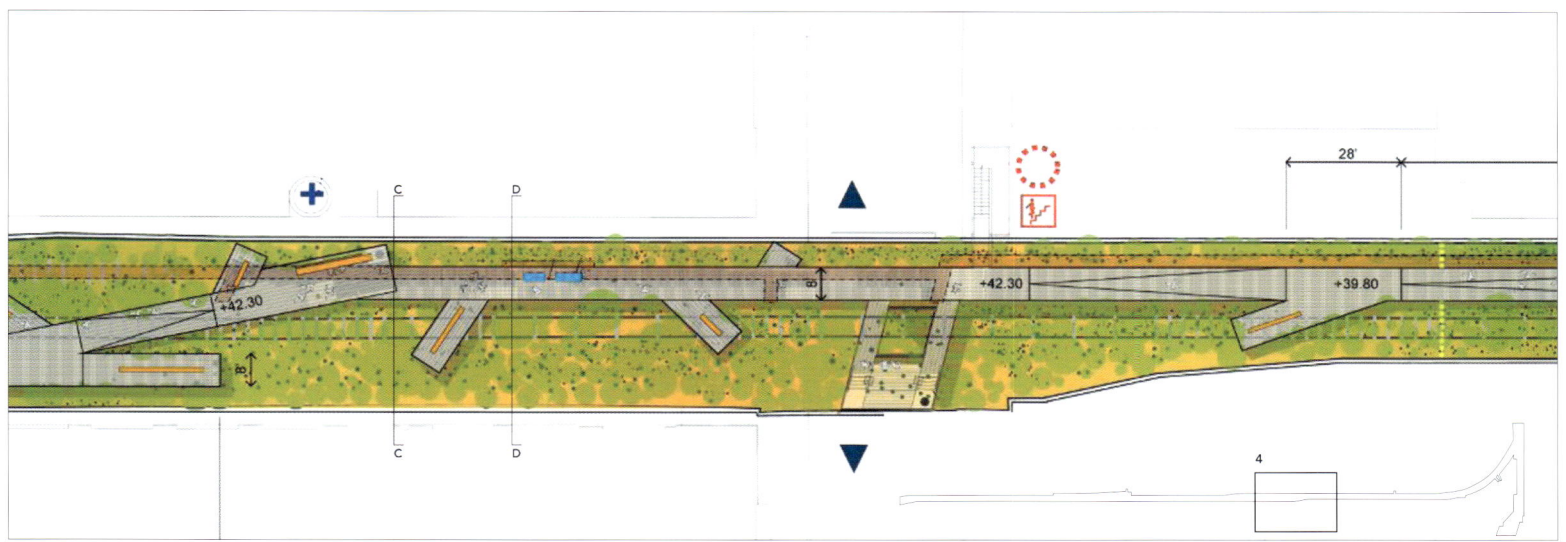

**SECTION 2** / 4. Woodland Flyover Fase 2 / 4. Pasarela sobre el bosque

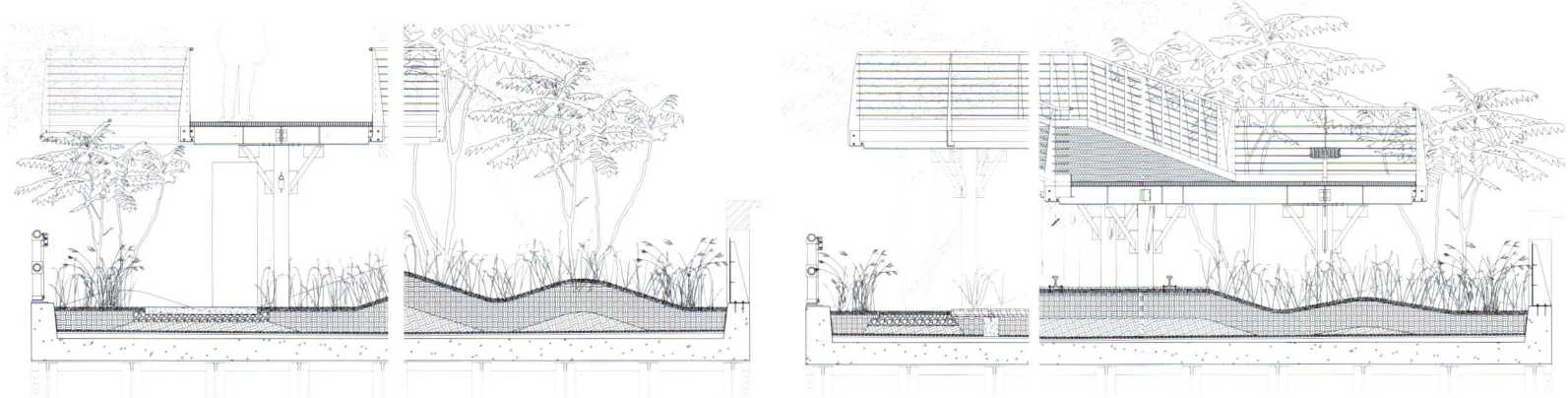

**Section C** sección

**Section D** sección 1:100

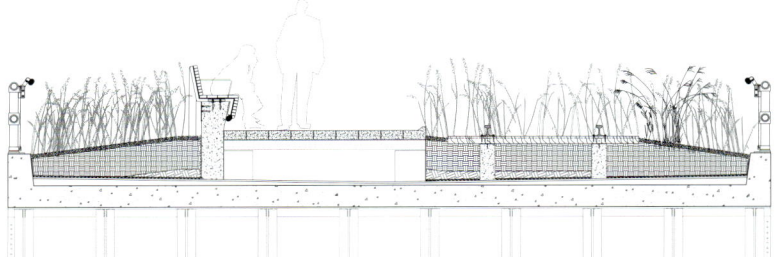

Section A sección

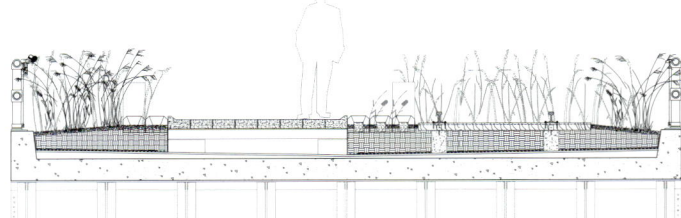

Section B sección

**SECTION 2** / Elevation Alzado

**SECTION 2** / 5. Woodland Flyover FASE 2 / 5. Banco curvo

RADIUS CURVE BENCH

END OF
SECTION 2

CUTOUT

30TH STREET ACCESS

30TH ST

LIGHTING

AVOIDING
PHOTOPOLLUTION
EVITAR CONTAMINACIÓN
LUMÍNICA

LIGHTING ON THE
UNDERSIDE OF
FURNITURE
Except in the case of the
access points, lamp posts
have been avoided in order
to prevent any interference
with the horizontality of the
viaducts. The route lighting
elements are embedded
into the undersides of the
benches and railings or
embedded into the unique
furniture elements.

LUMINARIAS
INTEGRADAS BAJO EL
MOBILIARIO
Salvo en los accesos, se han
evitado los postes de luz
para evitar interferencias
con la horizontalidad del
viaducto. Las luminarias del
recorrido se integran bajo
los bancos y barandillas o se
incluyen en los elementos
singulares de mobiliario.

# THE CITY THAT NEVER WAS

## STRATEGIES FOR NEGOTIATING URBAN LANDSCAPES IN TRANSITION

Introduction: Christopher Marcinkoski
Project: James Tenyenhuis & Alejandro Vázquez
Advanced Option Studio, Spring 2011, Master of Landscape Architecture
University of Pennsylvania, School of Design, Critic: Christopher Marcinkoski, Assistant Professor

"A surplus of space provides new possibilities. A dearth of long-term options for repurposing is replaced by the ephemeral activities of interested parties who have little capital to spare. They experiment with new uses and forms of cooperation, create social interactions, and give new cultural meaning to what was found there. Not every space will find interested parties, and [some of] the fleeting actions are of limited duration. Still, sometimes they represent seeds for longer-term developments."

Phillipp Oswalt, Shrinking Cities: Volume 2[1]

One rarely associates struggling post-industrial Detroit, Cleveland, Manchester, Liverpool, Halle, or Leipzig with the cosmopolitan global metropolis of Madrid. Yet, as of the autumn of 2008 Madrid, and much of Spain for that matter, has been facing a widespread condition of massive over-urbanization and vacancy brought on by nearly two decades of untamed real estate speculation and highly lubricated credit that suddenly went dry with the global financial collapse of that year[2]. The result is vast and numerous territories of incomplete and unoccupied real estate development at the periphery of established cities like Madrid, as well as entirely new dormitory towns well outside of these conurbations without a commensurate population and revenue stream to occupy and support them. In many cases, building foundations, train platforms, public parks and vehicular roadways have been left incomplete or abandoned, producing the vaguely familiar markings of attempts at urbanization, like giant Druid crop-circles on the Iberian landscape.

In the context of near universal disciplinary discourse about the ascendency of the city and the massive projected increase of urban populations in the coming decades, there remains a clear and immediate need to develop agile, flexible strategies for projectively negotiating transitional urbanisms – urbanization in process, urbanization in decline, or urbanization in pause – whether in Europe, North America, or emerging contexts like China, India and Brazil. In fact, one need only look at the increasing number of accounts citing huge, unoccupied developments in central and west China[3] or the egregious overbuilding of the United States' Sun Belt region to understand that despite the best (or worst) of intentions, demographic and economic analysis, and quality of planning and design, urbanization generally and real estate development specifically is a speculative practice that necessitates interim and provisional strategies in order to achieve long-term successes.

The pervasive condition of vacancy and dereliction in the North American and northern European contexts alluded to above has been referred to as the "Shrinking City"[4], a direct reference to the loss of established industrial and manufacturing economies during the mid-to-late twentieth century. This has resulted in the evacuation of the associated populations and tax revenues relied upon to support the civic and urban infrastructures of these metropolitan areas. In the case of Spain, however, these vacant and incomplete urban territories never achieved complete build-out or full occupancy, in essence never fully existing from an urbanistic point of view. So unlike the North American or northern European examples, which at one point were functional, these Spanish territories have no history of urbanistic success or prior record of civic accomplishment from which to consider their future incarnations. Referred to colloquially as *ciudades fantasma* or ghost towns, given the fact that these territories were suspended prior to completion, perhaps a more appropriate description would be as *ciudades y pueblos que nunca fueron* - the cities and towns that never were.

Given this distinction, we are now faced with a question: are there strategies and approaches that can be shared between these two contexts, despite their fundamental generative differences? Though they appeared much more quickly than their mid-century post-industrial counterparts, and from very different economic, social and urban circumstances, one could argue that these Spanish conurbations do in fact face a number of similar challenges to those of the shrinking cities of North America and northern Europe, and thus there is the possibility for a shared discourse. In particular, both contexts are confronted with 1) supporting and negotiating over-dimensioned urban infrastructures anticipated for a population that may never materialize; 2) undeveloped or vacant blocks and parcels adjacent to completed facilities that create an overall perception of failure and abandonment; 3) the singularity of programs currently present – primarily residential, in the case of Spain – leaving the territory unoccupied and unanimated for much of the time; 4) an abundance of residual or non-territories that have emerged between urban development and infrastructural networks; and 5) widespread ecological fragmentation and environmental degradation created by the removal of native landscapes and wildlife habitat, the over-compaction of earth in preparation for development, and the impermeable surface coverage of large portions of the implemented development.

## PERIPHERAL OPPORTUNISM

In the spring of 2011, I led an advanced Graduate Landscape Architecture and Urban Design Studio at the University of Pennsylvania that explored the proposed redevelopment of the Chamartín rail yards at the northern periphery of Madrid[5]. During the early analysis phase of the studio, it became clear that given the current global economic climate, the feasibility of the Chamartín development as currently conceived was in question, and therefore provisional or interim strategies for urbanization needed to be addressed. What follows is one team's work on this subject, operating primarily in the PAU's (Programa de Actuación Urbanística[6]) adjacent to the proposed Chamartín development area.

Alejandro Vazquez and James Tenyenhuis' project, Peripheral Opportunism, emerges from a fresh, entrepreneurial reading of Madrid's recent urbanization at its edge, locating seemingly benign conditions, vacancies and inefficiencies as latent locations for urbanistic projection. The work begins by cataloguing potential categories of intervention – *Vias Pecuarias*, Art-Attack, Sportification, Living Machine, Materials Depot, etc. – that can be deployed in order to introduce identity, activity, stewardship and use to contexts where there was none before. These proposed interventions range in scale and temporality, from the ephemeral marking of a territory or structure through paint or signage, to more permanent, capital-intensive interventions like renewable energy infrastructures or civic programs like a library or community center. Interim programs such as community gardens, children's play areas, sport courts and event platforms have the capacity to develop into longer-term or permanent amenities, but because of the small amount of capital and physical intervention necessary to provisionally implement them, these programs can be easily removed, relocated or deleted all together depending on their level of success.

Despite the range of programs and activities proposed, as well as the degrees of intervention necessary to implement them, the consistent characteristic of Vazquez and Tenyenhuis' proposal is its aspiration to call attention to the residual and under-utilized spaces present in these peripheral developments as occasions to generate interest in and develop a sense of stewardship for the long-term emergence of these territories as credible, desirable urban situations. The interventions are treated as "light," catalysts for longer-term, more permanent and more capital-intensive development once the Spanish and global economies begin to recover; yet they do not presume this capital will ever be guaranteed to be available. Rather, these interventions look to quickly create dynamic, memorable collective spaces and events as a way of reorienting an urban landscape devoid of animation, vitality or sense of identity. Like Ecosistema Urbano's Eco-Boulevard in the Vallecas PAU, which negotiates a similar set of conditions, Peripheral Opportunism looks to create a sense of place where there simply was none before. Yet, where E.U.'s work is architectural/infrastructural object reliant, Vazquez and Tenyenhuis' work is more ad-hoc, flexible and adaptive – in essence generating temporal landscapes of activity and identity. It is this loose, informal and playful approach to civic public space that ultimately makes this work so compelling as a potential approach to the incomplete urbanism characterizing the periphery of contemporary Spanish cities, and thus other urban landscapes in the process of becoming.

# LA CIUDAD QUE NUNCA FUE

## ESTRATEGIAS PARA LA GESTION DE PAISAJES URBANOS EN TRANSICION

Introducción: Christopher Marcinkoski
Proyecto: James Tenyenhuis & Alejandro Vázquez
Advanced Option Studio, Spring 2011
Master of Landscape Architecture University of Pennsylvania, School of Design
Tutor: Christopher Marcinkoski

*El exceso de espacio proporciona nuevas posibilidades. La falta de opciones a largo plazo para transformarlo se sustituye con actividades efímeras para los residentes con pocos recursos que invertir. Las propuestas trabajan sobre usos y formas de cooperación, favorecen la interacción social y proporcionan un nuevo significado cultural al lugar. No todos los espacios interesan por igual, y algunas de las intervenciones son de carácter temporal. En cualquier caso, se trata a menudo de las semillas para futuras intervenciones a largo plazo.*

Phillipp Oswalt, Shrinking Cities: Volumen 2[1]

Resulta extraño asociar la difícil condición post-industrial de ciudades como Detroit, Cleveland, Manchester, Liverpool, Halle o Leipzig con una metrópolis global y cosmopolita como Madrid. Sin embargo, desde el otoño de 2008, tanto Madrid como el resto de España se enfrentan a un gigantesco excedente inmobiliario desocupado, fruto de casi dos décadas de especulación desenfrenada, propiciada por el crédito fácil, y que sufrió un brusco parón a partir del colapso financiero de ese año[2]. El resultado es una gran cantidad de extensos territorios, urbanizados a medias, desocupados, situados tanto en las afueras de Madrid como en nuevas ciudades dormitorio más alejadas. Dichos territorios carecen de la población o financiación mínimas para ser ocupados o siquiera mantenidos. Con frecuencia observamos, diseminados en el paisaje, restos de cimentaciones, vías de tren o parques públicos, incompletos o abandonados, que revelan, como composiciones circulares sobre campos de cereales, la presencia de ensayos de ocupación del paisaje ibérico.

En un contexto en que el discurso disciplinar sobre el triunfo de la ciudad y el imparable aumento de la población urbana es casi universal, surge la necesidad de desarrollar estrategias efectivas y flexibles para resolver el urbanismo en transición (urbanización en proceso, urbanización en declive o urbanización en pausa) en Europa, Norteamérica y en países emergentes como China, India o Brasil. Basta con echar un vistazo a los desarrollos nunca ocupados en el centro y el oeste de China[3], o a la expansión desmedida en el Sun Belt estadounidense, para darse cuenta de que a pesar de las buenas (o malas) intenciones, el análisis demográfico y económico y la calidad del planeamiento o el diseño, el urbanismo en general y el negocio inmobiliario en particular son actividades especulativas que precisan de estrategias provisionales para lograr el éxito a largo plazo.

La condición de vacío y abandono en ciudades de Norteamérica y Europa se conoce habitualmente con el término *Shrinking City*[4] en referencia a la reducción de los sectores industrial y manufacturero durante la segunda mitad del siglo XX. Esta situación derivó en la desaparición de la población y los ingresos económicos asociados. Sin ellos, mantener las infraestructuras cívicas y urbanas de estas áreas metropolitanas no es posible.

En España, sin embargo, los territorios vacíos sobre los que trabajamos nunca llegaron a ocuparse del todo, es decir, nunca llegaron a existir desde un punto de vista urbano. De modo que, al contrario que en otras ciudades de Europa o Norteamérica, que sí funcionaron en algún momento, en España estos lugares desconocen cualquier éxito urbanístico o logro cívico previo del que arrancar lecciones para el futuro. Conocidos como ciudades fantasma, estos desarrollos inacabados deberían quizás ser conocidos como las ciudades y pueblos que nunca fueron.

Tras esta distinción, cabe plantearse qué estrategias o enfoques comparten ambos contextos por muy distintos que sean sus orígenes. Los desarrollos españoles aparecieron mucho más rápido que los territorios postindustriales abandonados, y son fruto de circunstancias económicas, sociales y urbanas muy dispares. Aún así, es posible afirmar que tanto los ensanches españoles como las *shrinking cities* de Norteamérica y Europa se enfrentan a retos similares. Por este motivo, hay espacio para un discurso común. En este sentido, ambos contextos se enfrentan a: 1) mantener y reutilizar infraestructuras urbanas sobredimensionadas y pensadas para una población que nunca las usará; 2) manzanas vacías junto a instalaciones completadas que sólo sirven para exacerbar la percepción de fracaso y abandono; 3) la ocupación con uso fundamentalmente residencial, por lo que el territorio permanece vacío casi todo el día; 4) una superabundancia de espacios residuales en torno a las redes de transporte; y 5) la fragmentación ecológica y degradación medioambiental que siguieron a la destrucción de la flora y la fauna originales, la compactación del terreno previa a la construcción y la impermeabilización sistemática de grandes sectores de los ensanches.

## OPORTUNISMO PERIFÉRICO

Durante el primer cuatrimestre de 2011 dirigí un grupo de proyectos avanzados de paisaje y planificación urbana en la Universidad de Pensilvania centrado en la regeneración de los terrenos ferroviarios de Chamartín, al norte de Madrid (5). Ya en la primera fase de análisis era evidente que, ante la desfavorable coyuntura económica, la viabilidad del proyecto aprobado para el área quedaba en entredicho, y que era mejor por tanto proponer estrategias para la urbanización provisional de la zona. Lo que se muestra a continuación es el trabajo de uno de los equipos de estudiantes, quienes se centraron en los PAU (Programa de Actuación Urbanística[6] levantados junto a los terrenos de Chamartín.

El trabajo de Alejandro Vázquez y James Tenyenhuis, *Oportunismo Periférico*, hace una lectura fresca e innovadora de los ensanches recientes en torno a Madrid, localizando lugares de interés o vacíos en tanto que áreas de oportunidad para nuevas formas de ocupación del territorio. El proyecto se inicia con la catalogación de categorías potenciales de intervención (*Vias Pecuarias, Art-Attack, Sportification, Living Machine, Materials Depot,* etc.) que pueden ser desplegadas para dotar de identidad, actividad y uso a lugares sin apenas vida. Las propuestas varían en escala o grado de permanencia en el tiempo: desde la delimitación de un espacio o una estructura con simple pintura a intervenciones duraderas que requieren mayores inversiones (sistemas de producción de energía renovable, bibliotecas, centros cívicos). Actividades temporales, como jardines comunitarios, áreas de juegos, pistas deportivas y lugares para eventos poseen la capacidad de convertirse en equipamientos permanentes. En cualquier caso, la inversión necesaria para ponerlos en marcha es muy reducida, lo que permite pensar en espacios fácilmente intercambiables, reubicables o transformables en función de su éxito.

El proyecto propone pues una completa batería de programas y actividades, así como los grados de intervención necesarios para ponerlos en marcha. El objetivo común en todos los casos es llamar la atención sobre los espacios residuales e infrautilizados presentes en los ensanches y, a largo plazo, promover el desarrollo de estos vacíos en cuanto que situaciones urbanas creíbles y deseables. Las propuestas están concebidas como semillas para futuros proyectos permanentes a largo plazo capaces de movilizar mayores recursos (en caso de que sea posible) cuando llegue la recuperación económica española y global.

Las propuestas persiguen la rápida creación de espacios y eventos colectivos dinámicos, diferenciados, para reorganizar un territorio carente de animación, vitalidad e identidad. Como hiciera el Eco-Boulevard de Vallecas de Ecosistema Urbano[7], *Oportunismo Periférico* quiere generar idea de lugar allí donde antes no había nada. Sin embargo, así como el trabajo de Ecosistema Urbano se basa en la implantación de objetos arquitectónicos transportables a otros lugares, el proyecto de Vázquez y Tenyenhuis se hace a la medida del sitio, es flexible y adaptable, capaz de generar básicamente espacios temporales de actividad. Este enfoque informal del espacio público es lo que finalmente lo convierte en aproximación potencial tanto al urbanismo inacabado que rodea a las ciudades españolas como a otros espacios urbanos en proceso.

1 Phillip Oswalt, *Shrinking Cities: Volume 2* (Ostfildern: Hatje Cantz Publishers, 2006), 339.

2 For further descriptions of this condition in Spain, see:

   Suzanne Daley And Raphael Minder, "Newly Built Ghost Towns Haunt Banks in Spain", *New York Times*, Posted 12.17.2010, Accessed 05.31.2011 <http://www.nytimes.com/2010/12/18/world/europe/18spain.html?pagewanted=1&_r=1&partner=rss&emc=rss>

   Aditya Chakrabortty, "Nightmare for residents trapped in Spanish ghost towns", *Guardian*, Posted 03.28.2011, Accessed 05.31.2011 <http://www.guardian.co.uk/world/2011/mar/28/residents-trapped-spanish-ghost-towns>

   Leah Goldman and Gus Lubin, "Amazing Satellite Images Of Spanish Ghost Towns", *Business Insider*, Posted 05.27.2011, Accessed 05.31.2011 <http://www.businessinsider.com/spain-ghost-towns-satellite-2011-4>

3 For more on the possibilities of a Chinese real estate bubble, see:

   Adam Johnson, "China Builds Desert Ghost City as Critics Warn of Bubble", *Bloomberg*, Posted 05.16.2011, Accessed 06.06.2011 <http://www.bloomberg.com/video/69817240/>

   Nouriel Roubini , "Beijing's Empty Bullet Trains: Is China investing way too much in its infrastructure?", *Slate*, Posted 04.14.2011, Accessed 06.06.2011 <http://www.slate.com/id/2291271/>

4 El movimiento de las Shrinking Cities surgió a partir de una iniciativa de la Fundación Federal para la Cultura de Alemania, liderada por Phillipp Oswalt con el fin de analizar el declive económico y demográfico en las antiguas grandes ciudades industriales. El trabajo se inició con el análisis y cartografiado de cuatro regiones urbanas que en efecto demostraba el fenómeno.

5 Desde hace más de 15 años, la ciudad de Madrid ha experimentado un fuerte crecimiento urbano con el objetivo de consolidar su posición como tercera región urbana de Europa por PIB (tras Londres y París, respectivamente). El proyecto, conocido como Operación Chamartín consiste en la transformación de 300 hectáreas de terrenos ferroviarios que dan servicio a la estación de Chamartín, al norte de la ciudad, en el nuevo centro financiero del área metropolitana. La Operación Chamartín comprende la construcción de 26.000 nuevas viviendas, 1.000.000 de m² de oficinas distribuidos en 14 rascacielos, una nueva estación para trenes de alta velocidad, la prolongación de 2 líneas de metro, y unas 50 hectáreas de espacio público. Con un presupuesto de 11.000 millones de Euros, la Operación Chamartín es uno de los mayores proyectos de regeneración de la Unión Europea.

6 Programa de Actuación Urbanística (PAU) es el nombre que recibe en España al marco legal destinado a definir el planeamiento territorial, el uso del suelo y sus proporciones, las infraestructuras públicas y las sucesivas fases de desarrollo.

7 The Public Chance, pp. 90-109, a+t publishers, 2008

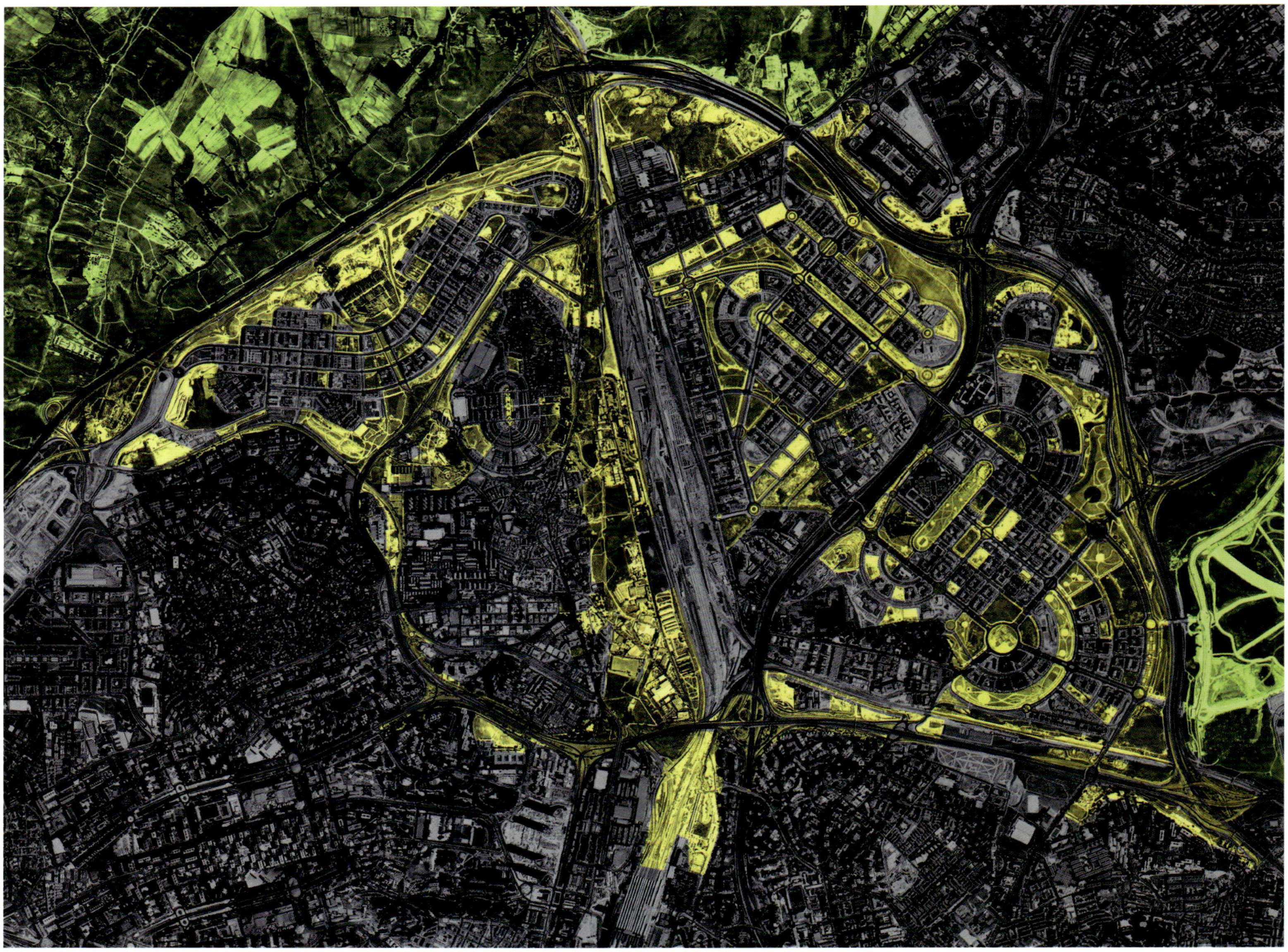

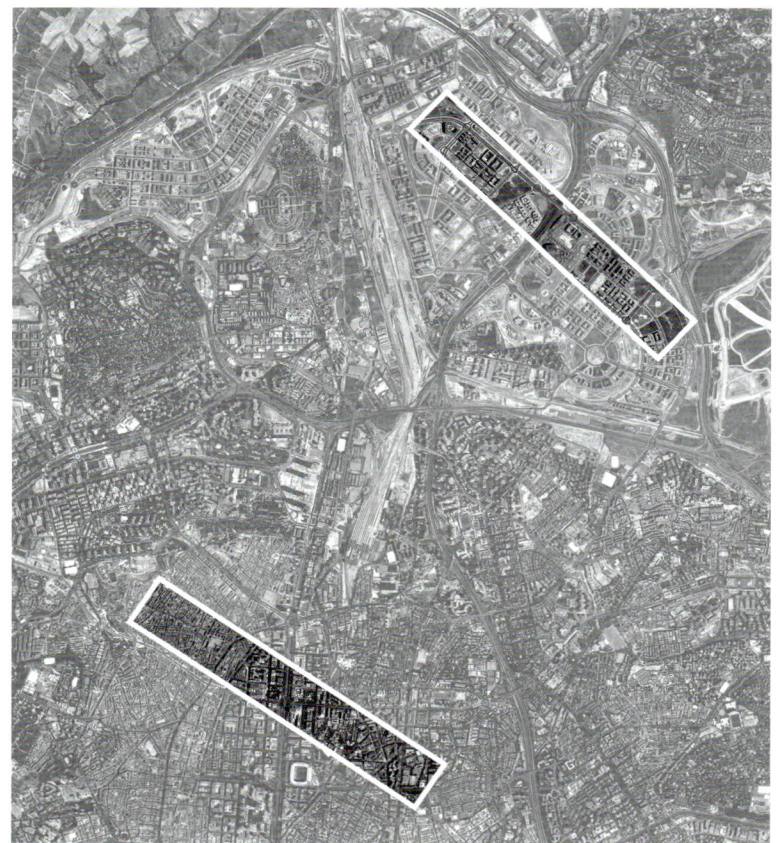

Intervention area Área de intervención

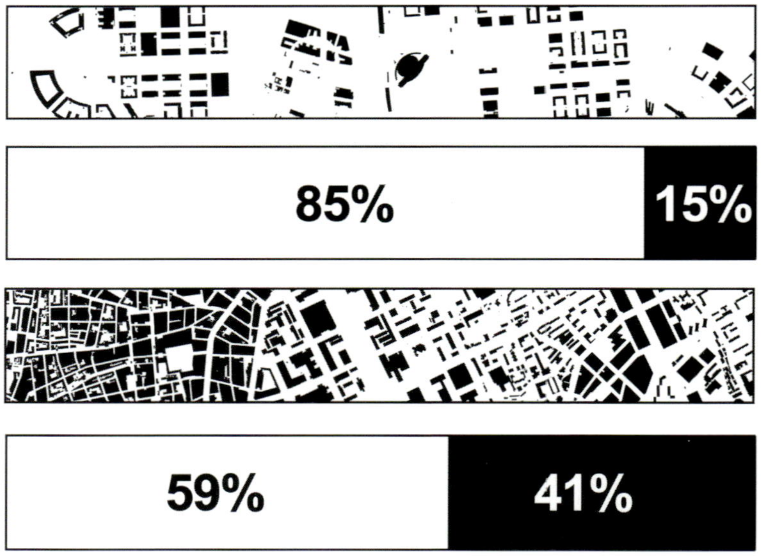

As a result of poor planning (consisting of over-dimensioned infrastructure and land-use policies that restrict programs other than housing), the over-scaled resulting public realm characterizing Madrid's edge necessitates entirely new approaches to dealing with the empty, generic, programmatic monocultures. The project proposes an infill strategy that introduces activity and use where there was none before. The proposed interventions mix a variety of temporary, medium-term, and permanent programs and activities in order to create new social interactions and cultural identities.

Como consecuencia del mal planeamiento (a base de infraestructuras sobredimensionadas y una repartición de usos que limita los usos no residenciales), el vastísimo espacio libre resultante que caracteriza los bordes de Madrid necesita de nuevos enfoques para lidiar con estas áreas vacias, genéricas y monofuncionales. El proyecto propone una estrategia de relleno que introduce actividad y usos donde no los había. Las intervenciones combinan una mezcla de programas temporales, a medio y largo plazo con el objetivo de favorecer la interacción social y la identidad cultural.

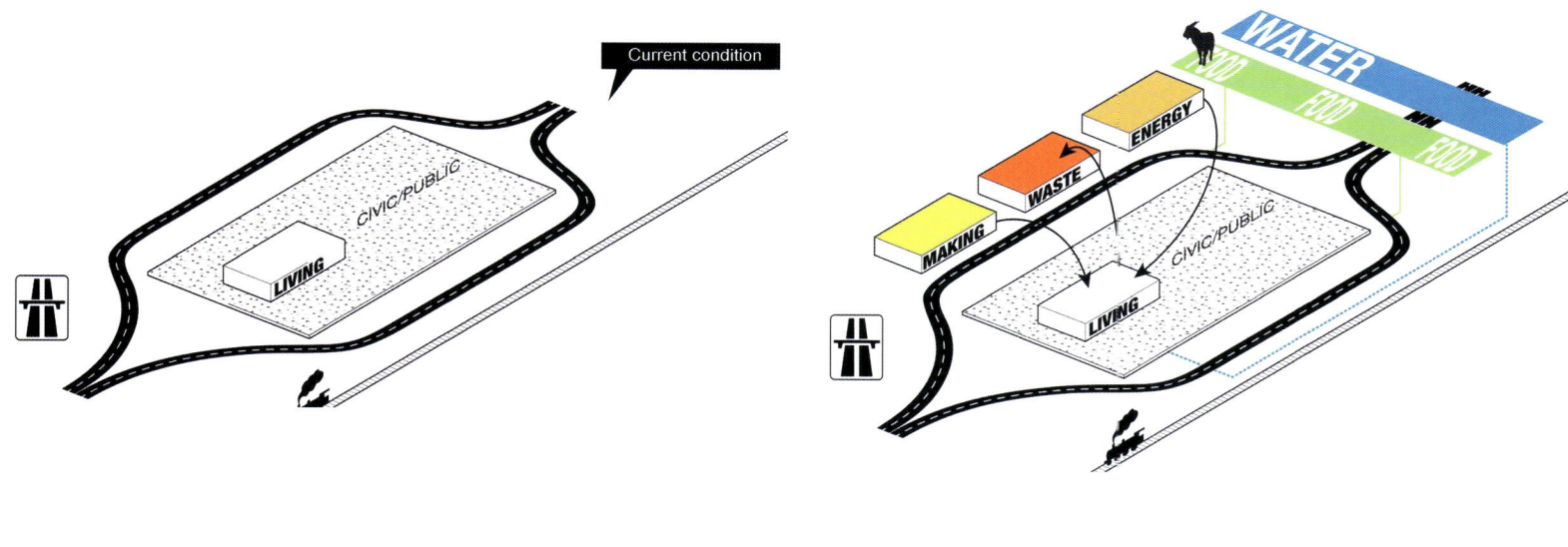

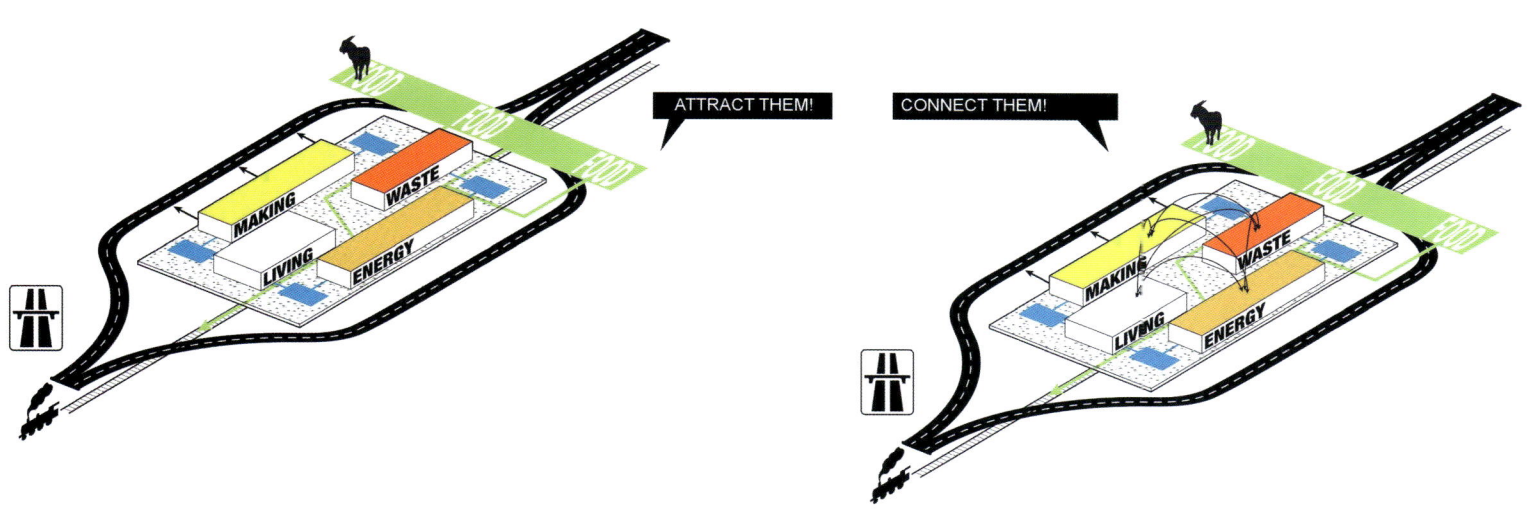

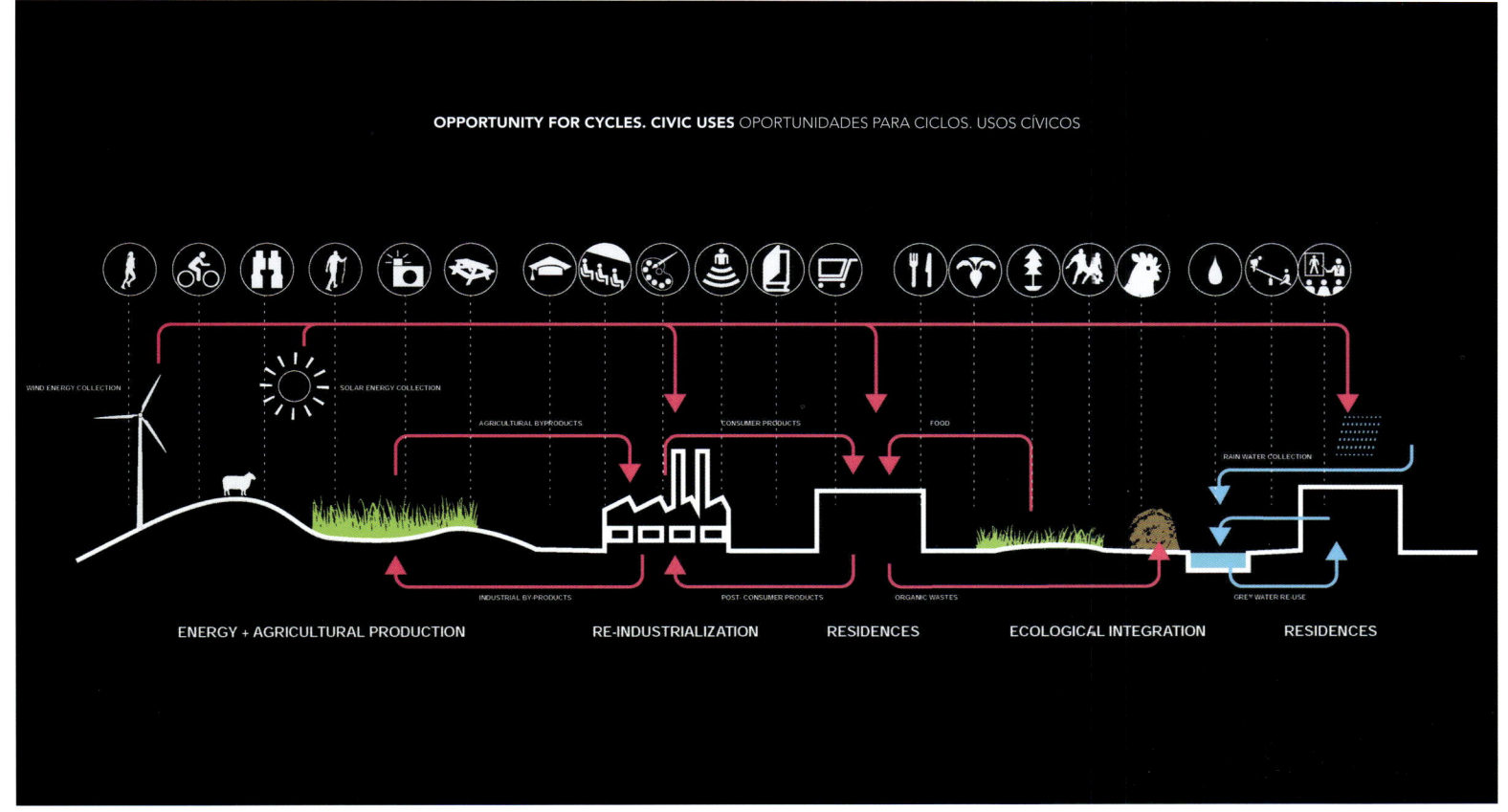

**OPPORTUNITY FOR CYCLES. CIVIC USES** OPORTUNIDADES PARA CICLOS. USOS CÍVICOS

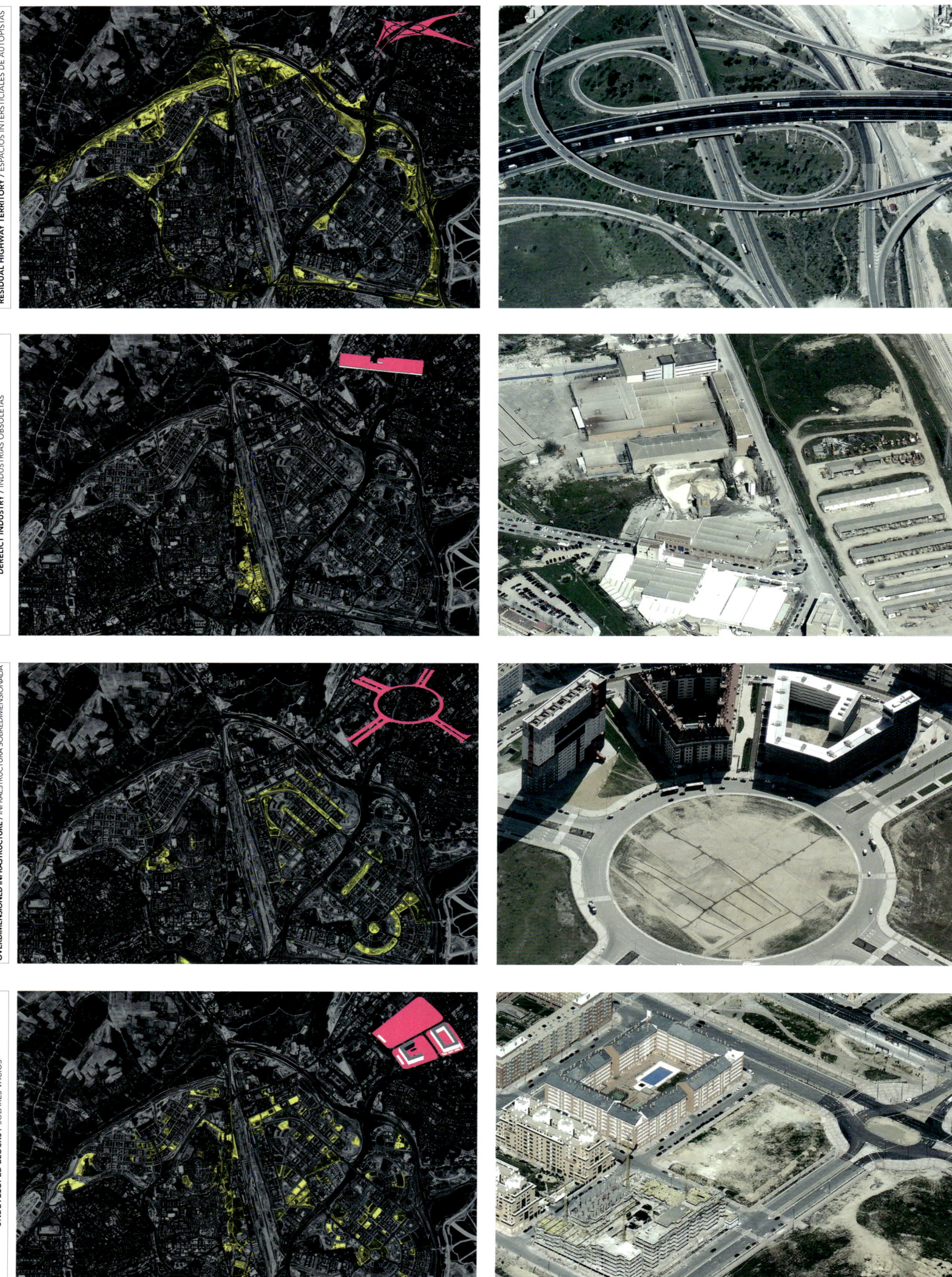

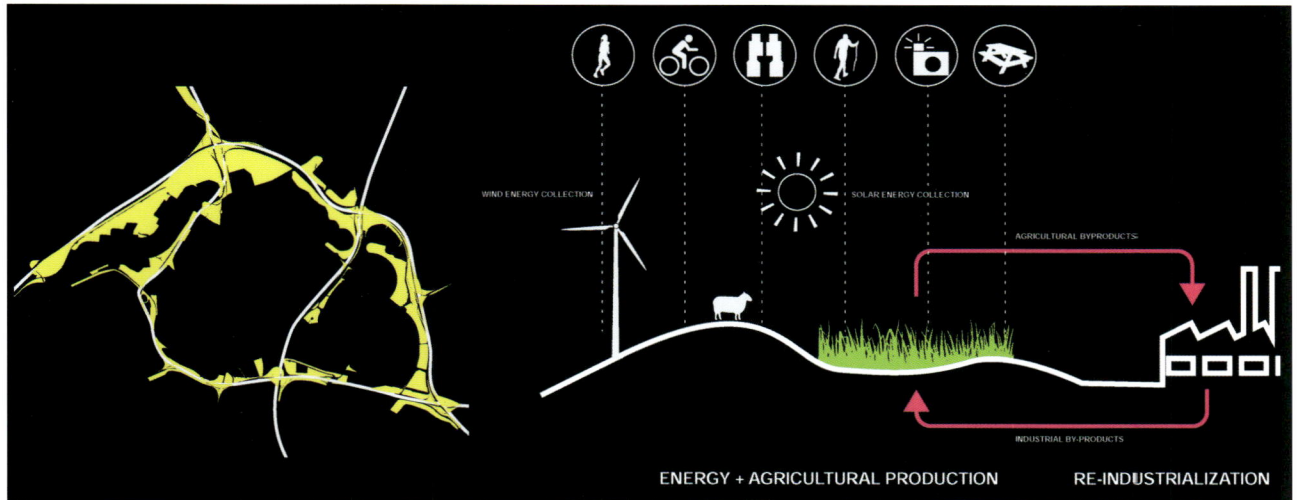

**ENERGY + AGRICULTURAL PRODUCTION**　　**RE-INDUSTRIALIZATION**

The empty spaces bordering onto the M-30 and M-40 orbital motorways can be re-programmed with energy and food production related uses, as well as with low impact recreational activities.

Los espacios vacíos que bordean las autopistas de circunvalación M-30 y M-40 pueden reprogramarse con usos relacionados con la producción energética y agrícola, así como con actividades de esparcimiento de bajo impacto.

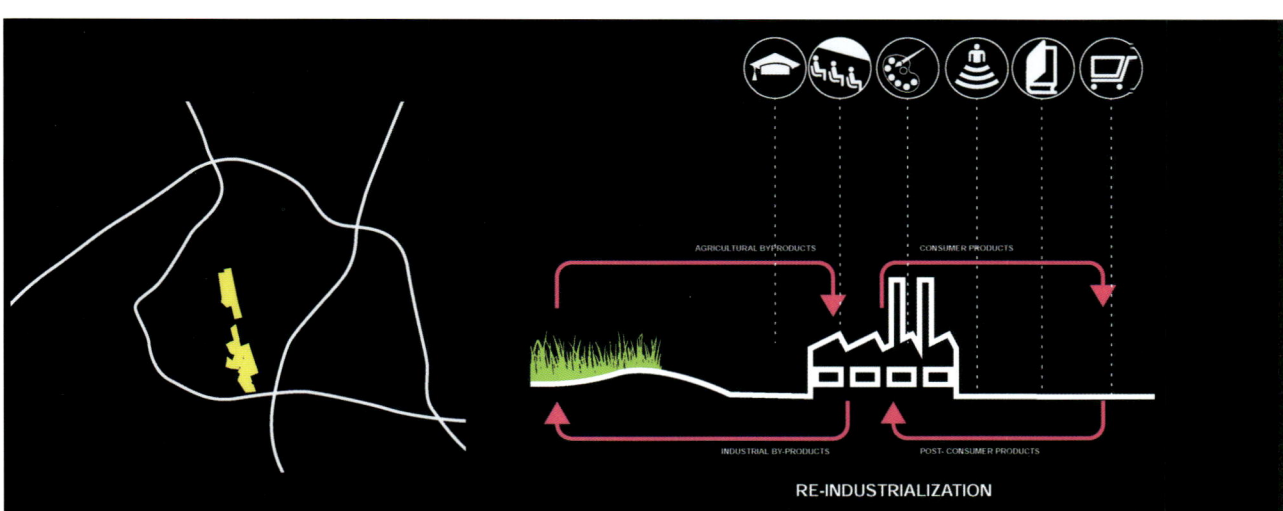

**RE-INDUSTRIALIZATION**

The abandoned industrial plots favour the location of new clean industries which will live alongside the residential fabric. Furthermore, the existing buildings can be used to house new art centres or educational facilities.

Las parcelas industriales abandonadas favorecen la implantación de nuevas industrias limpias que convivirán con el tejido residencial. Además, los edificios existentes pueden servir para alojar nuevos centros de creación artística o equipamiento educativo.

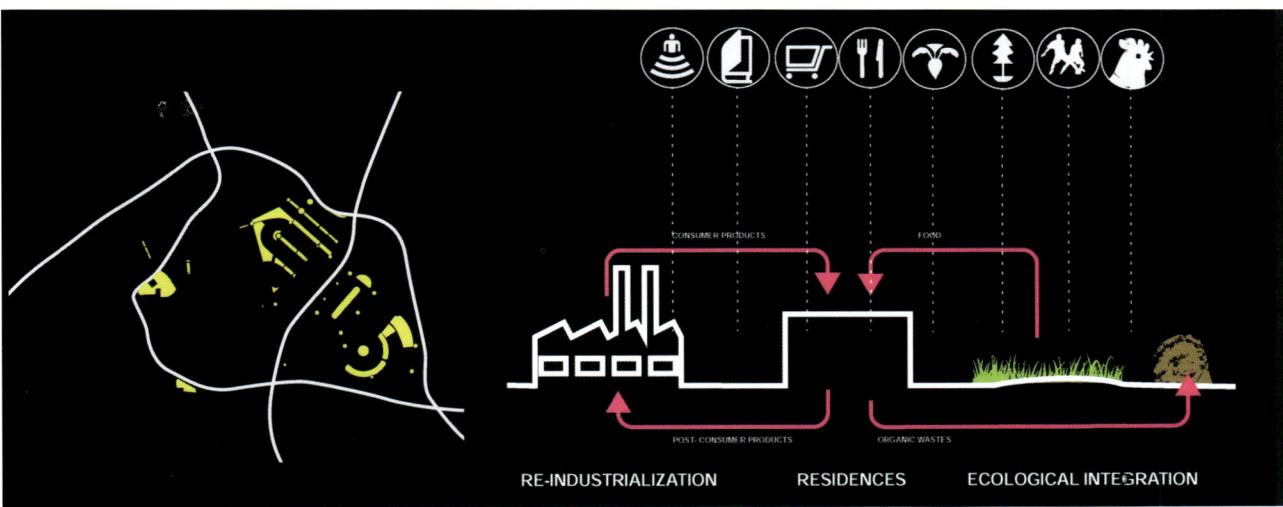

**RE-INDUSTRIALIZATION**　　**RESIDENCES**　　**ECOLOGICAL INTEGRATION**

The large amount of free space left unprogrammed in the urban extensions planning process becomes a land of opportunity to counterweigh the monofunctionality of these areas with facilities, retail units or new public spaces.

La gran cantidad de espacio libre sin programa dejada por el planeamiento de los ensanches se convierte en terreno de oportunidad para compensar con equipamientos, comercios o nuevos espacios públicos la monofuncionalidad de estas áreas.

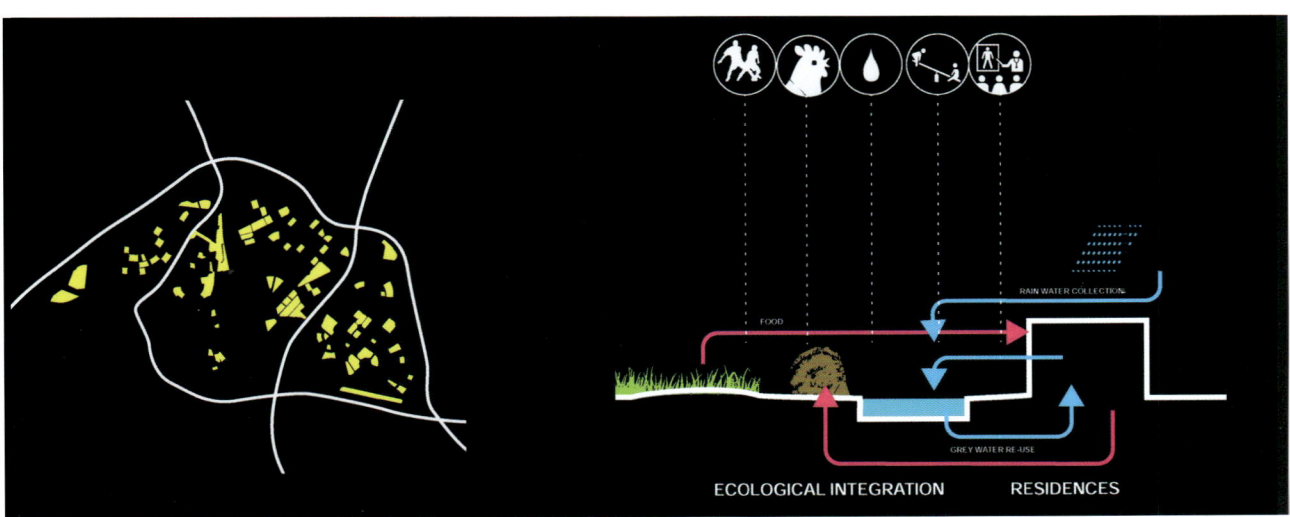

**ECOLOGICAL INTEGRATION**　　**RESIDENCES**

The empty plots left behind by the recession can be used to locate water recycling programmes and to integrate food and cattle farming activities into the residential fabric and public space.

Los solares vacíos que dejó la recesión podrán servir para implantar programas de reciclaje de aguas e integración del tejido residencial y el espacio público con la actividad agrícola o ganadera.

# STRATEGIES - PROTOTYPES

**01. AWARENESS. SHORT TERM** CONCIENCIACIÓN. CORTO PLAZO
**02. SOFT INFRASTRUCTURES** INFRAESTRUCTURAS LIGERAS
**03. PERMAMENT INTERVENTIONS** INTERVENCIONES PERMANENTES

The aim of the project is to generate districts which are financially, socially and environmentally self-sufficient; capable of taking on their own identity within the fabric of Madrid. To this end, a matrix of 15 possible strategies for short, medium and long-term implementation has been proposed. These strategies foresee renewable energy production, water management, food production and waste recycling. The matrix thus sees the implementation of clean industries, alternative mobility systems and leisure facilities.

The project focuses on three areas of work to which it applies a determined number of the 15 strategies set out in the adjoining matrix. All of them attempt to inform the public as to these residual and underused spaces around the residential extensions. And to transmit the message to the parties involved and the public authorities that it is possible to make small initial investments into "soft" uses which serve as a catalyst for later long-term development projects.

El objetivo del proyecto es generar distritos económica, social y medioambientalmente autosuficientes; capaces de adquirir su propia identidad dentro del tejido de Madrid. Para ello, se ha propuesto una matriz de 15 posibles estrategias a implantar en el corto, medio o el largo plazo. Estas estrategias comprenden la producción de energía renovable, la gestión del agua, la producción de alimentos y el reciclaje de materiales. La matriz contempla asimismo la implantación de industrias limpias, sistemas de movilidad alternativos y equipamientos de ocio.

El proyecto se concentra sobre tres áreas de trabajo sobre las que se aplica un número determinado de 15 estrategias desplegadas en la matriz contigua. Todas ellas pretenden dar a conocer al público estos espacios residuales e infrautilizados en torno a los ensanches residenciales. Y transmitir el mensaje a las partes implicadas y los poderes públicos de que es posible hacer pequeñas inversiones iniciales en usos "ligeros" que sirvan de catalizador a posteriores proyectos de desarrollo a largo plazo.

**00**
SURFACE TREATEMENT
TRATAMIENTO DE SUPERFICIES

**01**
ART + DESIGN EVENT
ARTE + MUESTRAS DE DISEÑO

**02**
ART ATTACK!!!
¡¡¡ACCIÓN ARTÍSTICA!!!

**03**
COMMUNITY GARDENS
JARDINES COMUNITARIOS

**04**
SHEEP FESTIVAL
FERIA GANADERA - VÍAS PECUARIAS

**05**
SPORTIFICATION
ACTIVIDADES DEPORTIVAS

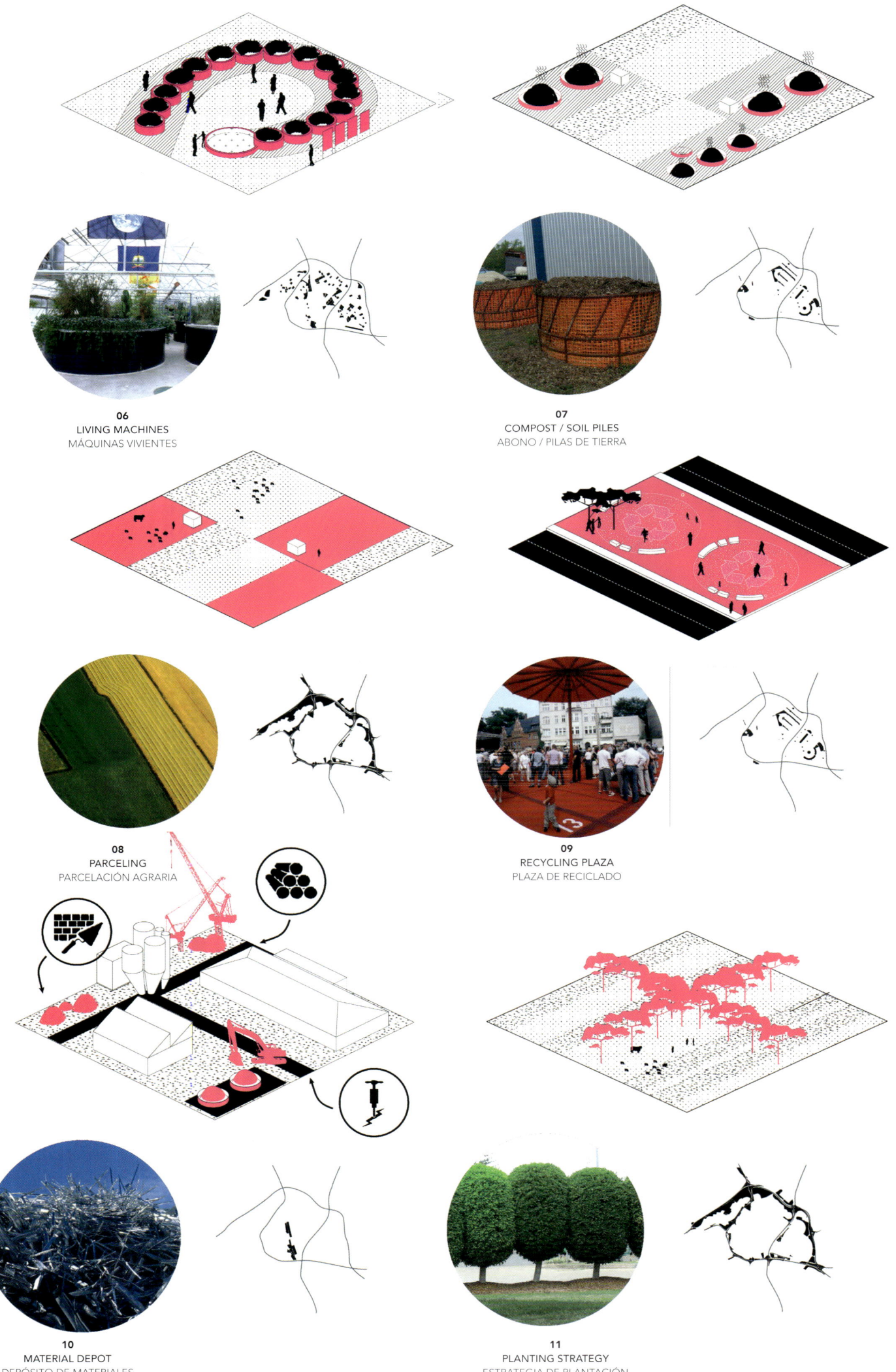

**06**
LIVING MACHINES
MÁQUINAS VIVIENTES

**07**
COMPOST / SOIL PILES
ABONO / PILAS DE TIERRA

**08**
PARCELING
PARCELACIÓN AGRARIA

**09**
RECYCLING PLAZA
PLAZA DE RECICLADO

**10**
MATERIAL DEPOT
DEPÓSITO DE MATERIALES

**11**
PLANTING STRATEGY
ESTRATEGIA DE PLANTACIÓN

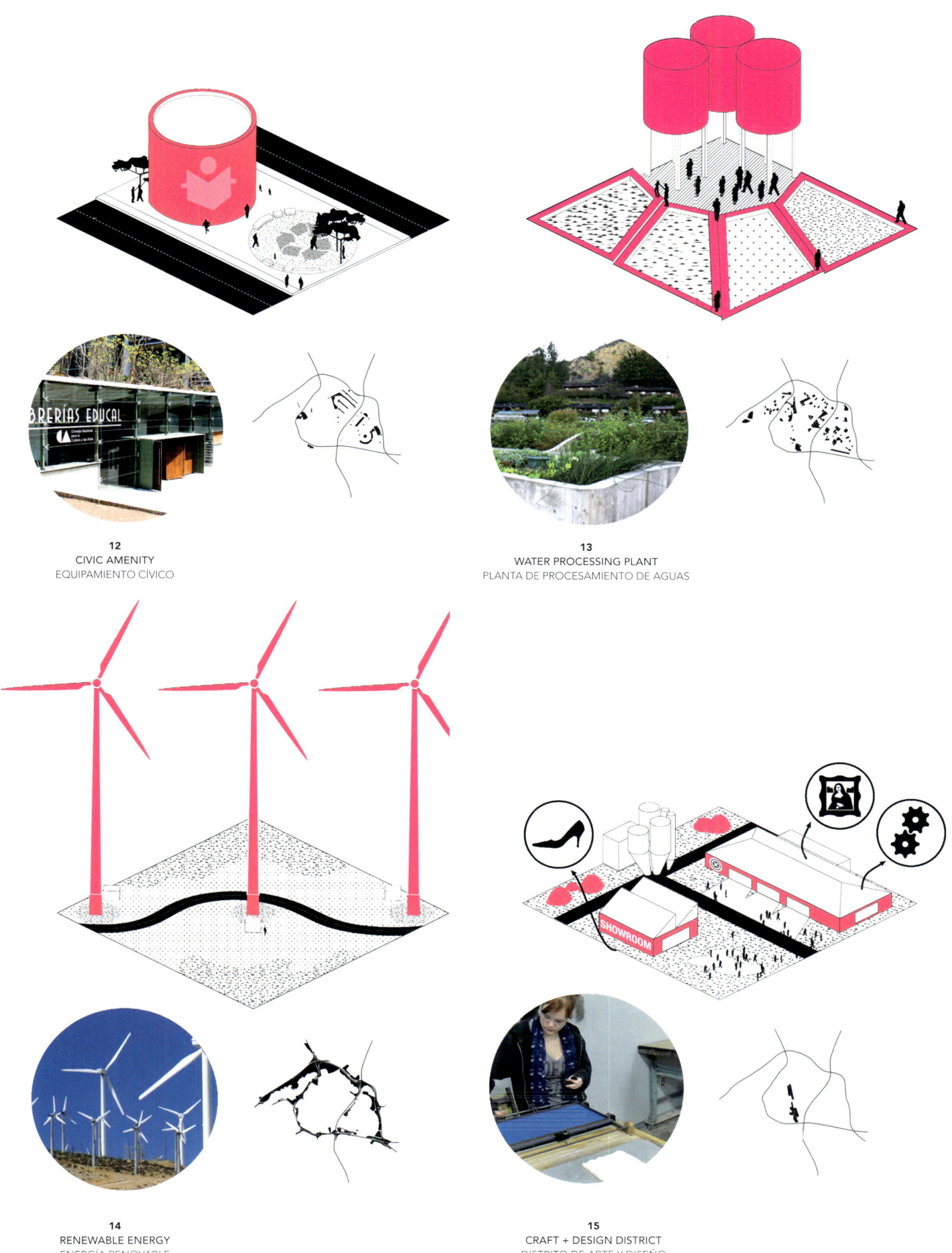

**12**
CIVIC AMENITY
EQUIPAMIENTO CÍVICO

**13**
WATER PROCESSING PLANT
PLANTA DE PROCESAMIENTO DE AGUAS

**14**
RENEWABLE ENERGY
ENERGÍA RENOVABLE

**15**
CRAFT + DESIGN DISTRICT
DISTRITO DE ARTE Y DISEÑO

**STRATEGY APPLICATION 01** APLICACIÓN DE ESTRATEGIAS 01

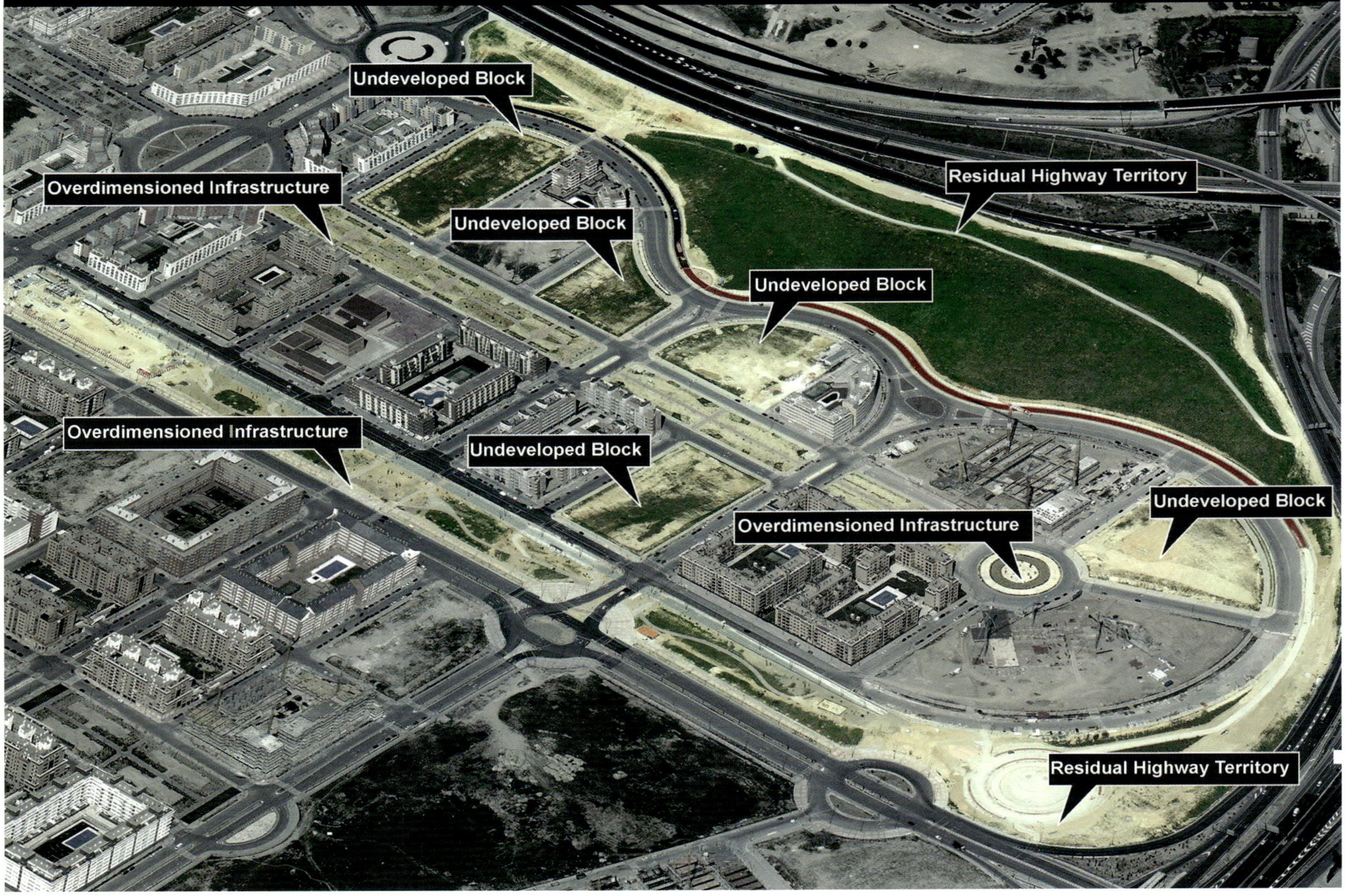

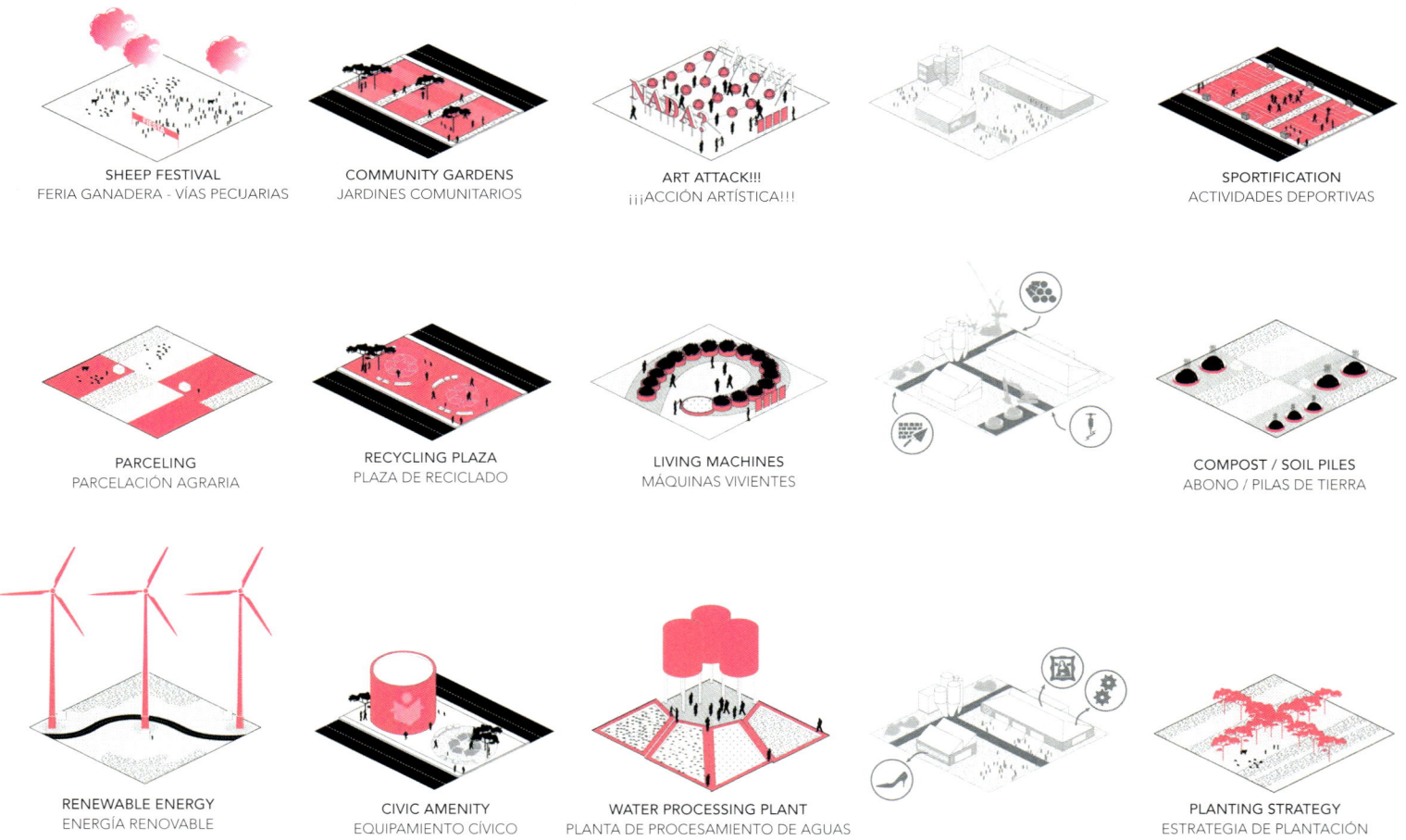

Intervention area 12,000 Inhabitans - 60% Residual space Área de intervención: 12.000 habitantes, 60% de espacios residuales

SHEEP FESTIVAL
FERIA GANADERA - VÍAS PECUARIAS

COMMUNITY GARDENS
JARDINES COMUNITARIOS

ART ATTACK!!!
¡¡¡ACCIÓN ARTÍSTICA!!!

SPORTIFICATION
ACTIVIDADES DEPORTIVAS

PARCELING
PARCELACIÓN AGRARIA

RECYCLING PLAZA
PLAZA DE RECICLADO

LIVING MACHINES
MÁQUINAS VIVIENTES

COMPOST / SOIL PILES
ABONO / PILAS DE TIERRA

RENEWABLE ENERGY
ENERGÍA RENOVABLE

CIVIC AMENITY
EQUIPAMIENTO CÍVICO

WATER PROCESSING PLANT
PLANTA DE PROCESAMIENTO DE AGUAS

PLANTING STRATEGY
ESTRATEGIA DE PLANTACIÓN

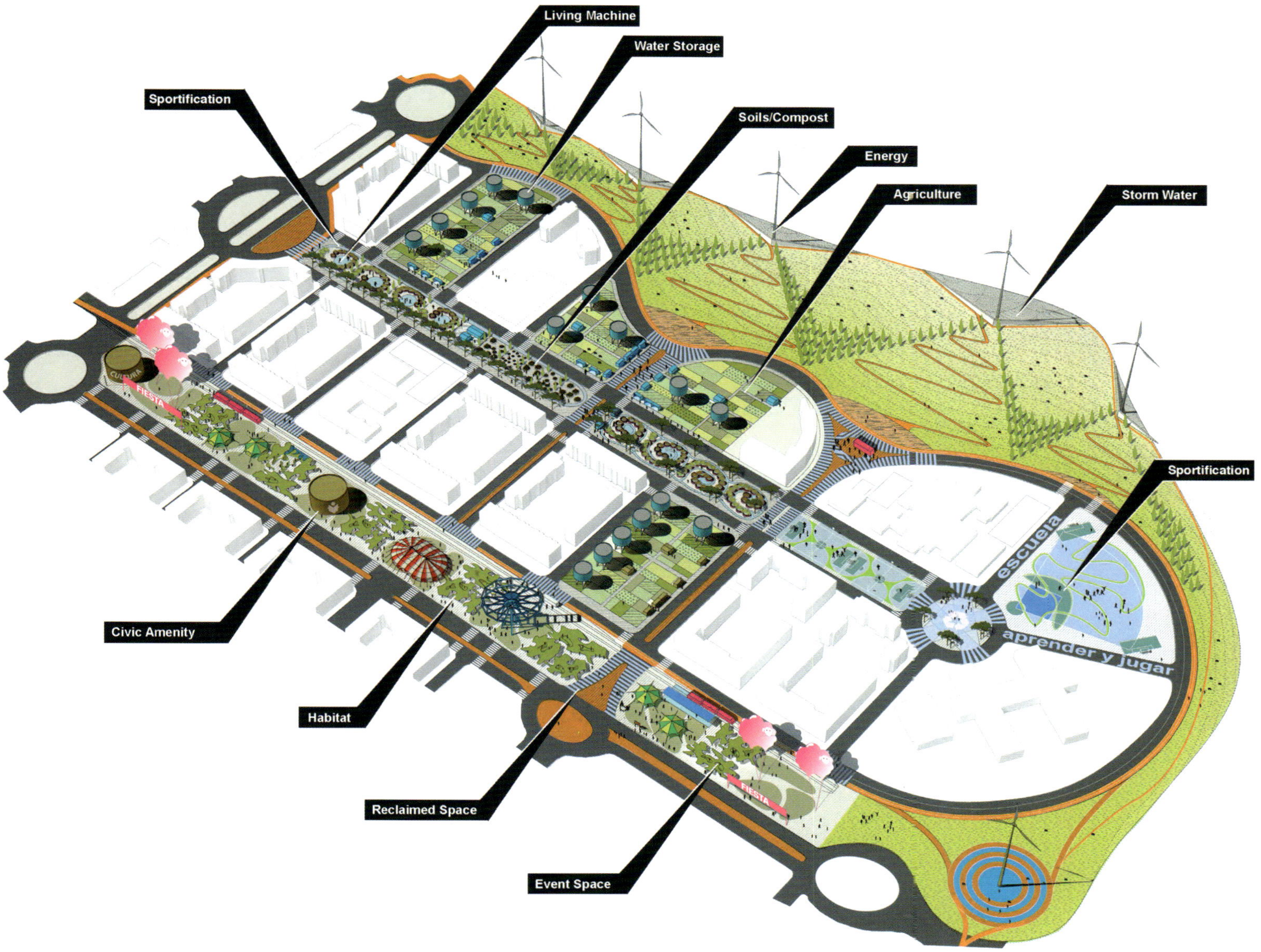

Sportification

Living Machine

Water Storage

Soils/Compost

Energy

Agriculture

Storm Water

Sportification

Civic Amenity

Habitat

Reclaimed Space

Event Space

**Existing condition** Estado actual

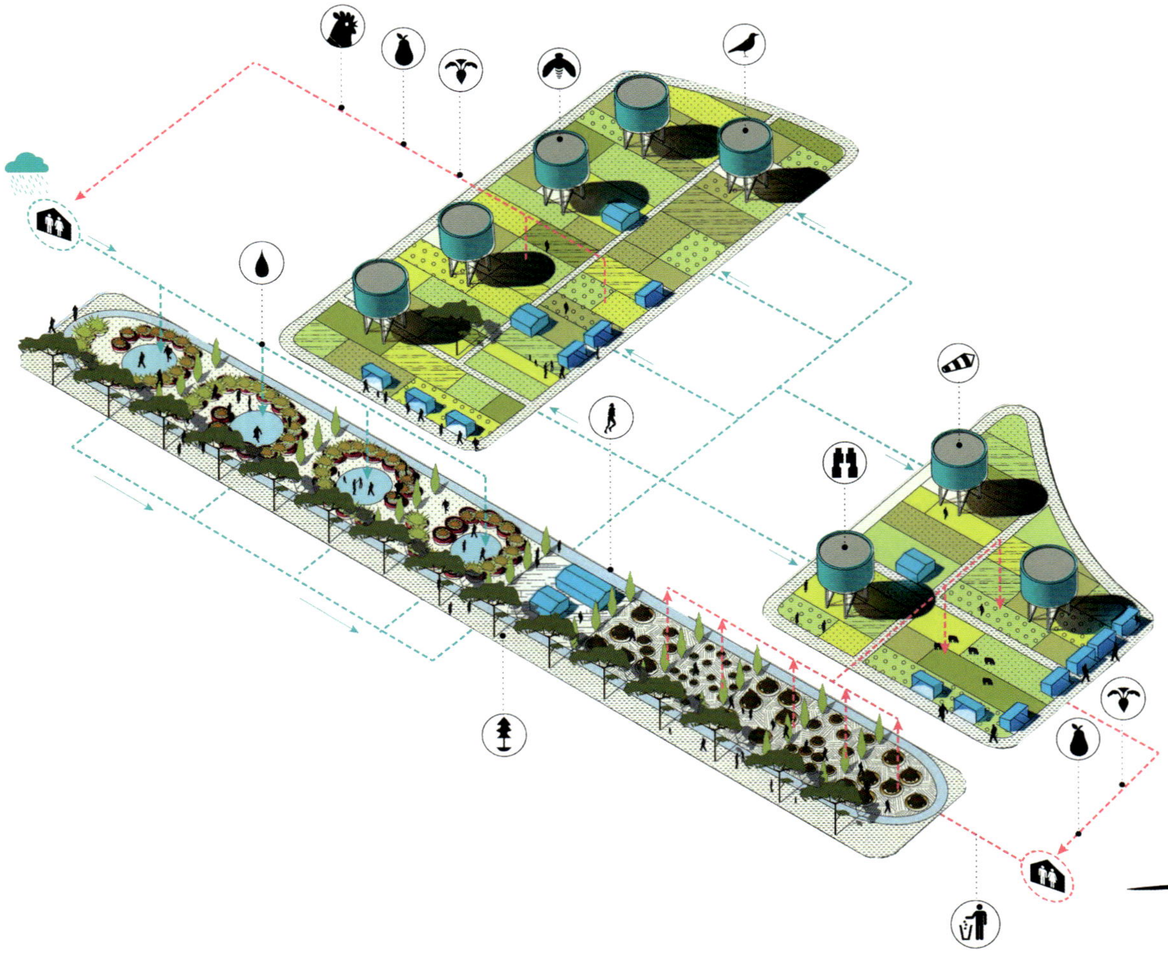

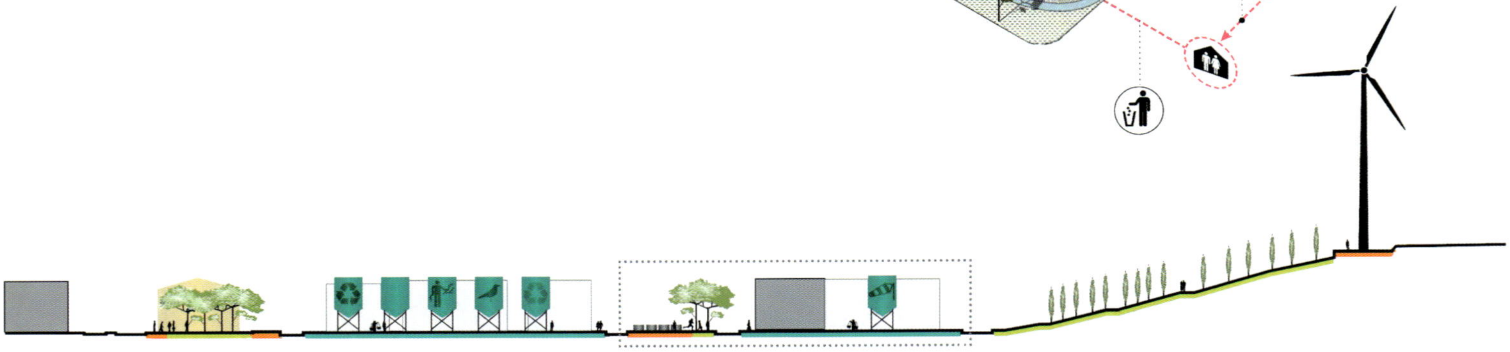

Mediterranean Pine Corridor

Multi-use Water Tanks

Community compost rings

Running / Bike Track

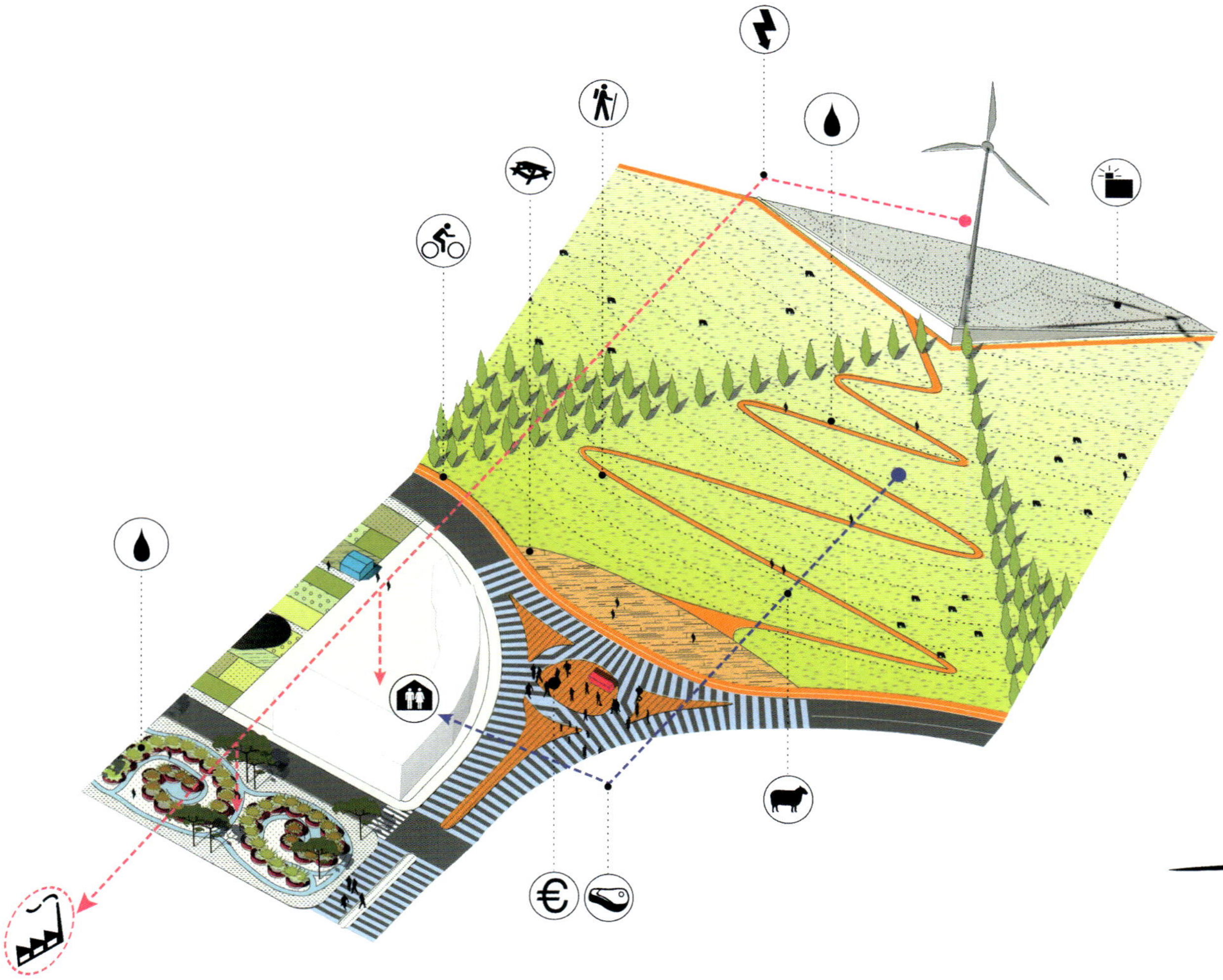

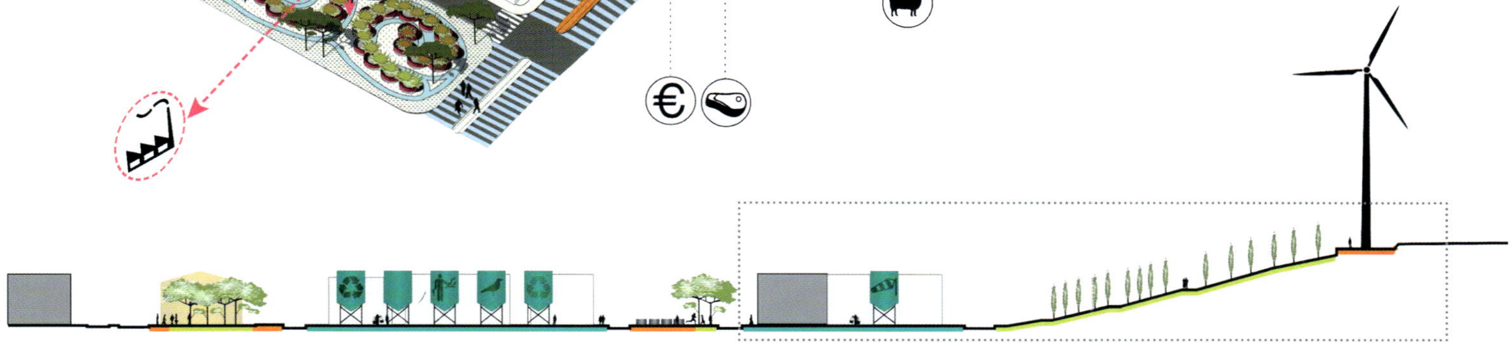

Wind power grid

Toro Osborne - Art Attack

Weekend market plaza

Planting strategy

Vías Pecuarias

**STRATEGY APPLICATION 02** APLICACIÓN DE ESTRATEGIAS 02

Derelict Industry
Undeveloped Block
Derelict Industry
Undeveloped Block
Residual Highway Territory
Undeveloped Block

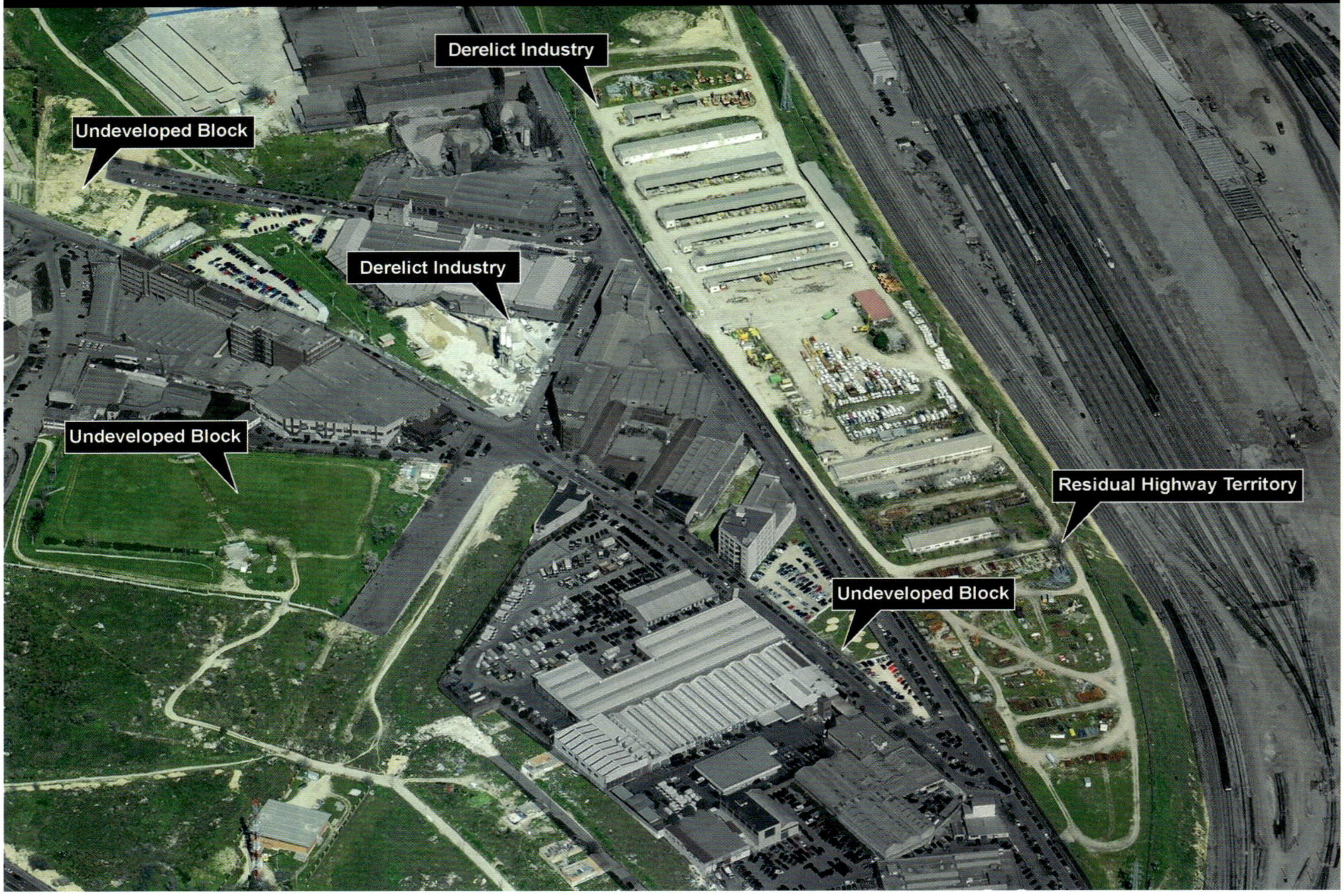

Intervention area 400 Inhabitans - 70% Residual space Área de intervención: 400 habitantes, 70% de espacios residuales

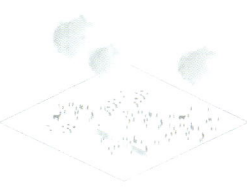

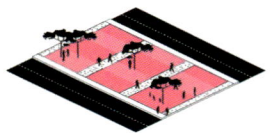

COMMUNITY GARDENS
JARDINES COMUNITARIOS

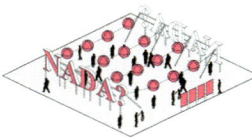

ART ATTACK!!!
¡¡¡ACCIÓN ARTÍSTICA!!!

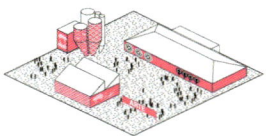

ART + DESING EVENT
EVENTOS DE ARTE Y DISEÑO

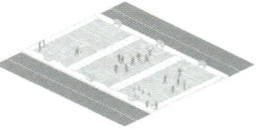

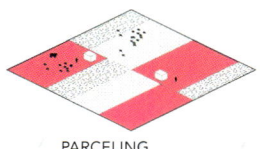

PARCELING
PARCELACIÓN AGRARIA

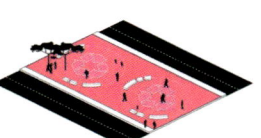

RECYCLING PLAZA
PLAZA DE RECICLADO

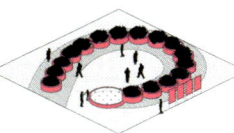

LIVING MACHINES
MÁQUINAS VIVIENTES

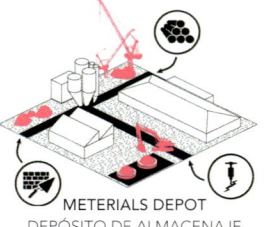

METERIALS DEPOT
DEPÓSITO DE ALMACENAJE

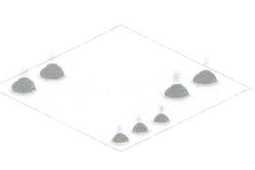

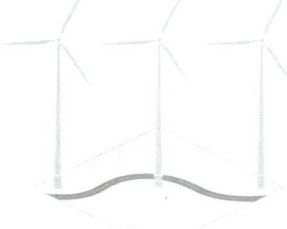

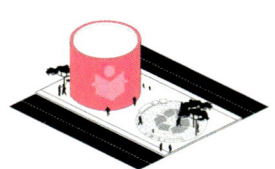

CIVIC AMENITY
EQUIPAMIENTO CÍVICO

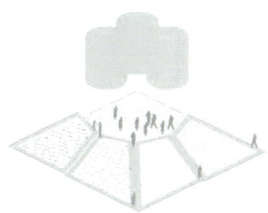

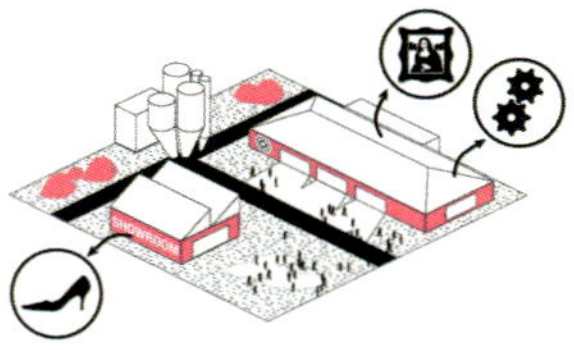

CRAFT + DESIGN DISTRICT
DISTRITO DE LAS ARTES Y EL DISEÑO

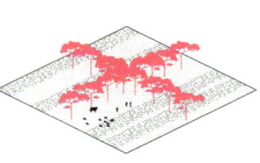

PLANTING STRATEGY
ESTRATEGIA DE PLANTACIÓN

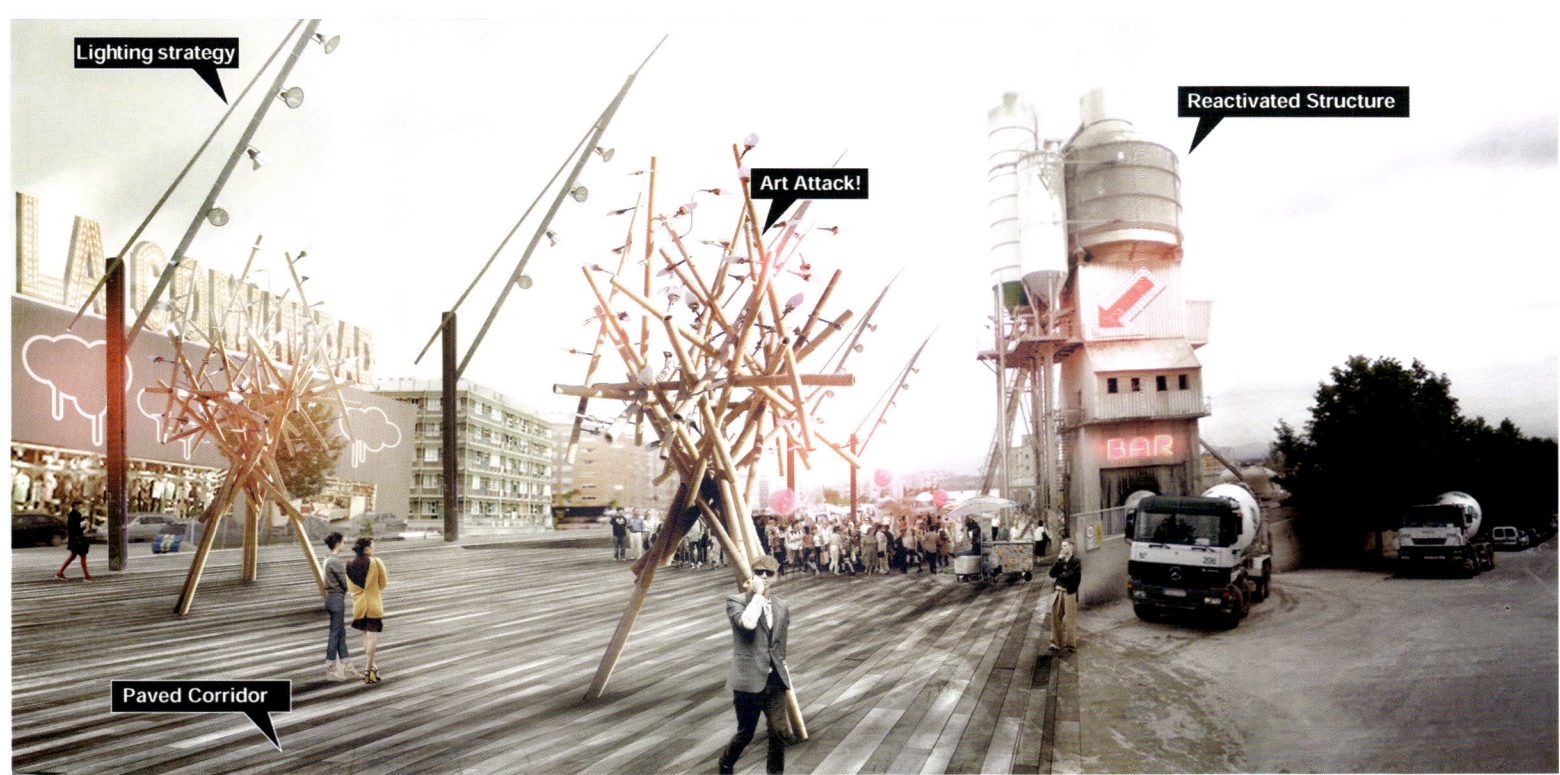

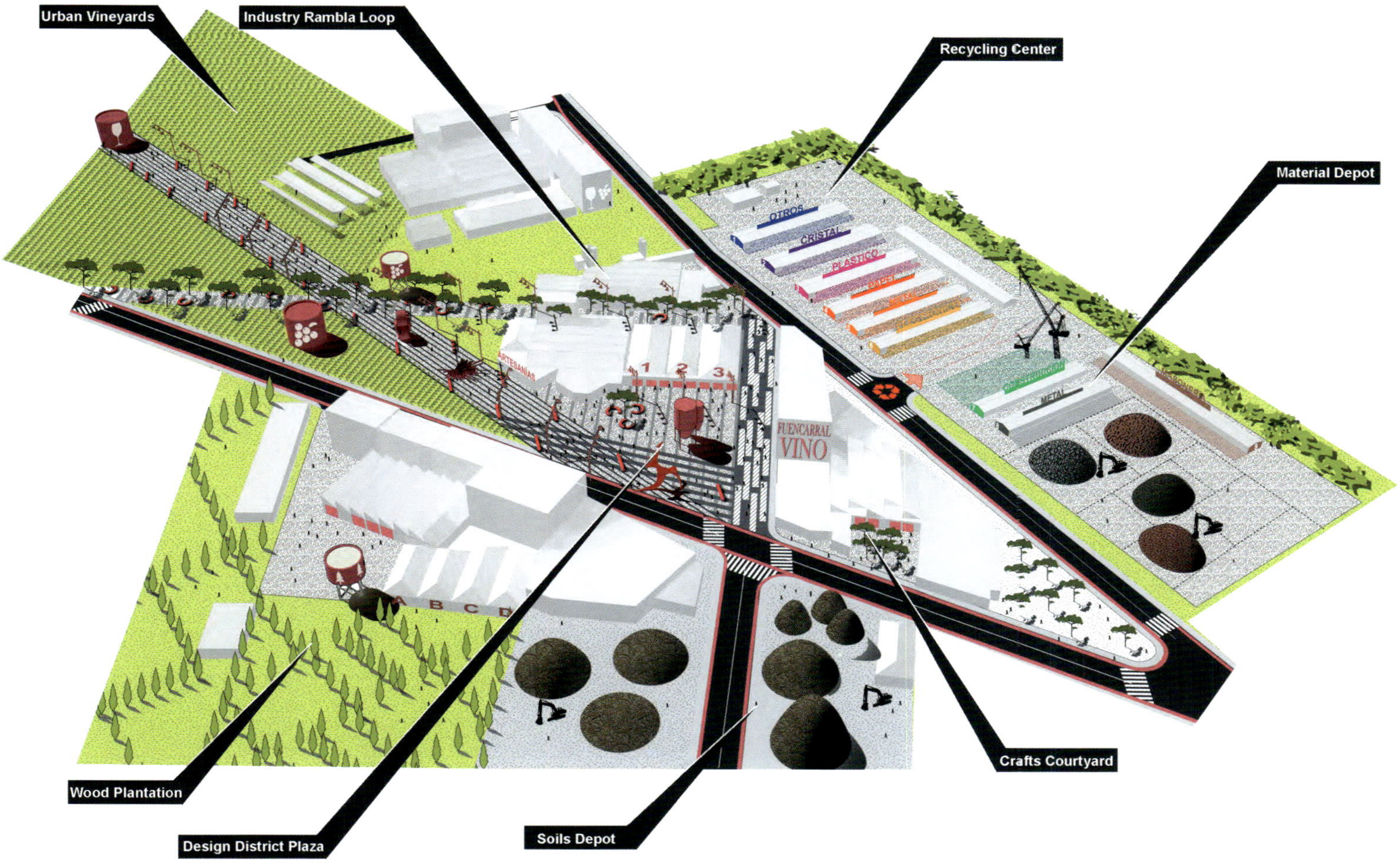
Urban Vineyards
Industry Rambla Loop
Recycling Center
Material Depot
OTROS
CRISTAL
PLASTICO
FUENCARRAL
VINO
Wood Plantation
Design District Plaza
Soils Depot
Crafts Courtyard

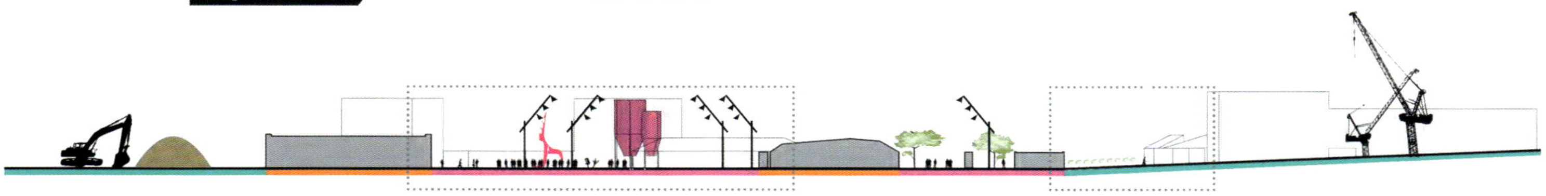

Lighting strategy
Reactivated Structure
Art Attack!
BAR
Paved Corridor

New industry rambla Nueva rambla industrial

**STRATEGY APPLICATION 03** APLICACIÓN DE ESTRATEGIAS 03

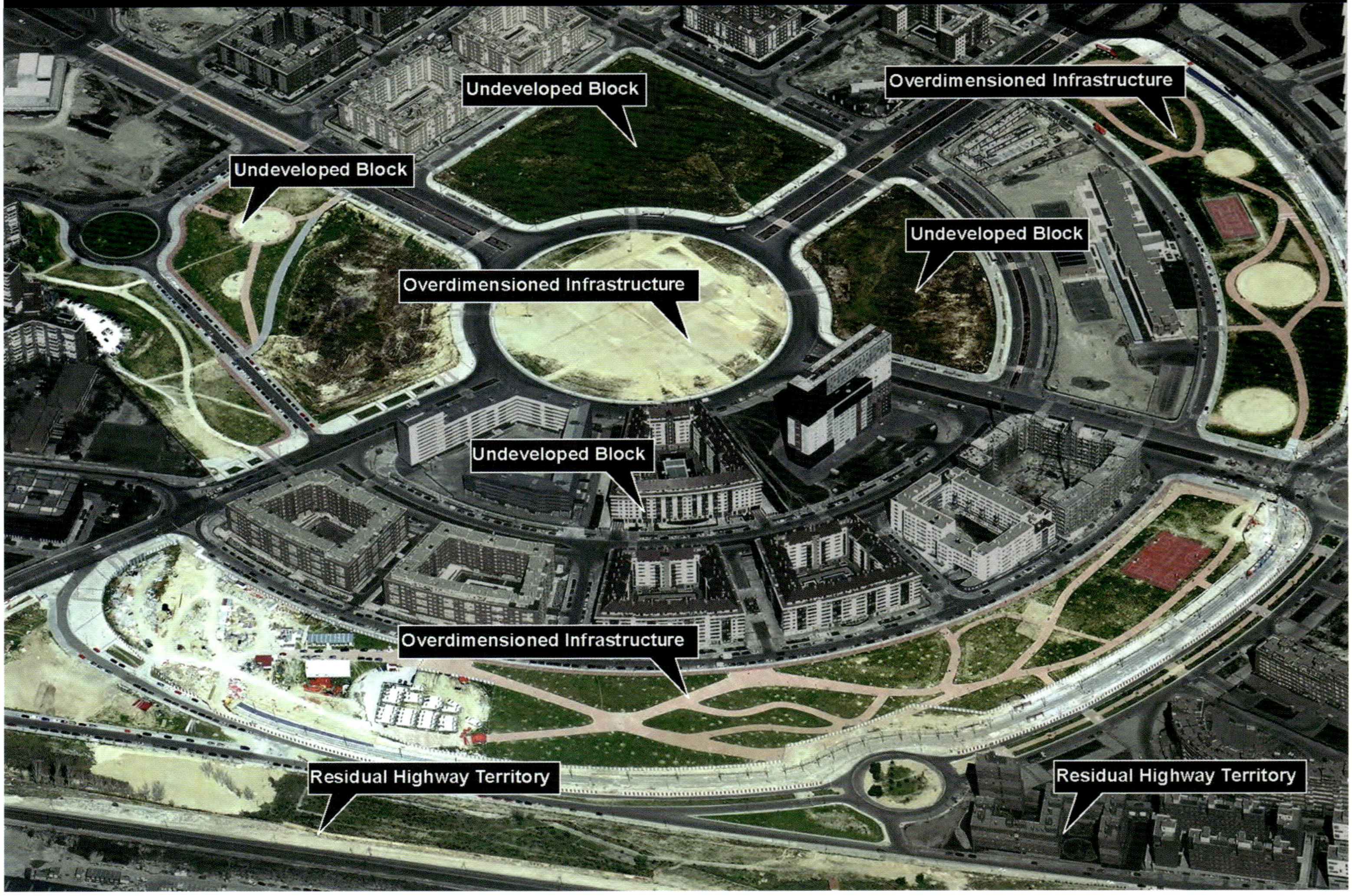
Undeveloped Block
Overdimensioned Infrastructure
Undeveloped Block
Undeveloped Block
Overdimensioned Infrastructure
Undeveloped Block
Overdimensioned Infrastructure
Residual Highway Territory
Residual Highway Territory

**Intervention area 7,000 Inhabitans - 55% Residual space** Área de intervención: 7.000 Habitantes, 55% de espacios residuales

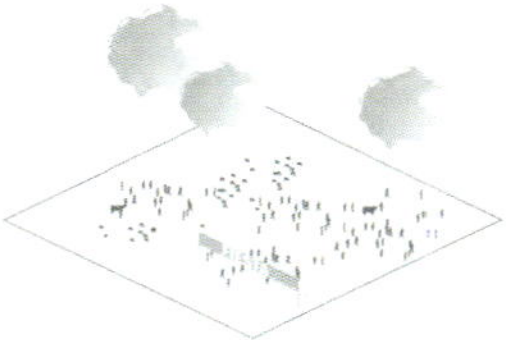

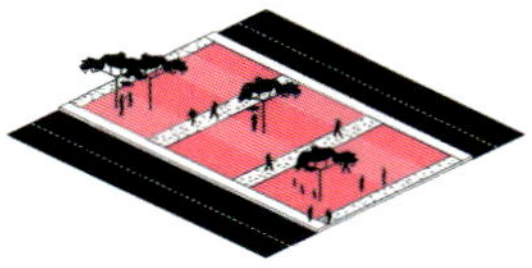

COMMUNITY GARDENS
JARDINES COMUNITARIOS

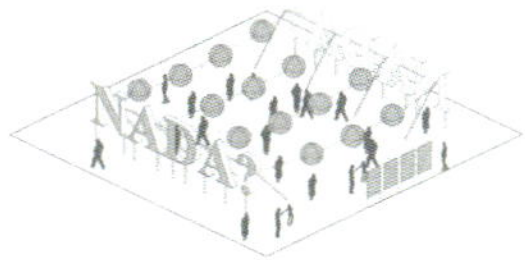

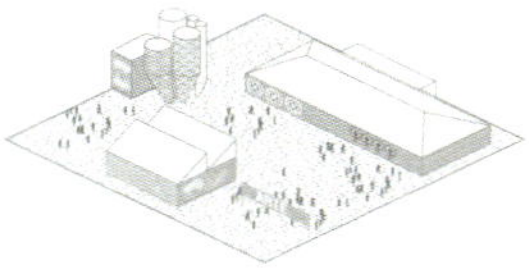

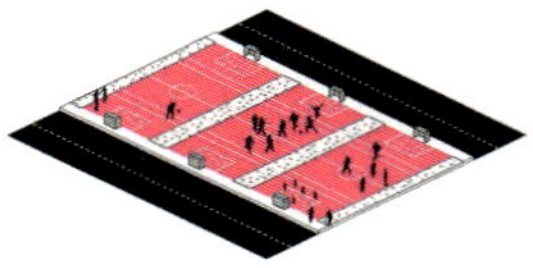

SPORTIFICATION
ACTIVIDADES DEPORTIVAS

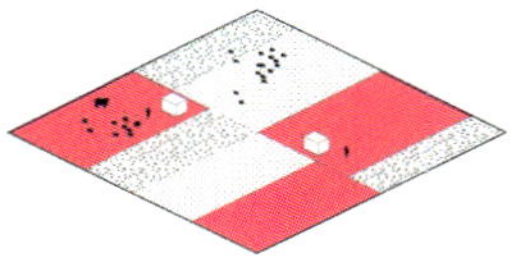

PARCELING
PARCELACIÓN AGRARIA

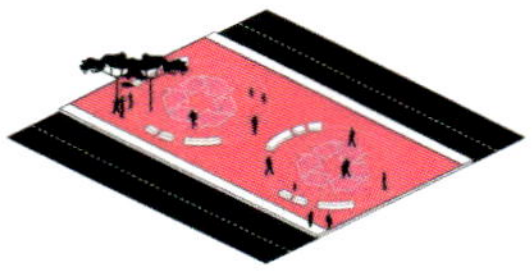

RECYCLING PLAZA
PLAZA DE RECICLADO

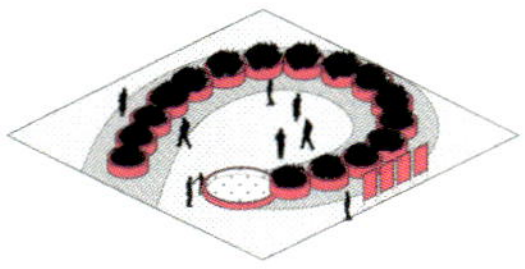

LIVING MACHINES
MÁQUINAS VIVIENTES

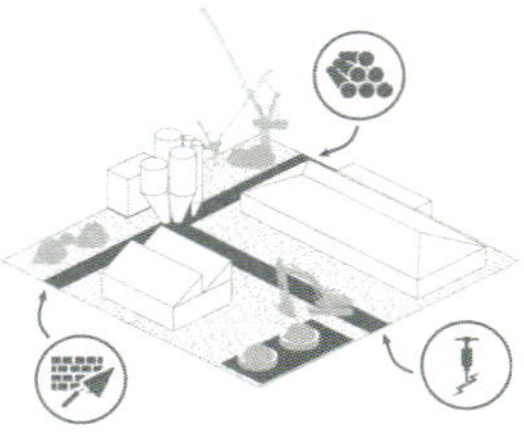

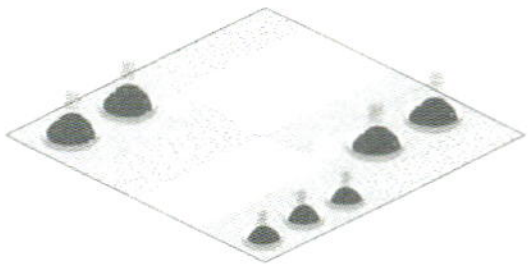

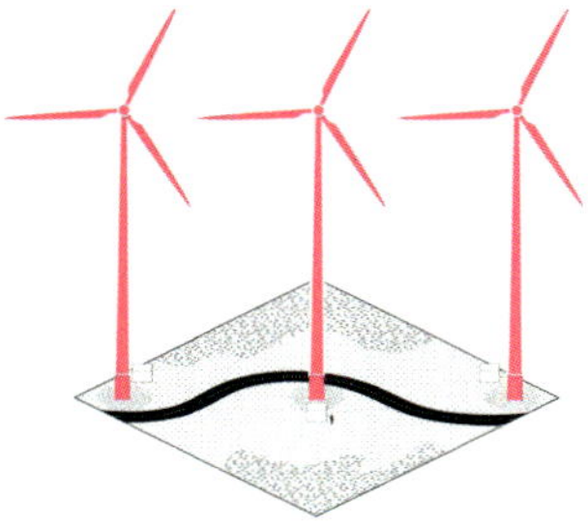

RENEWABLE ENERGY
ENERGÍA RENOVABLE

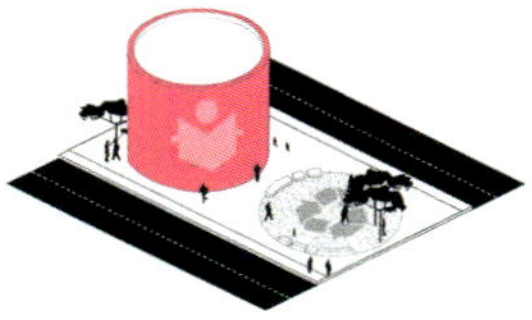

CIVIC AMENITY
EQUIPAMIENTO CÍVICO

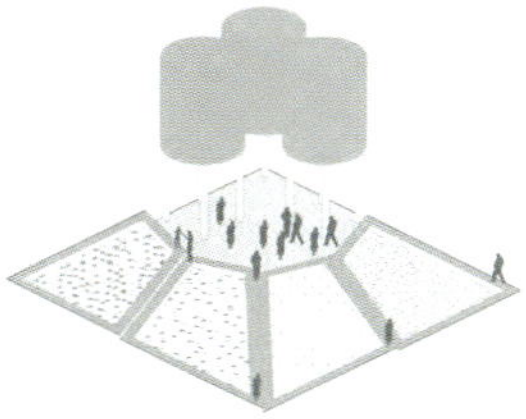

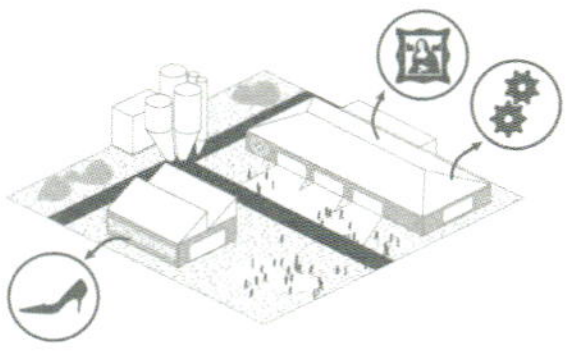

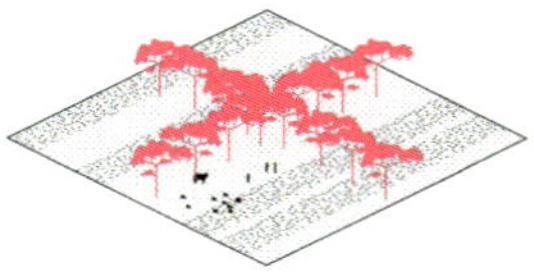

PLANTING STRATEGY
ESTRATEGIA DE PLANTACIÓN

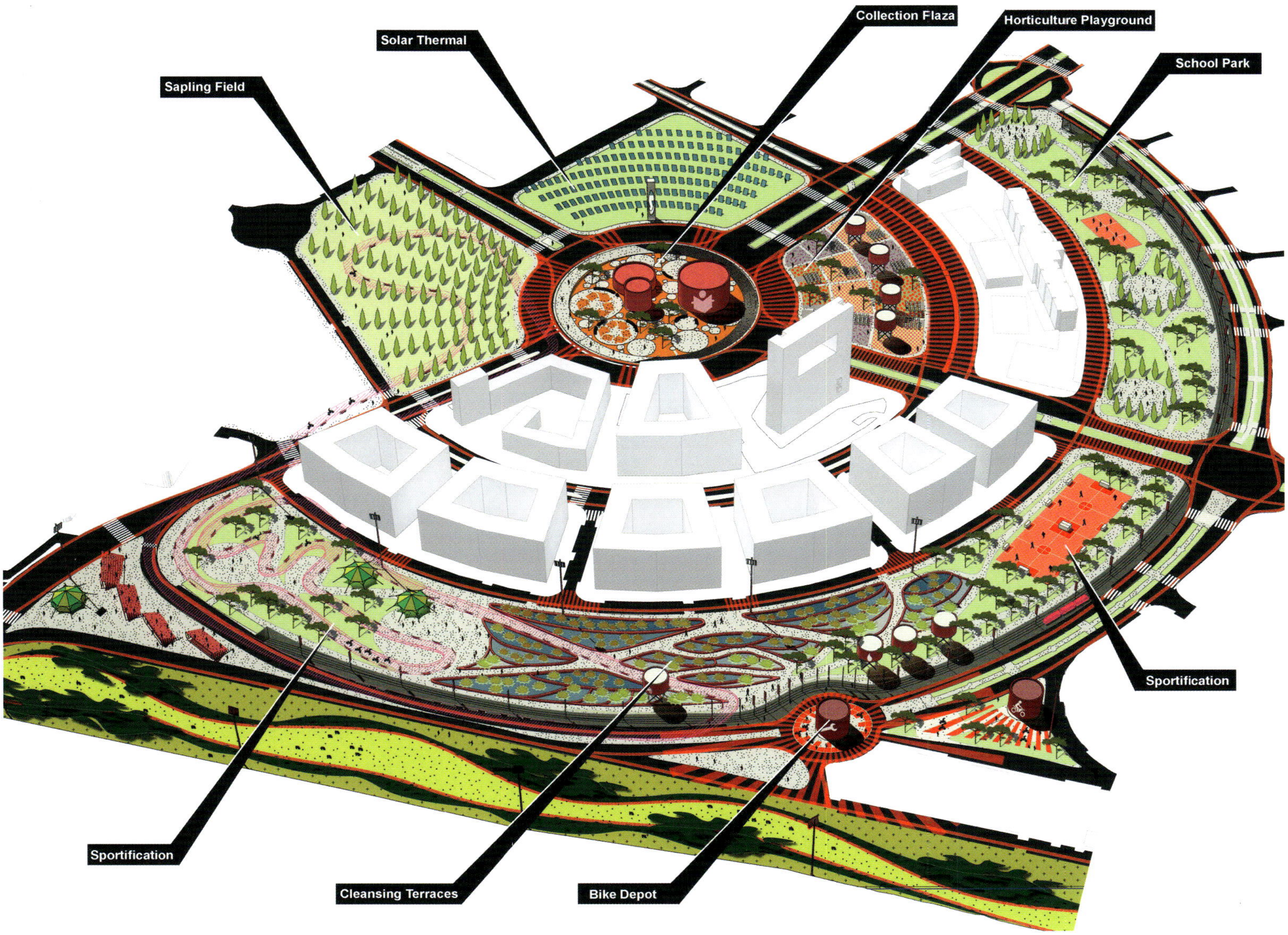

Sapling Field

Solar Thermal

Collection Flaza

Horticulture Playground

School Park

Sportification

Sportification

Cleansing Terraces

Bike Depot

Existing condition Estado actual

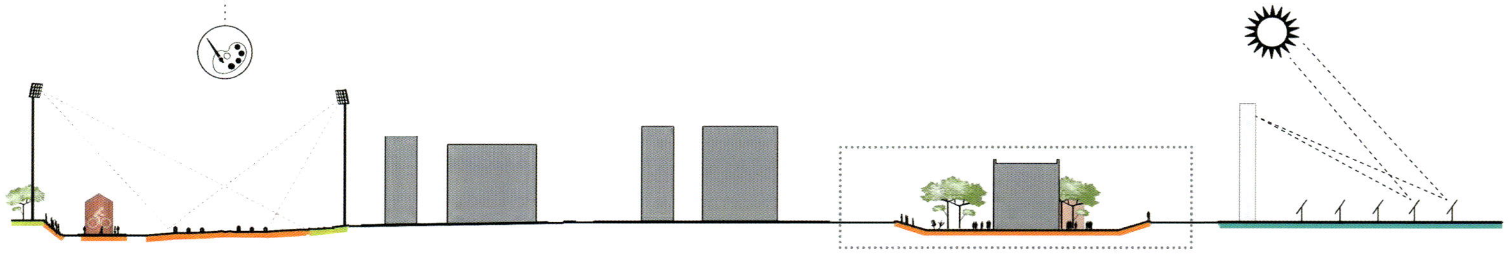

Civic amenity

Energy balloons - Art Attack

Events plaza

New bike paths

Collection plaza

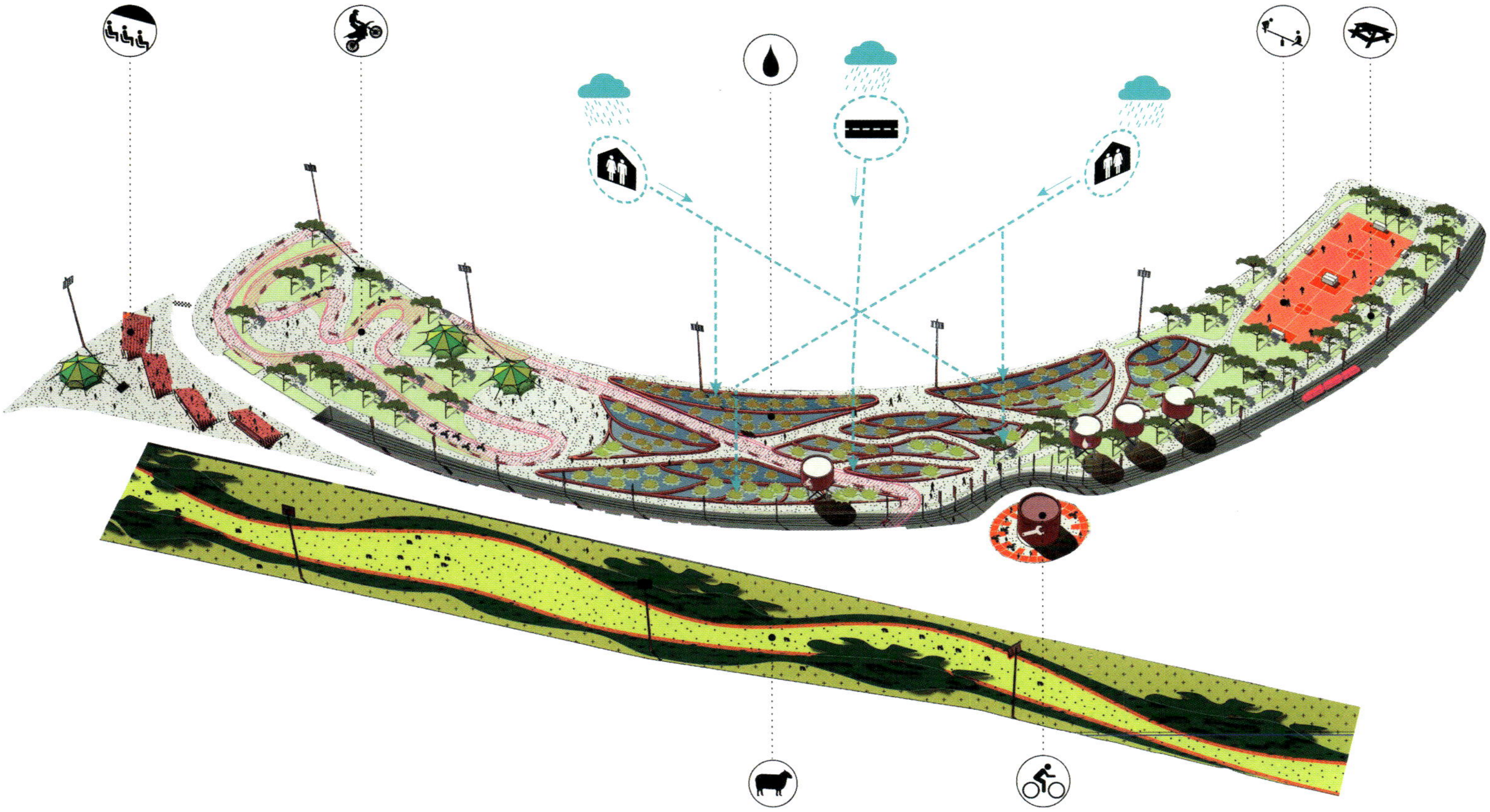

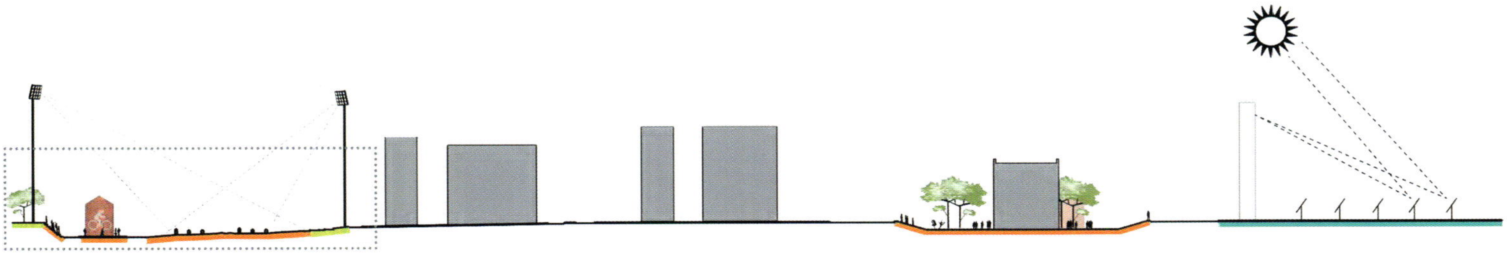

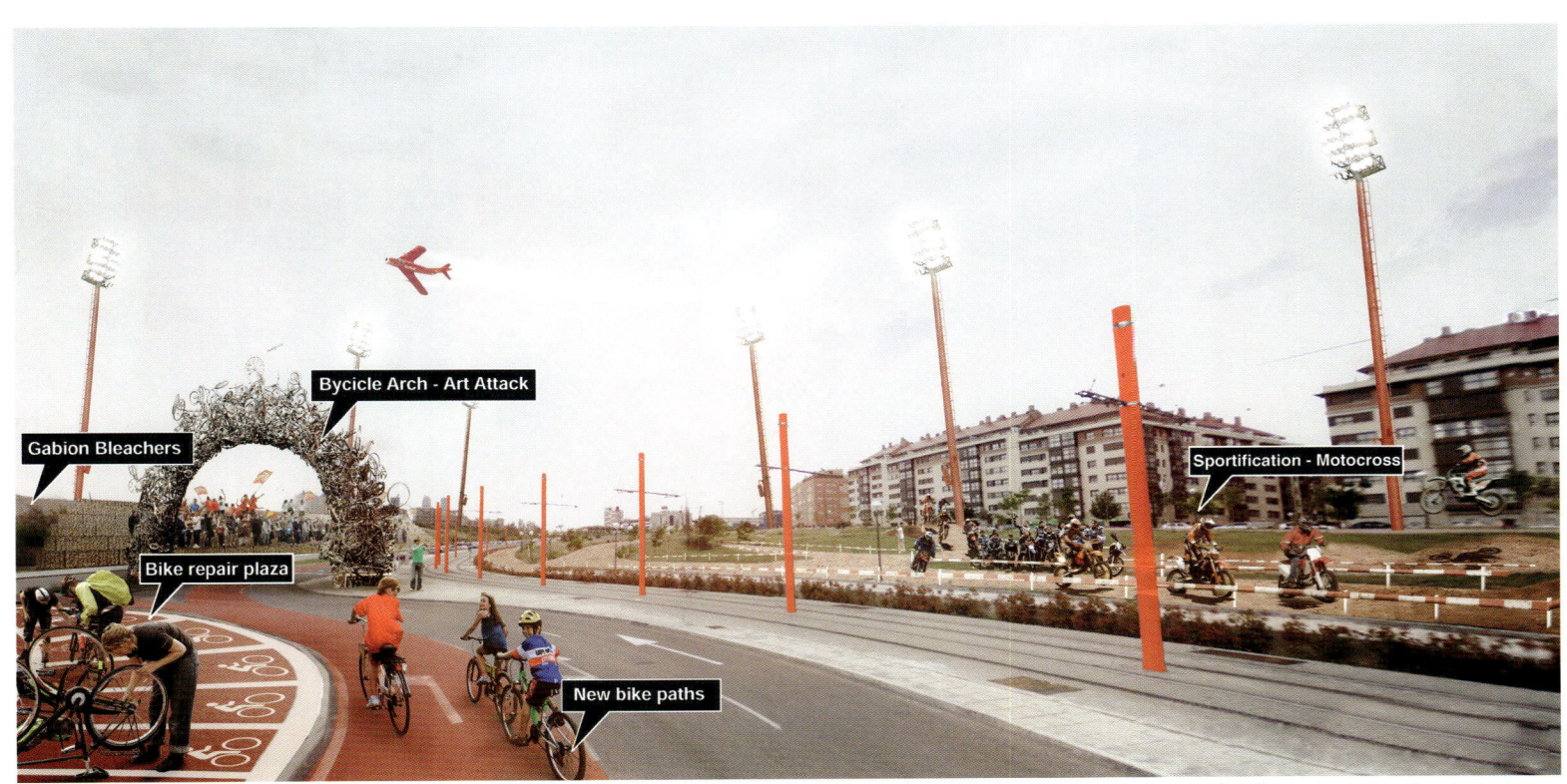

Gabion Bleachers
Bycicle Arch - Art Attack
Bike repair plaza
New bike paths
Sportification - Motocross

Sportification / motocross Deportes / motocross

# Credits

## ALDAYJOVER
Pages.....................................46-53

Architects:
Iñaki Alday y Margarita Jover
Project leader: Jesús Arcos
Collaborators: Ana Quintana,
Alina Fernandes, Raquel Villa,
Jordi Hernández, Marta Castañé,
Bruno Seve
Mobility: Bruno Remoué & associats
Photographer: José Hevia

## BURGOS GARRIDO, PORRAS LA CASTA, RUBIO A. SALA, WEST8
Pages.....................................64-93

Architects

Director
Ginés Garrido

Burgos & Garrido / Porras La Casta /
Rubio & Álvarez-Sala / West8

Design team
Team coordinator
Javier Malo de Molina

Madrid team
Samir Alaoui, Irene Álvarez de
Miranda, Jaime Álvarez,
Silvia Aydillo, Pierre Banchet,
María Bandrés, Araceli Barrero,
Carlos Carnicer, Rocío Caro,
Almudena Carro, Sergio del Castillo,
Alicia Colmenarejo,
Isabel Cuellas, Ángeles Fernández,
Mateo Fernández, Carlos Fernández,
María Jesús Franco, Juan Galbis,
Gabriela Galíndez, Pablo García,
Elena Garicano, Ignacio Gómez,
Eduardo González, Maya González,
Gabriela Hombravella,
Miguel Ángel López-Mir,
Raquel Lozano, Marina del Mármol,
Agustín Martín, Alberto Martín,
Rocío Martín, Raquel Marugán,
Juan José Mateos,
Gemma Montañéz,
Eleucidio Moreno, Víctor Muñoz,
María Ángeles Navarro,
Matías Nieto, Emilio Ontiveros,
María Ortega, Ana Palancarejo,
Susana Paz, María Perales,
Pedro Pitarch, Nerea del Pozo, Lucía
Prado, Jonás Prieto,
Pilar Recio, Marta Rogado,
Javier Rubio, Eduardo Ruiz de Assín,
Ramiro Sánchez, Marco de Simone,
Emma Simonsson, Juan Tur,
Alfonso Urbano, Elena Verdú,
Marta Villamor.

Rotterdam team
Christian Dobrick, Freek Boerwinkel,
Karsten Buchholz, Lennart van Dijk,
Juan Figueroa, Michael Gersbach,

Madalen Gonzalez, Enrique Ibáñez,
Joost Koningen, Sander Lap,
Silvia Lupini, Perry Maas,
Ricardo Minghini, Eva Recio,
Marta Roy, Carlos Saldarriaga,
Alexander Sverdlov, Mariana Siqueira
y Shachar Zur

Consultancies

General Engineering (Structure and
installations): TYPSA
Specialized Engineering: Fhecor
Ingenieros and Gestión de Proyectos
Engineering for Bridges: Fhecor
Ingenieros, Gestión de Proyectos,
Cesma Ingenieros and NB 35
Playground consultants: Richter
Spielgeräte / BDU
Environmental Engineering: Tecnoma
Lighting desing: ALS
Pedology: Fundación Conde Valle
Salazar ETS Ingenieros de Montes
Madrid
Botanical Consulting: SC Paisajismo
and Fundación Conde Valle Salazar
ETS Ingenieros de Montes Madrid
Historical maps: Departamento de
Ideación Gráfica y Arquitectónica
ETS Arquitectura Madrid
Graphic desing: Gráfica Futura
Models: MRío arquitectos, West8
and Blanca Pérez
3D renderings: MRío arquitectos,
West8 and Hpal
Photographers: Ayuntamiento de
Madrid, Javier Arpa, Javier Mozas

## GLOBAL ARQUITECTURA PAISAGISTA
Pages.....................................34-39

Clients: APL, Administração do Porto
de Lisboa, Camâra Municipal de
Lisboa, EDP
Coordination: Global, arquitectura
paisagista lda.
Designers: Global, arquitectura
paisajista (João Gomes da Silva),
P-06 atelier, ambientes e comunição,
Nuno Gusmão, Estela Pinto,
Pedro Anjos
Collaborators at Global, arquitectura
paisajista: Catarina Raposo
(landscape architect), Filipa Serra
(landscape architect), João Félix
(landscape architect), Leonor
Cardoso (landscape architect),
Monica Ravazzolo (architect),
Pedro Gusmão (landscape architect)
Colaborators at P-06 atelier,
ambientes e comunição: Giuseppe
Greco, Vera Sachetti, Miguel Matos,
Joana Prosperio, Miguel Cochofel,
Pedro Schreck
Photographer: João Delgado da
Silveira Ramos

## JAMES CORNER FIELD OPERATIONS
Pages.....................................122-125

Client: Delaware River Waterfront
Corporation
Design Team: James Corner, Lisa
Switkin, Jayyun Jung,
Yoshi Harada, Kimberly Cooper,
Andang Donghyouk Ahn
Consultants: Langan Engineering,
CHPlanning, VJ Associates (cost
estimation)
Photographers: Christian Carollo,
Edward and Suzanne Savaria

## JAMES CORNER FIELD OPERATIONS, DILLER SCOFIDIO + RENFRO
Pages.....................................126-141

Design Team (2004-2009)

James Corner Field Operations
(Project Leader)
Collaboration: James Corner Field
Operations and Diller Scofidio +
Renfro
James Corner Field Operations
(Project Lead)
Principal-in-Charge: James Corner
Lead Project Designers:
Lisa Tziona Switkin, Nahyun Hwang
Project Team: Sierra Bainbridge,
Elizabeth Fain, Tom Jost,
Danilo Martic, Tatiana von Preussen,
Maura Rockcastle, Lara Shihab-Eldin,
Heeyeun Yoon, Hong Zhou,
Karen Tamir

Diller Scofidio + Renfro
Partners: Elizabeth Diller,
Ricardo Scofidio, Charles Renfro
Project Designer: Matthew Johnson
Project Team: Robert Condon,
Tobias Hegemann,
Gaspar Libedinsky, Jeremy Linzee,
Miles Nelligan, Dan Sakai
Buro Happold (Structural / MEP
Engineering)
Principal: Craig Schwitter; Team:
Herbert Browne, Dennis Burton,
Andrew Coats, Anthony Curiale,
Mark Dawson, Beth Macri,
Sean O'Neill, Stan Wojnowski,
Zac Braun, David Bentley,
Elizabeth Devendorf, Alan Jackson,
Christian Forero, Joseph Vassilatos,
Edward falsetto, Stuart Bridgett,
Michael McGough
Robert Silman Associates (Structural
Engineering/Historic Preservation)
Joseph Tortorella, Andre Georges
Piet Oudolf (Planting Specialist)
L'Observatoire International
(Lighting)
Hervé Descottes,
Annette Goderbauer, Jeff Beck,

Jason Neches
Pentagram Design (Signage)
Paula Scher, Drew Freeman,
Rion Byrd, Jennifer Rittner
Northern Designs (Irrigation)
Michael Astram
GRB Services (Environmental
Engineering / Site Remediation)
Richard Barbour, Steven Panter,
Rose Russo
Philip Habib & Associates (Civil &
Traffic Engineering) Philip Habib,
Sandy Pae, Colleen Sheridan
Pine & Swallow Associates
(Soil Science) John Swallow,
Robert Pine, Mike Agonis
ETM Associates (Public Space
Management) Tim Marshall
CMS Collaborative (Water Feature
Engineering)
Edison Becker Bonjardim,
Roy Kaplan, Tanya Larson
VJ Associates (Cost Estimating)
Vijay Desai, Sushma Tammareddi,
Chongba Sherpa
Code Consultants Professional
Engineers (Code Consulting)
John McCormick,
Laurence J. Dallaire, Kevin Morin
Control Point Associates (Surveying)
Paul Jurkowski, Eneser Enerio
KM Associates (Expediting)
Joe Ganci

SECTION 1 CONSTRUCTION TEAM

LiRo/Daniel Frankfurt
(Resident Engineer)
SiteWorks (Landscape Construction
Management) Annette Wilkus
Helen Neuhaus & Associates
(Community Liaison)
KiSKA Construction
(General Contractor)
Bovis Lend Lease (Construction
Management)

SECTION 2 CONSTRUCTION TEAM

HDR + LiRo/Jim Eckhoff
(Resident Engineer)
SiteWorks (Landscape Construction
Management)
Annette Wilkus, Mary Leibrock
CAC (General Contractor)
Helen Neuhaus & Associates
(Community Liaison)
Bovis Lend Lease (Construction
Management)
Client: The City of New York
(NYC Department of Parks &
Recreation, Office of the Deputy
Mayor for Economic Development,
NYC Economic Development
Corporation, NYC Department of
City Planning), and Friends of the
High Line
Photographer: Iwan Baan

**JOSÉ ANTONIO MARTÍNEZ LAPEÑA & ELÍAS TORRES**

Architects: José Antonio Martínez
Lapeña, Elías Torres Tur
Client: Gerencia de Urbanismo,
Ayuntamiento de Sevilla
Collaborators at Martínez Lapeña
- Torres Arquitectos:
Borja-José Gutiérrez,
Josep Maria Manich, Cecilia Tham,
Luis Valiente,Pau Badia, Marc Marí,
Roger Panadès, Jose San Martín,
Jennifer Vera
Quantity surveyors: Juan Castro
Fuertes Alberto Fonto Prada,
Eduardo Vázquez López
Structural consulting: Gerardo
Rodríguez, Static
Contractor: Sando Construcciones
Photographers: Lourdes Jansana,
Javier Arpa, Ayuntamiento de Sevilla

**MICHAEL VAN VALKENBURGH ASSOCIATES**

Owner: Brooklyn Bridge Park
Development Corporation
Landscape Architect:
Michael Van Valkenburgh Associates
Engineer(s): AECOM (formerly
DMJM + Harris), Ysrael A. Seinuk, PC
Cost estimators: Accu-Cost
Construction Consultants
Civil, Marine, and MEP Engineers:
AECOM (formerly DMJM + Harris)
Acoustical Engineers:
Cerami Associates
Lighting Design:
Domingo Gonzalez Associates
Ecologists: Great Eastern Ecology
Architecture: Maryann Thompson
Architects (Pier 2 and Pier 6 Warming
Hut Architects)
Stormwater Reuse Consultants:
Nitsch Engineering
Irrigation: Northern Designs
Graphic Design: OPEN
Park Building Architect of Record:
Paulus, Sokolowski and Sartor
Soil Scientists:
Pine and Swallow Associates
Structural Engineers:
Richmond So Engineers
Water Feature Consultants:
R.J. Van Seters Company
Structural Engineers:
Ysrael A. Seinuk, PC
General contractor:
Skanska USA Building
Photographers: Elizabeth Felicella,
Alex MacLean, Jennifer Klein
(courtesy of Brooklyn Bridge Park),
Michael Van Valkenburgh Associates

**PAREDES.PINO ARQUITECTOS**

Developer: Procórdoba. Proyectos
de Córdoba Siglo XXI
Architect: Fernando G. Pino,
Manuel G. de Paredes
Collaborators: Raquel Blasco Fraile,
David Pérez Herranz
Consultants: Rafael Pérez Morales
(on-site supervision), Robert Brufau,
Xavier Aguiló, María José Camporro,
Boma (structures), Argu (mechanical
engineering)
Contractor: Ferrovial
Photographers: Paredes.Pino

**SLA**

Architect: SLA
Client: FredericiaC P/S
Photographers: SLA

**STOSSLU**

Designer: Stoss Landscape Urbanism
Principal, Lead Designer: Chris Reed,
Project managers: Scott Bishop,
Chris Muskopf
Design Team: Tim Barner,
Adrian Fehrmann, Kristin Malone,
Graham Palmer, Megan Studer
Collaborators: Vetter Denk, urban
design
Lighting design: Light THIS!
Structural, electrical, mechanical
engineering and wetland science:
GRAEF Anhalt Schloemer and
Associates
Photographer: Stoss Landscape
Urbanism

**STUDIO ASSOCIATO SECCHI-VIGANÒ**

Client: City of Antwerp
Architects: Studio Associato Secchi-
Viganò_Milano (directors: Bernardo
Secchi, Paola Viganò)
Collaborators:
Competition: Matteo Ballarin,
Nicla Dattomo, Uberto degli Uberti,
Steven Geeraert, Emanuel Giannotti,
Günter Pusch, Fabio Vanin
Executive project and construction:
Uberto degli Uberti,
Steven Geeraert, Emanuel Giannotti,
Günter Pusch, Kasumi Yoshida
Structural engineering: BAS,
Dirk Jaspaert con Marc De Kooning,
Filip Van de Voorde
Technical detail terrain: Dries Beys

**TOPOTEK 1**

Landscape Architects: Topotek 1
Collaborators: Rosemarie Trockel,
Catherine Venart
Client: City of Munich
Photographers: Hanns Joosten

**THE CITY THAT NEVER WAS**

Advanced Option Studio,
Spring 2011
Master of Landscape Architecture
University of Pennsylvania,
School of Design
Critic: Christopher Marcinkoski,
Assistant Professor
Students: Alejandro Vázquez,
James Tenyenhuis

# a+t magazine

Información detallada
**Detailed information**
**www.aplust.net**

**9. Baja tecnología Low tech**
136 Páginas Pages
Disponible sólo en Cd
Only available in Cd

**11. Capas Layers**
136 Páginas Pages
Disponible sólo en Cd
Only available in Cd

**12. Vivienda y flexibilidad Housing and flexibility (I)**
136 Páginas Pages
Disponible sólo en Cd
Only available in Cd

**13. Vivienda y flexibilidad Housing and flexibility (II)**
136 Páginas Pages
Disponible sólo en Cd
Only available in Cd

**14. Materiales sensibles Sensitive materials (I)**
136 Páginas Pages
Disponible sólo en Cd
Only available in Cd

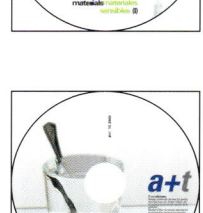

**15. Materiales sensibles Sensitive materials (II)**
136 Páginas Pages
Disponible sólo en Cd
Only available in Cd

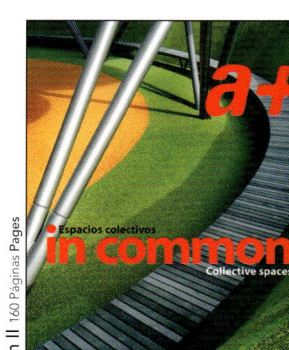

**24. Nueva materialidad New materiality II**
160 Páginas Pages
Disponible sólo en Cd
Only available in Cd

18. Tony Fretton architects 160 Páginas Pages

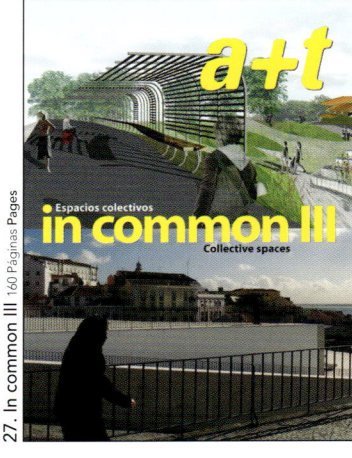

27. In common III 160 Páginas Pages

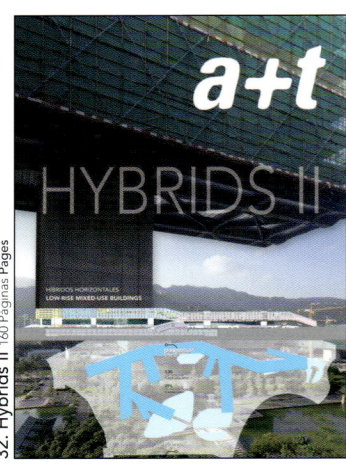

32. Hybrids II 160 Páginas Pages

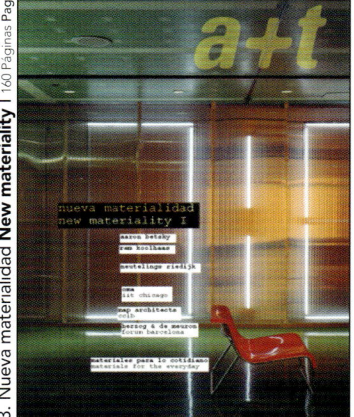

23. Nueva materialidad New materiality I 160 Páginas Pages

29. Civilities I 176 Páginas Pages

33-34. Hybrids III 272 Páginas Pages

25. In common I 160 Páginas Pages

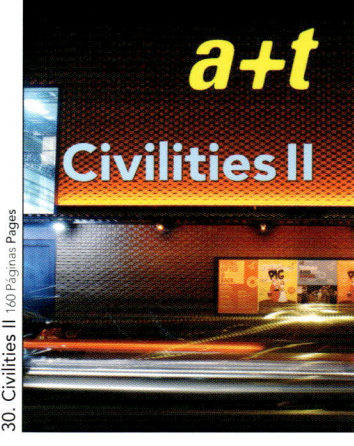

30. Civilities II 160 Páginas Pages

35-36. STRATEGY PUBLIC 320 Páginas Pages

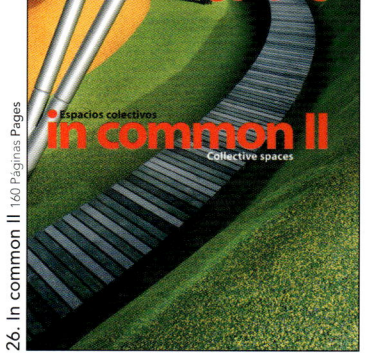

26. In common II 160 Páginas Pages

31. Hybrids I 168 Páginas Pages

37. STRATEGY SPACE 168 Páginas Pages

cionar els coneixements tècnics per fer possible el projecte: una ciutat de plàstic, efímera, basada en un sistema constructiu simple de figures geomètriques senzilles. Cilindres i esferes que s'interconnectaven i podien créixer segons les necessitats. La tecnologia es convertia en un instrument alliberador, a l'abast de qualsevol persona no experta. L'*Instant City* rebutjava ideològicament la ciutat com a espai que condiciona el comportament dels seus habitants. Alhora reivindicava el treball col·lectiu indissociable del lleure, com una manera de crear noves formes de convivència fonamentades en la creativitat.

El sopar d'inauguració del congrés va consistir en un cerimonial multicolor organitzat pels artistes Antoni Miralda, Jaume Xifra i Dorothée Selz, amb la col·laboració de Carles Santos al capdavant d'una orquestra. Els *Cerimonials* consistien en festes rituals en les quals l'attrezzo i el menjar de color tenien un paper protagonista i transgressor, que volia trencar la rigidesa de les convencions socialment establertes. Artistes i públic es confonien en la figura dels participants. Muntadas

## «L'ICSID d'Eivissa va ser un exemple de com es poden generar propostes imaginatives que estructurin nous models de comportament»

i Gonzalo Mezza van crear el *Vacuflex-3*, una escultura mòbil feta amb un tub de plàstic de color verd d'ús industrial de més de 150 metres de longitud. La intervenció interactiva consistia en l'experiència del trasllat manual del tub per diverses zones al voltant de la cala. La peça es va convertir en un objecte lúdic, que permetia modelar espontàniament formes diverses, crear inscripcions de paraules sobre la sorra o a l'aigua: l'art podia ser un joc. Josep Ponsatí va muntar sobre la cala de Sant Miquel una gran escultura mòbil inflable, feta amb grans globus de plàstic blanc, que va arribar a tenir uns quaranta metres de longitud. Les formes orgàniques eren variables, ja que estaven en constant moviment. Era una altra manera de fer art.

El congrés de l'ICSID a Eivissa va ser una experiència que va eixamplar el relat de les pràctiques experimentals dels anys setanta a Catalunya cap a l'arquitectura i el disseny. El congrés va donar veu a la diversitat de tendències i plantejaments generacionals en l'àmbit del disseny, que ja s'havien evidenciat a la dècada anterior amb l'escissió de l'escola Elisava i la creació d'Eina, que prioritzaven, respectivament, una visió més adreçada a la indústria i una concepció més humanística associada a l'art. Les activitats paral·leles, especialment l'*Instant City*, van tenir una gran resposta participativa, que es combinava amb el *do it yourself* del congrés. L'ICSID d'Eivissa va ser una experiència de socialització, un exemple de com l'energia del treball en comú, la vitalitat, la reflexió intel·lectual i el lleure es poden posar al servei de projectes de diàleg; i com poden generar propostes imaginatives que estructurin nous models de comportament. Tal com va afirmar Prada Poole parlant de l'*Instant City*, l'ICSID d'Eivissa va ser la constatació que «la utopia és possible».

## Activitats

Dijous 21 de juny, 19.30 h
**Taula rodona**
*La utopia és possible.* ICSID.
**Eivissa, 1971**
Amb José Díaz Cuyás, Daniel Giralt-Miracle i Teresa Grandas
Auditori MACBA. Entrada gratuïta.
Aforament limitat

Dilluns 16 de juliol, 19.30 h
**Visita comentada**
A càrrec de Daniel Giralt-Miracle i Teresa Grandas
(exclusiva per als Amics del MACBA)
Sales del Museu. Places limitades

Tardor 2012
**Taller i acció amb estudiants d'arquitectura per a la construcció d'un fragment de l'*Instant City***
Espais del Museu

## Visites guiades diàries

(incloses en l'entrada)
Feiners, 16 h i 18 h
Dissabtes, 13 h, 16 h i 18 h
Diumenges i festius, 13 h
En **català** dimecres i dissabtes
(16 h i 18 h) i diumenges (13 h)

Exposició organitzada pel MACBA i comissariada per Daniel Giralt-Miracle i Teresa Grandas

Més informació a www.macba.cat
i twitter.com/MACBA_Barcelona

**Museu d'Art Contemporani de Barcelona**
Plaça dels Àngels, 1
08001 Barcelona
www.macba.cat

**Horaris**
Feiners, d'11 a 19.30 h
(del 25 de juny al 24 de setembre, d'11 a 20 h)
Dissabtes, de 10 a 20 h
Diumenges i festius, de 10 a 15 h
Dimarts no festius, tancat
Dilluns, obert

Patrocinadors de comunicació:

Amb la col·laboració de:

Col·legi d'Arquitectes de Catalunya

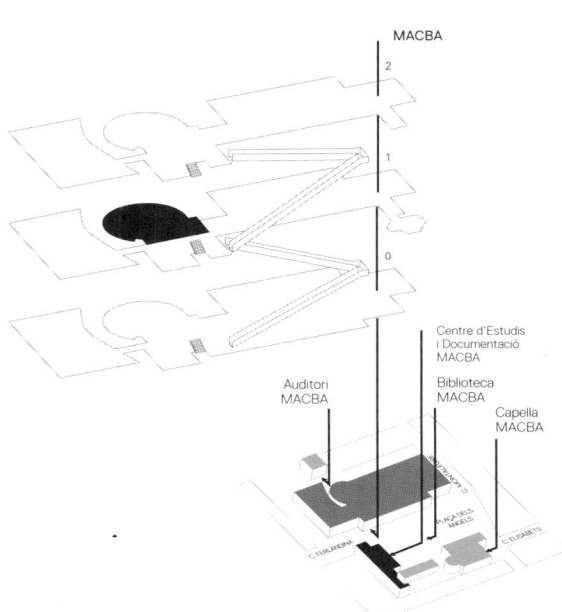

## La utopia és possible

ICSID. Eivissa, 1971

21 juny 2012 – 20 gener 2013

*Instant City*, 1971. Arxiu José Miguel de Prada Poole

Del 14 al 16 d'octubre de 1971 va tenir lloc a Eivissa el VII Congrés de l'International Council of Societies of Industrial Design (ICSID), organitzat per l'Agrupació de Disseny Industrial del Foment de les Arts Decoratives (ADI/FAD). El que podia haver estat una trobada professional convencional es va convertir en un esdeveniment sense precedents a l'Estat espanyol. En tres dies, no només es va fer un congrés obert que potenciava l'intercanvi i les discussions entre professionals i estudiants; l'ICSID d'Eivissa es va concebre com un punt de confluència entre el disseny i les formes més experimentals de l'art i l'arquitectura de l'època en el nostre país. En aquest sentit, va precedir els Encuentros de Pamplona, que es van celebrar l'any següent i van prolongar en un context urbà l'esperit innovador que l'ICSID inseria en un entorn natural. L'exposició pretén rememorar el que va ser aquell esdeveniment i les idees que poden ser útils avui: sostenibilitat, participació, solidaritat, noves relacions indústria-societat i el paper alliberador de l'experiència de l'art. L'exposició es compon de material documental, fotografies i pel·lícules, procedents de diversos arxius i de fons del MACBA.

L'ICSID de 1971 es va celebrar a la cala de Sant Miquel, fora de les habituals seus urbanes. En el context de la dictadura franquista, dominat per la repressió, la censura i la manca de llibertats, Eivissa era un entorn que es mantenia encara força verge, poc urbanitzat. Gràcies als intel·lectuals i artistes que des dels anys trenta s'hi havien anat instal·lant (com Hausmann, Benjamin o els arquitectes del GATCPAC), l'avantguarda i la transgressió convivien amb una cultura rural, molt permissiva amb el visitant i capaç de conciliar les diferències estètiques i socials. El fet de situar l'activitat en una platja oferia l'ambient de recolliment i de trobada que es pretenia aconseguir. Entre els membres de l'equip organitzador, hi havia André Ricard, Joan Antoni Blanc, Enric Tous, Ferran Freixa, Daniel Giralt-Miracle, Francesc Pernas o el Grup Obert de Disseny Urquinaona.

El congrés volia defugir per principi qualsevol programació. Es va estructurar en sales de reunions (en els dos hotels de la cala), on es feien presentacions i discussions sobre temes de disseny, urbanisme, art, noves tecnologies i pensament. Alguns del participants en aquestes reunions van ser el filòsof Xavier Rubert de Ventós, que va parlar sobre el puritanisme en el disseny; l'artista José María Yturralde, amb col·laboradors del Centro de Cálculo de la Universidad Complutense de Madrid, que van mostrar les possibilitats de l'aplicació dels ordinadors al disseny; Jordi Cerdà, llavors estudiant de l'Escola Massana, que va presentar el seu estudi sobre el temps amb la utilització del cinema com a mitjà; o un grup d'estudiants de l'escola Eina, encapçalats per Lluís Pau, que va fer una reflexió crítica sobre la situació del disseny al nostre país. Als hotels també s'hi va celebrar un concert de Pau Riba i s'hi van presentar mostres de l'artesania popular eivissenca i el disseny actual, alhora que l'empresa Olivetti introduïa l'*Implicor*, un innovador sistema audiovisual múltiple. Coincidint amb el congrés, el Museu d'Art Contemporani d'Eivissa va organitzar una exposició sobre art cinètic, programat i tecnològic.

Paral·lelament es van organitzar una sèrie d'esdeveniments que vinculaven el disseny amb altres llenguatges. Un dels més destacats va ser l'*Instant City*, un projecte que s'inscrivia en les recerques sobre les possibilitats que oferien nous materials com els plàstics i el seu ús en inflables. Si bé inicialment aquests materials s'havien aplicat a finalitats militars, als anys seixanta s'adapten a la vida quotidiana i al lleure. Grups com Archigram i Haus-Rucker-Co, o arquitectes com Frei Otto i Hans Walter Müller en són bons exemples. L'*Instant City* es va crear per facilitar allotjament als estudiants que assistien al congrés. Carlos Ferrater i Fernando Bendito, llavors estudiants d'arquitectura, es van constituir en el Comitè Ad Hoc i van redactar, amb Lluís Racionero, el *Manifest de l'Instant City*. El manifest, al qual es va donar una àmplia difusió internacional, feia una crida a la participació per construir una ciutat que es basaria en el treball com a vehicle de comunicació. José Miguel de Prada Poole, professor a la Universitat Politécnica de Madrid i especialista en arquitectures inflables, va propor-

profesor en la Universidad Politécnica de Madrid y especialista en arquitecturas hinchables, proporcionó los conocimientos técnicos para hacer posible el proyecto: una ciudad de plástico, efímera, basada en un sistema constructivo simple de figuras geométricas sencillas. Cilindros y esferas que se interconectaban y podían crecer según las necesidades. La tecnología se convertía en un instrumento liberador, al alcance de cualquier persona no experta. La *Instant City* rechazaba ideológicamente la ciudad como espacio que condiciona el comportamiento de sus habitantes. Asimismo reivindicaba el trabajo colectivo indisociable del ocio, como un modo de crear nuevas formas de convivencia basadas en la creatividad.

La cena de inauguración del congreso consistió en un ceremonial multicolor organizado por los artistas Antoni Miralda, Jaume Xifra y Dorothée Selz, con la colaboración de Carles Santos al frente de una orquesta. Los *Ceremoniales* consistían en fiestas rituales en las que el atrezo y la comida de color tenían un papel protagonista y transgresor, que quería romper la rigidez de las

## «El ICSID de Ibiza fue un ejemplo de cómo pueden generarse propuestas imaginativas que estructuren nuevos modelos de comportamiento»

convenciones sociales. Artistas y público se confundían en la figura de los participantes. Muntadas y Gonzalo Mezza crearon el *Vacuflex-3*, una escultura móvil hecha con un tubo de plástico de color verde de uso industrial de más de 150 metros de longitud. La intervención interactiva consistía en la experiencia del traslado manual del tubo por varias zonas alrededor de la cala. La pieza se convirtió en un objeto lúdico, que permitía modelar espontáneamente formas diversas, crear inscripciones de palabras sobre la arena o en el agua: el arte podía ser un juego. Josep Ponsatí construyó sobre la cala de Sant Miquel una gran escultura móvil hinchable, realizada con grandes globos de plástico blanco, que llegó a tener unos cuarenta metros de longitud. Las formas orgánicas eran variables, ya que estaban en constante movimiento. Era otra manera de hacer arte.

El congreso del ICSID en Ibiza fue una experiencia que amplió el relato de las prácticas experimentales de los años setenta en Cataluña con la incorporación de la arquitectura y el diseño. El congreso dio voz a la diversidad de tendencias y planteamientos generacionales en el ámbito del diseño, que ya se habían evidenciado en la década anterior con la escisión de la escuela Elisava y la creación de Eina, que priorizaban, respectivamente, una visión más enfocada a la industria y una concepción más humanística asociada al arte. Las actividades paralelas, especialmente la *Instant City*, tuvieron una gran respuesta participativa, que se combinaba con el *do it yourself* del congreso. El ICSID de Ibiza fue una experiencia de socialización, un ejemplo de cómo la energía del trabajo en común, la vitalidad, la reflexión intelectual y el ocio pueden ponerse al servicio de proyectos de diálogo; y de cómo pueden generar propuestas imaginativas que estructuren nuevos modelos de comportamiento. Tal como afirmó Prada Poole a propósito de la *Instant City*, el ICSID de Ibiza fue la constatación de que «la utopía es posible».

## Actividades

Jueves 21 de junio, 19.30 h
**Mesa redonda**
*La utopía es posible*. ICSID.
**Eivissa, 1971**
Con José Díaz Cuyás, Daniel Giralt-Miracle y Teresa Grandas
Auditorio MACBA. Entrada gratuita.
Aforo limitado

Lunes 16 de julio, 19.30 h
**Visita comentada**
A cargo de Daniel Giralt-Miracle y Teresa Grandas
(exclusiva para los Amigos del MACBA)
Salas del Museo. Plazas limitadas

Otoño 2012
**Taller y acción con estudiantes de arquitectura para la construcción de un fragmento de la *Instant City***
Espacios del Museo

## Visitas guiadas diarias

(incluidas en la entrada)
Laborables, 16 h y 18 h
Sábados, 13 h, 16 h y 18 h
Domingos y festivos, 13 h
En **castellano** los jueves y viernes (16 h y 18 h) y sábados (13 h)

Exposición organizada por el MACBA y comisariada por Daniel Giralt-Miracle y Teresa Grandas

Más información en www.macba.cat y twitter.com/MACBA_Barcelona

**Museu d'Art Contemporani de Barcelona**
Plaça dels Àngels, 1
08001 Barcelona
www.macba.cat

**Horarios**
Laborables, de 11 a 19.30 h
(del 25 de junio al 24 de septiembre, de 11 a 20 h)
Sábados, de 10 a 20 h
Domingos y festivos, de 10 a 15 h
Martes no festivos, cerrado
Lunes, abierto

Patrocinadores de comunicación:

Con la colaboración de:

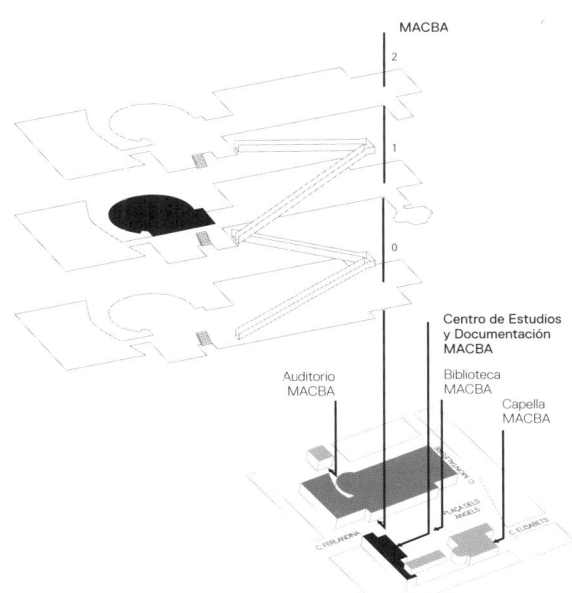

MUSEU
D'ART CONTEMPORANI
DE BARCELONA

## La utopía es posible
## ICSID. Eivissa, 1971
## 21 junio 2012 – 20 enero 2013

*Instant City*, 1971. Archivo José Miguel de Prada Poole

Del 14 al 16 de octubre de 1971 tuvo lugar en Ibiza el VII Congreso del International Council of Societies of Industrial Design (ICSID), organizado por la Agrupació de Disseny Industrial del Foment de les Arts Decoratives (ADI/FAD). Lo que podía haber sido un encuentro profesional convencional se convirtió en un acontecimiento sin precedentes en España. En tres días, no solo se hizo un congreso abierto que potenciaba el intercambio y las discusiones entre profesionales y estudiantes; el ICSID de Ibiza se concibió como un punto de confluencia entre el diseño y las formas más experimentales del arte y la arquitectura de la época en nuestro país. En este sentido, precedió a los Encuentros de Pamplona, que se celebraron al año siguiente y prolongaron en un contexto urbano el espíritu innovador que el ICSID insertaba en un entorno natural. La exposición pretende rememorar lo que fue aquel acontecimiento y las ideas que pueden resultar útiles hoy: sostenibilidad, participación, solidaridad, nuevas relaciones industria-sociedad y el papel liberador de la experiencia del arte. La exposición se compone de material documental, fotografías y películas, procedentes de diversos archivos y de fondos del MACBA.

El ICSID de 1971 se celebró en la cala de Sant Miquel, fuera de las habituales sedes urbanas. En el contexto de la dictadura franquista, dominado por la represión, la censura y la falta de libertades, Ibiza era un entorno que se conservaba en gran medida virgen, poco urbanizado. Gracias a los intelectuales y artistas que se habían ido instalando allí desde los años treinta (como Hausmann, Benjamin o los arquitectos del GATCPAC), la vanguardia y la transgresión convivían con una cultura rural, muy permisiva con el visitante y capaz de conciliar las diferencias estéticas y sociales. El hecho de emplazar la actividad en una playa ofrecía el ambiente de recogimiento y de encuentro que se pretendía conseguir. Entre los miembros del equipo organizador, estaban André Ricard, Joan Antoni Blanc, Enric Tous, Ferran Freixa, Daniel Giralt-Miracle, Francesc Pernas o el Grupo Abierto de Diseño Urquinaona.

El congreso quería evitar por principio cualquier programación. Se estructuró en salas de reuniones (en los dos hoteles de la cala), en las que se llevaban a cabo presentaciones y debates sobre temas de diseño, urbanismo, arte, nuevas tecnologías y pensamiento. Entre los participantes en estas reuniones destacan el filósofo Xavier Rubert de Ventós, que habló sobre el puritanismo en el diseño; el artista José María Yturralde, con colaboradores del Centro de Cálculo de la Universidad Complutense de Madrid, que mostraron las posibilidades de la aplicación de los ordenadores al diseño; Jordi Cerdà, entonces estudiante de la Escola Massana, quien presentó su estudio sobre el tiempo utilizando el cine como medio; o un grupo de estudiantes de la escuela Eina, encabezados por Lluís Pau, que hizo una reflexión crítica sobre la situación del diseño en nuestro país. En los hoteles también se celebró un concierto de Pau Riba y se presentaron muestras de artesanía popular ibicenca y de diseño actual, al tiempo que la empresa Olivetti introducía el *Implicor*, un innovador sistema audiovisual múltiple. Coincidiendo con el congreso, el Museo de Arte Contemporáneo de Ibiza organizó una exposición sobre arte cinético, programado y tecnológico.

Paralelamente se organizaron una serie de eventos que vinculaban el diseño a otros lenguajes. Uno de los más singulares fue la *Instant City*, un proyecto que se inscribía en las investigaciones sobre las posibilidades que ofrecían nuevos materiales como los plásticos y su uso en hinchables. Si bien inicialmente esos materiales se habían aplicado a fines militares, en los años sesenta se adaptan a la vida cotidiana y al ocio. Grupos como Archigram y Haus-Rucker-Co, o arquitectos como Frei Otto y Hans Walter Müller son buenos ejemplos de esta tendencia. La *Instant City* se creó para facilitar alojamiento a los estudiantes que asistían al congreso. Carlos Ferrater y Fernando Bendito, entonces estudiantes de arquitectura, se constituyeron en el Comité Ad Hoc y redactaron, junto a Luis Racionero, el *Manifiesto de la Instant City*. El manifiesto, al cual se dio una amplia difusión internacional, hacía un llamamiento a la participación para construir una ciudad que se basaría en el trabajo como vehículo de comunicación. José Miguel de Prada Poole,

pisos. El resultado deparó, citando al propio artista, «un animado paseo con vistas interiores mutando sin cesar». Algunas fotografías de la época muestran a los visitantes moviéndose por las entrañas del edificio, avanzando con cautela entre muros a medio derribar y suelos que permiten otear los pisos inferiores. François Verresen, que fue asistente de Matta-Clark para esta obra, nos recuerda los esfuerzos para garantizar que el lugar en el que había trabajado el artista siguiera siendo seguro a pesar de los cortes, extracciones y ataques a la estructura, pues también debía ser lugar de exposición. Una película documental realizada por Eric Convents y Roger Steylaerts revela la dureza del trabajo que implicó llevar a cabo *Office Baroque* con medios tan precarios y escasas medidas de seguridad.

## «*Office Baroque* sucumbió a la dinámica del valor inmobiliario»

Entre el 8 de octubre y el 6 de noviembre de 1977, el Internationaal Cultureel Centrum (ICC) de Amberes expuso varios montajes fotográficos que recreaban complejas vistas del interior de *Office Baroque*. Hasta allí se trasladaron algunos vestigios del edificio, esculturas que adoptaban la forma de un bote de remos. El inmueble, lejos de ser demolido inmediatamente, se mantuvo hasta 1980. Florent Bex, director del ICC y promotor de *Office Baroque*, inició una campaña para evitar su destrucción. La obra de Gordon Matta-Clark debía constituir el núcleo del futuro museo de arte contemporáneo de Amberes. A diferencia de otros proyectos condenados a desaparecer en el mismo momento en que tomaban forma, este podría permanecer. Un conjunto de fotografías demuestra que se tomaron las medidas oportunas para proceder a su conservación. Pero antes de que caducara el permiso municipal para su demolición, la orden de derribo fue ejecutada. La misma condición administrativa que había permitido al artista intervenir en el antiguo edificio de oficinas puso fin al limbo temporal en el que se encontraba *Office Baroque*. El 3 de junio de 1980 la *Gazet van Antwerpen* recogía la noticia. *Office Baroque* sucumbía a la dinámica del valor inmobiliario. Matta-Clark había desplegado su trabajo justo en ese intersticio en el que la propiedad del suelo aguarda una plusvalía inminente.

*Portfolio Office Baroque*, un conjunto de más de cuarenta fotografías en blanco y negro que documentan un gran número de las acciones del artista realizadas a los largo de los setenta, reúne una amplia gama de esas situaciones locales. En todas las intervenciones la obra funciona como indicador de una transición, se instala en un espacio intermedio, allí donde se han producido vacíos o huecos. De ahí que un proyecto como *Sky Hooks* persiguiera una ocupación liviana del espacio mediante globos de aire caliente y la elevación de las estructuras. Peter Fend, encargado de hacer realidad estas ideas de Matta-Clark, recuerda que el artista le mostraba dibujos de principios del siglo XX de Estados Unidos, en los que Manhattan o Chicago se convertían en una selva de pasarelas elevadas, extendidas entre numerosos edificios terminados en forma de templo. Tal como ha afirmado Fend, «a partir de entonces la densidad estaría en el aire, no en el suelo».

## Actividades

Martes 12 de junio, 19 h
**Mesa redonda**
*Reconstruyendo «Office Baroque»*
**Florent Bex**, director honorario de Museum van Hedendaagse Kunst (M HKA) de Amberes y exdirector del Internationaal Cultureel Centrum (ICC), Amberes
**Cherica Convents**, autora y directora de la película *Office Baroque*
**François Verresen**, asistente de Gordon Matta-Clark en *Office Baroque*
**Leen Gysen**, coordinadora del proyecto Visual Arts Flanders 2012
**Harold Berg**
**Carles Guerra**, conservador jefe del MACBA. Entrada gratuita
Auditorio MACBA. Entrada gratuita
Aforo limitado
Con traducción simultánea

Lunes 25 de junio, 19.30 h
**Visita comentada**
A cargo de **Carles Guerra**, conservador jefe del MACBA
(exclusiva para los Amigos del MACBA)
Salas del Museo. Plazas limitadas

Miércoles 27 de junio, 18.30 h
**Visita comentada**
A cargo de **Carles Guerra**, conservador jefe del MACBA
Acceso con la entrada al Museo
Salas del Museo. Plazas limitadas

## Visitas guiadas diarias

(incluidas en la entrada)
Laborables, 16 h y 18 h
Sábados, 13 h, 16 h y 18 h
Domingos y festivos, 13 h
En **castellano** los jueves y viernes (18 h) y sábados (13 h)

Más información en www.macba.cat y twitter.com/MACBA_Barcelona

**Museu d'Art Contemporani de Barcelona**
Plaça dels Àngels, 1
08001 Barcelona
www.macba.cat

**Horarios**
Laborables, de 11 a 19.30 h (del 25 de junio al 24 de septiembre, de 11 a 20 h)
Sábados, de 10 a 20 h
Domingos y festivos, de 10 a 15 h
Martes no festivos, cerrado
Lunes, abierto

Con la colaboración de:

Espacio de lectura cedido por:

**LA CENTRAL**

Patrocinadores de comunicación:

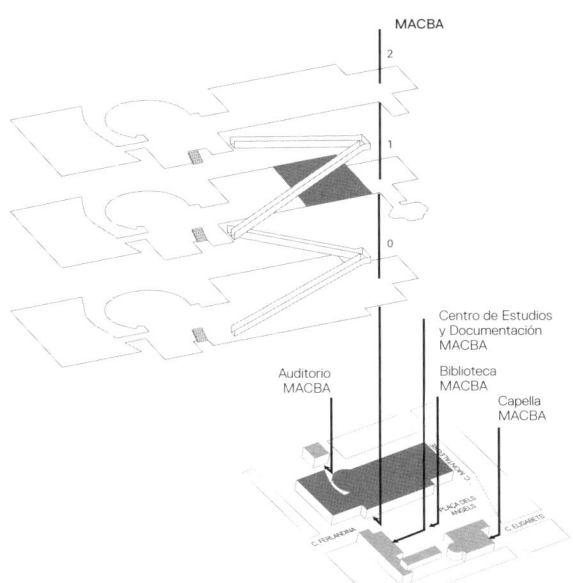

Gordon Matta-Clark, *Office Baroque* (detalle; documentación de la acción *Office Baroque* realizada en 1977 en Amberes, Bélgica), 1977. Colección MACBA. Fundación MACBA. Colección LATA. © Estate of Gordon Matta-Clark, VEGAP, Barcelona, 2012. Foto: Vanessa Miralles

## Colección MACBA
## Gordon Matta-Clark. Portfolio Office Baroque
## 7 junio – 21 octubre 2012

Gordon Matta-Clark es uno de los artistas más estrechamente vinculados a la condición urbana. Como tantos otros artistas que se establecieron en el SoHo de Nueva York a finales de los sesenta, constituye un emblema de lo que en ocasiones se ha denominado la «situación loft». Su prematura muerte en 1978 abortó una carrera marcada por un rápido desarrollo de métodos críticos en el campo del arte y la arquitectura. Los *building cuts*, que consistían en agresivas intervenciones sobre la estructura de edificios en ruinas, siguen considerándose obras míticas. *Splitting* (1973), *Day's End* (1975) y *Conical Intersect* (1975) pronto se convirtieron en iconos del activismo urbano. Hoy en día ninguna de estas construcciones se mantiene en pie. Todo lo que queda de ellas son documentos fotográficos, películas, dibujos y, en ciertos casos, restos aislados del edificio. La condición transitoria de esta práctica escultórica y su difusión mediante imágenes documentales radicalizó el posminimalismo y abrió la vía a las tácticas de la anarquitectura. Esta exposición ha sido organizada a partir de los fondos de la Colección LATA depositados en el MACBA, así como de una adquisición reciente de obras de Matta-Clark.

Hacia 1977, un año antes de su desaparición, Gordon Matta-Clark iniciaba un giro que le llevaría a superar los *building cuts*, convertidos ya por entonces en un género asumido por las instituciones del arte. En ese año el artista participó en Documenta 6 con *Jacob's Ladder* (1977), realizó *Office Baroque* (1977) en Amberes e inició las pesquisas sobre construcciones suspendidas en el espacio, leitmotiv de una serie de dibujos agrupados bajo el título de *Sky Hooks* (1978). En 1978 Matta-Clark aún tuvo tiempo de completar *Circus or The Caribbean Orange* (1978). La intervención se realizó en una casa de tres pisos que iba a ser incorporada a la estructura del Museo de Arte Contemporáneo de Chicago. Aunque inicialmente pretendía ensayar una estructura de túneles suspendidos y tensados por cables de acero, en la misma línea del proyecto con el que había participado en Documenta del verano anterior,

Matta-Clark recurrió a un derribo selectivo del inmueble. *Circus* fue ejecutado en un plazo breve de tiempo. El motivo formal a partir del cual se trazaron los cortes en el interior del edificio se originaba en un círculo que se proyectaba hacia el interior del edificio, tal como había ocurrido en *Conical Intersect* y *Office Baroque*.

La fuente de inspiración más citada en el caso de *Conical Intersect* es un film experimental de Anthony McCall, *Line Describing a Cone* (1973), que el propio autor denominaba «escultura de luz sólida». Matta-Clark debió verlo durante su presentación en Nueva York, en el Artists Space. El proyector formaba un cono de luz tangible gracias al polvo y el humo de los cigarrillos que llenaba la sala en aquellos días en los que aún estaba permitido fumar. En lugar de fijarse en la pantalla, los espectadores dirigían su mirada hacia el haz de luz. De este modo la película excavaba, literalmente, un volumen en el espacio. Matta-Clark no solo aplicó este principio durante su intervención en la Bienal de París de 1975, sino que también lo extendió a los *building cuts* posteriores, en Amberes y Chicago.

### «La perforación descendía desde la azotea y desplegaba variaciones e intersecciones a través de cinco pisos»

Los preparativos de *Office Baroque* indican que el artista intentaba llevar a cabo un vaciado del inmueble escogido en el número 1 de la calle Ernest van Dijckkaai, frente al Steen, uno de los puntos más turísticos de Amberes. Matta-Clark pretendía sustraer parte de la fachada para obtener la forma de un cuarto de esfera cuyo eje coincidiría con la esquina del edificio. Sin embargo, los problemas legales en la obtención del permiso obligaron a modificar el proyecto. Para evitar riesgos, solo se concedió permiso para trabajar puertas adentro, de modo que se practicó una perforación que descendía desde la azotea y desplegaba variaciones e intersecciones a través de los cinco

verdadero manifiesto en defensa de una lengua demótica y vulgar, que en la película de Rossellini es también signo de una nueva forma de consumo cultural. El Centro Pompidou inauguraba así la época del acceso masivo y democrático a los ideales de la cultura humanista, representados por un vasto patrimonio de arte moderno. Sin embargo, Rossellini contuvo el entusiasmo. Su modo de proceder contrapuso las amplias vistas de la nueva institución con las voces heterogéneas y populares, a menudo espontáneas y desinformadas, que recorrían sus salas. La mera descripción de este lugar, plano a plano, consumó la crítica más incisiva.

## «El Centro Pompidou inauguraba la época del acceso masivo y democrático a la cultura humanista»

Durante el mismo periodo en que Rossellini filmó el Centro Pompidou, el sociólogo Pierre Bourdieu llevó a cabo una investigación sobre los nuevos públicos por encargo de Claude Mollard, secretario general del Centro Pompidou entre 1971 y 1978. Al igual que Rossellini, Bourdieu se mostró abiertamente pesimista en sus conclusiones. El efecto democratizador de la cultura derivado de un aumento cuantitativo de los públicos no le satisfacía. Lo más elogioso que llegó a decir, teniendo en cuenta el éxito inmediato de la biblioteca, fue que Beaubourg funcionaba como una universidad nocturna. Sus inusuales horarios tampoco pasaron desapercibidos a Rossellini. La película muestra la atención que una responsable de la recepción dispensa por teléfono. La información de los horarios de apertura del Centro suena en el primer plano, mientras que la imagen de la recepcionista está filmada desde cierta distancia. Gracias al uso del zoom, que Rossellini manipulaba durante las tomas, el director suprimió en gran medida el montaje. «Me bastará –afirmó entonces– con poner una secuencia tras otra».

Néstor Almendros, que se ocupó de la dirección de fotografía, describía el efecto de esta película «como si el propio Rossellini tomara al espectador de la mano para mostrarle el edificio». En el contexto de la Colección MACBA, la película de Rossellini provoca una reflexión sobre el propio museo que la expone. El Museu d'Art Contemporani de Barcelona fue inaugurado en 1995 siguiendo las pautas de una intervención urbanística que recurría a la inversión en equipamientos culturales como instrumento de gentrificación, un modelo no muy distinto del que representó el Centro Pompidou a finales de los años setenta y durante las décadas posteriores. A pesar de tratarse de una película de encargo, Rossellini fue capaz de describir el museo, con sus espacios de silencio y de agitado alboroto, en diálogo con su entorno urbano. Desde los primeros planos de la película, Beaubourg aparece como un objeto más de la trama urbana. Su aspecto de fábrica ultramoderna sugiere que, a punto de desaparecer las fábricas clásicas, el museo está dispuesto a tomar el relevo en el campo de la producción social. El público al que filma Rossellini, ansioso de entrar en el museo, va a encontrarse en un nuevo espacio especializado en la gestión de masas.

## Actividades

Lunes 25 de junio, 19.30 h
**Visita comentada**
A cargo de **Carles Guerra**, conservador jefe del MACBA
(exclusiva para los Amigos del MACBA)
Salas del Museo. Plazas limitadas

Miércoles 27 de junio, 18.30 h
**Visita comentada**
A cargo de **Carles Guerra**, conservador jefe del MACBA
Acceso con la entrada al Museo
Salas del Museo. Plazas limitadas

Miércoles 10 de octubre, 19.30 h
(pendiente de confirmación. Consultar la web)
**Proyección y mesa redonda**
*Tríptico Rossellini 77*
**Jacques Grandclaude**, último productor de Roberto Rossellini, *Tríptico Rossellini 77*
**Àngel Quintana**, profesor titular de Historia del Cine, Universitat de Girona
**Alain Bergala**, crítico de cine
**Carles Guerra**, conservador jefe del MACBA
Auditorio MACBA. Entrada gratuita
Aforo limitado
Con traducción simultánea

## Visitas guiadas diarias

(incluidas en la entrada)
Laborables, 16 h y 18 h
Sábados, 13 h, 16 h y 18 h
Domingos y festivos, 13 h
En **castellano** los jueves y viernes (18 h) y sábados (13 h)

Más información en www.macba.cat y twitter.com/MACBA_Barcelona

**Museu d'Art Contemporani de Barcelona**
Plaça dels Àngels, 1
08001 Barcelona
www.macba.cat

**Horarios**
Laborables, de 11 a 19.30 h
(del 25 de junio al 24 de septiembre, de 11 a 20 h)
Sábados, de 10 a 20 h
Domingos y festivos, de 10 a 15 h
Martes no festivos, cerrado
Lunes, abierto

Con la colaboración de iMotion Films, Studio L'EQUIPE y Studio Francis Diaz

Espacio de lectura cedido por:

**LA CENTRAL**

Patrocinadores de comunicación:

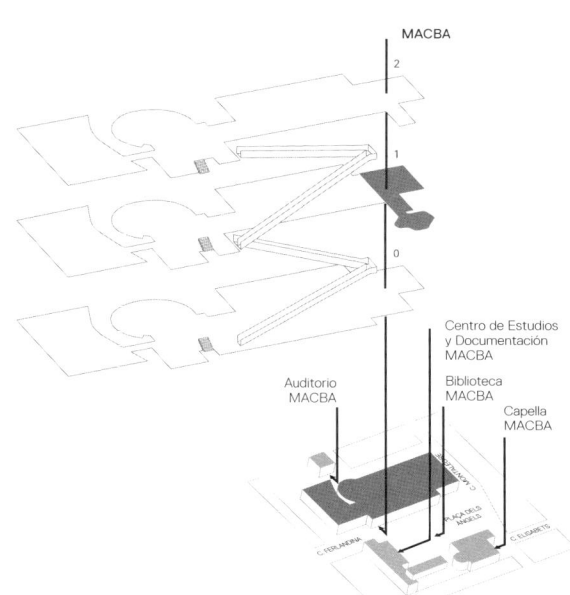

*Le Centre Georges Pompidou* (Museo), abril 1977. Productor: Jacques Grandclaude.
© Jacques Grandclaude – iMotion Films – Studio L'EQUIPE – Studio Francis Diaz, 2011

## Colección MACBA

## Roberto Rossellini. Filmando Beaubourg

## 7 junio – 21 octubre 2012

El 31 de enero de 1977 se inauguró en París el Centro Georges Pompidou. Una extensa zona en el centro de la ciudad, incluyendo el mercado de Les Halles, tuvo que ser derribada para erigir el equipamiento cultural de mayor impacto en décadas. Tres meses después, el 6 de mayo, Roberto Rossellini finalizaba el montaje de una película de cincuenta y cuatro minutos en la que testimoniaba las reacciones del público. El gran cineasta del neorrealismo había sido propuesto a instancias de Jacques Grandclaude –impulsor de la productora Communauté de Cinéma– al Ministerio de Asuntos Exteriores francés para celebrar la apertura del edificio proyectado por Renzo Piano y Richard Rogers. El resultado se tradujo en una mirada escéptica. «Una película sin comentarios ni música», tal como el propio director declaró a los periodistas. Tal vez por eso, *Le Centre Georges Pompidou*, la que sería la última película de Rossellini, apenas recibió atención. Recuperada por Jacques Grandclaude y depositada en la Fondation Genesium, que se constituirá próximamente en Mons (Bélgica), no solo permite examinar el proceso de realización de la película, sino que también nos transporta a los primeros días en los que una institución como el Centro Pompidou abrió sus puertas.

Transcurrido el tiempo, la película emerge como un ejercicio de crítica cultural, lúcido e irónico a la vez. Rossellini empleó el aparato clásico de la producción cinematográfica para describir una institución de nuevo cuño, literalmente asaltada por las masas de visitantes. Jacques Grandclaude rodeó al venerable cineasta de jóvenes profesionales integrados en la Communauté, una productora nacida al calor de Mayo del 68. De este seguimiento surgieron dos documentos, *Rossellini au travail* y *Le Colloque de Cannes*, imágenes que descubren a un Rossellini enfrascado en la toma de decisiones, filmando sin guión y atento a los conocimientos técnicos de su equipo. La película de Rossellini, filmada en 35 mm, y estos documentos adicionales, filmados en 16 mm, conforman un tríptico en el que la obra no oculta sus condiciones de producción, sino que las incorpora y las hace visibles.

Este archivo inédito que relata paso a paso el último rodaje de Rossellini contiene veinte horas de filmaciones y grabaciones sonoras. Una parte de estas filmaciones cubre en detalle los días de rodaje en el Centro Pompidou. Las indicaciones del director, los movimientos de cámara y las reuniones preparatorias fueron captados por las cámaras de la Communauté. Otra parte importante de estas filmaciones documenta la presencia de Rossellini en el Festival de Cine de Cannes del año 1977, en el que presidió el jurado y organizó una serie de debates. En muchas de las intervenciones que han quedado registradas, Rossellini mantiene un compromiso pedagógico que le llevaría a cuestionar el papel del cine. Sus primeras palabras pronunciadas ante los asistentes son una prueba de ello: «Creo, y esta es mi preocupación principal, que vivimos en un mundo en plena crisis; y creo que esta crisis se refleja en la producción cinematográfica.» Desde 1959, fecha en la que realizó una serie de diez capítulos sobre la India, hasta el mes de abril de 1977, cuando terminó el *Concerto per Michelangelo*, Rossellini había desarrollado una amplia producción para la televisión, el medio que según él permitiría un acceso universal a los grandes referentes culturales.

### «La película de Rossellini podría contemplarse como un ejercicio de crítica cultural, lúcido e irónico a la vez»

Aunque la mejor expresión de la crisis se encuentra, muy posiblemente, en las grabaciones sonoras. Alrededor de trece horas corresponden a las conversaciones del público captadas dentro del museo y al ruido ambiente que genera esta macroinstitución, tanto en los espacios interiores (vestíbulo, exposiciones y biblioteca) como en el exterior (terrazas, salidas de aire y calles adyacentes). Los animados diálogos entre los visitantes que comentan las obras de arte constituyen un

destacaba «todas esas maravillas insignificantes que descubrimos emocionados –Joan Miró y yo– en nuestras frecuentes excursiones por el distrito quinto, mucho más impresionante que ciertos itinerarios podridos de arqueología muerta». Las fotografías de los grafitis de Brassaï podrían constituir el reverso de esta arqueología a la que se refería Gasch. En este caso la calle también produce un repertorio de signos que podrían constituir un habla auténtica, libre de mediaciones e inscrita sobre el muro que más tarde se convertirá en objeto estético. Las investigaciones de Antoni Tàpies con la pintura matérica darán respuesta a ello.

## «Le Corbusier identificaba la ciudad degradada con un cuerpo femenino»

Pero los mismos lugares citados por Sebastià Gasch pueden seguirse a través de una secuencia fotográfica que Josep Domínguez, un funcionario municipal encargado de levantar acta del estado de las calles con fines administrativos, realizó alrededor de 1932. L'Arc del Teatre, el Carrer de l'Est, el Carrer del Migdia o el Carrer de la Volta d'en Cirés configuran una geografía que servirá de escenario real para películas como *La bandera* (1934), en la que un delincuente huido de París encuentra refugio en esta Barcelona canalla, de calles densamente pobladas. Los carnets de Le Corbusier correspondientes a la época en la que se mueve por esta zona de la ciudad están llenos de apuntes de desnudos femeninos. La atracción que despiertan en él prostitutas y gitanas permite aventurar que el arquitecto suizo identificaba la ciudad con un cuerpo femenino, y que pensaba que su exotismo requería una normalización. En uno de los apuntes, se aprecia el perfil de una Barcelona vista desde el mar, con la montaña de Montjuïc y los rascacielos que Le Corbusier proyectaba en primera línea. La silueta de la ciudad recorre transversalmente el cuerpo desnudo de la mujer dibujada, un ejemplo de la persistente feminización de la ciudad. Bastaría con enumerar los abundantes títulos de una literatura popular que narrativizó esta percepción sexuada de la degradación urbana para comprobar hasta qué punto la ciudad se había convertido en mujer.

Así pues, más allá de una modernidad próxima en espacio y tiempo como la que representan Le Corbusier y Jean Genet, no existe una producción estética que, sin incurrir en una práctica documental, asuma estas condiciones urbanas. Las esculturas y relieves de Joaquín Torres García, los móviles de Alexander Calder, ambos de 1931 y realizados en Barcelona, o *Construcció lírica* de Leandre Cristòfol, de 1934, abren la Colección MACBA a un periodo que se extenderá hasta principios de los años cincuenta. Del mismo modo que la escultura de Leandre Cristòfol de principios de los años treinta se percibe indistintamente como afiliada a los objetos surrealistas y a la tradición de la escultura constructivista, las pinturas de Antoni Tàpies, Lucio Fontana y Salvador Dalí muestran lo insuficiente que puede resultar una categoría como el informalismo.

## Actividades

Lunes 25 de junio, 19.30 h
**Visita comentada**
A cargo de **Carles Guerra**, conservador jefe del MACBA, y **Antònia Maria Perelló**, conservadora y responsable de la Colección
(exclusiva para los Amigos del MACBA)
Salas del Museo. Plazas limitadas

Miércoles 27 de junio, 18.30 h
**Visita comentada**
A cargo de **Carles Guerra**, conservador jefe del MACBA, y **Antònia Maria Perelló**, conservadora y responsable de la Colección
Acceso con la entrada al Museo
Salas del Museo. Plazas limitadas

## Visitas guiadas diarias

(incluidas en la entrada)
Laborables, 16 h y 18 h
Sábados, 13 h, 16 h y 18 h
Domingos y festivos, 13 h
En **castellano** los jueves y viernes (18 h) y sábados (13 h)

Más información en www.macba.cat y twitter.com/MACBA_Barcelona

**Museu d'Art Contemporani de Barcelona**
Plaça dels Àngels, 1
08001 Barcelona
www.macba.cat

**Horarios**
Laborables, de 11 a 19.30 h
(del 25 de junio al 24 de septiembre, de 11 a 20 h)
Sábados, de 10 a 20 h
Domingos y festivos, de 10 a 15 h
Martes no festivos, cerrado
Lunes, abierto

Con la colaboración de:

 Col·legi d'Arquitectes de Catalunya

Espacio de lectura cedido por:

**LA CENTRAL**

Patrocinadores de comunicación:

 **LA VANGUARDIA**

**CATALUNYA RÀDIO**  **3**

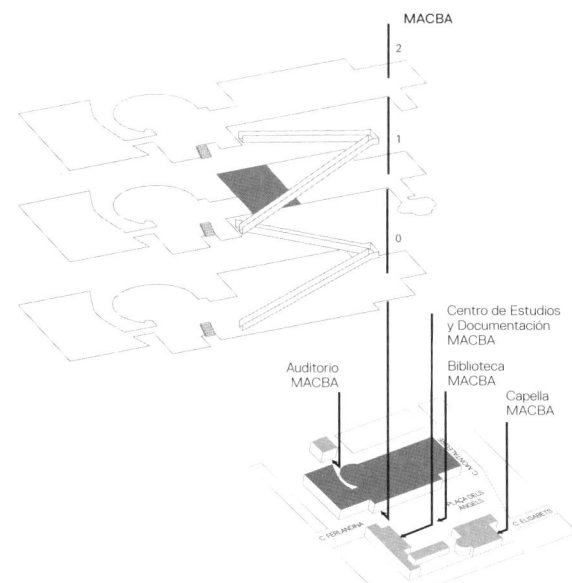

MACBA

Centro de Estudios y Documentación MACBA
Biblioteca MACBA
Capella MACBA
Auditorio MACBA

MUSEU
D'ART CONTEMPORANI
DE BARCELONA

Brassaï, *Sin título. Grafiti. Serie VII: La muerte* (detalle), ca. 1930. Colección MACBA. Fundación MACBA. © Brassaï, VEGAP, Barcelona, 2012. Foto: Tony Coll

## Colección MACBA
## Le Corbusier y Jean Genet en el Raval
## 7 junio – 21 octubre 2012

La superposición de las respectivas experiencias de Le Corbusier y Jean Genet en la ciudad de Barcelona a principios de la década de 1930 invita a considerar una modernidad próxima en espacio y tiempo. Le Corbusier visitó Barcelona y recorrió su centro urbano con el objetivo de diagnosticarlo y reformarlo. La propuesta del Pla Macià para una «Nueva Barcelona» aplicaba, en consecuencia, un principio higienista que aspiraba a erradicar la degradación social. Contrariamente, Jean Genet, que deambuló por el Barrio Chino poco después de que lo hiciera Le Corbusier, comulgó con los aspectos más abyectos de la calle. Su novela *Diario del ladrón*, publicada en 1949, rendía cuentas del tiempo transcurrido en Barcelona, así como en otras ciudades europeas. De modo que tanto la modernidad asociada al racionalismo, comprometida con un saneamiento físico y moral, como aquella otra que explora lo informe y lo marginal coincidieron en el tiempo y en el espacio de aquella Barcelona. Las implicaciones estéticas de estas formas de vida quedan, en esta presentación de la Colección MACBA, ligadas a condiciones urbanas. El diorama del Pla Macià que preside esta sección delimita el escenario de estas tensiones. Pero la visión que anunciaba el diseño de una ciudad moderna y la ambiciosa destrucción que implicaba no llegaron a realizarse. La Guerra Civil truncó los planes de esta reforma urbana.

En el año 2000, una película documental realizada por José Luis Guerín, que llegaría a convertirse en referente del nuevo cine documental producido en Barcelona, ensamblaba un friso de la transformación de la ciudad que, tras un esponjamiento, abrió paso al Raval que conocemos hoy. *En construcción* deja constancia del derribo de inmuebles y la llegada de nuevos habitantes al barrio en el que se encuentra el MACBA, una dinámica de progreso que se apoyará en la gentrificación. En uno de los pasajes más conocidos de la película, la cámara atiende a los comentarios de un grupo de vecinos. El hallazgo de tumbas antiguas provoca un encuentro fortuito entre in-

dividuos de orígenes muy distintos cuyas voces recrean una heterogeneidad nada desdeñable. Su forma de preguntarse acerca de la historia que encierran los huesos descubiertos en la tumba se expresa con un lenguaje demótico, propio de clases populares. La tensión entre las diferentes representaciones de la ciudad –la que emerge de la experiencia de la calle y la que percibe la ciudad como un proyecto– dará lugar a una importante saga de producción documental en torno al conflicto urbano en la ciudad de Barcelona, iniciada con esta película de Guerín.

> «A finales de los años veinte, el Distrito v ya era objeto de una cobertura mediática que combinaba la degradación moral y la ruina física del espacio urbano»

Sin embargo, esta representación de lo popular puede llegar a convertirse en un estigma que sobredetermine la percepción de una zona de la ciudad como esta. A finales de los años veinte, el Distrito v ya era objeto de una cobertura mediática que combinaba la degradación moral y la ruina física del espacio urbano. Tales relatos adquirieron la categoría propia de un género periodístico. La explosión del reporterismo hizo célebre el Barrio Chino como lugar asociado a la nocturnidad y a un peligro que a menudo ocupaba las portadas de revistas como *Estampa*, *Crónica*, *La Linterna* o *Imatges*. Pero incluso críticos como Sebastià Gasch relataban incursiones en el Distrito v, ávidos de un repertorio estético desconcertante e incompatible con el buen gusto. En un artículo publicado en *La Veu de Catalunya*, en 1929, Gasch afirmaba de manera vehemente que prefería la inspiración procedente de aquellas calles antes que la visita a exposiciones: «Me gustan las cosas vivas. Detesto las cosas muertas.» A continuación enumeraba un itinerario de calles en las que

cias a sus orígenes y a los materiales con los que están construidos son el negativo de lo visible a primera instancia.

Un claro ejemplo de la manipulación de significados mediante la utilización de materiales es *Toyota* (1990), un coche a escala 1/1, fabricado en ratán, un material flexible y ligero, utilizado con frecuencia en la manufactura de mobiliario de bajo coste. Esta particular versión del Toyota Celica da cuerpo a una imagen irónica del sueño americano, un elemento intrínseco de la vida urbana que constituye uno de los primeros iconos de la producción en masa, tan ligada al concepto de arquitectura moderna y de esa nueva sociedad a la que aspiraban sus ideólogos. La escala en la que se construyen los objetos no solo resultará crucial a la hora de establecer relaciones con los espacios en los que se presentan, sino que también interviene en la creación de nuevos significados. Este es el caso de *Parking Structures* (1994-2001), una serie de maquetas arquitectónicas de garajes (elemento fundamental en el diseño urbano de la era del transporte y el consumo). Muchas de ellas fueron realizadas en bronce, un material emblemático en la historia de la escultura, cuyo acabado convierte estas obras en una especie de trofeos de una época pasada.

Sin embargo, la obra en la que se plantea de un modo más contundente el límite de la funcionalidad escultórica es *Arena* (1997), tal vez la más conocida del repertorio de McBride. Esta gigantesca estructura emula los grandes espacios públicos construidos para dar cabida a multitudes, lugares en los que de manera temporal se celebran conciertos, mítines políticos y eventos a gran escala. *Arena* adopta la forma de un anfiteatro que se introduce en el espacio del museo para transformar las relaciones convencionales entre sujeto y objeto. Si su presencia muda un lugar destinado a la visión en otro preparado para albergar acciones, su circularidad favorece el encuentro entre los espectadores, al mismo tiempo sujetos perceptivos y objetos de percepción. La artista y la institución que acoge esta obra de cualidades tan especiales programan en ella actividades (conferencias, proyecciones, performaces) habitualmente excluidas del espacio expositivo. Desaparece así la neutralidad exigida por los ritos de contemplación del objeto artístico y la obra se convierte en un objeto animado con vida propia.

No obstante, *Arena* no es la única obra de McBride que alcanza dimensiones monumentales. Cabe destacar también el proyecto *Mae West* (2002-2011), presentado en una convocatoria del ayuntamiento de Múnich, inciado en 2002 y finalizado en 2011 y que dio por resultado una escultura de fibra de carbono de 52 metros de alto, 32 metros de ancho y 57 toneladas de peso. Su ubicación en la Effnerplatz, en los confines de una ciudad como Múnich en constante expansión, asume abiertamente una función colonizadora del espacio público, tanto por su escala como por su forma. En *Mae West*, cuyo título alude a la silueta estereotipada de la actriz americana, Rita McBride reflexiona una vez más sobre el significado de los monumentos hoy en día y la capacidad ciudadana de formar parte activa de los mismos. La artista afirma que «*Mae West* ha sido una herramienta para definir la evolución de las relaciones entre las ambiciones públicas y urbanas de la ciudad». Una escultura que trata de definir los límites en los que se encuentran la propia escultura y la arquitectura. O tal como ella misma sugiere, «una definición de lo que la arquitectura no es y de aquello en lo que se ha convertido la escultura».

Así es como la obra de McBride nos invita a reconsiderar el papel del artista en la configuración de un espacio público cada vez más privatizado. En un momento en el que los debates en el campo de la arquitectura y el diseño han dado paso a la interrogación sobre la sostenibilidad, la obra de McBride aparece como potencialmente anacrónica. Su proyecto se nos antoja futurista y arcaico al mismo tiempo, de tal modo que Antoni Gaudí no hubiera rechazado el discurso formal de McBride, ni Ildefons Cerdà su comprensión de la complejidad del espacio urbano moderno.

## Actividades

**Conversación entre Rita McBride y Bartomeu Marí**
Viernes 18 de mayo, 18 h
Entrada gratuita

**Presentación del libro *Rita McBride. Oferta pública / Public Tender***
Miércoles 12 de septiembre, 19.30 h
Entrada gratuita

**Citas a ciegas**
**Artistas invitados a la *Arena***
20 de junio: Tamara Kuselman
18 de julio: Laia Estruch
Agosto: Jordi Ferreiro
19 de septiembre: Ryan Rivadeneyra
20 de septiembre: Miguel Noguera
Salas del Museo. Acceso con la entrada al Museo.
Plazas limitadas

**Película**
*Day After Day*, de Alexander Hick, producida por Rita McBride
Diariamente en las salas del Museo. Acceso con la entrada al Museo. Plazas limitadas

**Sónar 2012**
**Game of Life - Wave Field Synthesis Sound System**
14, 15, 16 de junio
Composiciones de Milo McBride, Barbara Ellison, Funckarma, Robert Henke, Ji Youn Kang y otros.
Salas del Museo. Exclusivo para los visitantes de Sónar. Plazas limitadas.
Con el apoyo de Mondriaan Fund, Ámsterdam

## Publicación

*Rita McBride. Oferta pública / Public Tender*.
Barcelona: Museu d'Art Contemporani de Barcelona (MACBA), 2012. Incluye un ensayo fotográfico de Anne Pöhlmann y textos de Luis Fernández-Galiano, Mark Wigley y Bartomeu Marí.
Única edición en catalán, castellano e inglés.

Exposición organizada por el MACBA y comisariada por Bartomeu Marí.

Más información en www.macba.cat y twitter.com/MACBA_Barcelona

**Museu d'Art Contemporani de Barcelona**
Plaça dels Àngels, 1
08001 Barcelona
www.macba.cat

**Horarios**
Laborables, de 11 a 19.30 h
(del 24 de junio al 24 de septiembre, de 11 a 20 h)
Sábados, de 10 a 20 h
Domingos y festivos, de 10 a 15 h
Martes no festivos, cerrado
Lunes, abierto

**Visitas guiadas diarias**
(incluidas en la entrada)
Laborables, 18.30 h
Sábados, 12.30 h y 18.30 h
Domingos y festivos, 12.30 h
En **castellano** los jueves y viernes (18.30 h) y los sábados (12.30 h)

Patrocinador de la exposición:

FUNDACIÓN AXA
reinventando / el compromiso con la cultura

Con la colaboración de:

i f a | Institut für Auslandsbeziehungen e. V.

EPSON
EXCEED YOUR VISION

Patrocinadores de comunicación:

el Periódico

CATALUNYA RÀDIO ≋3

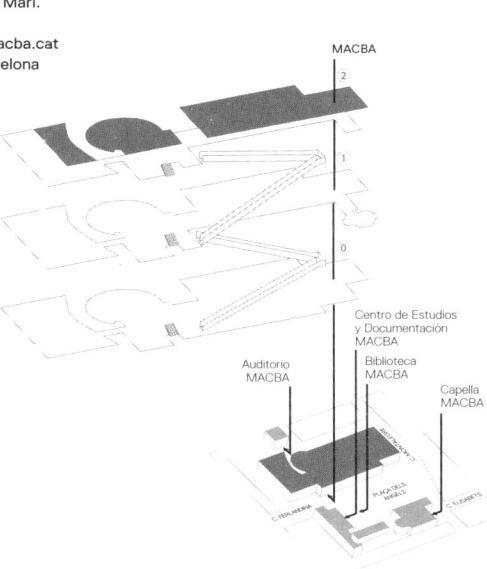

# Rita McBride

## Oferta pública / Public Tender

## 18 mayo – 24 septiembre 2012

*Mae West*, Múnich. © Anne Pöhlmann, 2011

Formada en Estados Unidos, pero residente en Alemania, Rita McBride es profesora en la prestigiosa Kunstakademie de Düsseldorf. Su escultura aborda la producción del espacio público y la recepción de la cultura mediante obras que recrean elementos procedentes de nuestro entorno más cercano. En ocasiones, pone en escena objetos relacionados con el diseño y la arquitectura, tratados muy a menudo con materiales insólitos y dimensiones inesperadas. McBride revisa de este modo las nociones adquiridas de forma, función y material en el marco de un vocabulario que interroga los mitos del progreso inducidos por la ideología moderna. La industrialización, los procesos de producción masiva y las leyes de la eficiencia se enfrentan en sus piezas con el papel de lo artesanal y lo disfuncional. McBride exprime así los límites y las cualidades del cubo blanco, una modalidad de espacio asimilado con frecuencia a la neutralidad necesaria para exponer obras de arte. Sus propias obras, una vez introducidas en estos entornos aparentemente pasivos, cuestionan el reparto de funciones que distinguen la institución museística, el espacio doméstico o el ámbito urbano. En el contexto de esta exposición, el museo también se convierte en un objeto más del proceso escultórico. Mediante una intervención específica, McBride ha despojado al MACBA de los elementos añadidos que, con el tiempo, habían modificado la arquitectura de Richard Meier.

El trabajo de McBride se inicia a mediados de los años ochenta, en un momento en el que el lenguaje escultórico atraviesa un proceso de redefinición. La herencia de la escultura minimal y la superación de la crítica institucional (que habían iniciado a mediados de los años sesenta artistas como Marcel Broodthaers o Daniel Buren en Europa y Michael Asher o Hans Haacke en los Estados Unidos) determinaron un nuevo contexto para la práctica del arte. Dichas prácticas se sostenían sobre el análisis crítico, y a veces irónico, de las estructuras de poder y las lógicas de funcionamiento del museo. La obra de Rita McBride ha retomado de la escultura minimal, tendencia en la que se ha educado como artista, no solo sus aspectos formales –tales como los mate-

riales industriales– sino también la presencia que infunde a sus obras. Sin embargo, el trabajo de McBride va más allá de una mera actualización del arte minimal. Su forma de entender el espacio, los elementos funcionales y simbólicos de la arquitectura, la vinculan con la voluntad crítica de Michael Asher, aunque podría decirse que ella reacciona de modo más directo contra la tradición. Influenciada por artistas como John Baldessari y Lawrence Weiner, su obra indaga en las convenciones del museo y reflexiona sobre los límites del objeto escultórico.

Al entrar en la exposición nos encontramos ante una reconstrucción de la planta baja de Villa Savoye, la famosa vivienda que el arquitecto suizo Le Corbusier (1887-1965) construyó entre 1929 y 1931 en Poissy, Francia. *Backsliding, Sideslipping, one Great Leap and the "Forbidden"* (1994-2012) convierte la planta de la villa, reproducida a tamaño real, en peana de otras esculturas: allí encontramos *Double Helix Spiral Staircase* (1990), una espiral de ratán que se eleva hacia el techo, y *Glass Conduits* (1999), unas tuberías de cristal que avanzan por la pared hasta ser interrumpidas por el edificio. Ambas invitan a reflexionar sobre la relación entre la escultura y la arquitectura: ¿dónde empieza una y dónde termina la otra? ¿Cómo se define el espacio público y cuáles son sus reglas de funcionamiento? ¿Cuáles son las condiciones de exposición en este tipo de espacios? McBride rompe con la idea tradicional de escultura –elementos únicos construidos para ser contemplados– y plantea una lectura del espacio panorámica, casi fílmica, en la que obra y entorno expositivo conforman una narrativa compleja.

Obras como *Servants and Slaves (Domestic)* (2003), *White Elephant (Wall)* (2003) y *Chair (Smoked)* (2003) ponen en relación la escala y los materiales, aspectos claves para entender el trabajo de Rita McBride. Estas piezas están connotadas por una percepción de la arquitectura como espacio doméstico, en el que la modernidad deja su sello subordinando la forma a la función y desplazando a un primer plano la expresividad de los materiales industriales. De este modo, los objetos se convierten en operaciones lingüísticas en las que las referen-

# suscripciones y números anteriores **subscriptions and back issues**

## Suscripción **Subscription**

Válida hasta el 31.12.2012 **Valid till 31.12.2012**

2 números (1 año). Gastos de envío incluidos **2 issues (1 year). Shipping costs included**

| | | | |
|---|---|---|---|
| España **Spain** | 47 € | (envío por mensajero) **(courier delivery)** | ❏ |
| Excepto Canarias, Ceuta y Melilla **Except Canary Islands, Ceuta and Melilla** | | (envío certificado) **(registered mail)** | ❏ |
| Europa **Europe**: | 70 € | (envío por mensajero) **(courier delivery)** | ❏ |
| Resto del mundo **Rest of the world**: | 80 € | (envío por mensajero) **(courier delivery)** | ❏ |

Estudiantes 20% descuento en suscripción (envío sin certificar. Adjuntar documentación justificativa)
**Students 20% discount on subscription (Shipping by normal mail. Send copy of the relevant document)**

Deseo comenzar mi suscripción a la revista a+t a partir del número 38 **I wish to subscribe the magazine a+t starting with issue number 38** ❏

### Números disponibles impresos **Printed available issues**

| | | | Cantidad **Quantity** | | | | | Cantidad **Quantity** |
|---|---|---|---|---|---|---|---|---|
| a+t 16 | 22 € | ❏ | ___ | a+t 32 | 25 € | ❏ | ___ |
| a+t 17 | 22 € | ❏ | ___ | a+t 33-34 | 39 € | ❏ | ___ |
| a+t 18 | 23 € | ❏ | ___ | a+t 35-36 | 49 € | ❏ | ___ |
| a+t 23 | 23 € | ❏ | ___ | a+t 37 | 25 € | ❏ | ___ |
| a+t 25 | 23 € | ❏ | ___ | | | | |
| a+t 26 | 23 € | ❏ | ___ | | | | |
| a+t 27 | 23 € | ❏ | ___ | | | | |
| a+t 29 | 25 € | ❏ | ___ | | | | |
| a+t 30 | 25 € | ❏ | ___ | | | | |
| a+t 31 | 25 € | ❏ | ___ | | | | |

Sin costes de envío a España
Para consultar costes de envío a otros paises: www.aplust.net

No shipping costs in Spain
For checking shipping costs to other countries: www.aplust.net

### Números disponibles en Cd **CD available issues**

| | | | Cantidad **Quantity** |
|---|---|---|---|
| a+t 8 | 18 € | ❏ | ___ |
| a+t 9 | 18 € | ❏ | ___ |
| a+t 11 | 21 € | ❏ | ___ |
| a+t 12 | 21 € | ❏ | ___ |
| a+t 13 | 21 € | ❏ | ___ |
| a+t 14 | 21 € | ❏ | ___ |
| a+t 15 | 21 € | ❏ | ___ |
| a+t 24 | 23 € | ❏ | ___ |

Sin costes de envío al adquirir cualquier título impreso
Sin costes de envío a España
Para consultar costes de envío a otros paises: www.aplust.net

No shipping costs when buying any printed product
No shipping costs in Spain
For checking shipping costs to other countries: www.aplust.net

Nombre **Name**_____

Dirección **Address**_____

Código **Code**_____ Ciudad **City**_____

País **Country**_____ CIF/DNI **Passport No.**_____

Tel._____ Fax _____ Correo-e **E-mail** _____

**Forma de pago** (España)     Pago contra-reembolso   ❏     Domiciliación bancaria   ❏

Banco/Caja _____ C.C. Nº _____

Dirección _____ Código _____ Ciudad _____

Tarjeta de crédito Visa ❏     Mastercard ❏     Eurocard ❏

Nº _____/_____/_____/ Caduca final _____/_____/_____/ Nombre del titular _____

**Pay form**     Credit CardVisa ❏     Mastercard ❏     Eurocard ❏

No._____/_____/_____/ Expiry Date_____/_____/_____/ Cardholder's name_____

Fecha **Date**_____/_____/_____/ Firma **Signature**

Envía este boletín de pedido o una fotocopia a **Send this order form or a copy to:**
a+t ediciones. General Álava, 15 2º A. 01005 Vitoria–Gasteiz. España **Spain**.
Tel. +34 945 13 42 76. Fax +34 945 13 49 01. pedidosysuscripciones@aplust.net
o haz tu pedido a través de **or order through www.aplust.net**

# a+t books